언어와 이성

촘스키를 넘어서 칸트주의 언어학으로

惲岡 김용석 지음

한성대학교출판부

프롤로그(Prologue)

필자가 대학에서 촘스키 문법(Chomskyan Grammar)을 연구하며 강의한지가 금년으로 꼭 35년이 되었다. 본서는 그간 필자가 쌓아온 학문연구의 집약으로 나름의 언어관을 정리하여 촘스키 이후 21세기 뉴밀레니엄에 요구되는 새로운 차원의 언어학과 언어연구의 바른 길을 선도하고자 내어놓은 책이다.

17세기 프랑스의 철학자 르네 데카르트(Renè Descartes 1596-1650)에 의해 촉발된 인간의 본성(human nature)과 언어(language)에 대한 연구는 그 내용면에서는 무척 복잡다단하고 방대하지만, 전체적인 흐름을 한 마디로 요약한다면 인간의 본성 속에 독립적인 인지체계(congnitive system)로 존재하는 언어능력(fanculty of language)이 과연 어떻게 생겨났으며, 그 실체는 무엇인가의 논쟁이었다. 이러한 논쟁은 20세기에 접어들어 다시 한 번 크게 불붙게 되는데, 그 첫 번째 논쟁이 실증주의(empiricism)의 철학적 기조를 갖는 구조주의 언어학(structuralist linguistics)과 이성주의(rationalism)의 철학적 기조를 갖는 생성주의 언어학(generativist linguistics) 사이의 논쟁이었으며, 두 번째 논쟁은 생성주의 언어학 내부에서 일어난 변형주의자(transformationalists)와 어휘주의자(lexicalists) 사이의 논쟁이었다. 이러한 논쟁을 통해 방대한 업적을 이루어낸 생성주의 언어학의 발전과정은 인간의 언어능력을 기술하는 문법적 장치(grammatical device)의 효율성(efficiency)과 간편성(simplicity)을 높이려는 작업의 과정이라고 해도 과언은 아니다. 이러한 측면에서 1990년대 이후 노암 촘스키(Noam Chomsky, MIT Institute Professor)에 의해 시도된 소위 최소주의 프로그램(Minimalist Program)은 '개념적 필요성(conceptual necessity)'에 입각해서 그 동안 생성주의 언어학에서 매우 중요한 문법적 장치로 여겨져 왔던 D-구조(D-structure), S-구조(S-structure), X-바(X-bar), 지표(index) 등등의 많은 개념과 장치들을 불필요한 요소들로 문법의 틀에서 제거하는 작업을 진행하였으며, 최근 촘스키(Chomsky 2004, 2005a, 2005b)에서 시도되고 있는 소위 '강력최소주의이론(strong minimalist thesis: SMT)'에서는 현대 진화론적 관점(modern evolutionist perspectives)과 생물언어학적 가정(biolinguistic assumptions)에 근거하여 인간의 언어기능은 자연의 일반특성(general properties)과 접합부조건(interface condition)에 의해서만 설명되어야 하는 완벽체계(perfect system)이고, 따라서 언어를 기술하는 문법체계 역시 자연의 일반특성과 접합부조건에 부합되는 완벽체계이여야 하므로 기존의 문법체계에서 발견되는 비완벽성(imperfections)의 제거에 박차를 가하고 있다.

이러한 언어학적 업적과 발전과정에도 불구하고, 최근 촘스키(Chomsky 2001, 2004, 2005a, 2005b)에서 제안하고 있는 소위 '탐침자-목표물 문법체계(Probe-Goal Framework)'에서까지도 아직 많은 비완벽성과 이러한 비완벽성들에 기인하는 다양한 경험적 문제점이 발견된다.

필자는 이러한 문제점들이 실존하지 않는 언어기능(faculty of language)에 대한 허구적 가정에 기인한다고 보고, 이러한 문제점들을 인간언어의 문법체계 내에서 완전히 해소하기 위해서는 '데카르트주의 언어학(Cartesian Linguistics)' 이후 이성주의 언어학자들이 신봉해 왔던 소위 인간의 언어기능에 대한 본유성가설(innateness hypothesis)을 부정하고, 인간의 무한히 생산적인 언어활동은 (언어기능과 그것의 중재적 역할에 의해서가 아니라) 인간의 인지체계 속에 본유적으로 실존하는 사고체계(system of thoughts)와 감각운동체계(sensori-motor system)의 직접적인 교신에 의해 이루어진다고 본다.

따라서 본서에서 필자는 먼저 언어기능의 체계(즉, 문법체계)를 극소화하려는 촘스키의 강력최소주의이론을 더욱 극단으로 밀고나가 이론적 허구인 언어기능 자체를 완전히 해체함으로써 인간의 언어가 사고체계와 감각운동체계의 직접적인 교신에 의해 생성된다고 보는 소위 '최강최소주의이론(strongest minimalist thesis)'이라는 새로운 언어이론을 제안하고, 다시 언어철학적인 관점에서 18세기 독일의 철학자 임마누엘 칸트(Immanuel Kant 1724-1804)의 인식론(epistemology)을 재조명하고, 칸트가 분석하는 인간의 인식체계(Erkenntnis system)를 최강최소주의이론의 '언어생산체계(language production system)'에 접목함으로써 인간언어의 다양한 변이성(즉, 구조주의적 관점)과 무한한 생산성(즉, 생성주의적 관점)을 모두 효율적으로 포착하는 새로운 문법체계를 구축하고자 한다. 또한, 나아가서는 칸트의 인식론을 새로운 언어이론의 철학적 기조로 채택함으로써 소위 '칸트주의 언어학(Kantist Linguistics)'을 주창하고, 이러한 칸트주의 언어학을 17세기 르네 데카르트의 본유관념론(innateness ideology)을 기조로 20세기의 중반 소위 촘스키 혁명(Chomskyan Revolution)을 통해 부활하여 오늘날의 '강력최소주의이론(strong minimalist thesis: SMT)'에 이르기까지 눈부신 발전과 방대한 업적을 남긴 소위 '데카르트주의 언어학(Cartesian Linguistics)'을 뛰어넘는 새로운 21세기 언어학으로 감히 상정하고자 한다.

많은 독자들이 인간언어의 무한한 생산성과 다채로운 변이성 앞에서 어느 한 측면만을 강조하거나 간과하지 않는 참다운 언어학의 탄생과 발전에 동참하기를 기대한다.

2012년 5월 낙산언덕 교수연구실 632호에서

惲岡 김용석 씀

감사의 辯(Acknowledgement)

금년(壬辰年)은 필자에게 참으로 뜻 깊은 해이다. 태어난 지 60년이 지났으니 세칭 還甲을 맞이하였고, 육군사관학교 교수부 영어과 교관(당시 현역 중위)으로 대학교육에 첫발을 들여놓은 지 35년이 지났으며, 또한 한성대학교 영어영문학부 전임강사로 전입하여 금년 초 정교수 최고등급(정교수 3)에 오르기까지 30년 6개월이 지났다. 1971년 3월 대학에 진학했으니, 살아온 세월의 三分之二 이상을 책과 씨름하며 학문과 교육에 종사해 온 꼴이 된다. 그간 27권의 저서와 70여 편의 연구논문을 출판하였고, 서울대학교 출신 6명을 포함하여 신진박사 20명의 논문을 지도하고 심사하여 배출하였다.

긴 榮辱의 歲月이었지만, 돌이켜 보건데 고난보단 영화가 더 많았고, 고난도 고통으로 끝나기보단 세상 알아가는 지혜를 함께 주었다. 따라서 辱은 덮기로 하고 榮을 회고한다면, 밀성고 수석졸업, 경북대 영문과 합격, 아내(오경자)와의 만남, 육사교수 임용시험 합격, 장남(김형민)의 출생, 한성대학교 교수임용, 박사학위취득, 한국생성문학회장 취임, 학진 외국석학과의 공동연구과제 수임, 한성대학교 인문대학장/교무처장 역임, 두현학술상 수상, 돈암동성당 총회장 취임, 최우수연구자상 수상, 교육부장관표창 수상 등이다. 여기 다 적시하지 못한 기쁜 영광들 또한 많았음을 기억한다.

이러한 영광 뒤에는 필자에게 은혜를 베풀어 준 분들이 실로 많다. 그 중에서도 육사 선배교수이셨던 이홍배 교수님, 박사학위 지도교수이셨던 박병수 교수님, 학문적으로 많은 가르침을 주셨던 양동휘 교수님 등은 정말 잊을 수 없는 필자의 학문과 인생의 師表이셨다.

본서의 집필은 이 분들의 은혜를 기억하며, 환갑을 맞은 필자의 60년 인생과 40년 학자의 길을 회고하고, 또한 이를 자축하기 위함이었다.

오늘날에 이를 수 있도록 언제나 곁에서 지혜와 힘을 주신 하느님께 감사드리며, 또한 본서의 저술을 무사히 완성할 수 있도록 언제나 기도와 사랑으로 내조해준 사랑하는 아내 오경자 안젤라와 가족들에게 고마움을 전한다. 특히 씩씩하게 군복무 중인 막내아들 육군일병 김형진 프란치스코와, KAIST 졸업 후 열심히 교직에 헌신하고 있는 장남 김형민 바오로와, 그리고 믿음직한 사위 곽호근 마르티노와의 사이에서 예쁜 손녀 은서 베레나와 똘똘한 손자 민철 요셉을 낳아 안겨준 귀하고 장한 장녀 김현숙 안나에게 격려와 사랑의 마음을 전한다.

또한 환갑을 맞은 필자에게 기꺼이 아호를 惲岡(운강: 중후한 산줄기)으로 지어 붙여주신 한성대학교 한국어문학부 景遊 김창룡 교수님에게도 심심한 감사의 마음을 전한다.

그리고 여러 어려운 여건에서도 본서를 기꺼이 채택하여 훌륭한 책으로 엮어주신 한성대학교 출판부 관계자들에게도 심심한 감사를 표한다.

2012 임진년 귀래 파인힐타운 별장에서
惲岡 김용석 씀

차　례

제4장 최강최소주의이론의 제안

제5장 칸트주의 언어학으로의 도약

제1장 촘스키 혁명

1. 철학적 배경: 실증주의와 이성주의의 대립

17세기 근대철학의 선도자인 프랑스의 르네 데카르트(René Descartes 1596-1650)는 "나는 생각한다, 고로 존재한다(Cogito, ergo sum)"라고 주장함으로써, 사실상 "미토스에서 로고스로(vom mythos zum logos)"의 전환을 선언한 고대 그리스철학 이후 2000년 이상 이어져온 만물의 근원적 원리인 '아르케(arche)(즉, 실체, 보편, 이데아, 신 등의 형이상학적 존재)'의 탐구는 종식되었다.[1] 데카르트는 신과 자연으로부터 완전히 독립되는 새로운 주체인 고기토(cogito)(즉, 생각, 사유, 지성 등의 정신세계)의 발견으로 자연을 사유(cogito)의 속성을 지닌 정신세계와 연장(extensio)의 속성을 지닌 물질세계로 이원화하였고, 이로써 물질세계를 탐구하는 자연과학의 영역과 정신세계를 탐구하는 인문과학의 영역을 동시에 열어 놓았다.

데카르트는 사유의 능력인 고기토(즉, 정신세계)는 오로지 인간만이 가지고 있고, 인간은 태어나면서부터 이미 고기토를 가지고 태어난다고 봄으로써 고기토를 소위 '본유적 관념(innate idea)'으로 보았다. 또한 고기토는 신으로부터 부여받았지만, 이제 본유적으로 고기토를 내장한 인

1) 플라톤(Plato BC 429-347)은 그의 〈파이도로스〉에서 '아르케란 다른 존재로 인해 생성되지 않는 것'이라 정의했다. 즉, 아르케는 그로부터 다른 삼라만상이 나올 수는 있지만, 그 자체는 다른 어떤 것으로부터도 나올 수 없는 근원적 실체라고 본다. 따라서, 플라톤은 세계를 현상(appearance)의 세계(경험계)와 실재(reality)의 세계(형상계)로 구분하고, 아르케의 규명은 형상계의 연구를 통해서만 이를 수 있다고 보고, 그의 〈파이돈〉에서 기하학 통해 실재의 형상인 이데아(idea)로 나아가는 소위 이데아론을 수립하였다.

간은 신의 도움 없이도 스스로 사유할 수 있는 독립적인 존재인 정신세계의 주체가 된다. 이러한 주체의 개념은 근대철학의 근간이 되며, 주체의 본유성(innateness)을 인정한다는 점에서 데카르트는 플라톤으로부터 안셀무스, 토마스 아퀴나스, 윌리엄 오컴 등으로 이어져온 소위 '이성주의(Rationalism)(혹은 합리론, 관념론, 연역론) 철학'의 계승자이며, 이러한 이성주의적 전통은 다시 다른 대륙의 철학자들(스피노자, 라이프니츠, 칸트 등)에게로 이어져 나간다.

영국의 철학자 죤 로크(John Locke 1632-1704)는 데카르트가 설정해 놓은 신에게서 독립한 주체의 개념인 근대철학의 문제를 이어 받는다. 그러나 로크는 우선 지식의 원천인 주체가 과연 본유적인지, 다시 말해 인간이 태어나면서부터 갖는다고 보는 자율적인 관념이나 원리가 과연 존재하는 것인지 근본적인 물음을 던진다. 이러한 문제의식 속에서 로크는 갈릴레이나 뉴턴 등의 근대 과학자들의 영향을 받아 개별적 사실에 대한 과학적 관찰과 경험의 중요성을 강조하게 된다. 즉, 로크는 본유적 관념을 부정하고 인간의 오성(혹은 지성 understanding)을 그 무엇도 쓰여 있지 않는 백지상태(white paper)인 소위 '타불라 라사(tabula rasa)'라고 주장한다. 즉, 로크에 의하면 인간은 본유적 관념을 전혀 갖지 않는 백지상태인 타블라 라사의 상태에서 태어나서 물질세계에 대한 후천적 경험을 통해 마치 하얀 종이 위에 점이 찍히듯 타블라 라사에 사유의 능력인 관념(idea)이 생겨난다는 것이다. 로크는 근대과학의 자연주의(naturalism)적 사고에 영향을 받아 현상을 객관적이며 귀납적으로 분석하여 있는 그대로 파악하려 했으며, 지식(즉, 관념)은 오로지 경험을 통해서만 얻어진다고 보는 소위 실증주의(Empiricism)(경험론, 회의론) 철학을 고수했다. 이러한 경험을 중시하는 실증주의적 사조는 영국의 철학자들(버클리, 흄 등)에게로 이어져 가지만, 고대로 거슬러 올라가면 프로타고라스를 중심으로 한 소피스트들과 아리스토텔레스도 경험의 중요성을 강조했다.

데카르트 이후 실증주의와 이성주의의 날카로운 대립 속에서 20세기

초에 이르러 스위스의 언어학자 소쉬르(Ferdinand de Saussure 1857-1913)는 실증주의 철학을 기반으로 아리스토텔레스 이후 약 2500년 가까이 이어져온 전통문법(Traditional Grammar)이란 언어연구의 전통을 뒤집고 객관적인 관찰과 귀납적 분석을 통해 언어를 과학적으로 해석하고자 하는 소위 구조주의문법(Structural Grammar)을 주창하게 된다.[2)]

구조주의문법은 먼저 언어습득에 관해서 실증주의적 관점(Empiricist Perspective)을 취하게 된다. 즉, 구조주의문법은 실증주의 철학의 영향을 받아 인간은 처음 아무런 능력과 지능이 없는 백지상태(tabula rasa)로 이 세상에 태어나지만 성장하면서 후천적 경험과 학습을 통해 능력과 지능이 생겨난다고 보고, 언어적 능력도 이러한 후천적 학습과정을 통해 습득된다고 가정한다. 즉, 어린아이는 처음 말을 하지 못하나 성장과정에서 주변의 사람들이 사용하는 언어를 시행착오(trials-and-errors)의 학습과정을 통해 반복적으로 경험하게 되면, 결과적으로 그 언어가 뇌 속에 하나의 습관(habit)으로 형성되는데, 바로 이것이 언어적 능력이라는 것이다. 요컨대, 구조주의문법에서는 인간의 언어는 경험과 반복학습에 의하여 후천적으로 습득된다는 실증주의적 관점을 택한다.

이러한 실증주의적 관점을 취하는 구조주의문법에서는 경험의 대상이 되는 언어실행, 즉 외재언어를 일차적 언어(primary language)라 보며, 이러한 차원에서 개별언어의 연구는 원어민들의 언어실행인 음성언어, 즉 구어(spoken language)를 문법기술의 대상으로 삼는다. 따라서 구조주의문법에서는 음성(sound)의 기술이 문법연구의 시발점이 되어야 한다고 주장하며 기존의 전통문법에서와는 달리 음성연구에 주안점을 두어 음성학(phonetics) 발전에 크게 기여하기도 하였다. 또한, 구조주의문법에서는 한 언어의 연구는 다른 언어와 상관없이 독자적으로 이루어져야 한다고 보며, 문법기술은 현재 원어민(native speakers)들이 직접 사용하고

---

2) 구조주의문법(Structuralist Grammar)은 구조문법(Structural Grammar)이라고도 하며, 구조주의문법이 미국에서는 소위 발견과정(Discovery Procedure)이란 엄격한 학문적 방법론을 도입하여 언어를 과학적으로 기술한다고 하여 기술언어학(Descriptive Linguistics)이라고도 불리어졌다.

있는 언어자료(corpus)를 직접 수집하여 분석하고, 그 결과를 목록으로 작성함으로써 귀납적으로 개별언어들의 문법이 기술되어야 한다고 주장한다.[3)]

또한, 구조주의문법에서는 한 인간이 경험에 의해서 습득한 머릿속의 내재언어는 경험의 대상인 외재언어와 동일한 형태로 존재한다고 가정한다. 왜냐하면, 행동주의 심리학에서는 경험에 의해 형성되는 습관은 그 경험의 내용과 일치한다고 보기 때문이다. 그러므로 외재언어를 경험함으로써 습득된 내재언어는 외재언어와 동일한 실체라는 것이다. 즉, 외재언어가 소리와 의미의 구조를 갖는 언어 대상들(linguistic objects)--즉, 단어와 단어들의 구조적 결합으로 이루어지는 구와 문장--의 집합이므로, 인간의 머릿속에 습득된 내재언어도 이러한 언어 대상들의 집합체로 이루어져 있다는 것이다.[4)] 즉, 구조주의 언어학자들은 말을 학습한 인간의 머릿속에는 학습한 언어의 단어와 구 그리고 문장들로 가득 차 있다는 것이다. 〈이는 마치 우리 학생들이 영어단어나 문장을 반복적으로 학습하여 머릿속에 그 단어나 문장을 암기하는 결과와 같다.〉 또한, 사람이 말을 한다는 것은 경험을 통해 이미 머릿속에 입력(습관화)되어 있는 언어 대상들을 있는 그대로 발성기관을 통해 출력(발화)한다는 것에 지나지 않다는 것이다.

---

3) 미국의 언어학자 Charles C. Fries는 영어의 문법을 철저히 귀납적으로 기술하기 위하여, 정부당국의 협조를 얻어 당시 일반인들이 교류하는 서신에서 직접 자료를 발췌하여 American English Grammar (1940)를 저술하였으며, 또한 그 이후 더욱 직접적인 언어자료의 확보를 위해, 정부당국의 승인 하에, 당시 일반인들의 전화내용 속에서 자료를 수집하여 The Structure of English(1952)를 저술하기도 하였다. 그러나, 이러한 구조주의 언어학(structuralist linguistics)의 귀납적인 언어기술 방법론은, 원어민의 직접적인 언어자료가 최적의 문법기술을 위해서는 불충분하며 불완전하다는 차원에서, 이후 변형생성문법학자들(Transformational Generative Grammarians)에 의해서 크게 비판을 받게 된다.

4) 언어가 내부구조(internal structure)를 갖는 일관된 구조체계(coherent structural system)라는 사실을 처음 발견한 것은 구조주의문법이다. 즉, 구조주의문법에서는 언어의 가장 작은 단위가 음소(phoneme)이며, 음소들이 구조적 결합에 의해서 만들어내는 최소 의미단위가 형태소(morpheme)이고, 이 형태소들이 구조적으로 결합하여 만들어내는 문장의 기본 단위가 단어(word)이며, 또한 단어들이 구조적으로 결합하여 만들어내는 기본적 통사단위가 구(phrase)이며, 이 구들이 구조적으로 결합하여 만들어내는 의사소통의 기본단위가 문장(sentence)이라고 본다.

소쉬르는 한 사회에서 통용되며 그 사회의 구성원들이 경험하게 되는 언어를 랑거(langue)라 하고, 이 랑거의 경험을 통해 구성원들이 개인적으로 습득하여 사용하게 되는 언어를 파롤(parole)이라 규정하고 있다.[5] 랑거는 항구적이며 공통적이며, 추상적인 반면, 파롤은 일시적이고, 개인적이며, 구체적이다. 랑거의 경험으로 파롤이 습득되며, 파롤은 다시 랑거를 형성한다. 언어 습득의 차원에서 보면, 파롤을 개인적 내재언어라 볼 수 있고 랑거를 사회적 외재언어라고 볼 수 있다. 이러한 관계를 도식으로 나타내면 다음과 같다.

(1)
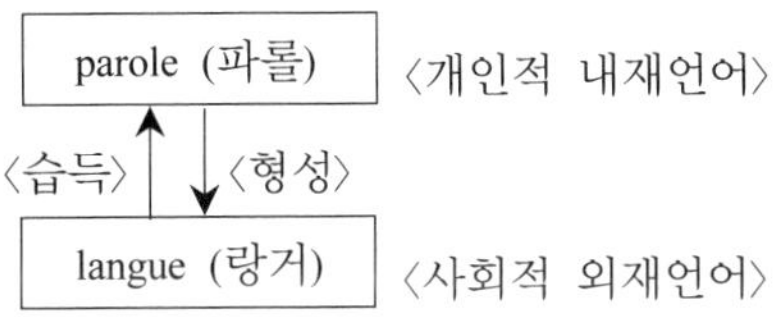

구조주의문법은 유럽에서 시작되었으나 1930년경 이후 미국으로 건너와 과학적인 분석과 독자적인 방법론을 개발함으로써 언어학(Linguistics)이란 독자적인 학문의 장르로 꽃을 피웠다. 유럽의 구조주의는 크게 제네바 학파(Genéva School), 프라그 학파(Prague School), 코펜하겐 학파(Copenhagen School) 학파로 나누어진다. 제네바 학파는 소쉬르의 고전적 구조주의를 이어가는 학파이고, 프라그 학파는 기능언어학의 전통을 이어가는 학파로 기호(symbol)로서의 음성(sound) 단위에 관심을 갖고 음운론(phonology)의 연구에 기여해왔다. 코펜하겐 학파는 실증주의적 언어연구를 중시한 Prague 학파와 달리 언어기호의 추상성을 강조함으로써 신소쉬르주의(Neo-Saussurianism)으로 발전하였으며, 단위의 통합적, 연합적 결합방법을 연구대상으로 삼음으로써 통사론적 연구에 기여하였다.

미국의 구조주의문법은 Yale 대학에서 비롯되었다. 분포주의적 분석방법으로 유명한 최초의 구조주의 학파는 블룸필드(Leonard Bloomfield

5) 이러한 소쉬르의 주장은, 그의 사후에 출간된, 그가 1906년에서 1911년 사이에 제네바대학에서 강의한 내용인 『일반언어학강의』(Cours de Linguistique Générale, 1916)의 주제였다.

1887-1949)에 의해 창설되었다. 그래서 이 학파는 예일 학파(Yale School) 이외에 블룸필드 학파(Bloomfield School), 분포주의 학파 등으로 호칭되기도 한다. 미국의 구조주의는 문헌 중심의 전통문법적 연구방법을 버리고, 미국 원주민 언어(American Indian Language) 언어의 연구 등과 같이 실천적 언어연구에 관심을 가졌다. 이러한 관점에서 미국의 구조주의문법을 유럽의 구조주의와 구분하여 기술언어학(Descriptive Linguistics)라 한다. 기술언어학의 토대를 마련한 학자로는 블룸필드 이외 Edward Sapir가 있는데, 특히 Sapir는 인류학자로서 그의 스승인 Boas와 함께 미국 원주민 언어의 연구에 탁월한 업적을 남겼다. 그들은 문자에 앞서 음성언어를 엄격한 자연과학적 방법론에 입각하여 객관적으로 관찰, 분류, 기술하였다. 이론적 접근보다는 실제 원어민(native speakers)이 사용하는 언어의 분석에 관심을 가졌으며, 이러한 연구방식에 충실한 학자가 바로 Charles C. Fries이다. Fries는 그의 저서 American English Grammar (1940)에서는 당시 3,000통의 일반인의 편지를 개봉하여 발췌한 예문을 기초로 영어의 문법을 기술하였으며, 그 뒤에 출판된 The Structure of English (1952)는 전화 통화내용을 비밀리에 50시간 분을 녹취하여 발췌한 예문을 언어연구의 자료로 활용한 저서이다. 구조주의 기술언어학은 20세기 중반 노암 촘스키(Noam Chomsky, 1929-현재)[6]라는 걸출한 언어

6) R. Barsky는 그의 『노암 촘스키의 전기』(*Noam Chomsky: A Life of Dissent*, 1997) 서문에서 촘스키 교수를 다음과 같이 소개하고 있다.
"촘스키는 금세기의 가장 중요한 인물로서, 우리에게 갈릴레오, 데카르트, 뉴턴, 모차르트 또는 피카소가 있다면, 미래에는 촘스키가 있을 것이다. 그는 생존 인물 가운데 가장 많이 인용되고 있는데, 1980년부터 1992년까지 인문·예술 인용지수(AHCI)에서 4,000회를 기록했을 뿐 아니라, 마르크스와 프로이트를 비롯하여 가장 많이 인용되는 인물 10걸(즉, 마르크스, 레닌, 셰익스피어, 아리스토텔레스, 성경, 플라톤, 프로이트, 촘스키, 헤겔, 키케로의 순서)에서 여덟 번째 순위에 올라 있다. 촘스키는 과학에서도 빼놓을 수 없는 인물로서, 과학 인용지수(SCI)에 따르면 1974년에서 1992년까지 1619회 인용된 것으로 나타났다. 또 그는 기초과학에 대한 공헌을 인정받아 1988년 일본판 노벨상이라 할 수 있는 교토상을 수상하기도 했다. 촘스키는 70여권의 저서를 냈고, 언어학, 철학, 정치학, 인지과학, 심리학 등의 방대한 분야에서 1,000여 편의 논문을 발표했다. 29세에 MIT의 부교수에 임명되었고, 32세에 정교수가 되었으며, 37세 때 석좌교수에 올랐고, 47세 때 가장 탁월한 교수에게 주어지는 영예인 Institute Professor에 임명되었다."

학자의 출현 전까지 많은 탁월한 언어연구의 업적을 남겼다.

구조주의문법은 전통문법이 취하는 언어기술의 방식과 태도를 비판하며, 언어기술은 문법학자의 판단이 아니라 원어민의 언어사용이 언어기술의 대상이 되어야 한다고 보며, 언어기술은 현상에 대한 객관적인 분석에 의해서만 가능하다고 보았다. 언어기술에 있어 대조(contrast)와 대치(substitution) 등의 기술적 방법(descriptive technique)과 소단위에서 대단위로 나아가는 분석의 순서를 정함으로써 과학적 접근을 시도하였다.[7)]

실증주의적 사조에 기반을 둔 구조주의문법이 기술언어학으로 발전하면서 과학적 언어기술이 정점에 이르고 있을 지음, 1957년 노암 촘스키는 『통사구조론』(Syntactic Structures (Chomsky 1957))을 통해 데카르트 이후에 이어져 오던 이성주의 철학을 기조로 구조주의문법의 전통을 일시에 뒤집는 혁명적인 새로운 문법이론을 주창하게 되는데, 이 문법이론이 바로 변형생성문법(Transformational Generative Grammar)이다.[8)] 변형생성문법이론에서는 이성주의적 관점에 따라 인간의 언어기능(linguistic faculty)을 본유적(innate)인 것으로 본다. 즉, 인간의 언어기능은 경험에 의해 습득되는 것이 아니라 추리력, 기억력, 사고력 등의 다른 인지능력과 마찬가지로 세상에 태어나면서부터 본유적으로 보유하고 있는 본유적 인지능력이라는 것이다. 변형생성문법에서는 인간은 본유적으로 언어규칙의 체계(a set of linguistic rules)를 뇌 속에 보유하고 있다는 것이며, 이러한 본유적 언어규칙체계의 주장은 자연히 '모든 인간의 머리에는 동일한 문법체계가 존재한다'는 소위 보편문법(universal grammar: UG)의 가설로 이어진다. 따라서 인간의 언어습득에 관해서 이

---

7) 이러한 언어기술의 새로운 방법론을 소위 '발견과정(Discovery Procedure)'이라 한다.

8) 변형생성문법(Transformational Generative Grammar)을 약칭 변형문법(Transformational Grammar), 혹은 생성문법(Generative Grammar)이라고도 부른다. 본서에서는 가급적 원명인 변형생성문법으로 호칭하고자 한다. 참고로, 본서에서 '생성언어학(Generative Linguistics)' 혹은 '생성주의 언어학(Generativist Linguistics)'이라 칭하는 명칭은 '촘스키 언어학(Chomskyan Linguistics)'이란 명칭과 같은 말로, 20세기 중반에 대두된 '변형생성문법'과 20세기 후반에 제안된 '최소주의문법(Minimalist Grammar)'을 묶어 20세기 초반에 F. 소쉬르에 주창된 '구조주의문법(Structural Grammar)' 혹은 '구조주의 언어학(Structuralist Linguistics)'과 대조하여 부르는 이름이다.

성주의적 관점을 채택하는 변형생성문법에서는 당연히 보편문법의 실체를 규명하는 것이 언어연구의 일차적인 목표가 된다. 즉, 변형생성문법에서는 본유적인 보편문법의 체계로 인간의 뇌 속에 내재되어 있는 내재언어를 일차적인 언어로 규정하고, 이러한 내재언어를 언어연구의 대상으로 삼는다. 변형생성문법 언어학자들에 의하면, 보편문법의 체계는 문장을 만드는 한정된 수의 규칙으로 이루어져 있는데, 인간은 이 한정된 수의 규칙을 반복적으로 적용하여 사실상 무한한 수의 문장을 만들어 낸다는 것이다. 이 무한수의 문장들이 바로 한 언어의 외재언어를 구성한다. 변형생성문법에서는 사실상 한 언어에 사용되는 문장의 수는 무한히 많다고 본다.[9] 따라서, 언어사용을 창조적 활동으로 본다. 변형생성문법(Transformational Generative Grammar)에서 생성(generation)이란 표현은 바로 유한수(finite set)의 언어규칙이 무한수(infinite set)의 문장구조, 구체적으로 말하면 음운구조(phonological structures), 의미구조(semantic structures), 그리고 통사구조(syntactic structures)를 갖는 무한수의 언어표현을 생성한다는 뜻에서 붙여진 이름이다. 이러한 관계를 도식으로 나타내면 다음과 같다.

(2) 유한수의 본유적 언어규칙 (내재언어)

↓ 〈생성〉

무한수의 문장구조 (외재언어)

변형생성문법은 오늘날까지 많은 발전과 변화가 있어왔고, 언어연구의 업적도 괄목할 만하다. Frederick J. Newmayer(1980)에 의하면, 변형생성문법은 지난 2,500년 동안의 문법연구를 통해 얻은 언어의 이해보다도 불과 25년간의 업적으로 더 많은 언어의 속성을 규명해 내었다고

9) Miller, Galanter & Pribram(1960)의 "Plans and the Structure of Behavior"에서는 영어에서 20개 이하의 단어로 이루어지는 문장의 수는 10^{30}개나 된다고 주장한다. 참고로, 1 세기의 시간을 초로 계산한 수는 3.15×10^{9}초이다.

주장하고 있다.[10] 변형생성문법의 가장 큰 특징은 보편문법(universal grammar: UG)을 가정하며, 자연과학적 이론과 마찬가지로 문법을 구조의 제약과 평가 기준을 준수해야 하는 언어학으로 규정하고 있는 것인데, 이러한 특성을 높이 평가해 C. F. Voegelin은 International Journal of American Linguistics 24 (1958: 229-231)에 게재한 그의 서평 "Review of Noam Chomsky, Syntactic Structures"에서 『통사구조론』(*Syntactic Structures* (Chomsky 1957))이 그 목표를 일부만 성취한다 할지라도 "코페르니쿠스적 혁명(Copernican revolution)을 이루어낸 것이다"라고 언급하고 있다. 이러한 측면에서 이후 John Searle(1972) 등 현대언어학자들이 변형생성문법의 주창을 촘스키 혁명(Chomskyan Revolution)이라 부르게 되었다. 촘스키 혁명의 시작을 최초로 알린 학자는 Robert B. Lees이다. 당시 언어학계에서 명성을 떨치던 Lees(1957)는 당시로서는 무명 학자인 촘스키가 네덜란드 헤이그에 있는 모턴출판사(Mouton Publisher, The Hague)에서 출판한 『통사구조론』(*Syntactic Structures* (Chomsky 1957))을 광범한 구독자를 확보하고 있던 Language 33 (1957: 375-408)이라는 언어학술지에 게재한 그의 서평 "Review of Noam Chomsky, Syntactic Structures"를 통해 새로운 자연과학적 언어학 방법론의 출현에 큰 찬사를 보냈다.

2. 데카르트주의 언어학의 부활

2.1 데카르트주의 언어학의 실체

'데카르트주의 언어학(Cartesian Linguistics)'[11]이란 르네 데카르트 이후에

10) Newmeyer(1980: 250)는 다음과 같이 표현하고 있다.
"On the basis of this idealization, more has been learned about the nature of language in the last 25 years than in the previous 2500 years."

11) '데카르트주의 언어학(Cartesian Linguistics)'의 호칭은 촘스키의 저서 『데카르트주의 언어학』

인간정신(human mind)(즉, 고기토)에 대한 데카르트의 본유성가설(innateness hypothesis)을 이어받아 이를 명시적인 언어이론과 기술에 접목하고자 했던 소위 1660년대의 포트-로얄 문법학자들(Port-Royal grammarians)[12)]에서부터 훔볼트(Wilhelm von Humboldt 1767-1859)에 이르기까지 일련의 '철학문법(philosophical grammar)'의 전통을 일컫는 말이다.

촘스키는 그의 저서 『데카르트주의 언어학』(Cartesian Linguistics, Chomsky 1966)에서 "데카르트는 기계적 설명의 한계를 연구하는 과정에서 기계적인 설명이 상당 범위까지는 인간의 신체적 기능과 행동을 설명할 수 있지만, 인간에게는 순전히 개계적인 근거만으로는 설명될 수 없는 고유한 능력이 있다는 결론에 도달했다. 데카르트의 견해로 볼 때, 인간과 동물의 차이점은 인간의 언어에서 가장 명백하게 나타난다. 특히 '인간의 창조성'이란 측면에서 그러하다."라고 말한다.

데카르트식 이성주의 철학을 기반으로 변형생성문법을 주창함으로써 언어학의 실증주의적 전통을 무너뜨리고 코페르니쿠스적 혁명을 일구어낸 소위 촘스키 혁명의 실체는 사실상 그간 한 세기 이상을 수면 아래에 묻힌 채 부당하게 저평가되어 온 이른 바 '데카르트주의 언어학'에로의 회귀라 해도 과언은 아니다.[13)]

(*Cartesian Linguistics*, Chomsky 1966)에서 유래된 것으로, 여기서 촘스키가 '데카르트주의(Cartesian)'라고 부른 용어는 일반적으로 받아들여지는 데카르트주의란 개념과는 다소 차이가 있다. 촘스키는 이 개념을 확대하여 "데카르트에 의해 제시되지 않았던 일련의 사상들과 데카르트의 제자들에 의해 거부되었고 반데카르트주의자들에 의해 처음으로 제시된 사상들까지" 망라하고 있다(R. Barsky 1997 참조).

12) 포트-로얄 문법학자들이란 프랑스 파리의 한 수도원인 포트-로얄(Port-Royal)에 소속된 일단의 학자들로 1660년대 데카르트의 영향을 받아 소위 '철학문법(Philosophical Gramar)'을 확립한 사람들을 말한다. 이들은 심층구조와 표층구조의 차이를 제시하면서, 촘스키의 생성문법이론과 마찬가지로 유한한 방법을 이용하여 무한한 문장을 생성할 수 있게 해주는 심리적 규칙이 있다고 주장했다. 당대 포트-로얄 학자들을 포함하여, 데카르트주의 언어학의 대표적 출판물로서는 Arnauld and *Lancelot(1660)*의 *Port-Royal Grammaire générale et raisonnée*, Arnauld and Nicole(1662)의 *La logique ou l'art de penser, the Port-Royal Logic*, N. Fontaine(1736)의 *Memoires Pour Servir A L'Histoire de Port-Royal*, Humboldt의 *Über die Verschiedenheit des menschlichen Sprachbaues und ihrenEinfluss auf die geistige Entvickenlung des Menschengeschlechts* (ed. by Dümmler 1960) 등이 있다.

그러면, 왜 데카르트주의 언어학이 이렇게 오랜 기간 무시되고 잊혀져 온 것일까? 이 문제에 대해 L. Kampf(1994)는 다음과 같이 언급한다. 즉, 17세기에 대륙의 합리주의자(Rationalists)와 영국의 경험주의자(Empiricists)들 사이에 격렬하게 벌어졌던 사상의 전투에서 John Dryden(1631-1700)과 Jonathan Swift(1667-1745) 등을 포함하여 당시 사회적으로 큰 영향력을 행사하던 대부분의 문학가들이 경험의 우위성(primacy of experience)을 강조함으로써, 사실상 '타불라 라사'를 주장한 죤 록크는 이 전투에서 영웅이 되었고, '고기토'를 주장한 르네 데카르트는 악한으로 전락하고 말았다. 뿐만 아니라 Isaac Newton(1642-1727) 등 귀납적 방법론을 앞세운 근대 과학자들의 기계론적 자연주의(mechanist naturalism)와 1760년경 영국에서 시작된 산업혁명(Industrial Revolution)은 실증주의 철학의 바탕을 더욱 견고히 하는 결과를 낳았으며, 19세기 이후 이러한 실증주의적 전통은 더욱 힘을 더해가, 마침내 20세기 초 언어학뿐만 아니라 심리학, 문학, 사회과학 등 학문 전반에 막강한 영향을 미친 소쉬르의 구조주의(Structuralism)를 낳았으며, 이러한 구조주의가 다시 미국으로 전파되어 Yale 대학의 블룸필드(Leonard Bloomfield 1887-1949)와 Harvard 대학의 스키너(Burrhus F. Skinner 1904-1990) 교수 등에 의해 행동주의(Behaviorism)로 꽃피우게 된다.[14] 그럼에도 불구하고, 19세기 이래로 실증주의(Empiricism)－구조주의(Structuralism)－행동주의(Behaviorism)의 전통에 얽매인 언어학자들은 오히려 데카르트주의 언어학을 '유심론(mentalism)'이라 비꼬며 사실상 교조적 실증주의(dogmatic empiricism)의 노예가 되어왔다고 해도 과언은 아니다. 이들은 오랜 기간 동안 언어의 창의성(linguistic

---

13) L. Kampf(1994)는 데카르트주의 언어학에 대해 다음과 같이 언급한다.

(i) ".... by an earlier tradition – a tradition which is almost unknown, having been maligned unjustly for over a century."

14) 행동주의(Behaviorism)란 심리학의 한 학파로 1913년경 John Watson에 의해 체계화되기 시작했으며, 그 핵심적 주장은 유기체가 외부환경과 내적인 생물학적 과정에 의해 주어진 조건(stimuli)에 반응하는 것으로 관찰된다는 것이다. 1920–1930년대의 고전기를 거쳐 Skinner, Spence, Miler 등으로 이어졌고, 소쉬르의 구조주의에 영향을 받은 Bloomfield 학파에 의해 언어의 습득도 자극과 반응(stimulus–response)으로 설명하려는 거대한 흐름으로 발전하였다.

creativity)과 같은 언어연구의 실체적 문제(substantive issues)들은 외면한 채, 자료의 수집과 분류 등의 연구방법론에 집착해 왔다. 이러한 와중에 간혹 창의성과 같은 언어의 실체적 문제에 관심을 갖는 언어학자들이 있었다 할지라도, 이들은 이러한 문제를 다룰 수 있는 충분한 수학적 기초와 논리학적 직관을 제공받지 못하였기 때문에 더 이상의 진척을 거둘 수는 없었다. 따라서 데카르트주의 언어학이 재탄생하기 위해서는 촘스키 혁명이 도래할 때까지 묵묵히 역사의 흐름을 기다릴 수밖에 없었다.

한편, G. Harman(1994)은 촘스키 혁명에 의해 재탄생한 데카르트주의 언어학의 특징을 다음과 같이 요약하고 있다.

첫째, 언어는 사고의 표현이며, 사고는 본질적으로 창의적이므로 언어사용에 창의적 국면이 존재한다고 본다.[15] (First, 'Cartesians' take language to be an expression of thought and believe that thought is essentially creative, they claim there is a 'creative aspect of language use.')

둘째, 문장에서 표면적인 음성구조와 내면적인 의미구조를 구분짓고, 일반적으로 의미를 나타내는 '심층' 구조는 소리를 나타내는 '표층' 구조와 동일하지 않다고 본다. (Second, they distinguish the superficial phonetic structure of a sentence from the underlying semantic structure and hold that 'deep' structure

---

15) 데카르트는 이러한 인간의 창조성에 관한 그의 '본유적 관념론(innateness ideology)'에서 다음과 같은 소위 '데카르트의 문제(Descartes' Problem)'를 제기한다.

(i) 어떻게 인간은 특정한 환경 속에서 어떤 방법의 행동을 보일 때 그 환경에 기껏 동기를 갖거나 성향을 띄는 정도인가? (How can we be only "incited and inclined" to act in certain ways in particular circumstances?)

이 문제는 사실상 인간의 행동양식에 대한 근원적인 문제 제기로, 인간의 행동은 실증주의(Empiricism) 철학과 행동주의(Behaviorism) 심리학에서 주장하는 바처럼 '특정한 자극(stimuli)에 대한 특정한 반응(responses)'의 공식으로 도저히 설명할 수 없는, 매우 창의적(creative)이고 생산적(productive)이며, 환경적 자극으로부터 자유로운 방식으로 이루어짐을 지적하고 있다. 데카르트는 '특정한 자극이 가해졌을 때 특정한 반응을 보이도록 조작된 기계를 상상할 수 있지만, 어떤 기계도 그 앞에서 행해지는 모든 대화에 대해 적절하게 응답하기 위해 자신의 언어를 다양한 방법으로 배열하는 일은 하지 못한다. 그러나 인간의 경우는 가장 지적 수준이 낮은 사람이라도 이것을 할 수 있다'라고 지적한다.

of meaning does not parallel ‘surface’ structure of sound.)

셋째, (본질에 대한) 설명이 (현상에 대한) 단순 기술보다 더욱 중요하다고 봄으로써 보편문법을 주창한다. (Third, they take explanation to be more important than mere description and therefore advocate universal grammar.)

넷째, 언어의 사용과 습득에 대해 탐구하고, 이러한 언어의 문제들이 원어민의 본유적 기능에 기초하고 있음을 확인한다. (Fourth, they examine the acquisition and use of language and take these to be based on innate capacity of the native speaker.)

또한, 위와 같은 데카르트주의 언어학의 전통을 따르고 있는 훔볼트는 그의 저서 *Über die Verschiedenheit des menschlichen Sprachbaues und ihrenEinfluss auf die geistige Entvickenlung des Menschengeschlechts*에서 ‘언어지식은 무엇으로 이뤄져 있는가?(What constitutes knowledge of language?)’라는 소위 훔볼트의 문제(Humboldt's problem)를 제기하고, 이 문제에 대해 스스로 ‘Language is *eine Erzeugung, not ein todtes Erzeugtes*.’라고 대답함으로써 언어를 소위 담화나 발화행위(utterances or speech acts)와 같은 일련의 축조된 대상물(a set of constructed objects)이 아니라 오히려 이러한 대상물들을 생산하는 일종의 생성작용(a process of generation)으로 본다. 즉, 훔볼트는 언어를 그 언어에서 사용되는 무한체계의 문장표현(infinite use of sentential expressions)들이 아니라 이러한 문장표현들을 제공하는 유한체계의 수단 혹은 규칙(finite means or rules)으로 본다. 따라서, 훔볼트에 의하면, 언어는 발성과 구조를 갖는 사고의 표현이 자유롭게 생산되고 이해되도록 해주는 일종의 생성과정(generative process)이다. 또한, 훔볼트는 인간언어의 창조적 측면에 초점을 맞추어, ‘인간언어는 단지 기능적인 의사소통의 한 형태가 아니라 생각의 표명이자 자기 표현의 방식이다’라고 주장할 뿐만 아니라 ‘언어란 인간에게 직접 주어진 것으로 보아야 한다. 언어적 원형이 인간의 정신 속에 이미 존재하지 않는다면, 언어는 발명되거나 생겨날 수 없을 것이다’라고 말한다. 이러한 측면에서, 훔볼트의 관점은 데카르트주의 언어학에 연유한다는 사실을 발견할 수 있다.

촘스키는 그의 저서 『데카르트주의 언어학』(Cartesian Linguistics, Chomsky 1966)에서 "훔볼트는 생성론적 방법을 언어학에 도입하여, 인간의 언어 활동은 주어진 상황에 대해 적절한 표현을 생산하는 일정한 조직 생성 원리를 바탕으로 하고 있다고 주장한다. 또 훔볼트는 생성원리로서 '언어형식'이라는 불변의 개념을 발전시킴으로써, 일상적인 언어사용에서 발견되는 개인들의 무한한 창조행위에 대해 그 범위와 수단을 제공함으로써 언어이론에 독창적인 중요한 공헌을 했다. 그럼에도 불구하고 훔볼트의 공헌은 아주 최근까지 인정되지도 이용되지도 않았다"라고 주장하면서, 촘스키 스스로도 "1960년대 초에 비로소 자신의 학문에서 강조하는 '인간의 창조성'이 훔볼트가 그의 저작에서 강조했던 것을 단지 재생시킨 것에 불과하다는 사실을 깨닫게 되었다"라고 언급하고 있다.

2.2 보편문법론의 정립

그렇다면, 19세기 이래 실증주의-구조주의-행동주의 전통의 기세 속에서 100년여 동안 침묵을 지켜왔던 데카르트주의 언어학을 일거에 부활시킨 촘스키 혁명(Chomskyan Revolution)의 강력한 원동력은 무엇인가? 많은 결정적인 이유 중에서도 단연 인간의 언어능력(linguistic competence)이 본유적 능력(innate capacity)임을 실증적으로 규명함으로써 데카르트가 주장한 '고기토'가 과연 본유적 실체임을 입증함과 동시에 보편문법(universal grammar: UG)의 실존을 확인하였다는 것이다. 따라서, 이하 본 절에서는 촘스키 혁명의 강력한 원동력인 그의 데카르트주의적 보편문법론을 소개하고자 한다.

2.2.1 언어능력의 본유성과 보편문법의 확인

인간의 언어능력에 대한 본유성가설(innateness hypothesis)과 이에 기인하는 보편문법론(theory of UG)은 촘스키(Chomsky 1957)가 제안하고 있는 변형생성문법(Transformational Generative Grammar)의 핵심적 주장이다. 즉, 언어습득에 관해 이성주의적 관점을 취하는 변형생성문법에서는 인간은 본유적인 보편문법(innate universal grammar)을 보유하고 있으며, 이 보편문법은 일련의 규칙(a set of rules) 형태로 인간의 인지체계 속에 내재화(internalized)되어 있다고 가정한다. 요컨대, 인간의 인지체계 속에 내재해 있는 내재언어(internalized language: I-language)는, 구조주의문법의 주장처럼 (후천적 경험으로 학습된) 단어나 문장들의 집합이 아니라, 한 언어에 사용되는 문장이나 단어들을 모두 만들어 내는 생성규칙의 체계(system of generating rules)이며, 이 생성규칙의 체계는 후천적 경험에 의한 것이 아니라 생득적으로 부여받은 본유적인 체계이므로 모든 인간의 인지체계 속에 동일한 형태로 존재하는 소위 보편문법이 된다는 것이다. 촘스키(Chomsky 1957)는 그의 혁명을 통해 이러한 가정을 입증할 다양한 증거들을 명시적으로 제시해 왔는데, 이들을 정리하면 다음과 같다.

먼저, 인간의 언어능력(혹은 내재언어)이 생성규칙의 체계라는 가정을 입증해 주는 증거들을 살펴보면 다음과 같다.

(3) 가. 인간은 한 번도 접해보지 못한 새로운 문장들까지도 만들어내며 알아듣는다.
나. 한 언어에 사용될 수 있는 문장의 수는 무한하다.
다. 언어학습 초기의 어린이들은 언어사용 시 규칙적인 착오를 유발한다.
라. 부분 실어증 환자의 실어 상태가 규칙적임이 확인된다.

위 (3)에 열거되는 증거들은 모두 인간의 머릿속(즉, 인지체계)에는 개별언어의 문장이 아니라 그 언어의 문법규칙이 내재해 있음을 보여준다. 만약, 인간이 후천적 경험을 통해 학습한 문장들을 머릿속에 지니고 있기 때문에 말을 할 수 있는 것이라면, 한 번도 경험하지 못한 문장은 머릿속에 입력되어 있지 않기 때문에 사용할 수도 없을 뿐만 아니라 듣고 이해할 수도 없을 것이다. (3가)의 관찰에서처럼 인간이 과거에 경험하지 않은 새로운 문장들(novel sentences)을 알아듣고 사용할 수 있다는 것은 인간의 머릿속에는 문장 자체가 아니라 그 문장을 생성하는 규칙들이 내재해 있음을 보여 준다.

또한, (3나)의 주장은 우리의 일상 언어사용 현상에 의해서 입증될 수 있다. 즉, 우리가 일상으로 사용하는 비상투적인 문장들은 거의 중복 사용되지 않는 상이한 문장들인데, 한 언어가 이 세상에 생겨난 이래 그 언어를 사용한 원어민(native speakers)의 수가 얼마나 많았으며 또한 앞으로 원어민의 수가 얼마나 더 있을 수 있는지를 생각해 보면, 과히 한 언어에 사용될 수 있는 문장의 수가 얼마나 많을 것인지 짐작할 수 있다. 이론적으로는 Miller, Galanter & Pribram(1960)의 연구에서 주장하고 있는 바처럼 영어에서 20개 이하의 단어로 만들어지는 문장의 수가 10^{30}개에 이른다는 사실에서도 한 언어에 사용되는 문장의 수가 무한하다는 것이 입증된다. 왜냐하면, 영어에는 20개 이상의 단어로 이루어지는 문장도 얼마든지 있을 수 있기 때문이다. 이론적으로는 수백 개, 수천 개의 단어로 이루어지는 문장도 있을 수 있다. 이렇듯 한 언어에 사용될 수 있는 문장의 수가 무한히 많을 수 있다는 사실이 인간의 머릿속에는 문장이 아니라 문장을 만들어내는 규칙이 내재해 있음을 입증해 준다. 즉, 인간의 머릿속에 문장이 내재되어 있다면, 우리가 일생동안 경험할 수 있는 문장의 수는 한정되어 있으므로 우리 머릿속에는 한정된 수의 문장이 내재해 있을 수밖에 없고, 따라서 우리는 무한히 많은 문장을 생성해 낼 수 없다. 한 언어에 존재하는 문장의 수가 무한히 많다는 것은 바로 우리의 머릿속에 내재해 있는 언어가 문장을 만들어 내는 한정된 수의 문법규칙이며, 이 문법규칙이 반복적으로 적용이 되어 수많은 새로운 문장들을 만들어 내기 때문인 것으로 볼 수 있다.

(3다)의 관찰도 문장은 우리의 인지체계 속에 있는 문법규칙에 의해 생성된다는 사실을 입증해 준다. Akmajian & Heny(1975)의 보고에 의하면 세 살 된 한 여아가 다음과 같은 예-아니오 의문문(yes-no questions)

들을 규칙적으로 말하는 사실이 확인되었다 한다.

(4) a. Is I can do that?	〈비교〉 a. Can I do that?
b. Is you should eat the apple?	b. Should you eat the apple?
c. Is Ben did go?	c. Did Ben go?
d. Is the apple juice won't spill?	d. Won't the apple juice spill?

〈비교〉 예문에서 암시하는 바와 같이, 이 어린이의 주변 어른들은 아무도 (4)의 의문문을 사용하는 사람이 없으므로, 이 어린이는 이런 유형의 의문문을 경험한 바가 없다는 것은 당연하다. 그럼에도 이 어린이가 이러한 의문문을 사용하는 것은 이러한 의문문이 경험에 의해 머릿속에 기억되어 있기 때문이 아니라, 아래 (5)와 같은 정상적인 의문문에서 유추되었을 수도 있는 의문문 규칙을 나름대로 인지체계 속에 구축하여 이를 활용하여 의문문을 만들어 낸다는 결론을 얻을 수 있다.

(5) a. Is daddy staying out tonight?
b. Is Uncle Harry spending the night here?
c. Is mummy going shopping again?

이 이외에도 Jean Berko(1958)의 연구논문 "The Child's Learning of English Morphology"에서는 학습 초기의 어린이들은 그들이 사용하는 문장 속에서 규칙적으로 *go*의 과거형으로 'goed'을, *buy*의 과거로 'buyed'을, *see*의 과거형으로 'seed'을 사용하는 경우가 관찰되었다고 보고하고 있다. 또한, 그녀는 명사의 복수형을 학생들에게 학습시키는 수업과정에서 상상의 동물 한 마리를 그린 그림을 학생들에게 제시하며 그 동물의 이름을 'wug'(이 단어는 사실상 영어에 없음)이라고 하고, 그 다음 같은 동물 여러 마리가 그려진 그림을 제시하며 무엇이냐고 묻자 학생들은 'wugs'라고 대답했다는 실험보고를 하고 있다. 이와 같이 과거에 경험한 적이 없는 말을 언어학습 초기의 어린이들이 규칙적으로 한다는 사실은 어린이들이 말을 할 때 머릿속에 기억되어 있는 문장이나 단어를 재생하는 것이 아니라, 이러한 문장이나 단어를 만드는 문법규칙에 의존한다는 사실을 말해주고 있다.

(3라)의 관찰도 인간의 언어사용이 문법규칙에 지배받는다는 사실을 확인시켜 주고 있다. (3라)는 신경언어학(neurolinguistics) 학자들의 보고인데, 이들의 보고에 의하면, 뇌 손상의 결과로 부분 실어증 환자(partial aphasia)가 된 사람들의 언어장애를 관찰해 보면, 그 장애가 매우 규칙적으로 나타난다는 것이다. 즉, '토씨'만을 빼먹는다든지, 특정의 이미지가 유사한 단어들(예컨대, '꽃,' '사랑,' '애인,' '님,' '조국' '연인' 등등)의 구분을 못한다든지, 존대말이나 부정문, 또는 의문사 의문문만을 사용할 줄 모른다든지 하는 현상을 발견할 수 있다는 것이다. 이러한 사실도 역시 우리의 뇌의 인지체계 속에는 문장이 입력되어 있는 것이 아니라 그 문장을 만들어 내는 문법규칙들이 내재해 있다는 사실을 입증해 주게 된다. 즉, 뇌의 충격으로 언어를 담당하는 인지체계가 부분적으로 손상을 입게 되면, 문법규칙체계가 일부 손상을 입게 된 결과가 되므로 일부 문법규칙만이 상실될 경우에 일어나는 부분적 실어 현상이 발생한다는 것이다.

이제 규칙의 형태로 인간의 인지체계 속에 존재하는 내재언어가 본유적인 언어기능인 보편문법임을 입증하는 증거들을 고려해 보자. 사실상 내재언어가 규칙의 체계로 존재한다는 사실 자체가 반드시 보편문법의 존재를 입증해 주는 것은 아니다. 왜냐하면, 후천적 경험을 통해서도 규칙을 습득할 수 있기 때문이다. 즉, 장기나 바둑 놀이를 자주 보게 되면 누가 가르쳐 주지 않더라도 저절로 장기나 바둑의 규칙을 알게 되는 이치와 마찬가지로, 지능이 뛰어난 인간은 주변의 사람들이 사용하는 모국어를 반복적으로 경험하게 되면, 모국어 속에 나타나는 문법규칙들까지도 쉽게 파악하여 습득할 수 있을 것으로 생각할 수 있다. 그럼에도 불구하고 인간의 인지체계 속에 존재하는 내재언어가 본유적인 보편문법임을 입증해 주는 증거들은 다음과 같다.

(6) 가. 개별언어(particular languages)들이 공유하는 많은 보편성(universals)이 존재한다.
나. 언어지식(linguistic knowledge)은 무의식적 지식(unconscious knowledge)이다.
다. 언어지식은 고도로 난해한 지식(highly complex knowledge)이다.
라. 언어지식은 아무런 노력 없이도(effortlessly) 쉽고(easily) 빠르게(speedily) 학습된다.
마. 언어지식은 서로 상이한 경험(different experiences)을 통해서도 거의 동일한 지식(fully identical knowledge)으로 습득된다.
바. 언어지식은 빈약한 경험(insufficient experiences), 즉 부족한 자극(impoverished stimuli)에도 불구하고 완벽한 지식(complete knowledge)으로 습득된다.
사. 언어지식에는 경험하지 않은 지식(inexperienced knowledge)도 발견된다.
아. 오직 인간만이 고도로 발달된 의사소통체계(highly developed communication system)인 언어를 소유하고 있다.

위 (6)에 제시되는 증거들은 모두 우리의 인지체계 속에 존재하는 내재언어(즉, 언어지식)가 본유적인 지식이라는 사실을 입증해 주는 증거들이다. 인간의 내재언어가 경험에 의해 습득된다면 (6)에서 언급하고 있는 사실들이 도저히 설명될 수 없다.

즉, (6가)는 이 세상에 존재하는 수많은 개별언어들에 많은 공통점이 있음을 말해주고 있는데, 만약 이들 개별언어들이 경험에 의해 습득된 것이라면, 영어, 러시아어, 한국어, 이탈리아어, 일본어, 중국어 등등 이 세상의 모든 언어들은 각기 상이한 독자적인 경험에 의해 습득된 개별언어들이므로 실증주의적 관점에서 보면 공통점이 거의 없어야 한다. 그럼에도 불구하고, 영어와 한국어를 비교해 보면, 많은 공통적 속성이 존재하며, 이들 공통적 속성은 기타의 다른 언어들에도 공유되고 있음을 확인할 수 있다. 예컨대, 이 세상의 모든 언어에는 문장이 주부(subject)와 술부(predicate)로 구성되며, 명사(noun), 형용사(adjective), 부사(adverb),

동사(verb) 등등의 품사(word class)가 존재하며, 의문문(questions), 부정문(negatives), 긍정문(positives), 명령문(imperatives) 등등의 문의 종류가 있다. 뿐만 아니라, 변형생성문법학자들의 연구결과에 의하면 핵계층이론(X-bar Theory), 격이론(Case Theory), 의미역이론(θ-Theory), 결속이론(Binding Theory), 통제이론(Control Theory), 한계이론(Bounding Theory) 등등 대부분 변형생성문법의 언어원리들이 모든 인간언어에 공통적으로 적용되고 있음이 확인된다. 요컨대, 한 언어에서 주변문법으로 기술되는 제한적인 자의적, 예외적 언어현상 이외에 대부분의 언어현상은 다른 인간언어에도 공통적으로 나타나는 보편적 속성이라고 보아야 한다.

(6나)는 언어지식이 생득이라는 간접적인 증거가 된다. 우리가 알고 있는 바둑이나 장기 규칙 등 대부분 후천적 경험에 의해 습득되는 지식은 의식적(conscious)이거나 기억을 하지 못한다 하더라도 잠재의식적(subconscious)인 것이지만, 언어지식은 무의식적(unconscious)이다. 만약 언어지식이 의식적이라면, 언어학자들이 철저한 과학적 방법론을 동원해 문법을 연구할 필요가 없어진다. 왜냐하면, 원어민 한 사람만 있으면 그의 의식에 의존해 그 언어의 모든 문법규칙을 규명할 수 있기 때문이다. 그러나 모국어에 관한 언어지식은 무의식적 지식이기 때문에 고도의 훈련을 받은 전문적인 언어학자들이 엄격한 과학적 방법론에 입각해 철저히 검증해야만이 밝혀질 수 있다. 이렇듯이 무의식적 지식인 언어지식은 다른 의식적인 지식과 달리 본유적 지식으로 보아야 한다.

(6다)와 (6라)는 서로 밀접하게 관련되는 증거이다. 즉, 언어지식은 경험에 의해 쉽게 습득될 수 없는 고도로 복잡하고도 난해한 지식임에도 불구하고,[16] 모국어를 학습하는 어린이들은 큰 어려움이나 노력도 없이 2-3세 정도의 이른 나이에 이미 모국어의 문법체계를 완전하게 습득한다는 것이다. 이러한 모국어의 언어습득 현상은 언어습득이 본유적이

16) 사실상 외국어로서의 언어를 학습할 때, 언어가 쉽게 학습되지 않는 매우 난해한 구조를 지니고 있음이 확인된다. 즉, 외국어는 장기간 과학적인 교수법으로 교육한다 하더라도 쉽게 학습되지 않을 만큼 복잡하고 난해하다.

아니라면 도저히 설명할 수 없는 현상이다. 실증주의적으로는 어려운 지식의 습득은 그것에 상응하는 많은 노력과 시간을 필요로 한다.

(6마)는 한 언어 공동체에 속해 있는 원어민들이 자유롭게 의사소통을 한다는 것은 서로 동일한 문법규칙을 가지고 있기 때문이라는 사실을 전제로 한다. 즉, 원어민들이 동일한 언어지식을 가지고 있다면, 원어민들의 언어지식은 본유적인 것으로 보아야 한다는 것이다. 사실상, 모국어를 학습할 때 원어민들은 모두 서로 다른 유형의 경험을 하게 된다. 어떤 사람은 조용한 대화를, 어떤 사람은 싸우는 소리를, 또 어떤 이는 의문문을, 또 다른 이는 명령문을 먼저 듣기도 한다. 시골의 촌부 가정에서 언어를 학습한 사람이 있는가 하면, 서울의 언어학자 가정에서 언어를 학습한 사람도 있다. 이처럼 모든 원어민의 모국어 학습 경험이 서로 다르다면, 실증주의적으로는 동일한 지식이 습득되어서는 안 된다. 그럼에도 불구하고, 원어민들의 언어지식이 동일하다는 것은 바로 모국어의 언어지식이 본유적임을 말해 준다.

또한, (6바)의 관찰에 의하면, 원어민의 언어경험은 매우 불완전하거나 제한적임에도 불구하고 습득한 언어지식은 완전하다는 것이다. 실증주의적으로는, 불완전하거나 불충분한 경험을 하게 되면 습득되는 지식도 또한 부정확하거나 빈약하여야 한다. 실제로 원어민이 경험하는 언어자료들은 매우 빈약하며 불완전하기 짝이 없다. 왜냐하면, 우리가 일상생활에서 의사소통의 수단으로 사용하는 말은 심리적 상태나 환경에 따라 크게 영향을 받아 흔히 비문법적으로 변형되거나 왜곡되는 형태로 나타날 뿐만 아니라 원어민들은 그들의 주변 사람들이 사용하는 말만을 매우 제한된 시간 동안 경험하기 때문이다. 그럼에도 불구하고, 원어민들은 언제나 완벽한 의사소통을 할 수 있고, 이는 바로 원어민이 완전한 언어지식을 소유하고 있음을 말해주는 것이다. 따라서 (6바)의 관찰은 원어민의 언어지식이 본유적임을 입증해 주는 증거가 된다.

(6사)의 주장은 원어민의 언어지식 체계에는 실제로 경험할 수 없는 지식까지 발견된다는 것이다. 경험할 수 없는 지식까지도 언어지식 체

계에 존재한다면, 이는 바로 언어지식이 본유적임을 말해주는 직접적인 증거가 된다. 이러한 사실을 확인하기 위해서 아래 예문들을 고려해 보자.17)

(7) a. 철수는 누가 책을 산 사실을 아니?
b. 철수는 영희가 무엇을 산 사실을 아니?
c. 철수는 영희가 언제 책을 산 사실을 아니?

(8) a. *철수는 영희가 왜 책을 산 사실을 아니?
b. *철수는 영희가 왜 운 소문을 들었니?

한국어의 원어민들은 (7)의 예문들은 문법적이나 (8)의 예문들은 비문법적임을 알고 있다. 그러나 (8)의 예문들은 한 번도 경험한 적이 없는 문장들이다. 왜냐하면, 비문법적인 문장은 결코 의사소통의 수단으로 사용되지 않기 때문이다. 그럼에도 불구하고, (8)의 문장이 비문법적이라는 사실을 알고 있다는 것은 경험하지 않은 지식을 원어민이 가지고 있다는 것이다. 이는 곧 언어지식이 경험적 지식이 아니라 본유적 지식임을 말해준다.

아래에서 대비되는 영어의 경우도 마찬가지다.

(9) a. I gave back the car to him.
b. I gave the car back to him.
c. I gave him back the car.
d. I gave him the car back.

(10) a. *I gave the car to him back.
b. *I gave back him the car.

17) 문장 앞에 표시하는 별표 (*)는 그 문장이 비문법적임을 의미한다.

영어의 원어민들도 경험할 수 없는 (10)의 예문들이 비문법적이라는 사실을 알고 있는데, 이는 영어의 원어민이 가지고 있는 언어지식도 본유적임을 말해주는 것이다.

실증주의자들의 주장에 의하면, 경험을 통한 지식의 습득은 지능의 수준과 비례하는데, 그럼에도 불구하고 3-4세의 어린이나 지능수준이 아주 낮은 백치들까지도 고도로 발달된 의사소통체계인 언어를 쉽게 습득하지만, 그 보다 지능수준이 높은 침팬지 등의 영장류 동물들도 오랜 시간 과학적인 훈련에도 불구하고 결코 초보적인 의사소통 이상의 언어를 습득하지 못한다는 사실이 확인되었다. 이러한 사실은 바로 인간의 언어지식이 경험적인 것이 아니고 본유적임을 말해주는 증거가 된다.

2.2.2 보편문법의 규명과 충족조건

본유적(innate)으로 타고나는 인간의 무의식적인 언어규칙 체계가 보편문법이라면, 언어학자들은 고도의 과학적인 기술과 방법론을 동원하여 이 무의식적인 보편문법의 체계를 규명하여야 한다. 그러면, 물리적으로나 감각적으로 확인되지 않는 무의식적인 인지체계의 지식을 어떻게 규명할 수 있을 것인가? 본절에서는 이러한 질문에 답하기 위하여, 현대 언어학자들(특히, 변형생성문법학자들)이 인간의 보편문법 체계를 규명해 나가는 데 동원하는 다양한 가정과 가설, 그리고 그 구체적인 방법론을 소개하고자 한다.

먼저, 현대 언어학자들은 다음과 같은 연구절차를 거쳐 개별언어의 문법이 규명된다고 가정한다.

(11) 가. 연구대상이 되는 언어현상에 관련되는 일련의 자료를 수집한다. (Select a set of data relevant to the phenomena being studied.)

나. 그 자료를 설명할 수 있는 일련의 원리(즉, 규칙)를 가정한다. (Hypothesize a set of principles (i.e. rules) which account for the data.)

다. 가정한 규칙을 더 많은 자료를 확보해 검증한다. (Test the hypothesized rules against further data.)

라. 필요할 경우, 가정한 규칙을 수정한다. (Modify the hypothesized rules as necessary.)

마. 수정한 규칙을 더 많은 자료를 통해 다시 검증하고, 필요한 경우 수정과 검증 과정을 계속 되풀이한다. (Test the modified hypothesis against yet more data ... and so on and so forth.)

요컨대, 언어자료를 통해 그 자료를 설명할 수 있는 문법규칙에 대한 가정을 세우고, 그 가정이 더 많은 관련 자료까지도 설명할 수 있는지 검증한다. 만약 검증과정에서 그 가정으로 설명할 수 없는 반증(counter-evidence)이 나타나면 그 반증까지도 설명할 수 있게끔 가정을 수정한다. 그 뒤 수정된 새로운 가정을 또 더 많은 자료를 통해서 검증하고, 필요하면 다시 수정하고 검증하는 작업을 되풀이해 나간다. 이러한 작업을 반증이 없을 때까지 계속해 나가면, 마침내 한 가정이 핵심문법에 당도한다는 것이다. 앞으로 본서에서 소개될 변형생성문법의 많은 규칙들이 실제로 위와 같은 절차를 거쳐 발견된 영어의 문법규칙들이다.

그러면, 위와 같은 연구과정에 활용되는 언어자료란 무엇을 말하는가? 구조주의문법학자들이 연구자료(corpus)로 삼았던 구어(spoken language), 즉 언어실행(linguistic performance)인 외재언어를 말하는가? 엄격한 의미에서 변형생성문법학자들이 수집하는 언어자료는 원어민들이 실제로 사용하는 '언어실행' 자체가 아니다. 변형생성문법학자들이 핵심문법의 규명을 위해 확보하는 자료는 원어민의 소위 언어직관(linguistic intuition)이다. '언어직관'이란 그 언어에 대한 원어민들의 문법성 판단(judgment of grammaticality)을 말한다. 변형생성문법학자들은 이러한 원어민들의 문법성 판단을 무의식적(unconscious)인 본유적 언어기능(즉 보편문법의 인지체계)에 기인하는 의식적(conscious)인 언어직관이라고 본다. 변형생성문법학자들은 이러한 언어직관의 과학적인 연구를 통해 본유적 언어기능, 즉 보편문법의 실체를 규명할 수 있다는 것이다. 예컨대, 다음 예문에 대해 영어의 원어민들은 문두에 표시되는 바와 같은 문법성에 대한 언어직관을 가지고 있다. (문두의 별표 (*)는 그 문장이 비문법적이라는 원어민의 문법성 판단을 나타냄.)

(12) a. They congratulated themselves.
b. *We congratulated themselves.
c. *You congratulated themselves.

그 언어의 표현에 대한 원어민들의 이러한 문법성 판정이 바로 변형생성문법학자들의 수집 대상이 되는 언어자료이다. 따라서, 언어실행인 외재언어(즉, 구어) 그 자체는 진정한 의미의 언어자료가 될 수 없다. 다만, 원어민들이 직접 사용하는 구어는, 그 자체가 원어민들로부터 당연히 문법적인 표현으로 인정받는 것이라는 점에서 언어자료가 된다.

한편, (11)과 같은 엄격한 절차를 거쳐 발견된 문법규칙이라 하더라도 그것이 곧 그 언어의 핵심문법 규칙이라고 볼 수는 없다. 그 규칙이 진정한 의미의 핵심문법으로 인정받기 위해서는, 그것이 보편문법을 기반으로 획득된 문법규칙이라는 것이 입증되어야 한다. 이론적인 입장에서 말하면, 이러한 보편문법에 대한 증명은 매우 간단한 방법으로 이행될 수 있다. 즉 위와 같은 절차를 통해 발견된 개별언어의 규칙이 적절한 매개변인의 설정으로 다른 개별언어들의 관련 언어현상까지도 확대하여 적용할 수 있는지 검증해 보는 것이다. 이러한 검증에서 완벽함이 입증되면 그 규칙은 보편문법을 기반으로 습득된 개별언어의 핵심문법으로 인정될 수 있다. 그러나, 만약 타 언어의 관련 자료를 통한 검증과정에서 심각한 문제점이 발생하면, 그 규칙은 보편문법을 기반으로 습득된 개별언어의 핵심문법 규칙으로 인정될 수 없다.

언어학자들이 엄격한 과학적인 연구를 통하여 기술해 놓은 문법의 체계가 어느 정도의 수준에 이르는 문법체계인가를 판정하는 데는 다음과 같은 세 가지 타당성의 기준이 있다.[18]

(13) 가. 관찰적 타당성(Observational Adequacy):

만약 어느 개별문법이 그 언어에서 관찰되는 자료를 명시적으로 설명할 수 있다면, 그 문법은 관찰적 타당성을 지녔다고 말할 수 있다. 즉, 한 문법의 체계가 한 언어의 임의적 언어표현에 대해 그 표현이 그 언어의 문장으로 적격한지 아닌지를 명시적으로 구별해 줄 수 있다면, 그 문법체계는 관찰적 타당성을 지닌다고 말한다.

나. 기술적 타당성(Descriptive Adequacy):

한 문법의 체계가 관찰적 타당성은 지니면서도, 그 언어의 언어표현에 대해 원어민의 직관을 반영하는 구조적인 기술(structural description)을 제공할 수 있다면 그 문법체계는 기술적 타당성을 지닌다고 말한다.

다. 설명적 타당성(Explanatory Adequacy):

기술적 타당성을 지닌 한 개별문법이 개별언어의 기술 수준을 넘어서, 자연언어 전반의 기술에까지 이를 수 있을 때 우리는 그 문법체계가 설명적 타당성을 지닌다고 말한다. 즉, 설명적 타당성을 지닌 문법체계란 보편문법을 기반으로 습득된 개별언어의 핵심문법임이 입증된 문법체계를 말한다. 따라서, 설명적 타당성을 지닌 문법체계는 언어의 보편성(language universals)과 본유적 습득론과도 부합되어야 한다.

요컨대, 관찰적 타당성은 최적의 문법(optimal grammar)이 지녀야 할 최소한의 조건으로, 한 개별문법의 체계가 그 언어의 모든 문법적인 문장을 다 생성할 수 있으면서도 동시에 비문법적인 문장은 단 하나도 생성하지 않을 때 우리는 그 문법체계가 관찰적으로 적절하다고 말한다.[19] 이렇게 관찰적으로 타당한 문법체계가 원어민의 언어직관을 반영하는 규칙의 체계로 이루어져 있다면 우리는 그 문법체계가 기술적 타

18) 타당성의 자세한 해설에 대해서는 A. Radford의 저서 Transformational Grammar (1988: 28-30)를 참조하시오.

19) 촘스키(Chomsky 1965)는 최적 개별문법(optimal particular grammar)에 대해 다음과 같이 언급한다.

(i) An Adequate grammar must generates all and only the well-formed sentences in that language.

당성을 지닌다고 말한다. 또한 원어민의 언어직관을 반영하는 규칙의 체계로 이루어져 있는, 소위 기술적 타당성을 지닌 개별문법이 그 개별언어의 핵심문법이라면 그 문법체계는 설명적 타당성을 지녔다고 말할 수 있다. 즉, 기술적 타당성의 견지에서 보면, 한 언어에 대해 기술적 타당성을 지닌 개별문법은 여러 개 있을 수 있지만, 설명적 타당성을 지닌 개별문법은 단 하나 밖에 있을 수 없다. 왜냐하면, 설명적 타당성을 지닌 개별문법이 바로 그 언어의 핵심문법을 말한다면, 그 핵심문법은 인간의 본유적인 보편문법을 기반으로 습득된 문법체계이므로 개별언어마다 단 하나의 핵심문법만이 존재하기 때문이다.

변형생성문법학자들이 지향하는 문법기술의 궁극적 목표가 바로 설명적 타당성을 지닌 문법체계를 규명하는 일이라면, 이는 곧 각 언어의 핵심문법을 모두 총괄(혹은 도출)하는 보편문법을 규명하는 일이 된다.

위에서 논의한 최적의 문법체계가 지녀야 할 세 가지 타당성은 사실상 모두 경험적 타당성(empirical adequacy)으로 집약될 수 있다. 왜냐하면, 한 규칙체계가 어떤 수준의 타당성을 지녔는지의 검증은 실제로 그 문법체계가 어느 정도 수준의 경험적 자료를 설명하고 있느냐에 대한 확인이기 때문이다. 요컨대, 한 문법체계의 타당성은 경험적 증거(empirical evidence)에 의해서 입증될 수 있다. 그러나, 현실적으로 볼 때 경험적 증거에 의해 한 문법체계의 타당성 정도를 정확히 검증한다는 것은 거의 불가능하다. 왜냐하면, 설명적 타당성의 경우 그것을 입증하는 경험적 증거의 수집은 모든 인간언어의 모든 자료로 확대되어야 하기 때문이다. 결국 완전한 관찰적 타당성을 입증하기 위해 수집하여야 할 한 개별언어의 경험적 자료도 마찬가지이지만, 완전한 설명적 타당성을 입증하기 위해 사언언어 전반에 걸쳐서 수집하여야 할 경험적 자료가 무한히 많다.

따라서, 변형생성문법학자들은 이론외적(theory-external)인 경험적 증거에 전적으로 의존하지 않고도 그들이 기술하고 있는 문법체계가 기술적 혹은 설명적 타당성을 확보하게 될 것인가를 진단해주는 다음과 같은 세 가지 이론내적(theory-internal)인 문법평가척도(grammar evaluation measure)가 있다고 주장한다. 요컨대, 경험적 결과가 동일한(즉, 타당성의 수준이 같은) 두 개 이상의 문법체계가 있다면, 다음의 척도를 충족하는 문법체계를 선택한다는 것이다.

(14) 가. 단순성(Simplicity): 일반화(Generalization)라고도 하며, 문법규칙의 체계가 가능한 한 단순해야 한다는 것이다.
나. 심리적 실재성(Psychological Reality): 인식론적 우선권(Epistemological Priority)이라 고도 하며, 문법체계가 다른 인지능력과 공통적 속성을 지녀야 한다는 것이다.
다. 학습성(Learnability): 문법의 체계가 후천적 학습에 의해서 습득될 수 있어야 한다.

(14가)는 한 문법체계 내에 설정하고 있는 하위체계나 규칙과 원리들의 수가 적으면 적을수록 보편문법에 근접하는 문법체계라는 가정이다. 다시 말해, 문법의 전반적인 체계가 복잡하면 복잡할수록 보편문법에서 멀어진다는 것이다. 이러한 가정은 보편문법이 본유적이며, 매우 빠른 시간에 한정된 경험만으로도 핵심문법으로 성장할 수 있다는 사실에 기인한다. 만약, 보편문법이 복잡한 규칙체계로 구성되어 있다면, 그만큼 보편문법이 핵심문법으로 탈바꿈하는 시간이나 경험의 양이 더 많이 필요하게 될 것이다. 따라서, 매우 빠른 시간에 적은 경험으로도 핵심문법이 쉽게 습득될 정도로 보편문법의 체계는 매우 간단할 것이라는 가정이 나온다. 문법의 체계를 단순하게 만들기 위해서 취해야 할 조치는, 첫째 문법의 하위체계들 간에 혹은 문법규칙이나 원리들 간에 역할이 겹치는 소위 잉여성(redundancy)을 제거하는 일이고, 둘째 규칙이나 원리들을 일반화(즉 통합)해 그 수를 줄이는 방법이다. 일반화(Generalization)는 현대 자연과학의 연구에서 취하는 기본 원리이다.

(14나)는 언어의 문법체계가 본유적인 인지체계이라는 변형생성문법

적 가설에 근거한 가정이다. 과연, 문법체계가 인지적 능력이라면, 문법 규칙은 인간의 다른 인지적 능력들--추리력, 사고력, 지각력, 기억력 등--과 공통적 속성을 지니고 있어야 한다는 것이다.

(14다)는 인간의 언어는 현상적으로는 매우 다양하고 개념적으로 고도로 복잡하지만, 후천적으로 매우 짧은 시간에 한정된 경험만을 통해서 아주 완벽하게 습득된다는 사실은 쉽게 설명하기 힘든 하나의 신비(mystery)이다. 변형생성문법학자들이 지향하는 문법체계가 보편문법이라면, 보편문법은 이러한 신비를 설명할 수 있는 문법체계이어야 한다. 이러한 차원에서 (14다)는 (14가)와 결과적으로 동일한 척도가 된다. 왜냐하면, 문법체계가 단순하면 단순할수록 학습성이 높아지기 때문이다.

그러나, (14다)의 학습성 문제와 관련해서는 또 다른 심각한 문제가 제기될 수 있는데, 그것이 바로 그의 혁명 이후 촘스키가 오랫동안 고민해온 소위 다음과 같은 촘스키의 문제(Chomsky's problem)이다.

(15) 단순화를 지향하는 보편문법이 어떻게 고도로 복잡하고 다양한 개별언어현상들을 모두 기술(혹은 포착)할 수 있는가? (How can the UG that aims to achieve the highest state of simplicity describe(or capture) the highly complex and various phenomena of all particular languages?)

위의 문제에서 제기되는 전반부의 '단순화를 지향하는 보편문법'의 문제는 설명적 타당성과 관련되는 문제이며, 후반부의 '복잡하고 다양한 개별언어현상들의 기술'의 문제는 기술적 타당성과 관련되는 문제이다. 즉, 문법체계가 설명적 타당성을 높이려면 끊임없이 최고 수준의 단순화를 지향해 나가야 하며, 또한 기술적 타당성을 제고하기 위해서는 복잡하고 다양한 개별언어현상들을 가능한 한 더 넓게 기술할 수 있는 문법체계로 확장되어 나가야 한다. 요컨대, 설명적 타당성은 문법체계의 단순화를 요구하며, 기술적 타당성은 오히려 문법체계의 확장을 요구한다. 따라서 위 (15)에서 제기되는 촘스키의 문제는 설명적 타당성과 기술적 타당성 사이에 야기되는 갈등의 골(conflicting gap)을 어떻게 메우느냐 하는 문제로 귀착된다.

2.2.3 갈등의 골: 보편문법과 개별문법의 관계

촘스키 혁명 이후 보편문법의 실체를 규명하려는 변형생성문법의 노력은 촘스키(Chomsky 1981)의 원리매개변인이론(Principles and Parameters Theory)이 출현할 때까지 설명적 타당성과 기술적 타당성 사이에 야기되는 갈등의 골을 좀처럼 좁히지 못하고 있었다. 설명적 타당성을 높이면서도 동시에 기술적 타당성도 높여가는 문제는 그리 녹녹한 문제가 아니었다. 즉, 문법규칙의 수를 줄이고 개념을 간소화해 나가면서도 언어현상에 대한 설명의 범위를 점점 확대해 나가는 작업은 큰 학문적 흥미와 긴장감(interest and tension)을 낳기에 충분했다. 원리매개변인이론 이전 확대표준이론에 추진한 작업은 주로 문법체계 내부에 존재하는 잉여성(redundancies)과 하위규칙들의 지나친 표현력(expressive power)을 줄여나가는 일이었고, 이러한 작업의 결과로 얻게 된 보편문법의 하위체계에는 핵계층이론(X-bar Theory), 알파이동(Move-α), 하위인접조건(Subjacency) 등이 있다. 그러나 이러한 보편원리들의 발견에도 불구하고 여전히 설명적 타당성과 기술적 타당성 사이에는 좁혀지지 않은 큰 갈등의 골이 존재하고 있었는데, 그것이 곧 하나의 보편문법체계가 어떻게 수많은 개별언어(particular languages)의 문법체계로 실현될 수 있는가의 문제이다. 즉, 한 언어의 개별문법(particular grammar)이 기술적 타당성은 성취한다 하더라도 하나의 보편문법의 체계를 가정하는 변형생성문법의 이론 하에서 어떻게 이 지구상에는 각기 기술적 타당성을 성취한 개별문법이 그렇게 많이 존재할 수 있는가 하는 문제는 여전히 촘스키 혁명을 미완의 상태에 머물게 한다. 촘스키(Chomsky 1981) 이후 일련의 단계적 발전을 통해 정립된 원리매개변인이론은 바로 이 문제에 대한 분명한 해결책을 제시하고 있는데, 이를 소개하면 다음과 같다.

비교언어학자들의 관찰에 따르면 이 지구상에 현존하는 개별언어는 그 수가 약 4000개에 이른다. 따라서, 영어는 영어문법, 불어는 불어문법, 중국어는 중국어문법, 한국어는 한국어문법 등등 이 세상의 모든 개별언어들이 각기 자신들의 개별문법을 가지고 있다고 보면, 개별문법도 약 4000 가지가 된다. 이러한 현상에 대한 원리매개변인이론의 입장은 다음과 같다. 이 세상의 모든 인간의 개별언어는 하나의 보편문법체계에 기초하여 모두 기술되고 설명될 수 있다. 인간의 본유적 인지체계인 보편문법은 매우 한정적인 규칙의 체계(a finite set of rules)로 이루어져 있으며, 따라서 보편문법의 문법체계가 간단한 후천적 언어경험(language experience)을 통해 개별문법으로 전환된다는 것이다. 즉, 보편문법의 규칙체계를 본유적으로 타고나는 어린이가 영어를 사용하는 세계에 태어나 일정 시간 영어를 경험하게 되면 그 어린이의 인지체계 속에는 영어의 개별문법이 자리 잡게 되며, 한국어를 경험하면 한국어의 개별문법이, 불어를 경험하면 불어의 개별문법이 각기 생겨난다는 것이다. 이러한 결과로 지구상에 4000개의 개별문법이 상존하게 된다. 요컨대, 본유적 보편문법이 후천적 언어경험을 통해 개별문법으로 성장한다는 것이다.

이러한 관계를 도식으로 나타내면 다음과 같다.

(16) [언어경험] —(입력) input→ [보편문법] —(출력) output→ [개별문법]

개별문법의 규칙체계가 바로 앞 장에서 설명한 내재언어(I-language)이며, 또한 내재언어가 언어수행체계를 통해 생성해 낸다는 외재언어(E-language)가 인간이 의사소통의 목적으로 사용하는 개별언어(particular languages)의 다양한 표현인 것이다. 변형생성문법에서는 보편문법이 특정의 언어경험을 통해 구현(instantiate)된 내재언어(즉, 개별 언어능력)를 개별언어의 핵심문법(core grammar)으로 규정하고, 이 핵심문법의 실체를 규명하여 보편문법과의 관계를 밝혀내는 것을 언어연구의 1차적 목표로 삼는다. 변형생성문법학자들은 핵심문법과 보편문법의 관계를 다음과 같이 설정하고 있다.

(17)

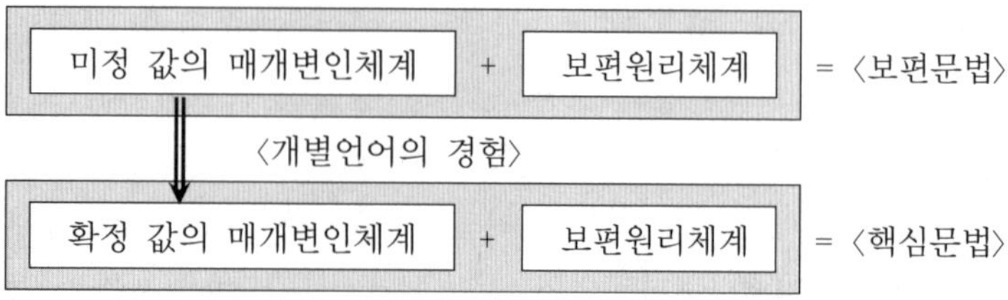

(17)에 의하면, 보편문법의 규칙체계는 개별언어의 경험에 의해 값이 확정될 미확정 값의 매개변인(value-underspecified parameters)의 체계와 불변의 보편원리(universal principles) 체계로 구성되며, 후천적 언어경험은 보편원리에는 아무런 영향도 미치지 않으나, 단지 각 매개변인(parameters)들의 값을 정하여 확정 값의 매개변인체계를 구축함으로써 개별언어의 핵심문법을 만들어내는 역할을 한다. 결국, 변형생성문법에서는 언어의 습득을 단어나 문장을 생성하는 문법규칙과 언어원리의 후천적 습득으로 보지 않고 한 언어의 매개변인의 값을 경험에 의해 결정하는 과정으로 본다. 보편문법의 보편원리들과 그 하위규칙들은 각기 관련 매개변인들의 값에 의해 그 적용방법이 결정되는데, 보편문법의 원리체계가 한정적이므로 그원리에 관계하는 매개변인의 수도 한정적일 수밖에 없다. 이러한 한정적 수의 매개변인들은 각기 긍정과 부정(±)으로 구분되는 2항 값의 결정에 의해 그 속성이 정해된다. 예컨대, 이 세상의 모든 언어에는 타동사구문이 존재하는데, 타동사의 구문은 다음과 같은 보편적 구구조규칙(phrase structure rule)에 의해 생성된다.

(18) VP → NP, V

(18)의 규칙은 모든 인간언어의 타동사구문은 동사 (V)와 목적어 (NP)

로 구성된다는 것을 나타낸다. 그러나 (18)의 규칙은 다음과 같은 영어와 한국어 등의 개별언어의 타동사구문을 아직 생성할 수가 없다. 왜냐하면, 영어에서는 동사(V)가 목적어(NP)를 선행하지만, 한국어에서는 목적어(NP)가 동사(V)를 선행하는데, 아직 어순관계를 결정짓는 매개변인의 값이 결정되지 않았기 때문이다.

(19)

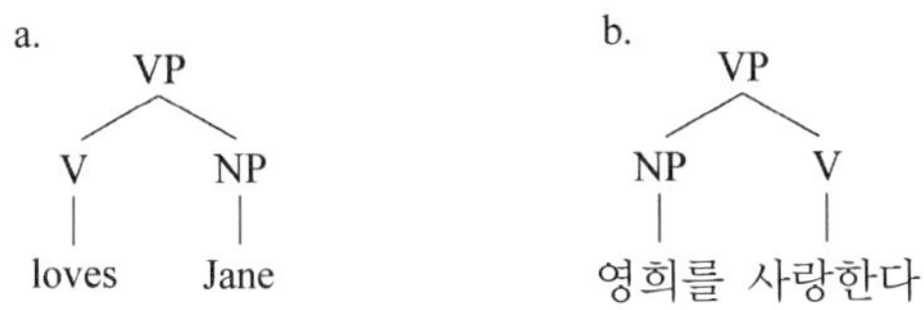

동사구(VP)가 동사(V)와 목적어(NP)로 구성된다면, 이들의 어순 결정은 다음과 같은 매개변인의 설정으로 가능하다.

(20) [± 동사 선행]

(18)의 보편규칙과 (20)의 매개변인을 인지체계 속에 가지고 태어난 어린이가 영어를 경험하게 되면, (20)의 매개변인의 값이 [+]로 고정되어(fixed) 영어의 매개변인은 [+ 동사 선행]으로 결정되며, 한국어를 경험하게 되면, (20)의 매개변인의 값이 [-]로 고정되어(fixed) 영어의 매개변인은 [- 동사 선행]으로 결정된다. 이러한 매개변인의 값 고정에 의해 (18)의 보편규칙은 각기 다음과 같은 영어와 한국어의 핵심문법규칙으로 전환된다.

(21) a. VP → V NP 〈영어의 경우〉
b. VP → NP V 〈한국어의 경우〉

(21)의 핵심문법규칙은 각기 (19)와 같은 영어와 한국어의 타동사구문

을 생성할 수 있게 된다.

많은 매개변인 중 하나의 매개변인만이라도 다른 값으로 고정되면, 그 언어는 다른 개별언어가 된다. 이런 차원에서 매개변인과 그 값은 언어의 유형(typology)을 결정짓는데 중요한 요인이 된다.

또 다른 한편으로 보면, 이 세상의 개별언어들은 제각기 보편문법에 의해 설명될 수 없는 많은 자의적(arbitrary), 예외적(exceptional), 비정상적(abnormal), 불규칙적(irregular) 속성들을 갖는데, 이러한 현상들은 왜, 어떻게 발생하는 것일까? 예컨대, 같은 의미를 갖는 단어가 언어마다 서로 달리 발음되는 자의성(영어에서는 '나무'를 [tri:]라 발음하며, 한국어에서는 [namu]라고 발음하는 것 등등)과 아래 영어에서처럼 한 언어에서도 예외적으로 나타나는 언어현상이 그러한 속성들이다. 이러한 속성들은 보편문법(혹은 핵심문법)에 기인하는 언어현상으로 볼 수 없고, 경험에 의해 습득된 후천적 언어현상으로 보아야 한다.

(22) a. court martial
b. heir apparent
c. attorney general
d. time immemorial
e. vice-chancellor designate
f. postmaster general
g. president elect
h. notary public
i. body politic

즉, 위의 표현들은 모두 수식어(modifiers)가 머리어(혹은 핵어)(heads) 뒤에 오는데, 이러한 현상은 영어에서 예외적 현상이다. 왜냐하면, 영어에서는 동일한 수식어와 동일한 머리어의 경우에도 아래 표현들에서와 같이 수식어가 머리어 앞에 오는 것이 일반적이기 때문이다.

(23) a. martial law/*law martial
b. martial arts/*arts martial
c. martial music/*music martial

(24) a. judicial court/*court judicial
b. criminal court/*court criminal
c. civil court/*court civil

이러한 자의적, 예외적, 비정상적, 불규칙적 현상들에 대해 촘스키(Chomsky 1981)에서는 다음과 같이 언급하고 있다.

(25) "보편문법은 핵심문법들 집합을 결정하지만, 이상화된 단일 언어사회에서까지 실제로 개인의 지성(인지체계) 내에는 핵심문법과 함께 예외적인 특수한 요소나 구문들로 이루진 주변문법이 존재한다고 보는 것이 합리적이다." ("It is reasonable to suppose that UG (Universal Grammar) determined a set of core grammars and that what is actually represented in the mind of an individual even under the idealization to a homogeneous speech community would be a core grammar with a periphery of marked elements and constructions.")

위의 주장에 의하면, 실제로 인간의 인지체계 속에 존재하는 내재언어는 핵심문법만으로 이루어지는 것이 아니라, 일부 소규모이긴 하지만 경험에 의해 습득되는 특수한 언어현상도 있다는 것이다. 이러한 언어현상들이 핵심문법과 구분되는 소위 주변문법(peripheral grammar)을 구성하는데, 핵심문법이 이러한 주변문법과 합쳐져 하나의 개별언어를 완전하게 기술하는 문법체계를 소위 개별문법(particular grammar)이라 한다. 이러한 관계를 그림으로 나타내면 다음과 같다.

(26) 개별문법 = 핵심문법 + 주변문법 〈인지체계〉

변형생성문법에서는 주변문법에 의해 생성되는 언어현상을 유표적 현상(marked phenomena)이라 하고 핵심문법에 의해 생성되는 언어현상을 무표적 현상(unmarked phenomena)이라고 한다.

위의 논의를 요약하면, 본유적인 보편문법을 가지고 태어나는 인간이 생후 특정의 개별언어를 사용할 때까지 그가 진행하는 언어습득 과정은 언어경험을 통한 보편문법의 매개변인 값을 고정하는 일과 자의적이며 예외적인 일련의 언어현상(혹은 규칙)을 습득하는 일이다.

2.3 이원구조론의 제안

촘스키 혁명이 1세기 이상의 휴면기를 타파하고 데카르트주의 언어학의 부활시킨 또 다른 원동력은 이원구조론(structural dualism)의 제안이다. 이원구조론은 한 언어에 사용되는 모든 문장들이 언제나 구조적으로 심층구조(deep structure)와 표층구조(surface structure)의 양면성을 갖는다는 가설이다. 이 가설은 인간의 언어능력이 사용되는 언어자료의 경험에 의해서 후천적으로 습득되는 것이라고 가정함으로써 오로지 경험되는 가시적 언어자료에 나타나는 피상적 구조(shallow structure)만이 그 문장의 진정한 구조라고 보는 소쉬르(Saussure 1916) 이후 당시 구조주의 문법의 주장과 대조해 볼 때 보편문법가설과 더불어 과히 코페르니쿠스적 전환이라 할 만 한 혁명적 주장이다. 촘스키(Chomsky 1957)는 언어학적 측면에서 데카르트가 주장하는 본유적 고기토(사고체계 혹은 지성)가 곧 인간의 본유적 인지체계인 언어지식(linguistic knowledge)이라 보고, 이 언어지식이 문장의 의미(meaning)를 결정 짓는 사고의 구조인 심층구조를 생성해 내며, 이 심층구조는 실제로 소리(sound)의 형태로 경험되는 언어표현에 나타나는 문장의 구조인 문장의 표층구조와는 구분이 된다고 본다.

그러면, 데카르트주의 언어학에서 이미 주장되었던 이원구조론이 100년이라는 세월을 넘어 촘스키 혁명의 원동력으로 평가받는 이유는 무엇인가? 이것은 바로 17-8세기 데카르트주의 언어학 당시에는 상상조차 할 수 없었고, 또한 데카르트주의 언어학의 최종주자였던 훔볼트까지도 고기토에 해당되는 유한수의 언어생산체계(곧, 사고구조)가 무한수의 언어표현(곧, 소리구조)을 생성하는 과정으로만 이해했던 문장의 심층구조와 표층구조의 개념을 변형의 개념에 입각해 체계화하고, 또한 의미(혹은 사고)의 구조인 심층구조의 생성과정도 엄격한 기계적 규칙 적용으로 명시화하였다는 점이다.

본절에서는 촘스키(Chomsky 1957) 이후 초기 변형생성문법에서 정립하고 있는 심층구조와 표층구조의 관계를 소개하고자 한다.

심층구조에 대한 가정은 보편문법가설과 함께 변형생성문법을 구조주의문법과 차별화하는 핵심적 가정이다. 앞서 언급한 바처럼, 변형생성문법에서는 모든 문장들은 각기 두 가지 상이한 구조-즉, 심층구조(deep structure)와 표층구조(surface structure)-를 지닌다고 가정하고 있다. 이러한 문장 구조에 대한 이원론적인 가정은 당시 구조주의문법의 일원론적 구조분석과는 상반되는 주장이다. 즉, 변형생성문법에서는 구조주의문법에서 분석의 대상으로 삼던, 겉으로 확인되는 문장의 구조를 표층구조로 보고, 모든 문장은 이러한 표층구조 이외에 겉으로 확인되지 않는 또 하나의 내면구조를 갖는데 바로 이 구조가 심층구조라는 것이다. 표층구조는 이 심층구조에서 구조적 변형(transformation)을 거쳐 도출되어 나오는 표면의 구조로 본다. 변형생성문법에서는 심층구조로부터는 문장의 의미가 파악되고, 표층구조로부터는 문장의 소리가 해석되어 나온다고 가정한다. 우리가 사용하는 문장은 내면적으로는 의미를 표현하는 심층구조로 생성되지만, 소리로 표현되는 단계에서는 표층구조의 형태를 취한다는 것이다. 이러한 관계를 도식으로 나타내면 다음과 같다.[20]

---

20) '변형생성문법(Transformational Generative Grammar)'의 약칭은 '변형문법(Transformational Grammar)' 혹은 '생성문법(Generative Grammar)'인데, 이 때 '변형(Transformation)'이란 이름은 바로 변형생성문법에서 심층구조를 가정함으로써 도입하게 되는 소위 '변형규칙

(27)

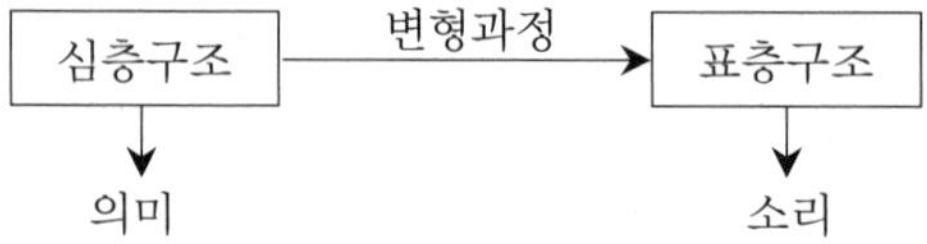

이처럼 변형과정을 통해 심층구조가 표층구조로 전환되는 되는 것을 '변형(규칙)에 의해 심층구조가 표층구조로 사상(mapping)된다'라고 말한다. 그러면, 변형생성문법이론에서 심층구조를 설정하는 이유와, 심층구조로부터 표층구조를 도출하는 변형의 과정을 살펴보자.

(28) a. John promised Mary to leave town.
b. John persuaded Mary to leave town.

(28)의 두 문장은 주절의 동사는 서로 다르지만 아래와 같이 표면상 동일한 구조를 취한다.

(29) a. [[John] [[promised] [Mary] [to leave town]]]
b. [[John] [[persuaded] [Mary] [to leave town]]]

따라서, 이들 두 문장간의 의미 차이는 주절 동사의 의미 차이 정도일 것이라고 예상할 수 있다. 그러나, 실상은 주절 동사가 갖는 '약속하다'와 '설득하다'의 의미 차이 이외에도 이 문장들에는 고향을 떠날 사람이 (29a)에서는 'John'이고 (29b)에서는 'Mary'라는 추가적인 의미 차이가 나타난다. 이러한 의미의 차이는 (29)과 같은 표면상의 구조분석에만 의존해서는 결코 포착될 수 없다. 그러므로, 이러한 의미 차이를 포착하려면 종속절 [*to leave town*]에 각기 주어를 설정하는 다음과 같은 내

(transformational rules)'이란 문법규칙의 이름에 기인하는 호칭이다. 요컨대, 문법이론을 일컫는 호칭에 '변형'이란 말의 사용은 바로 그 문법이 표층구조와 별도로 '심층구조를 설정하는 문법'이란 의미를 갖는다.

면적 구조표현이 필요하다.

(30) a. [[John] [[promised] [Mary] [[John] [to leave town]]]]
b. [[John] [[persuaded] [Mary] [[Mary] [to leave town]]]]

즉, (30a) 구조에서는 종속질 [*to leave town*]의 주어로 *John*을 설정하고 있으므로 고향을 떠나게 될 사람이 'John'임을 나타내고 있고, (30b) 구조에서는 종속절 [*to leave town*]의 주어로 *Mary*를 설정하고 있으므로 고향을 떠나게 될 사람이 'Mary'임을 나타내고 있다. 이와 같이 문장의 의미를 자세히 나타내고 있는 (30)의 두 구조 표현이 각기 (28)의 예문들에 대한 심층구조가 된다. 또한, (28)의 심층구조는 그대로 소리로 표현될 수 없고, 문법적인 소리표현을 만들기 위해서는 각기 종속절의 주어인 *John*과 *Mary*를 삭제(deletion)하여 (29)의 구조들로 바꾸어 주어야 한다. 이 경우 구조적 변화를 일으킨 (29)의 두 구조가 각기 예문 (28)에 제시되는 문장의 표층구조가 되고, 이러한 구조적 변화과정을 변형(transformation)이라 한다. (30)의 두 구조에 적용이 되어 (29)의 구조를 도출하는 변형을 소위 '동일명사구삭제변형(Equi NP Deletion)'이란 변형규칙이다.[21] '동일명사구삭제변형'는 주절의 주어명사구(subject NP)와 종속절의 주어명사구가 동일할 때 종속절의 주어명사구를 삭제하는 규칙이다. 즉, 변형생성문법이론에서 심층구조를 가정하는 첫 번째 동기는 바로 문장의 의미 표현을 포착하기 위한 통사구조의 설정에 있다.

또한 다음 예문을 고려해 보자.

(31) a. John rolled the rock down the hill.
b. The rock rolled down the hill.

---

21) 확대표준이론에서는 동일명사구삭제와 같은 변형규칙은 인정하지 않고, 동일명사구삭제에 의해 삭제되었던 동일명사구의 위치에 심층구조에서부터 생성되는 눈에 보이지 않는 대명사인 소위 PRO라는 공범주(empty category)를 설정한다. PRO는 일종의 대명사이므로 앞에 나타나는 선행사와 동일지시를 갖는다고 봄으로써 동일명사구삭제 변형의 효과를 유지하게 된다.

(31a)에서는 명사구 *the rock*이 문장의 목적어이나 (31b)에서는 문장의 주어로 나타난다. 그러나, 의미적으로 보면, 위의 두 문장에서 모두 *the rock*은 동사 *rolled*의 영향에 의해 변화를 일으키는 대상이다. 즉, 두 문장 모두에서 *the rock*은 동사 *rolled*에 대해 갖는 의미적 관계가 같다. 특정의 명사구가 동사에 대해서 갖는 이러한 의미적 관계(semantic relation)를 소위 의미역(θ-role or thematic role)이라 한다. 예컨대 (31)의 두 예문에서 *the rock*은 '구르는 대상'의 의미역을 수행한다. 그러나, (31)의 예문에서 문제가 되는 것은 *the rock*이 각기 문장의 주어와 목적어 위치에 나타남에도 불구하고 동일한 의미역을 갖는다는 점이다. 즉, 소리로 표현되는 표층구조상에서는 이러한 의미역 관계가 포착될 수 없다는 것이다. 바로 이러한 문제점을 해결하기 위해서 영어의 변형생성문법에서는 (31)의 두 예문에 대해 각기 심층구조를 다음과 같이 설정한다.[22)]

(32) a. [John [rolled [the rock] [down the hill]]]
b. [e [rolled [the rock] [down the hill]]]

(32)의 두 구조표현에서는 *the rock*은 모두 동사 *rolled*의 목적어 위치에 나타난다. 따라서, 이러한 구조표현은 *the rock*이 왜 (32)의 두 예문에서 동일한 의미역을 갖게 되는지를 설명한다. 즉, 표층구조상 서로 다른 위치에 나타나는 두 명사구가 동일한 의미역을 갖는 것은 심층주조에서 동일한 위치에 나타나기 때문이라는 것이다. (32b)의 구조에서 주어 위치에 표현되는 e는 영어 'empty'의 첫머리 글자로 주어의 위치가 비어있음을 나타낸다. (31b)는 (32b)의 심층구조에 '명사구이동변형(NP movement)' 규칙이 적용되어 도출된 표층구조의 문장이다. 심층구조상에

---

22) Mark Baker (1985, 1988)는 동일 의미역은 동일한 위치에 할당되어야 한다는 원칙을 다음과 같은 소위 '의미역 할당 획일성 가설(Uniform Theta Assignment Hypothesis: UTAH)'을 세워 설명한다.
(i) 동일 의미역은 언제나 동일한 논항에 할당된다.
참고적으로 '논항(argument)'이란 의미역이 할당되는 명사구로서 문장에서 주어나 목적어의 기능을 수행하는 표현을 말한다.

서 주어의 위치가 비어있을 때에는 반드시 명사구이동변형에 의해 주어 위치가 표층구조상에서는 채워져야 한다. 이 과정을 도식화하면 다음과 같다.

(33) [e [rolled [the rock] [down the hill]]]

명사구이동

이상의 논의에서와 같이 심층구조의 두 번째 설정동기는 의미역 관계를 구조적으로 표현하고자하는 필요성에 기인한다.[23] 이러한 심층구조의 설정동기는 소위 수동태(passives) 문장에 대한 심층구조의 설정에도 영향을 미치게 된다.

다음 예문을 고려해 보자.

(34) a. John believed Tom to have killed Mary.

b. Mary was believe to have been killed.

(34a)는 능동태(actives)이고 (34b)는 수동태 문장이다. 이들 문장의 비교에서 알 수 있는 사실은 명사구 *Mary*가 (34a)에서는 종속절의 목적어 위치에 나타나고 (34b)에서는 주절의 주어 위치에 나타나지만, 두 문장에서 똑같은 의미역을 가지고 있다는 것이다. 즉, 동사 *killed*의 영향에 의해 '죽는 대상'의 의미역을 수행하고 있다는 것이다. 일반적으로 '죽는 대상'의 의미역은 *kill*의 목적어 위치에 나타나는 명사구에 의해 수행된다고 본다.

23) 촘스키(Chomsky 1981:43)는 심층구조에 대해 다음과 같이 표현하고 있다.
(i) "심층구조는 많은 특성을 가지지만 그 중에서도 문법기능의 의미역을 직접 나타내는 표현이 된다."
(D-structure is a direct representation of GF-θ, among other properties.)

따라서, (34b)의 심층구조는 다음과 같이 설정된다.

(35) [e [was believe [e [to have been killed [Mary]]]]]

따라서, *killed*의 목적어 위치에 설정되는 *Mary*가 수동변형(Passivization)이란 일종의 명사구이동변형에 의해 종속절의 주어 위치를 거쳐 주절의 주어 위치까지 이동하게 되면 (34b)의 표층구조가 되는 것이다.[24)]

또한 다음의 예문들을 고려해 보자.

(36) a. Eleaner took Theodore's coat off

b. To whom did you say that Mary was talking?

위의 두 예문에 나타나는 특징은 이들 예문이 각기 두 가지 의미로 해석된다는 것이다. 즉, (36a)는 'Eleaner가 자기가 입고 있던 Theodore의 코트를 벗었다'라는 의미와 'Eleaner가 Theodore가 입고 있던 코트를 벗기어 주었다'는 의미 두 가지를 가지고 있다. (36b)에는 '당신이 누구에게 말했느냐?'의 의미와 'Mary가 누구에게 말을 걸고 있었느냐?'의 두 의미가 있다. 이들 문장이 왜 두 가지 의미를 갖는가의 문제는 문법이론이 설명해야 하는 매우 중요한 언어현상이다. 이러한 현상을 중의성(ambiguity)이라고 한다. 구조주의문법에서는 이러한 중의성 문제가 설명되지 않는 하나의 미제로 남아 있었다. 그러나 변형생성문법에서는 심층구조를 가정함으로써 이러한 중의성 문제가 쉽게 해결된다. 즉, (36)의 두 예문은 그 심층구조가 다음 (37)과 (38)의 예에서 보여주는 바와 같이 각기 두 가지로 표현될 수 있다.

---

24) *Mary*가 종속절의 주어 위치를 거쳐 주절의 주어 위치로 이동한다고 가정하는 것은 종속절의 주어가 비어있기 때문이다. 뿐만 아니라 영어에 다음과 같은 종속절의 수동태 문장이 있기 때문이다.
(i) John believed Mary to have been killed.

(37) a. [Eleaner [took [Theodore's coat] [off her]]]

b. [Eleaner [took [Theodore's coat] [off him]]]

(38) a. [you [said [to whom] [that [Mary [was talking]]]]]

b. [you [said [that [Mary [was talking [to whom]]]]]]

(36a)는 (37)의 두 심층구조에서 '대명사삭제변형(pronoun deletion)' 규칙의 적용으로 각기 전치사 *off*의 목적어인 *her*와 *him*이 삭제되어 도출된 표층구조의 표현이다. 따라서 문장의 의미가 그 문장의 심층구조에서 포착된다면, (36a)는 두 가지 심층구조로 표현될 수 있으므로 두 가지 의미를 나타내게 된다. 또한 (36b)는 각기 (38)의 두 심층구조에 '의문사이동변형(Wh-movement)' 규칙의 적용으로 도출되는 표층구조의 표현이다. 요컨대, (38a)의 심층구조에서는 의문사 *to whom*이 동사 *said*의 목적어로 나타나나 (38b)에서는 *talking*의 목적어로 나타난다. 따라서 이들 심층구조로부터 도출되는 (36b)의 표현도 두 가지 상이한 의미를 갖게 된다.

결론적으로, 문장의 중의성 문제는 하나의 표층구조가 상이한 두 가지 심층구조로부터 도출되는 언어 현상에 불과하다. 이러한 중의성의 관계를 도식으로 나타내면 다음과 같다.

(39)

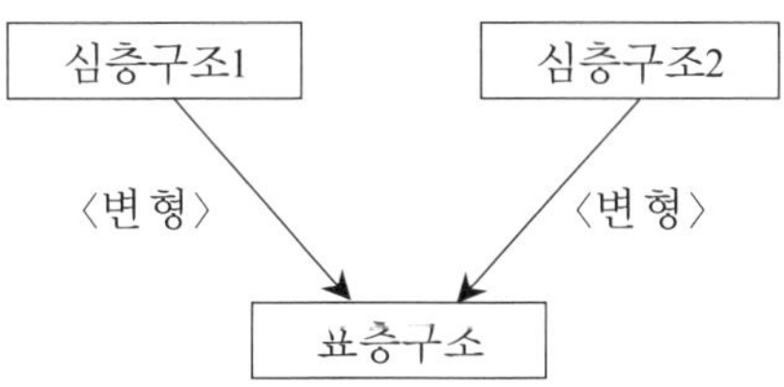

이처럼 심층구조의 세 번째 설정 동기는 중의성 문제의 해결이다. 그러면, 다음의 예문을 고려해 보자.

(40) a. John seems to love Mary

b. It seems that John loves Mary.

위의 두 문장은 구조적으로 서로 상이한 문장임에도 불구하고 그 의미가 같다. 이러한 의미상의 문제를 동의성(synonymity)이라 한다. 동의성의 문제도 표층구조의 분석만을 추구하는 구조주의문법에서는 해결하기 매우 힘든 난제였다. 이러한 의미의 문제도 심층구조를 가정하는 변형생성문법에서는 쉽게 해결된다. 즉 위의 두 문장은 동일한 하나의 심층구조로부터 도출되는 표층구조의 표현으로 본다. 영어의 변형생성문법에서는 이들 문장의 심층구조를 다음과 같이 설정한다.[25)]

(41) [e [seem [John love Mary]]]

즉, (41)의 심층구조에서 종속절의 주어 *John*이 명사구이동 규칙에 의해 주절의 주어 위치로 이동하게 되면 (40a)가 도출되며, 주절의 주어 위치에 '허사삽입변형(expletive insertion)' 규칙의 적용으로 허사 *it*가 삽입되면, (40b)가 도출된다. 변형생성문법에서는 의미해석은 심층구조, 소리의 해석은 표층구조에서 이루어진다고 보기 때문에, 이처럼 하나의 심층구조로부터 상이한 두 과정의 변형규칙의 적용으로 두 가지 표층구조가 도출되면 두 문장이 동일한 의미를 갖는 소위 동의성이 나타난다. 이러한 동의성 관계를 도식으로 나타내면 다음과 같다.

---

25) 변형생성문법 초기에는 주어-동사간에 나타나는 파이자질(ϕ-features)--즉, 성(gender), 수(number), 인칭(person) 자질--상의 일치현상도 '일치(Agreement)'라는 변형규칙의 적용으로 설명하였다. 아래 (ia)의 심층구조로부터 '일치' 규칙의 적용으로 (ib)의 표층구조가 도출된다.

(i) a. [John love Mary]

b. [John loves Mary]

(42)

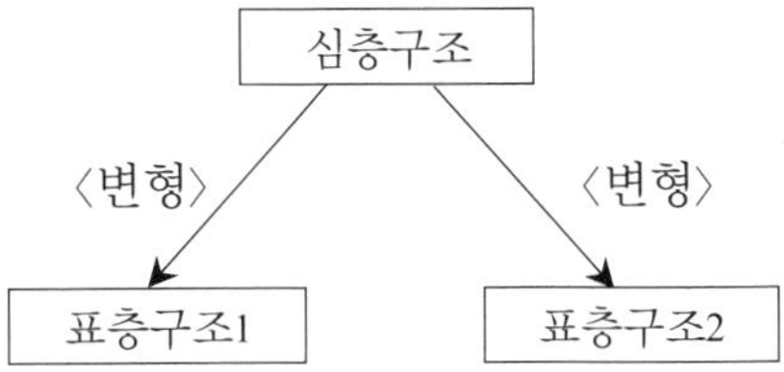

변형생성문법에서 심층구조를 가정하는 세 번째 동기는 동의성의 문제를 해결하고자 함에 있다.

또한 다음 예문을 고려해 보자.

(43) What do you believe that Mary thinks that John bought (*a book)?

위의 예문은 동사 *bought*의 목적어 위치에 명사구 *a book*이 나타나면 비문법적이고 나타나지 않으면 문법적임을 보여주고 있다. 이러한 문법성 현상은 동사 *bought*가 타동사이라는 점에서 그 이유가 설명되어야 할 중요한 문법적 문제가 된다. 왜냐하면, 일반적으로는 타동사 뒤에는 목적어 명사구가 반드시 나타나야 하기 때문이다.

(44) a. *John bought.

b. John bought a book.

따라서 이러한 문법성의 문제를 해결하기 위한 한 가지 방법은 (44)의 예문에서 문두에 나타나는 의문사 *what*을 사실상 최하위 종속절 동사 *bought*의 목적어로 해석하는 것이다. 그러면, 어떻게 하면 주절의 문두에서 최하위 종속절의 목적어 위치에까지 이르는 *what*의 장거리 의존관계(long-distance dependency)가 포착될 수 있을까? 이 문제의 해결은 심층구조에서 *what*이 최하위 종속절 동사 *bought*의 목적어 위치에 생성되었다가 변형규칙에 의해 주절의 문두로 이동해 왔다고 주장하는 것이다. 그렇게 되면, *what*이 의미상으로는 최하위 종속절의 목적어으로 해석되나 음성상으로는 주절의 문두에 나타나게 된다. 따라서 *what*이 문미의 최하위 종속절의 목적어 위치에서 주절의 문두로 이동해 왔다면, 원래 심층구조에서 *what*이 나타난 최하위 종속절의 목적어 위치는 목적어가 없이 비어있는 상태로 남아있어야 한다. 따라서, 의문사이동(Wh-movement) 규칙을 의문사의 장거리 의존관계가 포착될 수 있으며, 결과적으로 예문 (43)에 나타나는 문법적 현상이 포착될 수 있게 된다. 그러므로, 우리는 (43)의 예문은 다음과 같은 심층구조에서 의문사이동 규칙에 의해 도출되어 나온다고 보아야 한다.

(45) [you [believe [that Mary thinks [that John bought what]]]]

결론적으로, 심층구조를 가정하는 네 번째 동기는 의문사의 장거리 의존관계를 포착하기 위한 의문사이동 변형규칙의 필요성 때문이다.

참고로, 변형생성문법의 원래 명칭인 변형생성문법(Transformational Generative Grammar)에서 '생성'이란 말은 '유한한 규칙의 체계인 보편문법을 가정한다'는 뜻이며, '변형'이란 말은 '심층구조를 가정한다'는 뜻으로 풀이될 수 있다. 결국 '변형생성문법'은 '보편문법과 심층구조를 가정하는 문법'이라는 말뜻을 갖는다.

3. 변형생성문법체계의 완성과 발전

보편문법론과 이원구조론에 이어 촘스키 혁명에 지대한 공헌한 데카르트주의 언어학의 또 다른 통찰은 '언어는 사고의 표현이며, 사고는 본질적으로 창의적이므로 언어사용에 창의적 국면이 존재한다'는 주장이었다. 사실상 창의성(creativity)은 경험(experience)으로 설명할 수 없는 인간의 중요한 특성 중에 하나인데, 이러한 특성이 바로 인간의 언어사용에서 발견된다는 사실은 인간의 언어능력이 후천적인 것이 아니라 바로 생득적임을 말해주는 중요한 증거가 된다. 또한 이러한 본유적 언어능력의 발견은 '고기토'의 본유성을 강조하는 이성주의 철학의 타당성을 입증하기에 충분하다.

데카르트주의 언어학 이후 1세기 이상을 실증주의적 사조와 이 사조에 기반을 둔 구조주의문법에서 이러한 언어사용의 창의성을 도외시하고, 오로지 언어의 과학적 기술에만 몰두한 나머지 언어자료의 객관적 수집과 귀납적 분석에 치중해 오던 당시로서는 언어사용의 창의성에 대한 재발견과 이러한 창의성에 대한 명시적 설명의 시도는 그 자체로서도 존 로크 이후 이어져 오던 실증주의적 사조와 구조주의문법에 치명적 타격을 주기에 충분했다.

사실, 데카르트주의 언어학의 대표주자 중 한 사람이었던 훔볼트도 언어사용의 창의성에 관심을 가지고, 이러한 창의성을 인간의 지성(human mind)에 본유적 고기토의 상태로 내장되어 있는 유한한 생성수단(finite means)이 무한한 발화(infinite utterances)의 사용을 생성(generate)하는 것으로 이해했다. 그러나 촘스키가 그의 혁명을 통해 성취하려고 한 목적은 언어능력의 본유성, 언어사용의 창의성, 보편문법의 존재 등에 대한 이해나 통찰이 아니라, 이러한 개념들을 입증하거나 구체화하고, 나아가서는 유한한 생성체계가 무한한 발화를 생산해 내는 생성체계(즉, 본유적 언어능력 혹은 보편문법)를 명시적으로 구현함으로써 변형생성문법이란 새로운 문법체계를 완성하고자 한 것이었다. 이러한 점에서 사실상 촘스키 혁명은 1965년 그의 저서 *Aspects of Theory of Syntax*가 세상에 빛을 보고서야 1차적인 완성을 이루었나고 말할 수 있다. 왜냐하면, 이 저서에서 처음으로 변형생성문법의 완전한 문법체계가 공개되었기 때문이다. 그것이 바로 이른바 '표준이론(Standard Theory)'이란 문법체계이다.

사실상 촘스키 혁명을 알린 『통사구조론』(*Syntactic Structures* (Chomsky

1957)) 이후 초기 변형생성문법의 문법체계는 많은 이론적 보완을 거쳐 1965년 그의 *Aspects of the Theory of Syntax*에서 처음으로 완성된 형태의 문법체계인 표준이론으로 발전하게 되었고, 이후 1970년대 중반까지 약 10년간 해석의미론(Interpretive Semantics)과 생성의미론(Generative Semantics) 간의 뜨거운 논쟁이 있었다. 해석의미론자로는 촘스키와, Ray Jackendoff와 Ray Dougherty 등의 그의 제자들이 있었으며, 생성의미론자로는 John Ross, George Lakoff, James McCawley 등이 있었다. 이 논쟁을 후에 F. Newmeyer (1980)는 '언어학 전쟁(linguistic war)'이라 표현했다. 이러한 논쟁을 통해 해석의미론의 문법체계는 표준이론을 넘어서 확대표준이론(Extended Standard Theory), 수정확대표준이론(Revised Extended Standard Theory) 등으로 점차 발전해 나갔으며, 생성의미론은 몰락의 길로 쇠퇴하였다. 이후 해석의미론자들에 의해 견지되어온 변형생성문법이론은 1980년 Pisa에서 개최되었던 GLOW 학회에서 있었던 촘스키의 강의, 즉 피사강의(Pisa Lecture)와 본 강의 내용을 책으로 엮은 그(Chomsky 1981)의 저서 *Lectures on Government and Binding*을 통해 소위 지배결속이론(Government and Binding Theory: GB-Theory)으로 발전하여 갔으며, 지배결속이론의 등장으로 실제로 보편문법의 실체가 상당 부분 규명되기에 이르렀으며, 이후 변형생성문법은 장벽이론(Barriers Theory)을 거쳐 원리매개변인이론(Principles and Parameters Theory)으로 성장해 나간다. 지배결속이론에서 시작하여 원리매개변인이론에 이르러 완성한 원리매개변인이론의 문법체계를 사실상 촘스키 혁명의 2차적 완성이라 할 수 있다. 왜냐하면, 원리매개변인이론에서는 매개변인화(parametrization)이라는 새로운 개념의 발견으로 설명적 타당성과 기술적 타당성 사이에 야기된 갈등의 골을 크게 좁힘으로써 최초로 완성된 보편문법의 체계를 제시하였기 때문이다. 그 뒤 변형생성문법은 1990년대 초중반 이후부터 약 10년여(1993-2003)에 걸쳐 개념적 필연성(conceptual necessity)이란 새로운 개념을 도입하고, 이 개념에 입각해 그동안 보편문법의 체계 내에 산재해 있는 많은 과잉(superfluity)과 불완전성(imperfection)을 배제하고 문법구성을 최소화함으로써 최소주의이론(Minimalist Theory)

이라는 새로운 문법이론을 제시해 왔는데, 촘스키(Chomsky 2001)에서 제안하고 있는 소위 '국면이론(Phase Theory)'의 탐침자-목표물 문법체계(Probe-Goal Framework)를 제3차 촘스키 혁명의 완성이라 평가할 수 있다.

『통사구조론』(*Syntactic Structures* (Chomsky 1957))에서부터 최근의 최소주의이론(일명, 국면이론, Chomsky(2003) 참조)에 이르기까지 변형생성문법의 발전추이를 개괄하면 다음 도표에서와 같다.

(46) 초기변형생성문법 〈1957-1965〉 → 표준이론 〈1965-1972〉 → 확대표준이론 〈1972-1976〉 → 수정확대표준이론 〈1976-1977〉 → T-모형이론 〈1977-1981〉 → 지배결속이론 〈1981-1986〉 → 장벽이론 〈1986-1990〉 → 원리매개변인이론 〈1990-1993〉 → 최소주의이론 〈1993-2003〉

이하 본절에서는 먼저 1차 촘스키 혁명의 완성으로 평가되는 표준이론의 문법체계를 확인하고, 그 뒤 이어지는 변형생성문법의 발전과정을 개략적으로 살펴보고자 한다.

표준이론은 초기변형생성문법의 문제점들을 보완하여 촘스키의 *Aspects of the Theory of Syntax* (Chomsky 1965)에서 제안된 변형생성문법의 문법이론을 말한다.[26] 초기변형생성문법이론이란 촘스키의 『통사구조론』에서 제안된 변형생성문법이론으로서, 이 이론에서는 보편문법의 가설과 심층구조의 설정, 그리고 변형규칙의 제안 등등 당시 구조주의이론에서는 받아들일 수 없는 과히 혁명적인 주장들이 대두되었다. 이러한 주장에 의한 언어학 연구의 변화를 후대 학자들은 촘스키 혁명(Chomskyan Revolution)이라 부른다.[27] 이 이론은 언어학적으로 의미 있는 중요한 새

26) 표준이론이 제안되기 전 Charles J. Fillmore의 "The Position of Embedding Transformation in a Grammar"(1963)에서 제안된 소위 일반변형(generalized transformation: GT)은 복문의 형성 문제 해결에 크게 기여하였으며, 최근 최소주의이론에서 제안된 필수구구조이론(Bare Phrase Structure Theory)에도 영향을 미쳤다.

로운 제안들을 많이 제시하고는 있지만, 의미의 처리, 어휘의 생성, 복문의 구성 등등과 관련되는 많은 미해결 과제를 안고 있었다.

표준이론은 이 이론이 제안된 저서 이름을 따서 간단히 'Aspects 이론'이라고 부르기도 한다. 이 저서에서 촘스키는 Jerrold J. Katz와 Paul M. Postal의 저서 *An Integrated Theory of Linguistic Descriptions*(1964)에서 제안된 소위 의미보존가설(Meaning Preserving Hypothesis)[28]과, 그리고 Jerrold A Fodor와 Jerrold J. Katz의 논문 "The Structure of Semantic Theory"(1963)에서[29] 제안된 소위 투사규칙(Projection Rule)이란 의미해석규칙(semantic interpretation rule)을 받아들여 새로운 보편문법모형(UG model)을 제시하고 있다.[30]

소위 표준이론(Standard Theory)에서 제안하고 있는 보편문법체계를 중심으로 문장이 어떤 과정을 거쳐 생성되는지를 설명하고자 한다. '표준이론'은 '표준'이란 이름이 말해주듯 변형생성문법이론의 많은 핵심적인 언어학적 개념과 주장을 제공하고 있을 뿐만 아니라, 장차 변형생성문법의 이론적 발전에 단초를 제공하고 있다. 따라서 표준이론의 보편문법체계에 대한 이해는 최근 최소주의이론에 이르기까지 변형생성문법이론의 전반적 주장과 발전과정을 이해하는데 기초가 된다.

---

27) John Searle는 그의 논문 "Chomsky's Revolution"(1972)에서 다음과 같이 언급하고 있다.
"…Chomsky's revolution is doubly interesting: first, within the field of linguistics, it has precipitated a conflict which is an example of the wider conflict; secondly, Chomsky has used his results about language to try to develop general anti-behaviorist and anti-empiricist conclusions about the nature of the human mind that go beyond the scope of linguistics."

28) 의미보존가설이란 "Transformations are meaning preserving operation."으로 정의되는 가설이다. 즉, 이 가설은 '변형규칙이 문장의 구조적 변화는 유발하지만 의미는 변화시키지 않는다'라는 내용으로 요약된다. 이 가설에 의하면, 심층구조와 그 심층구조에서 도출되는 표층구조는 구조적으로는 상이하지만 의미적으로는 동일하다는 결론이 나온다.

29) 이 논문은 그들의 편집저서(eds.)인 The Structure of Language: Readings in the Philosophy of Language (Englewood Cliffs, New York: Prentice-Hall, 1964)에 실려있다.

30) 문법모형이란 한 이론에서 가정하고 있는 문법체계(framework)가 어떤 연산 과정을 거쳐 소위 언어 실행체계인 감각운동체계와 사고체계에 언어의 소리와 의미 정보를 제공하는지를 일목요연하게 보여주는 문법체계의 구성도라고 할 수 있다.

표준이론에서 제안하는 보편문법체계(UG system)는 다음과 같다.[31]

(47)

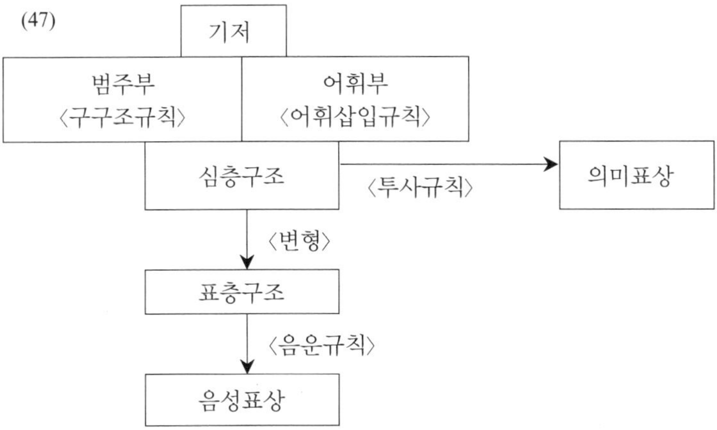

위의 문법모형에서 기저(Base)에서 심층구조(D-Structure or deep structure) 표층구조(S-Structure or surface structure)에까지 과정을 통사부(Syntactic Component), 심층구조에서 의미표상(Semantic Representation)에 이르는 과정을 의미부(Semantic Component), 표층구조에서 음성표상(Phonetic Representation)에 이르는 과정을 음운부(Phonological Component)라고 한다. 표준이론은

31) 본 문법체계의 영문표기는 다음과 같다.

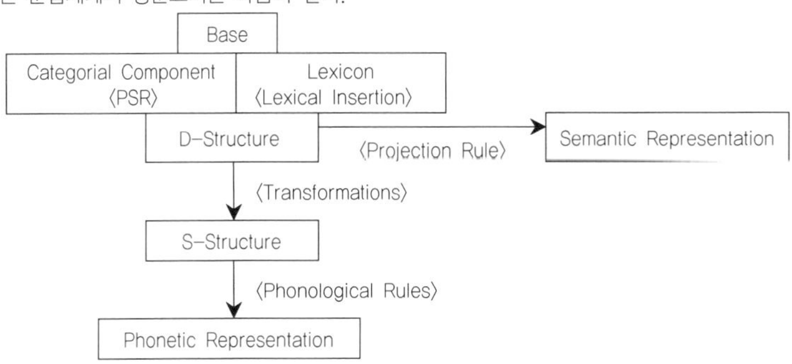

앞으로 변형생성문법이론의 발전에 기본이 되는 문법모형이므로, 문장의 생성과정을 영어의 경우를 통해 구체적으로 살펴보자.

먼저, 아래 예문을 고려해 보자.

(48) The fish might be caught by John.

(48)의 문장은 수동변형이 적용되기 전 다음의 능동태와 같은 심층구조를 취한다.

(49) [John might catch the fish]

그러면, 이제 (49)의 심층구조가 어떻게 생성되는지 살펴보자.

표준이론에서는 문법체계의 기저(Base)에 소위 구구조규칙(Phrase Structure Rules: PSR)의 체계인 범주부(Categorial Component)와, 그리고 어휘항목(lexical item)의 생산과 저장, 통사부로의 도입 등을 담당하는 어휘부(Lexicon)가 있다고 가정한다. 범주부는 문장의 계층적 범주구성소 구조(categorial hierarchical structure)를 만들고, 이 계층적 범주구성소 구조에 어휘부로부터 관련 어휘들을 선택해 삽입하게 되면 바로 문장의 심층구조가 도출된다.

범주부의 구구조규칙 체계에는 다음과 같은 규칙들이 존재한다.

(50) a. S → NP AUX VP
b. VP → V NP
c. NP → (D) N
etc.

이 규칙들이 협동하여 만들어 내는 계층적 범주구성소 구조 중의 하나는 다음과 같다.

(51)

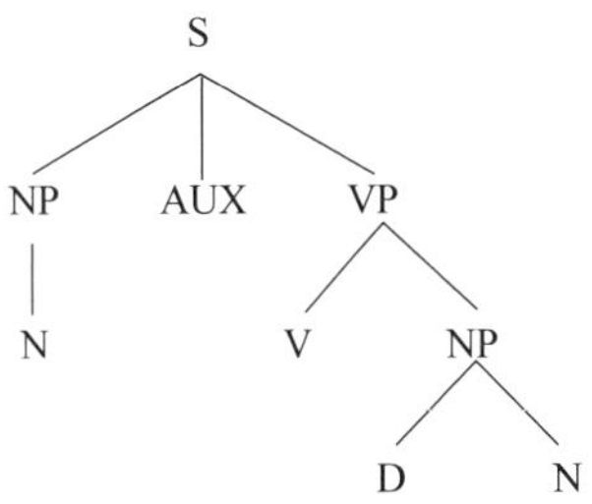

위의 계층적 범주구성소 구조에서 두 개 이상의 구성소(constituent)로 이루어진 범주, 즉 S(=sentence 문장), VP(=verb phrase 동사구), NP(=noun phrase 명사구) 등을 구범주(phrasal category)라 하고, 더 이상의 범주로 나누어지지 않는 범주, 즉 N(=noun 명사), V(=verb 동사), D(=determiner 한정사), AUX(=auxiliary 조동사) 등을 어휘범주(lexical category)라 한다. 구구조규칙의 반복적인 적용으로 계층적 범주구성소 구조에서 마지막 단계에 어휘범주들이 나타나면 더 이상 구구조규칙을 적용하지 않고, 어휘범주들의 위치에 어휘부에서 선발한 적절한 어휘항목들을 삽입한다. (47)의 계층적 범주구성소 구조에 어휘삽입이 이루어지면 다음과 같은 구조가 도출된다.

(52)

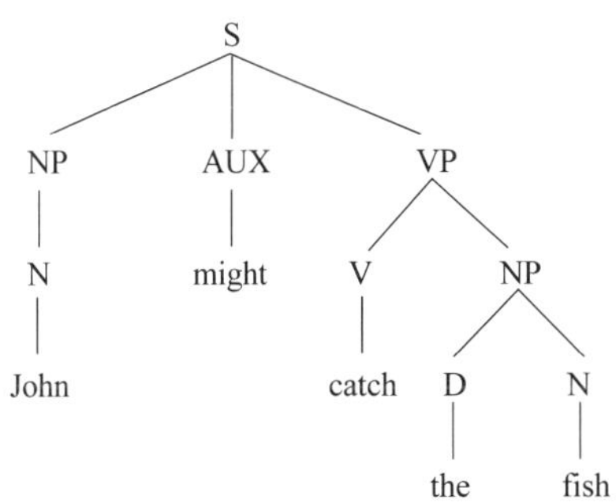

이렇게 생성된 (52)의 구조가 바로 (48)과 (49)의 심층구조가 된다. (52)과 같은 구조표현 방식을 나무그림 혹은 수형도(tree-diagram)라고 한

다. 이러한 나무그림을 통한 구조표현 이외에 다음과 같은 각괄호(bracket)를 이용하여 표현하는 방법도 있다. 이러한 구조표현을 표찰각괄호구조(labelled bracketing structure)라고 한다.

(53) [$_{S}$ [$_{NP}$ [$_{N}$ John]] [$_{AUX}$ might] [$_{VP}$ [$_{V}$ catch] [$_{NP}$ [$_{D}$ the] [$_{N}$ fish]]]]

이러한 심층구조에 일치(Agreement)란 변형규칙을 적용하고, 그 뒤 다시 수동화(Passivization)란 변형규칙을 적용하면, 다음과 같은 수동태 구조가 생성된다.

(54)

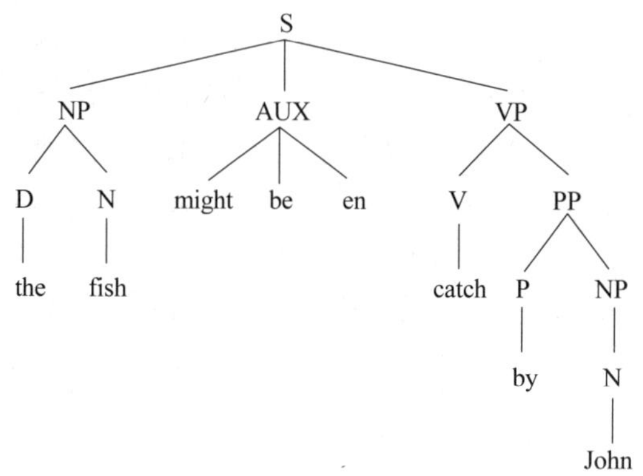

이 구조에 접사하강(Affix Hopping) 규칙이 적용되면, 수동 형태소 *en*이 동사 *catch*에 부착하여 수동분사(passive participle) *caught*를 만들어 낸다. 이와 같은 일련의 변형규칙의 적용결과로 얻어지는 표층구조에 음운규칙(phonological rules)을 적용하면 (48)과 같은 수동태 문장의 음성표상(phonetic representation)이 생성되어 나온다.

변형규칙은 의무적 규칙(obligatory rules)과 선택적 규칙(optional rules)으로 구분되고, 이러한 변형규칙들은 적용순서가 있다. 이러한 변형규칙들은 특정의 심층구조에 그 순서와 특성에 따라 연이어 적용되어 그 문장의 표층구조를 만들어낸다. 위에서 언급한 일치와 접사하강 변형 등은 의무적 규칙이나 수동화 변형은 선택적 규칙이다. 따라서, (48)의 구조에 선택적 규칙인 수동변형이 적용되지 않으면, 결과적으로 능동태의 표층구조 (49)이 도출되어 나온다.

한편, 표준이론(Standard Theory)에서는 Katz와 Postal(1964)의 의미보존가설(Meaning Preserving Hypothesis)의 주장을 받아들여 문장의 의미 해석은 심층구조에서 이루어진다고 가정한다. 이러한 가정에 의하면, 능동태와 수동태 문장은 동일한 심층구조에서 도출되므로 같은 의미를 갖게 된다.

또한, 심층구조에 적용되어 그 문장의 의미를 해석해 내는 의미해석규칙으로 표준이론에서는 Fodor & Katz(1963)에서 제안되는 소위 투사규칙(Projection Rule)을 도입하고 있다. 투사규칙의 핵심은 문장의 의미가 문장을 구성하는 어휘항목들의 의미정보를 단순히 합한 것이 아니라 문장의 구구조표지에 나타나는 모든 구성소들의 의미정보를 융합(amalgamation)한 의미집합체라는 것이다.

투사규칙의 작용을 좀더 자세히 파악하기 위해서 아래 예문들의 의미해석 과정을 살펴보자.

(55) a. The cat ate the rat.
b. The rat ate the cat.

위의 두 문장은 서로 다른 의미를 갖는다. 그러나, 문장의 의미가 문장의 최소 구성소인 어휘항목들의 의미정보를 융합한 의미 집합체라면, 위의 두 문장은 사실과 달리 서로 같은 의미가 될 것이다. 왜냐하면, 위의 두 문장은 같은 어휘항목들로 구성되어 있기 때문이다. 그러나, 이러한 문제는 투사규칙의 주장에서처럼 문장의 의미가 문장의 구조정보에 입각한 전체 구성소들의 의미융합에 의해 결정된다면 쉽게 해결된다. 즉, 투사규칙에 의하면, 위의 문장들의 의미는 다음과 같이 의미구조 표현에서처럼 문장의 구조적 정보에 입각해 결정된다.

(56) a.

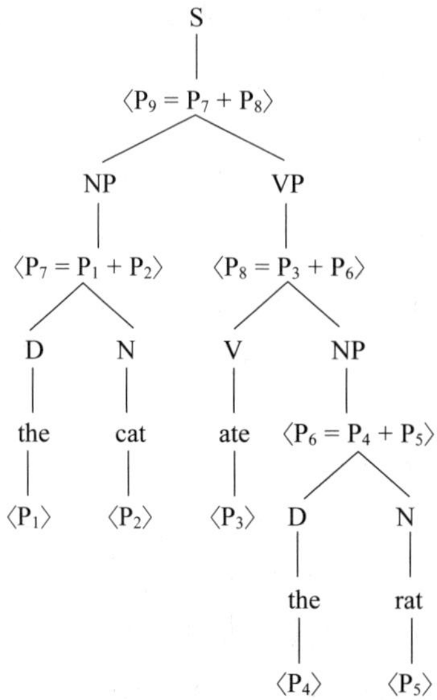

b.

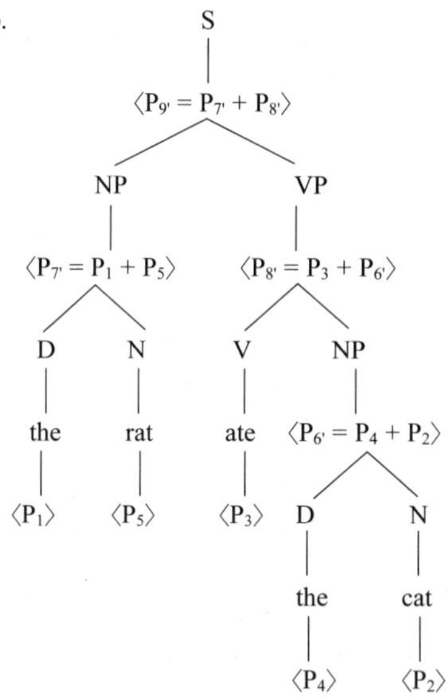

위의 의미구조 표현은 문장의 의미가 투사규칙에 의해 해석되는 해

석과정을 보여주고 있다. Pn은 문장 구성소들의 의미정보이다. 위의 의미구조 표현은 전체 문장의 의미가 어휘항목들의 의미정보에 대한 단순한 융합인 〈$P_1+P_2+P_3+P_4+P_5$〉가 아니라, 의미구조의 최하위에 나타나는 어휘항목들의 의미정보가 문장의 구조적 계층에 입각하여 최상위의 문장(S) 단위에 이르기까지 단계적으로 융합하여 만들어 내는 최종 융합체 〈$P_9=P_7+P_8$〉가 된다는 것을 보여주고 있다. 의미정보의 최종 융합체를 융합완료통로(Amalgamated Path)라 한다. 이러한 투사규칙의 해석과정에 의하면, 위의 예문 (55a)와 (55b)는 서로 다른 의미정보의 융합완료통로를 갖게 됨으로써 서로 다른 의미를 나타내게 된다.

사실 표준이론의 근간이 되는 이론 중에서 가장 중요한 이론은 역시 Katz & Postal(1964)의 '의미보존가설'이었다. 즉, 문장의 의미는 변형에 영향을 받지 않으므로, 심층구조와 표층구조에서 동일한 의미가 유지된다는 것이다. 이 경우 문장의 의미해석은 심층구조에서 이루어지는 것이 유리하다. 왜냐하면, 심층구조에는 의미해석에 기반이 되는 의미역구조(θ-structure or GF-θ)가 유지될 뿐만 아니라, 앞서 살펴본 바와 같이, 동의성(synonymity)과 중의성(ambiguity) 등의 문제가 용이하게 해결될 수 있기 때문이다. 표준이론은 '의미보존가설'에 입각해서 심층구조의 의미해석론을 주장할 수 있었다. 따라서, 심층구조에서는 의미해석을 하고, 표층구조에서는 음성해석을 하는 표준이론의 주장은 매우 이상적인 것이라고 할 수 있다.[32]

그러나, 표준이론이 근간으로 삼고 있는 의미보존가설은 이후 1960년대 후반에서 1970년 중반까지 강력한 언어학으로 대두되었던 소위 생성의미론(Generative Semantics)으로부터의 강력한 반론에 직면하게 된다.[33] 생성의미론의 학자들은 변형규칙이 문장의 의미를 변화시킨다는 사실

---

32) 이렇게 이상적인 이론이라는 점에서 촘스키(Chomsky 1965)는 자신의 언어학 스스로 '표준이론(Standard Theory)'라 불렀다.

33) 생성의미론을 주장하는 학자들을 추상통사론자(Abstract Syntactician) 혹은 변형론자(Transformationalist)라고도 불리기도 하는데, Emmon Bach, Jeffrey Gruber, Ceorge Lakoff, James D. McCawley, Paul M. Postal, John Ross 등이 이 학파에 속한다.

을 보여주는 많은 자료들을 제시하고 있는데, 변형규칙이 의미를 변화시키는 예들을 살펴보면 다음과 같은 것들이 있다.

(57) a. Every boy loves some girl.
 b. Some girl is loved by every boy.

(58) a. $John_i$ knows that Tom_j loves a picture of $himself_{*i/j}$.[34]
 b. $John_i$ knows which picture of $himself_{i/j}$ Tom_j loves?

(59) a. Did John give the book to Bill?
 b. Did John give Bill the book?

위에 제시되고 예문들의 쌍은 각기 동일한(혹은 유사한) 심층구조에서 도출된 문장들의 쌍이다. 즉, (57)는 수동변형에 의해서, (58)는 wh-이동 변형에 의해서, (59)는 간접목적어이동 변형에 의해서 표층구조의 형태가 달라진 문장들의 쌍을 각기 제시하고 있다. 그러나 이들 쌍의 문장들은 서로 간에 의미상의 차이를 나타낸다. 즉, (57a)의 의미는 두 가지인데 (57b)의 의미는 이 중에서 한 가지만 갖는다. 요컨대, (57a)는 '모든 소년이 각기 한 사람씩의 사랑하는 소녀가 있다'는 의미와, 그리고 '모든 소년이 어떤 특정 소녀 한사람을 함께 사랑한다'라는 의미를 모두 나타낼 수 있지만, (57b)는 두 번째 의미만을 나타낸다. 또한, (58)의 경우에 있어서도, (58b)의 *which picture of himself*는 의문사 이동변형이 적용되기 전의 심층구조상에서는 (58a)의 *a picture of himself*와 동일한 위치에 있었음에도 불구하고, 재귀대명사 *himself*가 (58a)에서는 *Tom*만을 지시할 수 있으나 (58b)에서는 *Tom*이나 *John* 모두를 지시할 수 있게 된

34) 일반적으로 명사적 표현(nominal expression) 아래 붙는 지표(i, j, k 등등)는 그 명사적 표현의 지시(reference)를 나타내는데, 동일한 지표가 붙는 명사적 표현들을 동일지시적(coreferential)이라 한다. '동일지시적'이란 그 명사적 표현들이 동일한 대상을 가리킨다는 것을 의미한다. 지표 앞에 붙인 별표 (*)는 명사적 표현이 그러한 지표를 가질 때 비문법적인 문장이 된다는 것을 의미한다.

다. 그리고, (59)의 경우에 있어서도, 정상적 음조로 발음되면 (59a)의 경우에는 *Bill*에게 초점(focus)이 주어지고 (59b)에서는 *the book*에게 초점이 주어지게 되어 두 문장이 서로 다른 전제(presuppositon)를 갖게 된다. 즉, (59a)는 '누군가'에게 그 책을 주었다는 전제를 가지며 (59b)는 '무엇인가'를 *Bill*에게 주었다는 전제를 갖는다. 그러므로, 이들 질문에 대해 다음과 같이 서로 다른 대답이 주어지게 된다.

(60) a. No, to someone else. 〈(59a)에 대한 대답〉
b. No, something else. 〈(59b)에 대한 대답〉

이상의 논의에서와 같이 변형이 문장의 의미를 보존할 수 없다면, 심층구조에서의 의미해석을 주장하는 표준이론의 문법체계가 더 이상 유지될 수 없다. 왜냐하면, 문장의 의미와 소리의 규칙적인 상호관계가 유지되지 않는다면 이러한 문장은 의사소통의 수단으로 사용될 수 없기 때문이다.[35)]

이러한 문제에 대한 해결책은 두 가지가 있을 수 있다. 첫 번째 방법은 의미보존가설을 유지하는 것으로, 표층구조에서 의미가 달라지는 두 문장은 처음부터 서로 다른 심층구조를 갖는다고 가정하는 것이다. 요컨대, 수동변형이 의미변화를 야기하는 경우에는 그 수동태 문장의 심

---

35) 이러한 문제점을 해결하기 위하여 제안된 이론 중의 하나가 바로 촘스키의 논문집 *Studies on Semantics in Transformational Generative Grammar*(1972)에서 제안하고 있는 소위 '확대표준이론(Extended Standard Theory)'이다. 확대표준이론은 표준이론에서 주장하고 있는 해석의미론의 장점을 계속 유지하면서도 실제로는 의미보존가설을 포기하는 이론이라고 할 수 있다. 이 논문집에는 다음과 같은 세 편의 논문이 실려 있다.

(i) a. "Remarks on Nominalization" in Jacobs and Rosenbaum, eds.,(1970).
b. "Deep Structure, Surface Structure and Semantic Interpretation"(1970).
c. "Some Impirical Issues in the Theory of Transformational Grammar"(1972).

이들 논문의 주제는 대부분 당시 생성의미론 학자(즉, 변형론자)들의 주장을 반박하는 내용으로 이루어져 있다. 참고로, 생성의미론에서는 의미해석규칙을 따로 설정하지 않고, 심층구조가 곧 의미표상(semantic representation)이라고 주장한다.

층구조를 능동태 문장의 심층구조와 달리 설정하는 것이다. 이러한 가정은 의미가 다른 모든 문장은 모두 각기 독자적인 심층구조를 갖는다고 주장하게 된다. 극단적으로 말하면, 표층구조에 나타나는 모든 의미를 모두 심층구조에 반영해야 한다는 것이다. 따라서 심층구조가 매우 복잡한 구조로 표현되며, 심층구조 그 자체가 바로 그 문장의 의미표상(semantic representation)이 된다. 또한 심층구조가 복잡한 만큼 표층구조를 생성해 내는 변형규칙의 수가 많아 질 수밖에 없다. 요컨대, 이 경우 심층구조는 표층구조와 매우 상이한 추상적 구조를 취할 수밖에 없다. 바로 이러한 입장을 취하는 이론을 생성의미론(Generative Semantics)이라 한다. 생성의미론은 Postal, Ross, Lakoff, McCawley 등에 의해 1960년 후반부터 1970년 중반까지 해석의미론(Interpretive Semantics)과 쌍벽을 이루어 변형생성문법이론의 발전에 크게 공헌한 언어학이다. 생성의미론자들을 변형론자(Transformationalist)라 하고, 생성의미론을 추상통사론(Abstract Syntax)이라 하는 별칭은 위에서 설명한 이들의 학문적 입장에 기인한다.

두 번째 해결방법은 의미보존가설을 포기하는 것이다. 즉, 변형이 의미를 변화시킬 수 있다는 사실을 인정하는 것이다. 이 경우에는 더 이상 심층구조 의미해석의 가정을 유지할 수 없게 된다. 요컨대, 문장의 의미해석을 변형규칙이 적용되고 난 뒤의 표층구조에서 해야 한다는 주장이다. 즉, 이 경우 비록 변형규칙이 문장의 의미를 변화시킨다 하더라도 표층구조에서 그 문장의 의미를 정확하게 파악할 수 있게 된다. 이러한 주장을 펴는 이론을 표층해석이론이라 하고, 바로 촘스키를 중심으로 한 어휘론자(Lexicalist) 혹은 해석론자(Interpretivist)들이 이러한 표층해석이론을 주장하는 학자들이다.

표층해석이론의 문제는 표층구조는 문장의 모든 의미를 나타내고 있는 구조이지만, 심층구조와는 달리 주어, 목적어 등의 문법기능(grammatical function)들이 심층구조에서 나타나는 술어와의 의미관계(semantic relation)를 그대로 유지하지 못하는 경우가 많다는 것이다. 요컨대, 수동태 문장의 경우 '대상'의 의미역을 갖는 논항이 심층구조에서는 목적어로 나타나지만 표층구조에서는 주어로 나타난다. 따라서, 심층구조에 나타나는 의미관계를 표층구조에서 정확하게 파악하지 못한다면 표층해석이론은 성공적으로 유지될 수 없다. 바로 이러한 문제를 해결한 것이 흔적이론(trace theory)이다. 흔적이론은 변형에 의해 이동하는 모든 요소는 이동하기 전의 위치에 그것의 흔적(trace: t)을 남긴다고 주장한다.[36] 흔적의 발견은 표층해석이론을 가능하게 하였을 뿐 아니라 최근까지의 변형생성문법의 발전에 크게 기여해 왔다.

이제, 만일 표층구조에 나타나는 주어 논항이 심층구조의 목적어위치에서 이동한 것이라면, 표층구조상에서도 흔적에 의해 그것의 심층구조 위치를 추적할 수 있게 되므로 심층구조에서 나타나는 의미관계를 표층구조에서 정확하게 파악할 수 있게 된다. 따라서, 표층해석이론을 취하는 흔적이론을 바로 변형생성문법이론에서는 수정확대표준이론(Revised Extended Standard Theory)이라 한다.

이 이론에 의하면 아래 (61a)의 표층구조는 (61b)처럼 표시된다.

(61) a. Who do you like?
b. [who$_i$ [do you like t$_i$]]

요컨대, 이동한 요소 *who*는 그의 심층구조의 위치에 그의 흔적 *t*를 남기는데, 이들의 의존관계(dependency)를 표시해 주기 위해서 이들에게 각기 동일한 지표(index) *i*를 붙인다.[37]

---

36) 촘스키는 그의 저서 *Reflections on Language*(1976)에서 '문장의 한 구성소가 변형에 의해 다른 위치로 이동하게 되면 원래의 위치에 그것의 흔적을 남긴다'는 사실을 다양한 경험적 증거를 통해 입증함으로써 흔적이론을 제안하고 있다.

37) 표준이론과 확대표준이론에서는 표층구조를 'surface structure'라고 일컬었는데, 수정확대표준이론에서는 표층구조에 흔적을 나타냄으로써 표층구조가 추상적인 구조로 바뀌었다. 따라서, 과거의 표층구조와 구분하기 위해서 수정확대이론의 표층구조를 'surface structure'라 하지 않고 'S-structure'라고 불렀다. 그러나, 본서에서는 이들의 개념적 차이를 무시하고 간략히 'S-structure'라는 이름으로 통일해서 부르고자 한다.

흔적이론의 타당성을 입증하는 경험적 증거로 많은 언어현상들이 제시되고 있는데, 구체적인 예로 먼저 다음의 문장을 고려해 보자.

(62) John is the person who I want to succeed.

이 문장은 아래 풀이문(paraphrase)에서와 같은 두 가지 의미를 지닌다.

(63) a. I want to succeed John.
b. I want John to succeed.

(62)의 문장이 두 의미를 갖는 것은 아래 (64)에서 보여주는 바와 같이 관계대명사(relative pronoun) who가 심층구조상에서 나타날 수 있는 위치가 두 곳이기 때문이다.

(64) a. John is [the person [I want [to succeed *who*]]]
b. John is [the person [I want [*who* to succeed]]]

만약 문장의 의미해석이 심층구조상에서 일어난다면, (62)의 중의성 문제는 큰 문제가 되지 않는다. 그러나 관계화(relativization) 변형규칙이 적용된 후의 표층구조상에서 의미해석이 이루어진다면 (62)의 중의성은 매우 심각한 문제가 된다. 왜냐하면, (64)의 두 가지 심층구조에서 도출되는 표층구조는 한 가지 뿐이기 때문이다. 그러나, 흔적이론을 채택하면 표층구조상에서도 이동한 요소의 심층구조의 위치가 확인될 수 있기 때문에 변형 후의 표층구조의 의미해석이 가능해진다. 흔적이론에 의하면 (62)의 표층구조가 다음과 같이 두 가지의 구조로 표현된다.

(65) a. John is [the person [who_i [I want [to succeed t_i]]]
b. John is [the person [who_i [I want [t_i to succeed]]]

이제, (65a)의 표층구조로부터는 (63a)의 의미가 해석되어 나오며, (65b)로부터는 (63b)의 의미가 해석되어 나온다. 그러면, 과연 흔적이 존재할까? 흔적에 대한 가정은 다음과 같은 소위 *wanna*-축약(*wanna*-contraction)의 현상으로 입증된다.

(66) John is the person who I *wanna* succeed.

즉, (62)의 예문은 (66)에서처럼 '*want to*'가 '*wanna*'로 발음이 되는 *wanna*-축약의 형태로도 사용될 수 있다. 그러나, (66)의 예문은 (62)과 달리 (63a)의 의미 하나만 나타난다. 즉, 이러한 현상은 (65a)의 표층구조상에서는 *wanna*-축약이 일어날 수 있지만, (65b)의 경우에는 *wanna*-축약이 일어날 수 없음을 의미한다. 그러면, 왜 (65a)에서는 *wanna*-축약이 일어날 수 있고, (65b)에서는 *wanna*-축약이 일어날 수 없는 것일까? 바로 이 물음에 대한 직접적인 대답을 흔적이론이 제시한다. 흔적이론에 의하면, *wanna*-축약은 *want*와 *to*가 인접(adjacent)할 때 일어나는 음성축약 현상이라고 보는데, (65a)의 경우에는 *want*와 *to*가 인접해 있으므로 *wanna*-축약이 가능하지만, (65b)의 경우에는 이들 사이에 흔적 *t*가 존재하므로 *wanna*-축약이 불가능하게 된다는 것이다. 요컨대, 흔적은 인간의 청각으로는 확인되지 않으나 언어능력상에서는 확인되는 존재하는 요소라는 것이다. 이렇게 음성적 실체가 없이 존재하는 요소를 변형생성문법에서는 소위 공범주(empty category)라고 하는데, 흔적은 바로 이 공범주 중의 하나라는 것이다. 또한 다음 예문을 고려해 보자.

(67) a. Who do you want to (wanna) meet?
  b. Who do you want to (*wanna) meet Mary?

위의 문장은 외관상 종속절 목적어(Mary)의 존재여부가 *wanna*-축약을 결정짓는 것처럼 보인다. 그러나, 어순상 뒤에 나타나는 종속절의 목적어가 앞에 나타나는 *wanna*-축약을 결정한다는 것은 이론상 설명하기 힘든 현상이다. 따라서 이런 현상을 이론적인 타당성을 가지고 설명하기 위해서는 흔적이론에 입각할 수밖에 없다. 즉, 흔적이론에 의하면, (67a)에서는 의문사 *who*의 흔적이 종속절의 동사 *meet* 뒤에 남게 되나, (67b)에서는 종속절의 목적어위치에 이미 *Mary*가 나타나므로 *who*의 흔적이 *want*와 *to* 사이에 나타난다고 밖에 볼 수 없다. *wanna*-축약이 인접조건(adjacency condition)을 준수한다면, 흔적이론 하에서 (67)의 두 예문 사이에 나타나는 문법성의 대조는 이론적으로 매우 타당하게 설명된다.

그러면, 이제 다음의 예문을 고려해 보자.

(68) Who$_i$ said Mary kissed him$_i$?

(68)은 일반적으로 대명사는 앞에 나오는 의문사와 동일지시적(coreferential)일 수 있음을 보여주고 있다. 그러면, 아래 예문을 고려해 보자.

(69) Who$_i$ did he$_{*i/j}$ say Mary kissed?

그러나 (69)의 예문은 (68)과 달리 대명사가 앞의 의문사와 동일지시적일 수 없음을 보여준다. 이러한 문제도 흔적이론에 입각하면 언어학적으로 의미 있는(linguistically significant) 설명이 가능하다. 즉, 흔적이론에 의하면, (68)과 (69)의 표층구조는 각기 (70a)와 (70b)와 같다.

(70) a. who$_i$ [t$_i$ said [Mary kissed him$_i$]]
b. who$_i$ did [he$_{*i/j}$ say [Mary kissed t$_i$]]

(70)은 (68)에서는 의문사의 흔적이 주절의 주어위치에 나타나나, (69)의 경우에는 종속절의 목적어위치에 나타나고 있음을 보여 주고 있다. 이러한 흔적의 존재를 인정하게 되면, (68)과 (69)의 예문이 보여주는 대

명사의 지시의존(referential dependency) 특성이 다음 예문들에 나타나는 대명사의 지시의존현상을 설명하는 원리와 마찬가지의 원리로 설명될 수 있다.

(71) a. *He_i said Mary kissed $John_i$.
b. $John_i$ said Mary kissed him_i.

즉, (71)는 대명사가 앞의 명사구와는 동일지시적(coreferential)이 될 수 있으나 뒤의 명사구와는 동일지시적이 될 수 없음을 보여주는데, 이와 같은 대명사의 지시의존 특성은 (70)의 예문에서 대명사와 의문사의 흔적과의 사이에서도 똑같이 나타난다. 이 경우, 만약 의문사의 흔적을 명사구와 같은 유형으로 분류한다면, 흔적이론 하에서 (68)과 (69)의 예문에 나타나는 대명사의 지시의존(referential dependency) 특성을 (71)의 경우에서와 같은 원리로 설명될 수 있다.

이상의 논의에서와 같이, 표층구조상에 이동한 요소의 흔적이 나타나는 것이 사실이라면, 우리는 표층구조만 가지고도 이동한 요소의 심층구조상의 위치를 확인할 수 있게 된다. 따라서, 한 문장의 의미해석은 이제 더 이상 심층구조에 의존함이 없이 표층구조의 의미해석만으로 충분하다. 즉, 표층구조에서 결정되는 대용화와 양화의 해석은 물론이고, 의미역구조(θ-structure or GF-θ)의 해석까지도 표층구조에서 할 수 있다.

이러한 흔적이론의 보편문법체계를 제시하면 다음과 같다.[38)]

(72)

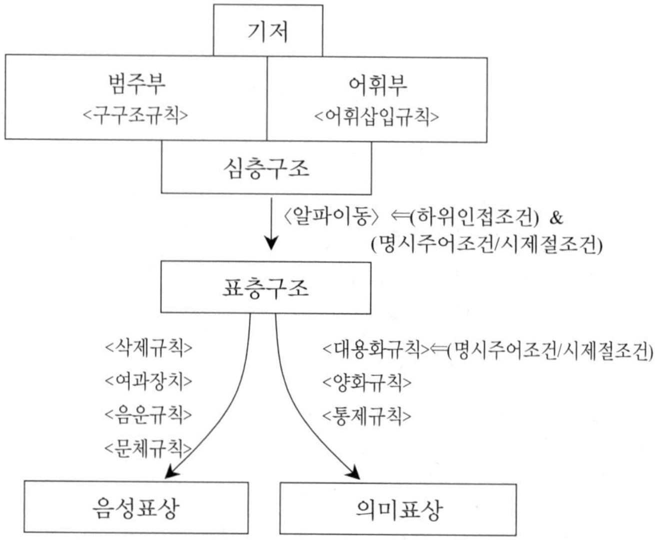

이러한 문법체계의 모형은, 표준이론의 문법체계와 비교하여 볼 때, 통사영역과 의미영역, 그리고 음운영역이 세 갈래(Tripartite)로 나뉘어져 있다고 하여, 이러한 문법체계를 취하는 수정확대표준이론을 T-모형이론

38) 본 문법체계의 영문표기:

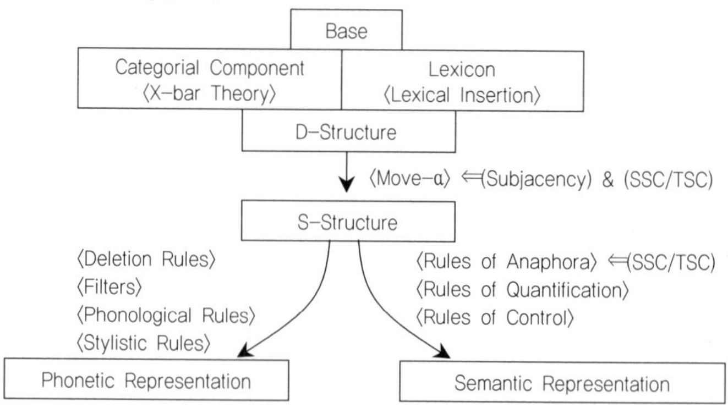

(T-Model Theory)이라 한다. 이 이론에는 표준이론에서 주장되지 않았던 핵계층이론(X-bar Theory), 하위인접조건(Subjacency), 명시주어조건(Specified Subject Condition: SSC), 시제절조건(Tensed-S Constraint: TSC) 등을 제안하고 있다.

수정확대표준이론(Revised Extended Standard Theory)에 이어 발전된 변형생성문법의 문법체계를 지배결속이론(GB-Theory)이라 한다. 이 이론이 이전의 이론들과 구분되는 특징은 보편문법체계가 보편원리(universal principles)와 매개변인(parameters)의 조합으로 이루어져 있다고 주장한다는 점이다.

보편문법(UG)이란 모든 인간언어(human languages)를 하나의 동일한 문법체계로 모두 기술하는 문법을 말하며, 이러한 보편문법의 가정은 1950년대 중반 노암 에이브람 촘스키(Noam Avram Chomsky, MIT) 교수에 의해 최초로 주창되었다.[39] 그 이후 초기변형생성문법의 급속적인 발전을 거쳐 1980년대에 구체적인 보편문법의 실체가 확인되기에 이르렀다. 보편문법의 실체에 근접한 최초의 변형생성문법의 이론을 '지배결속이론'이라 하는데, 이는 보편문법의 완전한 체계가 촘스키(Chomsky 1981)의 저서 「지배와 결속에 관한 강의」(*Lectures on Government and Binding: LGB*)에서 처음 제안되었기 때문이다. 이 저서에서는 인간의 모든 개별언어(particular languages)들이 하나의 공통된 보편원리체계에 의해 기술될 수 있다고 보며, 개별언어 사이에 나타나는 언어적 변이는 보편원리들과 상호작용(interaction)하는 매개변인들의 값이 언어경험(language experience)을 통해 언어마다 서로 달리 결정되기 때문에 나타나는 문법적 현상으로 본다. 이러한 차원에서 지배결속이론을 원리매개변인이론(Principles and Parameters Theory)의 시작으로 이해한다.[40] 보편문법체계의

39) 변형생성문법의 초기 이론에 대해서는 촘스키의 저서 『통사구조론』(*Syntactic Structures* (Chomsky 1957))을 참조하기 바란다.

40) 촘스키(Chomsky 1989)에서는 *LGB* 이후 발전되어온 지배결속이론을 원리매개변인이론이라 부르는 것이 더욱 타당하다고 주장하고 있다.

실체적 규명에 대한 전망을 가능케 한 지배결속이론은 그 뒤 촘스키의 후속 저서 *Some Concepts and Consequences of the Theory of Government and Binding* (*SCCTG*)(1982)을 거쳐 *Knowledge of Language: Its Nature, Origin, and Use* (*KL*)(1986a)와 *Barriers*(1986b)에 이르러 완성단계에 이르게 된다. 지배결속이론은 문법체계를 규칙의존체계(rule-dependent system)에서 원리의존체계(principle-dependent system)로 전환하고 있다는 점에서 이전의 변형생성문법이론과 크게 구별된다.[41] 이 이론은 기술적 타당성(Descriptive Adequacy)을 확보해야 할 개별문법(particular grammar)과 설명적 타당성(Explanatory Adequacy)을 확보해야 할 보편문법과의 갈등과 긴장 관계를 매개변인이란 개념을 도입함으로써 해소하여 최적문법(optimal grammar)의 체계를 구축하고자 시도한 첫 번째 변형생성문법이론이었다.[42] 지배결속이론은 이전의 수정확대표준이론(Revised Extended Standard Theory)에서 제안하고 있는 일반조건(general conditions) 체계를 보편원리의 체계로 발전시키고, 여기에 '지배(Government)'와 '결속(Binding)'[43]의 개념을 접목함으로써 보편문법의 체계를 구현하고 있다. LGB에서 제안된 초기 지배결속이론에서는 '지배'라는 새로운 문법적 개념을 도

---

41) 지배결속이론 이전의 변형생성문법이론은 다음과 같은 과정을 거쳐 발전되어 왔다.

초기변형생성문법 →	표준이론 →	확대표준이론 →	수정확대표준이론 →	T-모형이론
〈1957–1965〉	〈1965–1972〉	〈1972–1976〉	〈1976–1977〉	〈1977–1981〉

42) 기술적 타당성(Descriptive Adequacy)을 갖춘 문법이란 개별언어 마다 그 언어의 원어민(native speakers)가 생성해내는 매우 다양한 언어표현을, 원어민의 문법적 통찰력을 반영하여 모두 구조적으로 기술할 수 있는 문법체계를 구축하고 있는 문법을 말한다. 따라서 하나의 문법이 기술적 타당성을 확보하기 위해서는 매우 풍부한 문법적 장치(=규칙)를 갖추고 있어야 한다. 한편, 설명적 타당성(Explanatory Adequacy)은 문법의 기술이 보편문법을 지향하도록 유도하는 기준인데, 한 문법의 체계가 보편문법의 체계로 인정받기 위해서는 매우 단순한 문법적 장치로 구성되어 있어야 한다. 따라서 기술적 타당성과 설명적 타당성은 서로 상반되는 방향으로 나아가려는 속성을 지닌다. 이 두 기준을 가장 이상적으로 충족함으로써 보편문법의 체계로부터 개별문법의 기술을 도출하는 문법을 최적문법(optimal grammar)이라 한다.

43) '결속'의 개념은 노암 촘스키(Chomsky 1980)의 논문 "On Binding"에서 처음 소개되었는데, 이 논문에서는 시제절조건 대신에 소위 '주격섬조건(nominative island condition: NIC)'이라는 새로운 대용화조건을 제안함으로써 기존의 명시주어조건과 시제절조건 사이에 존재하던 잉여성 문제를 해결하고 있다.

입함으로써 핵계층이론(X-bar Theory), 의미역이론(θ-Theory), 격이론(Case Theory), 한계이론(Bounding Theory), 결속이론(Binding Theory), 통제이론(Control Theory), 공범주원리(empty category principle: ECP) 등으로 구성되는 보편원리의 조합체계(modular system of universal principles)를 구축하고 있다. 그리고 *SCCTG*(1982)에서는 두 층위의 논리형태(Logical Form)--논리형태층위(LF)와 후논리형태층위(LF')--를 설정함으로써 통사부에서 입력되는 언어정보(linguistic information)를 의미해석 수행체계인 사고체계(systems of thought)에서 활용할 수 있는 완전한 의미정보(semantic information)로의 전환을 시도하고 있으며, *KL*(1986a)에서는 문장의 내면구조를 CP와 IP의 구조체계로 분석함으로써 핵계층이론의 일반화를 도모하고 있다. 또한, *Barriers*(1986b)에서는 '장벽(barrier)'의 개념을 도입하여 지배의 차단범주(blocking categories)와 하위인접조건(Subjacency)의 한계절점(bounding nodes)의 개념을 통합함으로써 보편문법의 체계를 더욱 단순화하고 있다. 위에서 언급한 바와 같이, 지배결속이론은 모든 인간에게 유전적으로 나타나는 본유적(innate) 문법체계인 보편문법이 보편원리(universal principles)와 매개변인(parameters)의 체계로 이루어져 있는 것으로 분석하고, 개별언어의 핵심문법(core grammar) 습득은 보편문법의 체계로부터 개별적 언어경험에 의한 매개변인들의 값의 확정과, 그리고 개별언어의 어휘항목(lexical items)들의 집합인 어휘부(Lexicon)의 학습으로 이루어진다고 주장한다. 즉, 지배결속이론에서는 조합체계를 이루고 있는 보편원리들의 매개변인화를 통해 자연언어에 나타나는 모든 개별언어의 문법적 현상을 기술할 수 있다고 본다.

지배결속이론에서 제시하고 있는 보편문법의 원리체계는 다음의 모형에서 보여주는 바와 같다.

(73) a. 보편문법의 모형(국문표기)

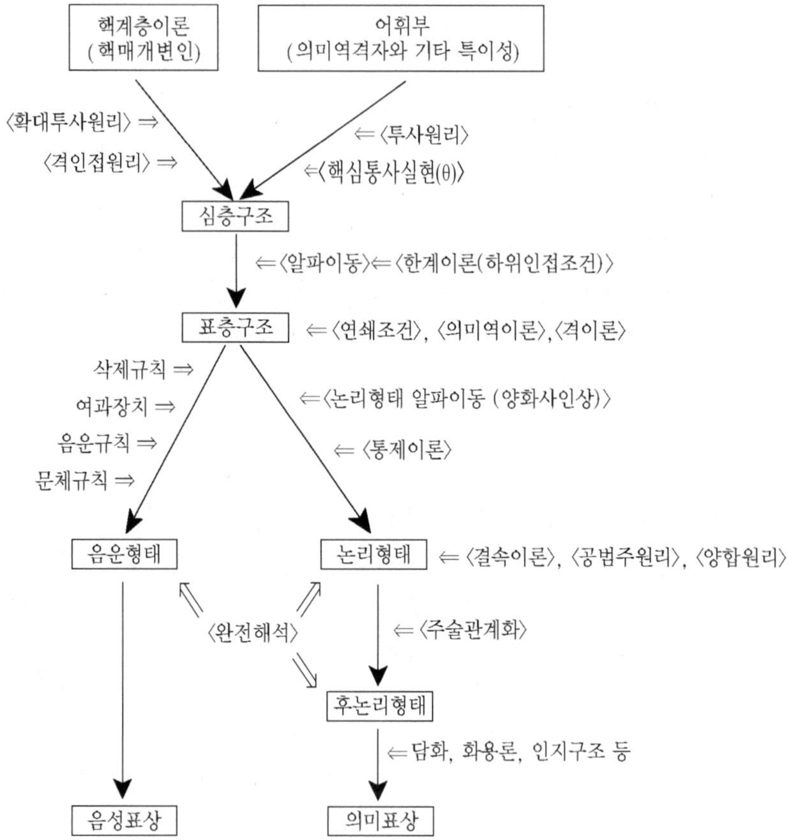

b. 보편문법의 모형(영문표기)

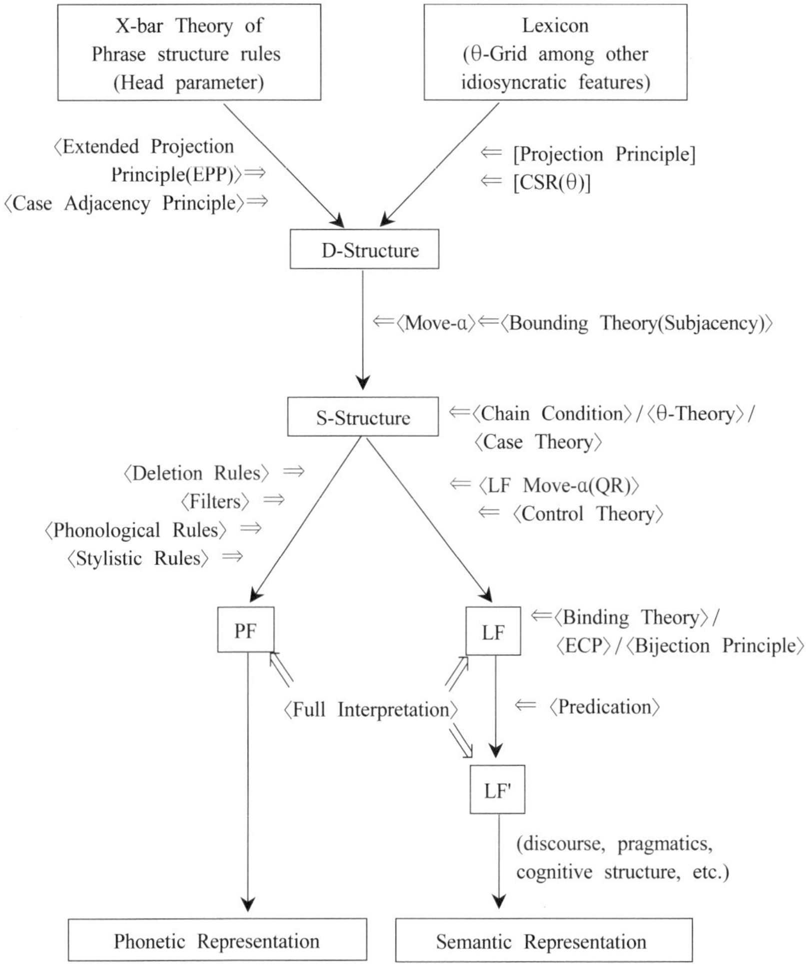

위의 모형에서 확인되는 바와 같이 지배결속이론의 문법체계는 보편 원리들의 조합체계(modular system of universal principles)로 이루어져 있다. 조합체계(modular system)란 여러 하위 구성체(modules)들이 집단으로

하나의 조합을 구성한다는 것이다. 조합에 속한 각 구성체는 다른 구성체들과 기능의 중첩(overlapping) 없이 각자에게 부여된 역할을 수행함으로써 조합전체의 기능을 완수해야 한다. 지배결속이론에서는 한 언어의 핵심문법은 하위 보편원리들의 조합체계로 이루어져 있다고 본다. 각 보편원리들은 각자 자기에게 부여된 고유한 문법적 기능을 가지며, 이러한 기능들이 합쳐져 전체 문법의 기능을 수행한다는 것이다. 따라서, 한 하위원리라도 수정되거나 기능의 변화를 일으키면, 조합체계를 구성하는 다른 모든 원리들이 그것에 영향을 받아 연쇄적으로 수정되거나 기능의 조정이 뒤따라야 한다.

제2장 최소주의문법의 등장

1. 최소주의 언어관

1957년 촘스키 혁명에 의해 제안된 변형생성문법(Transformational Generative Grammar)은 인간의 언어기능(faculty of language: FL)[1]은 인간의 유전적 특성으로 본유적(innate)이라는 소위 데카르트의 소위 본유성가설(innateness hypothesis) 하에서 인간의 언어는 이러한 본유적 언어기능의 반복적 연산작용(computation)에 의해서 도출되는 결과물(output)이라고 주장한다. 1990년대 초중반 이후(즉, Chomsky(1993) – Chomsky(2003))에 대두되었던 최소주의문법(Minimalist Grammar)[2]에서도 언어기능의 연산체계(computational system: C_{HL})를 언어를 생성하는 본유적 생성동력(innate generative engine)이라고 본다는 차원에서 최소주의문법 역시 변형생성문법의 범주에 속한다고 볼 수 있다. 이러한 차원에서 필자는 최소주의문법의 틀 속에서 촘스키(Chomsky 2001, 2003)가 제안하고 있는 소위 '국면이론(Phase Theory)'의 탐침자-목표물 문법체계(Probe-Goal Framework)를 촘

---

1) 언어기능(faculty of languaage: FL)이란 최소주의문법의 용어로 이전의 변형생성문법에서 언어능력(linguistic competence), 인지체계(cognitive system), 혹은 내재언어(I–language) 등으로 부르던 것으로 데카르트가 '고기토(cogito)'라 했던 인간의 본유적 정신영역를 말한다.

2) 최소주의문법은 일련의 촘스키(Chomsky 1991, 1993, 1995, 1998, 1999, 2001)의 논문이나 저서에서 제안되었는데, 일반적으로는 우리나라에서는 최소주의이론(Minimalist Theory)으로 불리고 있으나, 촘스키 스스로는 이 이론이 아직 실험단계에 머물고 있으므로 '이론(theory)'이라기보다 '접근(approach)'이나 '연구(inquiry)' 혹은 '프로그램(program)' 등으로 불려야 한다고 주장하고 있다.

스키가 그의 혁명을 통해 추구해 온 변형생성문법의 최종 완결판(final version)이라 평가하고자 한다.

최소주의문법에서는 보편문법(universal grammar: UG)이 언어적 속성(linguistic properties)인 보편자질들의 집합(a set of universal features) F와 이 F를 기반으로 언어표현의 집합(a set of linguistic expression) EXP를 생성하는 인간언어의 연산과정(computational procedure of human language) C_{HL}으로 이루어져 있다고 본다. 또한, 인간의 언어기능(faculty of language) F_L이 F로부터 특정자질집합 [F_L]를 선택하여 한 언어의 어휘부(lexicon) LEX를 구성함으로써 개별언어(particular language) L로 고착(fix) 된다고 본다. 개별언어의 어휘부 LEX에는 그 언어의 어휘항목들(lexical items) LI이 수록되어 있는데, 이 LI는 [F_L]로부터 자질들을 조립하여 만든 것이므로 개별언어마다 독립적인 LEX(즉, LI)가 존재하게 된다. 따라서, 개별언어는 LEX와 C_{HL}로 구성된다.[3] C_{HL}은 LEX로부터 어휘배열(lexical array) LA를 선택하고,[4] 도출(derivation)의 과정을 거쳐 이 LA를 EXP로 사상(mapping)한다. 따라서, EXP는 개별언어마다 상이하다. 기존의 변형생성문법이론의 견지에서 보면 EXP는 음성형태(phonetic form) PF와 논리형태(logical form) LF이다. PF와 LF는 각기 감각운동체계(sensori-motor system)과 사고체계(system of thoughts)로 구성되는 수행체계(performance system)[5]와 언어기능을 담당하는 인지체계(cognitive system) 사이의 접합부(interfaces)에 나타나는 상징적 대상물(symbolic objects)로 이들 수행체계의 해석과정을 거쳐 언어의 소리와 의미로 표출된다.

일반적으로 언어란 위와 같은 과정을 거쳐 생성되는 소리와 의미의 연결로 이루어지는 인간의 의사소통체계(system of communication)를 말하는데, 의사소통이란 개인 간의 사고의 전달을 의미한다. 이러한 차원에

---

3) 이 이외에도 개별언어의 고착에는 매개변인의 고정(parameter setting)이 필요하다. 매개변인의 문제에 대해서는 이후 본장에서 논의하고자 한다.

4) 어휘배열 LA는 기존의 최소주의문법에서 배번집합(Numeration)이라 부르던 개념과 유사하다.

5) 촘스키(Chomsky 1995)에서는 사고체계를 개념의도체계(conceptual intentional system: C-I), 감각운동체계를 조음청취체계(Articulatory Perceptual system: A-P)라고 일컫는다.

서 보면, 언어연구는 곧 소리와 의미를 연결하여 사고의 전달을 가능하게 하는 인지체계에 관한 연구라고 볼 수 있다. 사실상, 현대 언어학자들은 언어의 연구를 통해 인간의 본성(human nature)을 규명할 수 있다고 본다.[6]

사실상 최소주의문법에서는 인간의 본유적(innate) 인지체계인 언어기능 FL이 후천적 언어경험(PLD)을 통해 개별언어 L로 확정된다고 본다. 이러한 관계를 도표로 나타내면 다음과 같다.

(1) 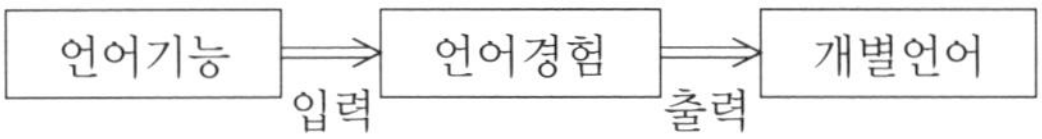

이 경우 언어기능 FL은 모든 개별언어 L의 보편적 속성으로 나타나는 소위 보편문법을 이룬다고 볼 수 있는데, 본절에서는 바로 이러한 최소주의문법의 보편문법론을 고찰해 보고자 한다.

촘스키(Chomsky 1995, 1998)에서는 만약 인간에게 음성을 만들어 내는 발성기관(sound organ)이 없고 고도의 정신감응력(즉, 텔레파시 telepathy)이 있다면, 아마도 인간은 음성 대신 이 정신감응력을 통해 사고의 전달을 수행하였을 것이라 본다. 또한 이러한 정신감응력까지도 없다면, 아마도 인간은 몸짓언어(body language)나 기호언어(sign language) 등을 통해 의사소통을 수행했을 것이다. 그러나, 고도의 정신감응력이 아니라 발성기관을 가지고 있는 인간이 음성을 통해 의사소통을 수행하고 있다는 것은 매우 자연스러운 결과이다. 이 발성기관(폐, 목, 입, 혀, 코 등등)은 두뇌(brain) 작용의 제어를 받아 일정하게 움직여 음성을 만들게 되는데, 발성기관을 제어하는 이러한 뇌기능체계를 감각운동체계(sensori motor

6) 촘스키(Chomsky 1972)는 다음 (i)의 언급에서와 같이 언어연구를 통해 인간지성(human mind)의 본질적 특성을 밝힐 수 있다고 본다.

(i) There are a number of questions which might lead to undertake a study of language. Personally, I am primarily intrigued by the possibility of learning something, from the study of language, that will bring to light inherent properties of the human mind.

systems)라 한다. 요컨대, 최소주의문법에서는 언어란 인간이 소유하고 있는 사고체계와 감각운동체계를 이상적으로 매개하여 의사소통을 가능하게 해 주는 인지체계(cognitive system)로 보고 있다. 이러한 의미에서 언어(language)를 언어체계(language system)혹은 언어기관(language organ)이라 부르기도 한다. 최소주의에서 주장하고 있는 이들 뇌기능체계(즉, 지능체계)의 관계를 간략히 표현하면 다음 도표에서와 같다.[7)]

(2) 감각운동체계 ⟸ (언어)인지체계 ⟹ 사고체계

인간이 의사소통의 수단으로 사용하고 있는 언어는 의미(meaning)와 소리(sound)의 양면성을 갖는데, 언어의 의미와 소리는 매우 규칙적인 관계를 갖는다. 즉, 특정의 의미는 일정한 소리로만 표현이 되고, 또한 특정의 소리는 일정한 의미만을 나타내게 된다. 이러한 규칙적인 관계가 무너진다면, 다시 말해 하나의 의미가 여러 가지의 소리로 표현될 수 있고, 또한 한 가지의 소리가 다양한 의미를 나타낼 수 있다면, 아마 인간은 의사소통을 위해 언어를 사용할 수 없었을 것이다. 언어가 갖는 이러한 의미와 소리의 규칙성이 바로 언어규칙이며, 이러한 언어규칙을 우리는 문법이라 한다. 요컨대, 언어의 의미와 소리는 문법규칙에 의해서 일정한 관계를 유지하게 된다.

위의 (2)의 도식에서와 같이, 언어를 인간의 사고체계와 감각운동체계를 연결 짓는 인지체계라 정의하였는데, 언어의 의미는 사고체계의 소산인 언어표현이고, 소리는 감각운동체계의 소산인 언어표현이므로, 언어의 의미와 소리를 규칙적으로 연결해 주는 문법체계가 바로 언어로

7) 인간의 '언어기능(language faculty)'이란 용어는 일반적으로 언어를 담당하는 인지체계만을 일컫는 말로 사용하지만, 경우에 따라서는 인지체계뿐만이 아니라 사고체계와 감각운동체계 모두를 일컫는 말로 사용하기도 한다. 본서에서는 '언어기능(faculty of language)'이란 용어는 언어 인지체계만을 일컫지만, '언어기능(language faculty)'은 인지체계, 사고체계, 감각운동체계 등 언어 관련 뇌기능체계 모두를 일컫는 말로 사용하기로 한다.

정의되는 인지체계가 된다. 이러한 관계를 종합적인 도식으로 표현하면 다음과 같다.

(3)

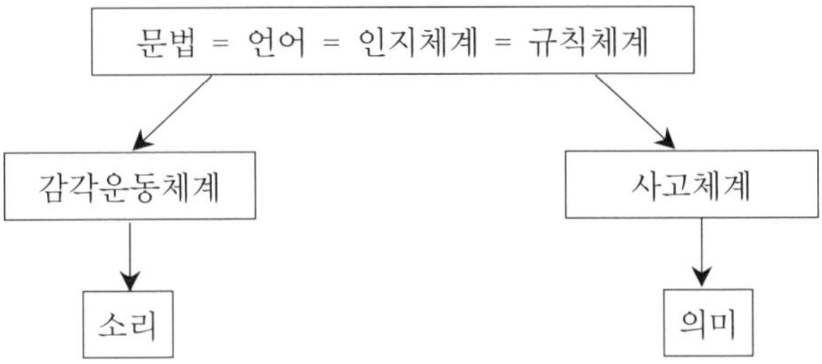

그러므로, 문법의 연구는 곧 언어에 관한 연구이며, 언어의 연구는 인간의 인지체계에 관한 연구가 된다. 그러므로 인간의 인지체계에 관한 규명은 바로 언어규칙의 연구를 통해서 이루어질 수 있다. 또한 언어규칙의 연구는 바로 언어의 소리와 의미의 상호관계에 관한 연구이다. 우리는 문법을 연구하는 학문을 언어학(linguistics)이라 하는데, 언어학은 곧 언어규칙의 연구를 통해 인간의 인지체계, 즉 인간의 본성과 지성을 규명하고자 하는 학문으로 정의된다.

한편, 언어가 문법규칙의 형태로 인간의 뇌 속에 존재하는 인지체계라면, 인간이 의사소통을 하기 위해 실제로 사용하는 '말'이란 무엇인가? '말'은 소리와 의미를 지니고 있으며, 발성기관을 통해 생성되고, 청각기관을 통해 파악되는 실체이다. 이러한 의미에서 언어는 이 세상에 형체를 가지고 실제로 사용되는 '말'이라는 측면과, 인간의 머릿속에 문법규칙으로 존재하는 인지체계라는 측면의 이원론적으로 규정되어야 하는 실체인 것이다. 이리한 차원에서 최소주의문법에서는 인간의 머릿속에 인지체계로 존재하는 하는 언어를 내재언어(internal language: I-language)라 하며, 실제로 '말'의 형태로 사용되는 언어를 외재언어(external language: E-language)라 한다. 즉, 내재언어는 본유적인 언어기능(faculty of language)으로부터 경험에 의해 파생되는 개별언어의 인지능력이며, 외재언어는 개별언어의 인지능력에 의해 도출되는 언어표현이 수행체계의 해석을 거쳐 외부로 표출되는 언어수행(linguistic performance)을 말한다. 최소주의문법에서는 인지체계 속에 존재하는 인간의 연산체계(computational system: C_{HL})가 어휘부로부터 유입되는 어휘정보를 반복적인 도출과정(derivation)을 통해 음성정보(phonetic information)와 의미정보(semantic information)로 사상(mapping)하고, 이러한 정보를 각기 감각운동체계와 사고체계에 전달하면, 감각운동체계와 사고체계는 각각 이러한 정보를 언어의 소리와 의미로 해석(interpretation)하여 소위 '말'이란 언어실행을 만들어 낸다고 본다. 이러한 차원에서 감각운동체계와 사고체계를 인지체계와 대조적으로 수행체계라 한다.

최소주의문법에서 가정하고 있는 언어의 수행 과정을 도식으로 나타내면 다음과 같다.

(4)

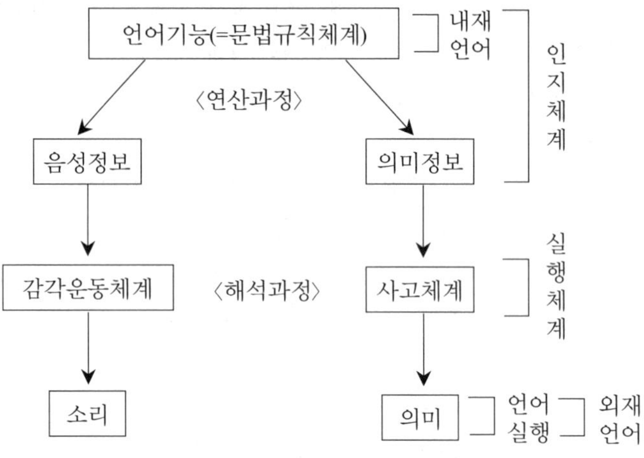

한편 최소주의문법에서는 인간언어(human languages)가 갖는 가장 기본적인 속성 중의 하나가 경제성이라고 본다. 즉, 위에서 살펴본 바와 같이 최소주의문법에서는 인간의 사고체계와 운동감각체계를 연결함으

로써 의사소통을 가능하게 하는 인지체계가 곧 언어라고 규정하고 있는데, 이 때 인지체계를 통한 사고체계와 운동감각체계의 연결은 가장 이상적인 것이어야 한다는 것이다. 가장 이상적인 것이란 가장 간결(simple)하면서도 가장 완벽한 연결을 말한다. 요컨대, 언어란 마치 가장 완전한 초인적인 기술자(superengineer)가 최소 설계도(minimal design specification)에 기초하여 가장 이상적인 방법(optimal manner)으로 완벽하게 구축(perfect solution)한 하나의 장치(mechanism)와 같다는 것이다. 최소주의에서는 이러한 언어를 위한 인지체계의 구축물을 언어기관(language organ)이라고도 부른다. 언어기관을 구축하기 위한 최소 설계도란 인지체계에서 만들어내는 언어정보가 수행체계에서 해독이 가능한 것이어야 한다는 소위 해독성조건(legibility conditions)을 말하며, 가장 이상적인 방법이란 가장 자연스러운 최소한(minimal)의 장치로 가장 간단한(simple) 언어정보를 도출한다는 경제적(economic)인 방법을 말하며, 완벽한 구축이란 해독성조건을 가장 경제적인 방법으로 충족하도록 구축된 인지체계가 기술적 타당성(descriptive adequacy)과 설명적 타당성(explanatory adequacy)[8] 등의 언어 자체의 경험적 조건들(empirical conditions)을 충족한다는 것은 물론이고, 언어습득(acquisition), 언어변천(language change), 언어해석(parsing), 신경계(neurology) 등과 관계되는 기타의 관련 경험적 조건들(empirical conditions)까지도 충족한다는 의미이다. 따라서, 최소주

8) 기술적 타당성과 설명적 타당성은 개별언어의 핵심문법체계가 충족해야 하는 경험적 조건인데, 이들 조건은 각기 다음과 같이 정의된다.

(i) 기술적 타당성(Descriptive Adequacy):
한 문법의 체계가 관찰적 타당성은 지니면서도, 그 언어의 언어표현에 대해 모국어 화자의 직관을 반영하는 구조적인 기술(structural description)을 제공할 수 있다면 그 문법체계는 기술적 타당성을 지닌다고 말한다.

(ii) 설명적 타당성(Explanatory Adequacy):
기술적 타당성을 지닌 한 개별문법이 개별언어의 기술 수준을 넘어서, 자연언어 전반의 기술에까지 이를 수 있을 때 우리는 그 문법체계가 설명적 타당성을 지닌다고 말한다. 즉, 설명적 타당성을 지닌 문법체계란 보편문법을 기반으로 습득된 개별언어의 핵심문법임이 입증된 문법체계를 말한다. 따라서, 설명적 타당성을 지닌 문법체계는 언어의 보편성(language universals)과 본유적 습득론과도 부합되어야 한다.

의문법에서는 언어를 다음과 같이 정의한다.

(5) 언어란 해독성조건을 충족하는 최적의 구축물이다. (Language is an optimal solution to legibility conditions.)

따라서, 최소의 노력(minimal effort)으로 최대의 효과(maximal effect)를 지향하는 경제성조건(economy condition)이야 말로 훌륭한 설계도(good design specification)에 포함되어야 할 속성이며, 그러한 설계도에 따라 완벽하게 구축된 인간언어에는 경제성의 정신이 보존된다는 것이다. 따라서 인간의 언어는 이러한 경제성의 속성을 반영한 언어표현을 도출하게 되는데, 특정 표현의 도출이 경제성을 잘 반영하고 있는지를 따져보는 조건을 경제성조건(economy condition)이라 한다. 최소주의문법의 근간은 바로 이러한 경제성조건에 있다. 최소주의문법에서는 경제성조건이 문법체계에 있어서뿐만 아니라 언어표상(representation)과 도출과정(derivation) 모두에 적용된다고 본다. '음성형태표상(PF representation)과 논리형태표상(LF representation)에서는 각기 음성해석이나 의미해석에 필요하지 않은 요소는 허용하지 않는다'라는 완전해석원리(FI)는 표상에 대한 경제성(economy on representation)이고, 이기성조건(Greed)과 지연성조건(Procrastinate), 그리고 최소단계조건(minimal step condition: MSC)과 최소연결조건(minimal link condition: MLC) 등과 같이 통사적 대상의 도출과정에 있어서 불필요한 운용을 허용하지 않는 조건들을 도출에 관한 경제성(economy on derivation)이라고 한다.

20세기 중반 이후 노암 촘스키의 『통사구조론』 (*Syntactic Structures* (Chomsky 1957))에 의해 주창된 변형생성문법이론에서는 이성주의(rationalism) 철학과 인지주의(cognitivism) 심리학의 영향을 받아 인간의 언어를 본유적(innate)인 것이라고 보았다. 즉, 인간의 언어기능은 경험에 의해 습득되는 것이 아니라 추리력, 기억력 등의 다른 인지능력과 마찬가지로 세상에 태어나면서부터 생득적으로 보유하고 있는 본유적 인지능력이라는 것이다. 이러한 인지주의적 언어습득론에 의하면, 인간은 생득적으로 언어규칙체계(a set of linguistic rules)를 뇌 속에 보유하고 있다는 것이며, 이러한 본유적 언어규칙체계의 주장은 자연히 '모든 인간의 머리에는 동일한 문법체계가 존재한다'는 소위 보편문법(universal grammar: UG)의 가설로 이어진다. 따라서 인지주의 언어습득론을 주장하는 변형생성문법이론에서는 당연히 보편문법의 실체를 규명하는 것이 언어연구의 일차적인 목표가 된다. 즉, 변형생성문법에서는 본유적으로 인간의 뇌 속에 내재되어 있는 보편문법의 체계를 일차적인 언어로 규정하고, 이러한 내재언어를 언어연구의 대상으로 삼는다. 변형생성문법 언어학자들에 의하면, 보편문법체계는 문장을 만드는 한정된 수의 규칙으로 이루어져 있는데, 사람은 이 한정된 수의 규칙을 반복적으로 적용하여 사실상 무한한 수의 문장을 만들어 낸다는 것이다. 이 무한 수의 문장이 바로 한 언어의 외재언어를 구성한다. 변형생성문법에서는 사실상 한 언어에 사용되는 문장의 수는 무한히 많다고 본다.[9] 따라서, 언어사용을 창조적 활동으로 본다. 변형생성문법에서 '생성(generation)'이란 말은 바로 유한 수의 언어규칙이 무한 수의 문장 구조, 좀 더 엄격히 말하면 무한 수의 음성형태표상(PF representation)과 논리형태표상(LF representation)을 만들어 낸다는 말이다. 이러한 관계를 도식으로 나타내면 다음과 같다.

(6)

유한 수의 본유적 언어규칙 (내재언어)

↓ 〈생성〉

무한 수의 언어표현 (외재언어)

9) Miller, Galanter & Pribram(1960)의 "Plans and the Structure of Behavior"에서는 영어에서 20개 이하의 단어로 이루어지는 문장의 수는 10^{30}개나 된다고 주장한다. 참고로, 1세기의 시간을 초로 계산한 수는 3.15×10^{9}초이다.

보편문법(universal grammar: UG) 가설은 변형생성문법이론의 가장 중요한 가설 중의 하나이다. 이 가설은 이 세상 모든 인간의 인지체계 속에 동일한 문법이 존재하며, 또한 이 세상의 모든 인간언어들은 이 동일 체계의 문법에 의해 기술될 수 있다고 보는 가설이다. 이 가설은 변형생성문법이론의 본유적 언어습득관에 기인한다. 즉, 인간이 본유적으로 언어규칙의 체계를 가지고 태어나기 때문에 언어활동을 하게 되는 것이라면, 이러한 규칙의 체계는 당연히 모든 인간의 머릿속에 동일한 형태로 존재해야 하며, 이 세상의 모든 인간언어들은 이 규칙의 체계에 의해 생성된다고 보아야 할 것이다. 이렇게 모든 인간의 머릿속에 공통으로 존재한다고 보는 언어규칙의 체계를 보편문법이라 한다.

개별문법(particular grammar)이란 이 세상의 약 4000개에 이르는 인간의 개별언어들을 통제하고 기술하는 문법을 말한다. 즉, 영어는 영어문법, 불어는 불어문법, 중국어는 중국어문법, 한국어는 한국어문법 등등 이 세상의 모든 인간언어는 각기 개별적인 문법을 가지고 있으며, 이 개별적 문법에 의해 생성된다. 이러한 언어 현실에도 불구하고 변형생성문법이론은 이 세상의 모든 인간의 언어는 하나의 보편문법체계에 기초하여 모두 기술되고 설명될 수 있다고 본다. 인간의 본유적 인지체계인 보편문법은 매우 한정적인 규칙의 체계(a finite set of rules)로 이루어져 있으며, 따라서 간단한 후천적 언어경험(language experience)을 통해 개별문법(particular grammar)으로 탈바꿈한다는 것이다. 즉, 보편문법의 규칙체계를 타고나는 어린이가 영어를 경험하게 되면 영어의 개별문법이 머릿속에 자리잡게 되며, 한국어를 경험하면 한국어의 개별문법이 머릿속에 생겨난다는 등등이다. 최소주의문법에서는 언어기능(faculty of language: FL)인 인지체계의 최초상태(initial state)를 S_0라하고 S_0상태의 언어기능은 경험의 영향으로 상태의 변화(state changes)를 겪는데, 언어기능이 마침내 하나의 특정 언어 상태가 되면, 사람은 그 특정 언어를 말할 수 있고, 그 사람은 그 특정 언어의 내재언어(I-language)를 획득(attain)했다고 말한다. 이 경우 모든 인간이 공유하는 최초상태 S_0가 갖추어야 할 경험적 조건을 설명적 타당성(explanatory adequacy)이라 하고, 최종적으로 획득된 상태인 내재언어가 갖추어야 할 경험적 조건을 기술적 타당성(descriptive adequacy)이라 한다. 즉, 최초상태를 다루는 문법이론을 보편문법이라 하고, 최종상태들을 다루는 문법이론들을 개별문법이라 한다. 요컨대, 최소주의문법에서는 본유적 보편문법이 후천적 언어경험을 통해 개별문법으로 변화한다는 것이다.

이러한 관계를 도식으로 나타내면 다음과 같다.[10]

(7)
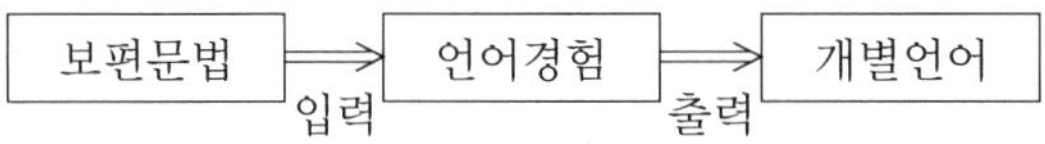

개별문법의 규칙체계가 바로 내재언어(I-language)이며, 또한 내재언어가 수행체계를 통해 생성해 낸다는 외재언어(E-language)는 인간이 의사소통의 목적으로 사용하는 개별언어(particular language)의 다양한 문장표현이다. 변형생성문법에서는 보편문법이 특정의 언어경험을 통해 구현(instanciation)된 내재언어를 개별언어의 핵심문법(core grammar)으로 규정하고, 이 핵심문법의 실체를 규명하여 보편문법과의 관계를 밝혀내는 것을 언어연구의 1차적 목표로 삼는다. 변형생성문법학자들은 핵심문법과 보편문법의 관계를 다음과 같이 설정하고 있다.

(8)
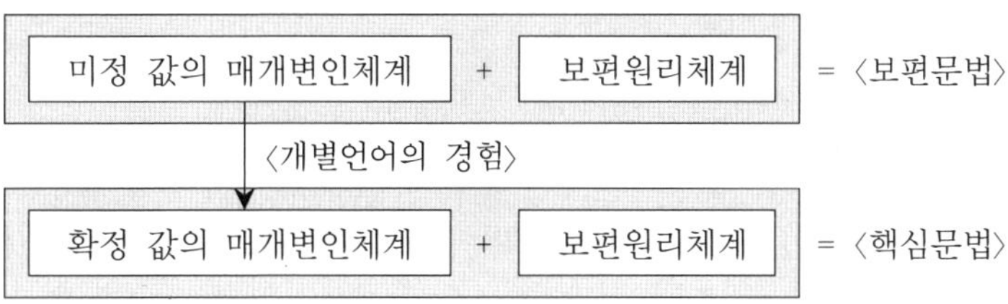

10) (7)의 파생과정은 (1)의 과정과 개념적으로 동일하다. 다만, (1)에서는 언어기능을 함수(function)로 나타내고 있으며, (7)에서는 언어경험을 함수로 나타내고 있다.

위의 (8)의 도식에 의하면, 보편문법의 규칙체계는 개별언어의 경험에 의해 값이 확정될 미확정 값의 매개변인(value-underspecified parameters)의 체계와 불변의 보편원리(universal principles) 체계로 구성되며, 후천적 언어경험은 보편원리체계에는 아무런 영향도 미치지 않으나, 단지 각 매개변인들의 값을 정하여 확정 값의 매개변인체계를 구축함으로써 개별언어의 핵심문법을 만들어내는 역할을 한다. 결국, 변형생성문법에서는 언어의 습득을 문장을 생성하는 문법규칙과 언어원리의 후천적 습득으로 보지 않고, 보편문법체계가 갖는 매개변인의 값을 경험에 의해 결정하는 과정으로 본다. 보편문법의 보편원리들과 그 하위규칙들은 각기 관련 매개변인들의 값에 의해 그 적용방법이 결정되는데, 보편문법의 원리체계가 한정적이므로 그 원리에 관계하는 매개변인의 수도 한정적일 수밖에 없다. 이러한 한정적 수의 매개변인들은 각기 긍정과 부정(±)으로 구분되는 2항 값의 결정에 의해 그 속성이 정해진다. 최근의 최소주의문법에서는 매개변인이 보편원리체계인 연산체계(computational system: C_{HL})에 직접 영향을 미치는 것이 아니라 그 영향은 어휘부에 국한된다고 본다. 즉, 어휘부에서 생산되는 어휘항목 중 기능범주(functional categories)의 자질강도(feature strength)를 결정함으로써 언어간에 변이를 유발한다고 본다. 요컨대, 기능범주의 자질강도의 값 [±strong]이 곧 경험에 의해 결정되는 매개변인이라고 보며, 이러한 자질강도의 값이 결국 연산체계의 작용에 영향을 미침으로써 자질강도의 값을 달리하는 개별언어마다 서로 상이한 자질이동(Move-F)을 유발한다는 것이다. 상이한 자질이동이 결과적으로 언어 간의 상이한 어순을 결정짓는다는 것이다.

예컨대, 이 세상의 모든 언어에는 타동사 구문이 존재하는데, 타동사의 구문은 SOV의 보편적 어순에 의해 다음과 같은 구조를 취한다는 것이다.[11)]

11) Kayne(1994)은 모든 자연언어의 기저어순(base word order)은 SOV의 어순으로 결정되며, 표면상 어순은 구성소의 이동에 의해 2차적으로 결정되는 어순이라고 가정한다.

9) a.

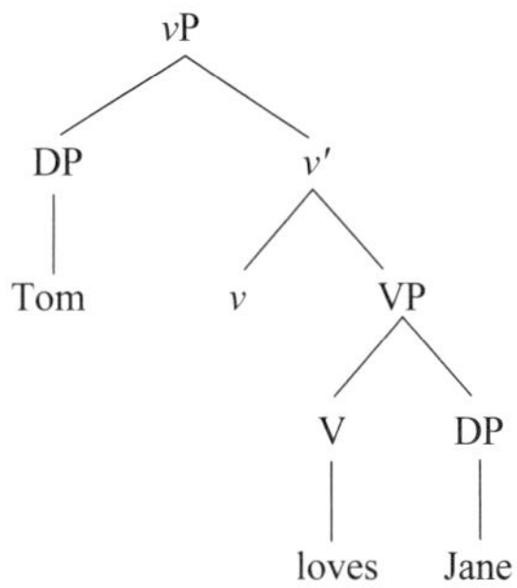

b.

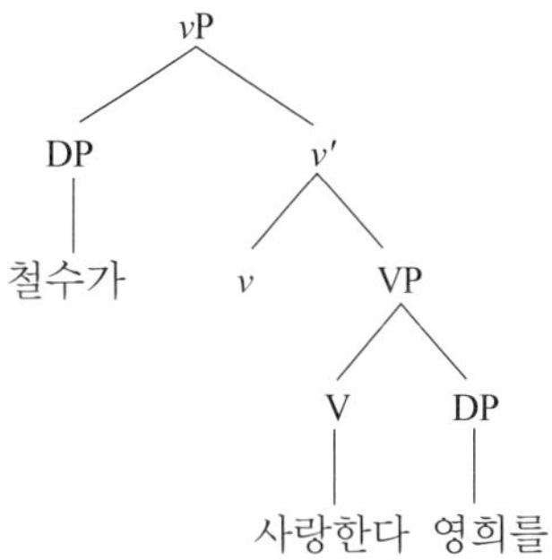

이와 같이 영어와 한국어의 어순은 병합(Merge) 단계에서는 동일하다는 것이다. 또한 영어와 한국어에서 기능범주 T의 D-자질은 모두 강성(strong)이나, *v*의 D-자질은 한국어에서는 강성(strong)이나 영어에서는 약성(weak)이라는 것이다. 강성자질(strong feature)은 명시통사부(overt syntax)에서 동일한 범주자질을 갖는 어휘항목을 유인(Attraction)하여 자신과 자질점검관계를 유지하는데, 이러한 자질유인(Attract-F)의 결과로 영어와 한국어 사이에 어순 상의 차이가 발생한다. 요컨대, T의 강성 D-자질은 영어와 한국어에 있어 똑같이 주어 DP를 T의 지정어 위치로 유인하나, *v*의 경우에는 한국어에서만 강성 D-자질을 가지므로 목적어 DP는 한국어에서만 *v*의 지정어 위치로 이동한다. 영어와 한국어에서 이러한 자질유인의 결과를 구표지(phrase-marker)로 나타내면 각기 다음과 같다.

(10) a.

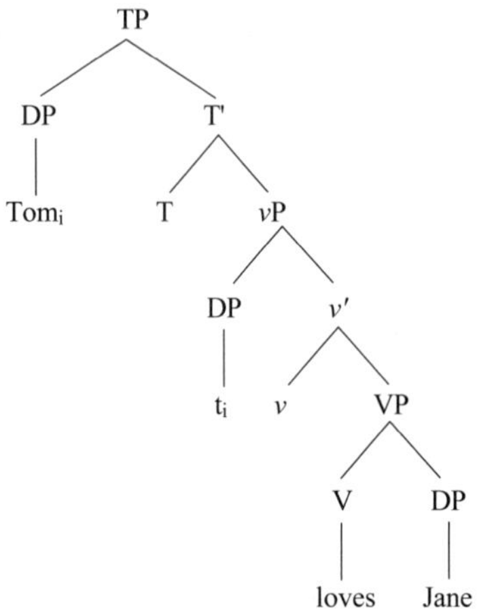

b.

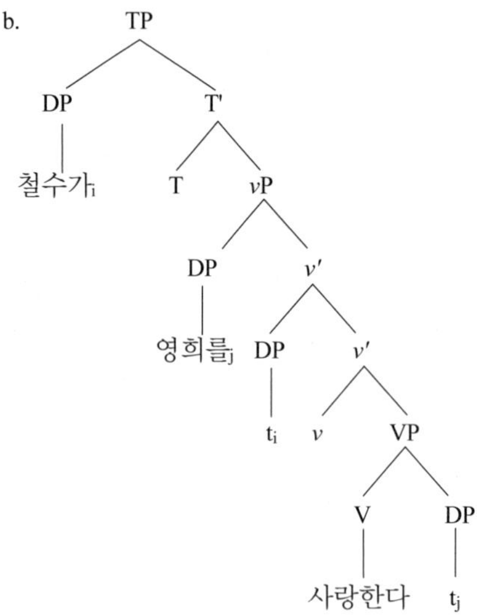

요컨대, 위에서 보여주고 있는 영어와 한국어 타동사 구문의 도출과정은 모든 인간언어에서 보편문법의 연산체계는 동일하지만, 기능범주와 관련되는 매개변인의 값의 차이로 언어간의 서로 상이한 표면현상이 도출된다는 사실을 보여주고 있다. 여러 매개변인 중 단 하나의 매

개변인만이라도 다른 값으로 고정되면, 그 언어는 다른 개별언어가 된다. 따라서, 매개변인과 그것의 값은 바로 언어의 유형(typology)을 결정짓게 된다. 예컨대, 위의 실례에 입각해 보면, 영어는 핵선행(head-initial) 언어의 유형에, 한국어는 핵후행(head-final) 언어의 유형에 속하게 된다.

한편, 이 세상의 모든 개별언어들은 제각기 그들의 핵심문법에 의해 기술될 수 없는 다양한 자의적(arbitrary), 예외적(exceptional), 비정상적(abnormal), 불규칙적(irregular) 현상들을 갖는다. 그렇다면, 이러한 현상들은 왜, 어떻게 발생하는 것일까? 예컨대, 같은 의미를 갖는 단어가 언어마다 서로 달리 발음되는 자의성(arbitrariness)(영어에서는 '나무'를 /tri:/라 발음하며, 한국어에서는 /namu/라고 발음하는 것 등등)과 아래 영어에서처럼 한 언어에서도 예외적으로 나타나는 언어현상이 그러한 속성들이다. 변형생성문법에서는 이러한 속성들은 핵심문법(core grammar)의 언어현상이 아니라 후천적으로 습득된 주변문법(peripheral grammar)적 언어현상으로 보아야 한다고 주장한다.

아래 (11)의 경우를 고려해 보자.

(11) a. court martial
b. heir apparent
c. attorney general
d. time immemorial
e. vice-chancellor designate
f. postmaster general
g. president elect
h. notary public
i. body politic

즉, 위의 표현들은 모두 수식어(modifiers)가 핵(head) 뒤에 오는데, 이러한 현상은 영어에서 예외적 현상이다. 왜냐하면, 영어에서는 동일한 수식어와 동일한 핵범주의 경우에도 아래 표현들에서와 같이 수식어가 핵 앞에 오는 것이 일반적이기 때문이다.

(12) a. martial law/*law martial
b. martial arts/*arts martial
c. martial music/*music martial

(13) a. judicial court/*court judicial
b. criminal court/*court criminal
c. civil court/*court civil

이러한 자의적, 예외적, 비정상적, 불규칙적 현상들에 대해 촘스키(Chomsky 1981)에서는 다음과 같이 언급하고 있다.

(14) "It is reasonable to suppose that UG (Universal Grammar) determines a set of core grammars and that what is actually represented in the mind of an individual even under the idealization to a homogeneous speech community would be a core grammar with a periphery of marked elements and constructions."

위의 주장에 의하면, 실제로 인간의 인지체계 속에 존재하는 내재언어는 핵심문법만으로 이루어지는 것이 아니라, 일부 소규모이긴 하지만 경험에 의해 습득되는 특수한 언어현상도 있다는 것이다. 이러한 언어현상들이 핵심문법과 구분되는 소위 주변문법(peripheral grammar)을 구성하는데, 핵심문법이 이러한 주변문법과 합쳐져 하나의 개별언어를 완전하게 기술하는 문법체계를 소위 개별문법(particular grammar)이라 한다. 이러한 관계를 그림으로 나타내면 다음과 같다.

(15) | 개별문법 | = | 핵심문법 | + | 주변문법 |

생성문법에서는 주변문법에 의해 생성되는 언어현상을 유표적 현상(marked phenomena)이라 하고 핵심문법에 의해 생성되는 언어현상을 무표적 현상(unmarked phenomena)이라고 한다.

위의 논의를 요약하면, 본유적인 보편문법을 가지고 태어나는 인간이 생후 특정의 개별언어를 사용할 때까지 그가 진행하는 언어습득 과정은 언어경험을 통한 보편문법의 매개변인 값을 고정하는 일과 어휘부를 포함하여 자의적이며 예외적인 일련의 언어현상(혹은 규칙)을 습득하는 일이라고 볼 수 있다. 최소주의문법에서는 주변문법의 현상을 언어의 불완벽성(imperfections)으로 본다. 이러한 불완벽성은 주로 감각운동체계(sensori-motor system)의 요구에 의한 음운부(Phonological Component)의 작용으로 발생하는 것으로 보고 있다. 그러므로, 음운부에서 발생하는 불완벽성을 제외하게 되면, 어휘부에서 논리형태에 이르는 과정은 가장 이상적인 언어의 완벽성(perfections)을 나타낸다. 즉, 병합(Merge)과 자질유인(Attract-F)의 연산과정으로 이루어지는 연산체계(C_{HL})와 후천적 언어경험에 의해 확보되는 어휘부와 매개변인의 값(즉, 자질의 강도)만 주어지면, 가장 경제적인 방법으로 한 언어의 모든 논리형태표상(LF representation)의 집합이 도출되어 나온다는 것이다.

2. 최소주의이론의 변천

이제 촘스키(Chomsky 1993)에서 시작된 소위 '최소주의 프로그램(Minimalist Program)'은 이전의 원리매개변인이론과는 사뭇 다른 최소주의이론(Minimalist Theory)이라는 새로운 유형의 문법이론을 제안한다. 이 최소주의이론은 촘스키(Chomsky 2004)의 소위 '강력최소주의이론(strong minimalist thesis: SMT)'이 제안되기 전까지 여러 단계로 변천을 거듭하는데 그 변천과정이 과연 어떠한지 살펴보자.[12] 원리매개변인이론과 비교하여 최소주의이론에 나타나는 가장 두드러진 특징은 표상층위의 축소이다. 즉, 최소주의이론에서는 표층구조(S-Structure)뿐만 아니라 심층구조(D-Structure)까지도 언어의 층위로 인정하지 않는다. 따라서 핵계층이론(X-bar Theory)과 투사원리(Projection Principle) 등 심층구조와 관련되는 여러 언어원리들도 사라진다. 요컨대, 최소주의이론은 언어란 음성정보와 의미정보를 해석하여 의사소통을 가능하게 하는 뇌기능인 수행체계(Performance System)가 요구하는 언어정보를 제공하는 기관(organ)이며, 따라서 수행체계의 요구를 충족하는 데 필요하지 않는 개념이나 문법장치를 포함해서는 안 된다는 것이다. 즉, 최소주의이론에서는 언어는 오로지 수행체계인 조음청취체계(Articulatory-Perceptual System: A-P)와 개념의도체계(Conceptual-Intentional System: C-I)가 요구하는 개념적 필요성(conceptual necessity)을 충족하는 최소의 완벽한 체계(minimal perfect system)로 이루어져 있다고 보며, 따라서 수행체계에서 요구하지 않는 기존의 불필요한 여분(unnecessary superfluous)의 장치나 개념들은 모두 비완벽성(imperfections)으로서 언어체계에서 제거되어야 한다고 본다. 언어체계에 대한 수행체계의 요구는 경제성조건(Economy Conditions), 필수출력조건(Bare Output Conditions: BOC), 혹은 해독성조건(Legibility

---

12) 참고로, 촘스키 혁명 이후 변천되어 왔던 변형생성문법의 발전단계를 살펴보면 다음 (i)-(ii)와 같다.

(i) 생성문법의 발전단계(Developmental History of Generative Grammar)

초기 변형생성문법 〈1957–1965〉 → 표준이론 〈1965–1972〉 → 확대표준이론 〈1972–1976〉 → 수정확대표준이론 〈1976–1977〉 → T-모형이론 〈1977–1981〉 →

T-모형이론 〈1977–1981〉 → 지배결속이론 〈1981–1986〉 → 장벽이론 〈1986–1990〉 → 원리매개변인이론 〈1990–1993〉 → 최소주의이론 〈1993–2003〉 → 강력최소주의이론(제2의 혁명) 〈2004–현재〉

(ii) 최소주의이론〈1993–2003〉의 발전단계(Developmental History of Minimalist Theory)

자질점검이론 〈1993〉 → 필수구구조이론 〈1994〉 → 자질유인이론 〈1995–1997〉 → 자질일치이론 〈1998–2000〉 → 국면이론 〈2001–2003〉

Conditions) 등으로 나타난다. 또한 심층구조와 표층구조의 제거로 말미암아 LF 표상의 도출은 중간단계의 표상을 거치지 않고 어휘부에서 어휘를 선택하는 선택의 연산작용을 포함하여 일련의 연산작용의 집합으로 이루어진 소위 연산체계(computational system: C_{HL})의 반복적 적용에 의한 연속적으로 진행되는 도출과정을 통해 이루어진다고 본다. 위에서 언급한 경제성조건은 도출과정에서 적용되며, 모든 경제성조건들을 충족하는 가장 경제적인 도출이 최종도출인 LF 표상으로 선택되고, 다시 LF 표상에 필수출력조건, 해독성조건 등이 적용된다고 본다.

2.1 자질점검이론

그러면, 먼저 촘스키(Chomsky 1993)의 '최소주의 프로그램'에서 제시된 초기 최소주의이론인 자질점검이론의 문법체계를 살펴보면, 다음 모형에서와 같다.

(16) 자질점검이론의 문법체계

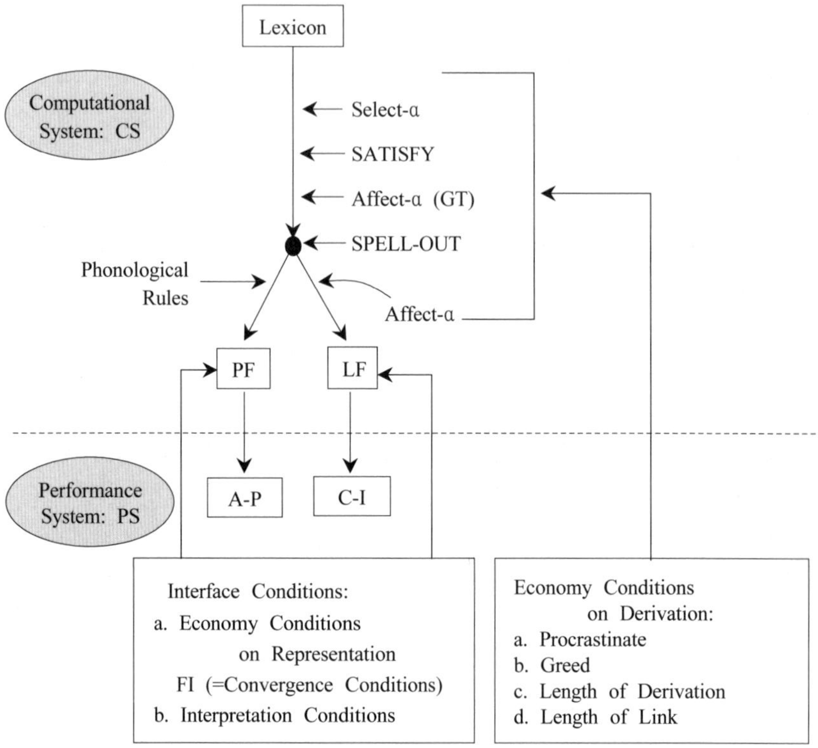

먼저, 기존의 원리매개변인이론과 비교해 위와 같은 자질점검이론에 나타나는 몇 가지 중요한 언어학적 특징을 살펴보면 다음과 같다.

(17) 가. PF와 LF의 접합부 층위만이 언어표상의 층위이다. (The interface levels, PF and LF, are the only levels of linguistic representation.)

나. 결속이론, 격이론, 의미역이론 등 모든 조건은 언어수행체제의 해석적 요구를 반영하면서 접합부 단위의 표상에 적용된다. (All conditions on representations those of Binding Theory, Case Theory, θ-Theory, etc.--hold only at the interface levels, reflecting interpretive requirements of the performace system.)

다. 보편문법은 유일한 연산체계를 가지며, 이 연산체계는 형태론적 특성을 입각해 도출과정을 거쳐 언어표현을 도출해 내며, 언어마다 나타나는 통사적 차이는 근본적으로 형태론적 특성에 기인한다.[1) (UG provides a unique computational system, with derivations driven by morphological properties to which syntactic variation of languages is restricted.)

라. 엄격한 해석 과정에 경제성조건가 적용되는데, 이 경제성조건에는 완전해석, 도출의 길이, 연쇄의 길이, 지연성조건, 이기성조건 등의 원리가 포함된다. (Economy can be given a fairly narrow interpretation in terms of FI, length of derivation, length of links, Procrastinate, and Greed.)

마. 이동에 대해 이동 후 뒤에 남는 흔적은 이동한 요소의 복사이라는 복사이론을 채택한다. (The Copy Theory is adopted for movement so that the trace left behind is a copy of the moved element.)

2.2 자질유인이론

위에서 제시한 초기 최소주의 문법체계는 그 뒤 촘스키(Chomsky 1994)에서 제안된 소위 필수구구조이론(Bare Phrase Structure Theory)과 Kayne (1994)에서 제안된 선형대응공리(Linear Correspondence Axiom: LCA) 등을 받아들여 최초의 완성된 최소주의 문법체계로 발전하게 되는데, 이것이 곧 촘스키(Chomsky 1995: Chapter 4)에서 제안되고 있는 소위 '자질유인이론(Attract-F Theory)'이라는 문법체계이다.

---

1) 촘스키(Chomsky 1993)에서는 굴절(기능)범주의 어휘자질과 관련되는 언어 간 매개변인이 다음과 같다고 본다.

기능범주	어휘자질	영어	불어	아일랜드어
AGR	N	weak	weak	weak
	V	weak	strong	strong
Tense	N	strong	strong	weak
	V	weak	weak	weak

(18) 자질유인이론의 문법체계

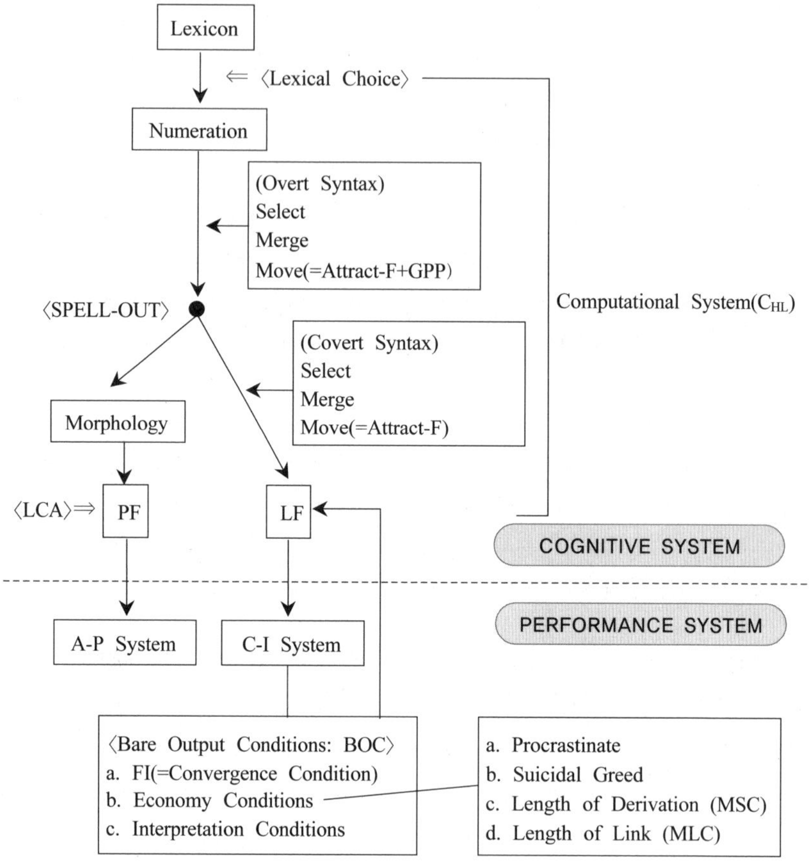

위의 문법체계에서 보여주는 바와 같이 촘스키(Chomsky 1995)의 소위 자질유인이론에서는 인간의 언어활동은 언어(혹은 언어정보)를 생성하는 인지체계(Cognitive System)와 언어정보를 해석하는 수행체계(Performance System)의 상호작용에 의해서 이루어진다고 보는데, 인지체계는 어휘를 제공하는 어휘부(Lexicon)와 이러한 어휘를 활용하여 문장의 표상(음성형태표상(PF representation)과 논리형태표상(LF representation))을 도출하는

연산체계(computational system: C_{HL})로 이루어져 있고, 수행체계는 음성형태표상을 소리로 해석하는 조음청취체계(articulatory-perceptual system: A-P System) (즉, 감각운동체계(sensori-motor system))와 논리형태표상을 의미로 해석하는 개념의도체계(conceptual-intentional system: C-I System) (즉, 사고체계(system of thoughts))로 구성된다. 따라서, 수행체계의 요구를 반영하고 있는 필수출력조건에 의하면, 언어정보를 전달하는 표상은 오직 음성형태표상(PF representation)과 논리형태표상(LF representation)만으로 충분하다는 것이다.

인지체계 내에는 그것의 한 부분인 연산체계(computational system: C_{HL})가 있는데, 이 연산체계는 선발(Choice), 선택(Select), 병합(Merge), 자질유인(Attract-F) 등의 연산(computations)들로 구성된다. 인지체계에서는 이러한 연산이 반복적으로 적용(recursively operate)되며, 연산의 반복적 적용은 어휘부(Lexicon)로부터 유입(input)되는 어휘정보(즉, 언어정보)를 여러 단계의 도출과정을 통해 마침내 음성형태표상(PF representation) π와 논리형태표상(LF representation) λ의 언어표상을 출력(output)한다. 언어표상의 도출과정에서 외현통사부(overt syntax)와 내현통사부(covert syntax)의 경계에 소위 문자화(Spell-Out)라는 문법작용이 일어나는데, 문자화는 그때까지 도출된 언어정보를 음운부(phonological component)와 논리형태부(LF component)에서 필요로 하는 정보(자질)들로 구분하여 각기 음운부와 논리형태부로 전달하는 기능을 담당한다. 촘스키(Chomsky 1995)에 의하면, 음운부로 유입되는 정보에는 음성정보(음운자질)는 물론이고 구조정보(structural information)를 비롯하여 형식정보(형식자질)와 의미정보(의미자질) 등 그 단계의 도출(Σ)에 내포되는 모든 정보가 포함된다는 것이다. 즉, 그 단계까지의 모든 언어정보를 내포하는 도출 Σ 자체가 음운부로 유입된다는 것이다. 논리형태부로 유입되는 언어정보에는 Σ에서 음성정보만을 제외한 모든 정보가 된다. 따라서 문자화의 역할은 그 단계에 이르기까지의 언어정보가 음운부와 논리형태부로 유입될 때 음운자질이 논리형태부로는 유입되지 못하도록 막는 것이라 할 수 있다.

문자화 이후 음운부와 논리형태부에서는 유입된 언어정보에 완전해석원리(full interpretation: FI)가 적용되어 해석 가능한(interpretable) 합법적 대상(legitimate objects)들로 구성되는 소위 수렴도출(convergent derivations)만을 남기고, 나머지 도출들은 파산(crash)한다. 이 경우 논리형태부에서는 동일한 배번집합에서부터 생성된 경합관계의 수렴도출들[2)]에 다시 최소연결조건(minimal link condition: MLC), 최소단계조건(minimal step condition: MSC), 지연성조건(Procrastinate), 자살적 이기성조건(Suicidal Greed), 최후수단조건(Last Resort) 등의 경제성조건(economy conditions)들을 적용하여 가장 경제적인 최적도출(optimal derivation)을 선별해 냄으로써, 마침내 한 문장의 논리형태표상(LF representation) λ에 이르게 된다. 한편 음운부로 유입된 언어정보는 먼저 형태부(Morphology)로 전달되는데, 형태부에서는 외현통사부에서 도출된 구조 Σ의 종단범주(terminal categories)를 형성하는 모든 X^0, 즉 어휘부에서 선택된 어휘항목 H나 어휘항목에 여러 다른 요소가 부착되어 형성되는 H^0들을 단어로 해석한다. 이때 단어의 형태로 해석되는 X^0는 다음 (19)의 조건에 의해 반드시 그 내부에 X^0의 범주나 그들의 자질만을 포함하여야 한다.

(19) 형태부는 X^0 범주와 그들의 자질들만을 취급한다. (Morphology deals with X^0 categories and their features.)

위의 조건에 의하면, 외현통사부에서 이동에 의해 X^0 핵 범주에 부착

---

2) 경제성의 측면에서 경합관계에 놓이게 되는 도출들은 반드시 동일한 배번집합(Numeration)에서 생성된 도출들이어야 한다. 요컨대, 서로 다른 배번집합에서 생성된 도출들간에는 어느 것이 더 경제적인가를 따질 수 없다. 즉, 동일한 배번집합에서 서로 다른 다양한 연산과정을 거침으로써 생성된 상이한 형태의 도출들 중에서 완전해석(FI)을 거쳐 얻어진 도출들을 경합관계의 수렴도출이라 할 수 있는데, 이러한 경합관계의 수렴도출들은 논리형태층위에서 경제성조건(economy conditions)들의 적용에 의해 가장 경제적(the most economical)인 도출만을 남기고 나머지는 모두 제거된다. 이렇게 남게 된 최종도출이 논리형태표상(LF representation) λ가 된다. 즉, λ란 한 배번집합에서 생성될 수 있는 가능한 도출들 중에서 합법적 대상들로 이루어진 가장 경제적인 최적도출(optimal derivation)을 말하는 것이다.

되는 요소는 반드시 또 다른 핵 범주이어야 한다. 즉 아래 부착의 구조에서 (a)의 형태는 형태부에서 단어로 해석되는 합법적인 구조가 될 수 있으나, (b)의 형태는 X^0 내에 YP를 포함하고 있기 때문에 (1)의 조건에 의해 단어로 해석되지 못하고 형태부에서 제거된다.

(20) a. b.

음운부로 유입된 언어정보는 형태부를 거쳐 음성형태층위(PF level)로 전달된다. 음성형태층위에서는 먼저 음운자질 이외의 도출 Σ에 포함되는 해석이 불가능한 정보들(의미자질, 형태자질, 흔적 등)을 삭제(elimination)한다. 이 때 구조적 정보는 제거되지 않으며, 구조적 정보는 음성형태층위에서 선형대응공리(Linear Correspondence Axiom: LCA)에 의해 문장의 어순을 결정하는 데 활용된다.[3] 또한, 음성형태층위에서는 문장의 음성형태표상(PF representation)에 강세(stress)나 성조(intonation) 등의 언어정보가 첨가(addition)되기도 한다. 이와 같이, 음성형태층위에서는 논리형태층위와 달리 삭제(elimination)나 첨가(addition) 등 소위 일률성조건(uniformity condition)과 내포성조건(inclusiveness condition)을 준수하지 않는 예외적 언어작용이 일어나는데, 이러한 현상은 조음청취체계(articulatory-perceptual system: A-P System)란 수행체계의 요구에 의한 것이라 본다. 이러한 삭제와 첨가의 과정을 거쳐 음성형태층위에서 해석 가

3) 선형대응공리(LCA)는 Kayne (1994)에 의해 제안된 공리로, Kayne (1994)은 이 공리가 음성형태층위(LF level)에 적용되어 문장의 어순을 결정한다고 보았다. 이 공리는, "α가 β를 선행하려면, α가 β를 반대칭적으로 성분통어해야 한다(α precedes β iff α asymmetrically c-commands β)"로 정의된다. 또한, 반대칭적 성분통어(asymmetric c-command)의 개념은 "X가 Y를 반대칭적으로 성분통어하려면, X가 Y를 성분통어하고 Y는 X를 성분통어하지 않아야 한다(X asymmetrically c-commands Y iff X c-commands Y, and Y does not c-command X)"로 정의된다. 즉, 선형대응공리에 의하면, 한 통사대상(syntactic object)을 형성하는 구성요소들의 선형상 순서(linear order)는 반대칭적 성분통어의 개념에 기인하는 그 요소들의 계층적 관계(hierarchical relation)에 의해 결정된다는 것이다.

능한 정보들로만 구성되는 언어표상을 음성형태표상(PF representation) π라 한다.

논리형태표상 λ와 음성형태표상 π의 생성이 바로 인지체계(즉, 언어)의 목표가 된다. 인지체계에 의해 생성된 λ와 π는 각기 논리형태층위와 음성형태층위에서 조음청취체계(A-P system)와 개념의도체계(C-I system)로 넘겨져 소리와 의미로 해석된다. 이와 같이 논리형태층위와 음성형태층위는 인지체계가 생성한 언어정보인 λ와 π를 조음청취체계와 개념의도체계란 수행체계가 넘겨받아 활용하는 층위라 하여, 이들 층위를 (인지체계와 수행체계가 접속되는) 접합부(interface)라 한다.

자질유인이론이란 어휘부(Lexicon)에서 선택된 어휘항목(lexical items)의 집합체인 배번집합(Numeration: N)에서부터 연산과정을 거쳐 최적도출인 논리형태표상에 이르는 통사부(외현통사부와 내현통사부)의 도출과정을 최소한(minimal)의 문법체계로 완벽하게(perfectly) 설명하는, 인간의 언어기능(language faculty)에 대한 최적의 언어설계(optimal language design)를 규명하고자 하는 언어이론이라고 할 수 있다. 자질유인이론은 그 강조되는 관점에 따라 '자질유인이론'이란 호칭 이외에 형태부추진문법(morphology-driven grammar), 자질추진문법(feature-driven grammar), 필수출력조건추진문법(BOC-driven grammar), 접합부지향문법(interface-oriented grammar) 등으로 일컬어지기도 한다.

자질유인이론의 문법체계의 중요한 특징은 배번집합(Numeration)의 설정과, 병합(Merge)과 자질유인(Attract-F)과 같은 연산작용의 도입, 자살적 이기성조건(Suicidal Greed), 지연성조건(Procrastinate), 최소연결조건(minimal link condition: MLC), 최소단계조건(minimal step condition: MSC) 등의 경제성조건의 적용, 그리고 필수구구조이론(Bare Phrase Structure Theory)의 채택으로 기존의 핵계층이론(X-bar Theory)을 문법체계에서 제거하고 있다는 점이다.

자질유인이론 이후 촘스키(Chomsky 1998)에 이르기까지 최소주의이론에서는 자질유인과 관련되는 여러 가지 실험적인 제안이 제기되는데,

그 중에 경유인조건(lightness condition), 중유인조건(heaviness condition), 보수전략(Repair Strategy) 등의 새로운 조건과 작용이 있다.

경유인조건은 자질유인(Attract-F)을 통제하기 위해 제안된 조건으로 다음과 같이 정의된다.

(21) 무임승차는 가능한 줄여야 한다. (Do as little free-riding as possible.)

촘스키(Chomsky 1995)에서는 하나의 어휘항목에서 한 형식자질(formal feature)이 유인될 때 무조건 그 어휘항목의 모든 형식자질이 무임승차자(free riders)로 함께 유인된다고 주장된다. 그러나, 경유인조건(lightness condition)에 의하면, 이제 더 이상 자질점검에 참여하지 않는 형식자질까지도 함께 유인되는 과다한 무임승차가 금지된다. 즉, 무임승차자는 가능한 한 줄여야 한다는 것이다. 예컨대, 다음 예문을 고려해 보자.[4]

(22) $[_{TP}$ Tom$_i$ $[_{VP}$ seems $[_{TP}$ t'$_i$ to $[_{vP}$ t$_i$ $[_{VP}$ work hard]]]]]

위의 예문에서 종속절 T(=to)는 그것의 강성 D-자질만 점검 받아야 하므로, 경유인조건에 의해, vP의 지정어(Spec) 위치에 있는 *Tom*의 형식자질 중 오직 범주자질인 D-자질만 유인하고, *Tom*의 나머지 자질은 보수전략(Repair Strategy)에 의해 종속절 T의 지정어 위치로 이동되어 완전한 어휘항목으로 보수된다.[5] 그 이후 *Tom*의 범주자질인 D-자질이 파이

---

4) 촘스키(Chomsky 1995) 이후의 최소주의이론이 이전의 이론과 다른 차이점 중의 하나가 문장의 구조기술에서 AGR과 그것의 투사(projection)를 제거했다는 점이다. 즉, AGR은 비해석성의 파이자질(uninterpretable ϕ-features)을 갖는 것으로 기술되어 왔는데, 이러한 유형의 파이자질은 동사나 형용사 등이 갖는 것으로 기술할 수 있으며, 또한 AGR이 강성자질인 경우에는 지정어(specifier: Spec) 위치를 허용함으로써 다중주어구문(multiple subject construction: MSC)과 타동허사구문(transitive expletive construction: TEC) 등을 기술할 수 있게 되는데, 이러한 경우도 영어의 AGR은 약성자질이라 지정어 위치를 허용하지 않을 뿐만 아니라, 강성자질을 갖는 것으로 가정되는 언어에서도 T가 다중지정어(multiple Spec)를 취하는 것으로 기술할 수 있기 때문에 최소주의이론에서 AGR의 존재를 제거할 수 있게 된다.

자질(ϕ-features), 격자질과 함께 다시 주절 T로 유인되고 보수전략을 거쳐 *Tom*이 주절의 주어 위치에 나타난다. 사실상, 경유인조건은 보수전략에 의해 보장받게 된다.

한편, 중유인조건(heaviness condition)은 다음과 같이 정의된다.

(23) 무임승차는 필요한 만큼 많이 해야 한다. (Do as much free-riding as necessary.)

즉, 중유인조건에 의하면, 자질유인(Attract-F)에 의해 하나의 어휘항목에서 한 형식자질(formal feature)이 유인될 때, 필요한 만큼의 많은 형식자질이 무임승차자(free rider)로 함께 이동해야 한다. 즉, 무임승차는 필요한 만큼 다해야 한다는 것이다. 예컨대, 다음 예문을 고려해 보자.

(24) $[_{TP}$ Tom$_i$ $[_{VP}$ seems $[_{TP}$ t'$_i$ to $[_{vP}$ t$_i$ $[_{VP}$ work hard]]]]]

(24)에서 주절 T는 그것의 강성 D-자질의 점검을 받기 위해 종속절 TP의 지정어 위치에 있는 *Tom*의 형식자질 중 그것의 범주자질인 D-자질를 외현통사부(overt syntax)에서 유인하게 되는데, 이 때 중유인조건에 의해 파이자질과 격자질까지도 포함해 T의 자질과 점검관계를 이루어

---

5) 보수전략(Repair Strategy)이란 음성형태층위의 완전해석원리(FI), 즉 음성형태 해독성조건(PF legibility condition)의 요구에 따라 외현통사부(overt syntax)의 자질유인(Attract-F)의 결과로 야기되는 비정상적인 통사대상(즉, 자질유인에 의해 일부 형식자질을 상실한 어휘항목)을 정상적인 통사대상으로 복원하는 통사적 운용을 말한다. 요컨대, 초기 최소주의이론에서 외현통사부의 자질유인시 야기된다고 가정한 수반이동(pied-piping)을 대신하는 개념이다. 즉, 외현통사부의 자질유인에 의해 형식자질만 빠져나간 어휘항목은 음성형태 해독성조건에 의해 해독되지 못하므로, 보수전략은 자질유인에 의해 형식자질이 빠져나간 어휘항목의 나머지 모든 자질들(의미자질과 음운자질까지도 포함함)을 유인되어 나간 형식자질에 가장 가까운 지정어 위치로 병합(Merge)하고, 뒤이어 형식자질을 다시 결합시켜 완전한 어휘항목으로 보수(Repair)함으로써 그 어휘항목을 음성형태 해독성조건을 만족하게 하는 통사적 운용이다. 따라서, 보수전략은 병합과 보수 두 과정을 거쳐 완성된다. 참고로, 문자화 이후의 내현통사부(covert syntax)에서 적용되는 자질유인은 외현통사부의 자질유인과 달리 보수전략을 필요로 하지 않는다. 왜냐하면, 내현통사부에서 적용되는 어떠한 연산도 음성형태층위의 음성형태 해독성조건과 무관하기 때문이다.

야 할 *Tom*의 모든 형식자질을 가능한 한 많이 무임승차자로 함께 주절 T로 유인한다. 그 뒤 *Tom*의 나머지 자질은 보수전략에 의해 주절 T의 지정어 위치로 이동되어 완전한 어휘항목으로 보수된다.

2.3 자질일치이론

자질유인이론과 관련되는 다양한 최소주의적 실험이 이루어지고 난 뒤 촘스키(Chomsky 1988)에 이르러서는 문법체계를 더욱 최소화하는 소위 '자질일치이론(Agreement Theory)'이 제안된다. 이 이론에서는 자질유인이론과 크게 구별되는 몇 가지 새로운 제안이 이루어지는데, 그 중에 자질유인(Attract-F)의 연산을 포기하고 자질일치(Agree)의 연산을 도입하고 있다는 점이 가장 두드러진다.[6] 또한 이러한 변화에 의해 수반되는 여러 새로운 개념들이 도입되는데, 바로 EPP-자질, 국면(phase), 국면불가침조건(phase impenetrability condition) 등이 바로 그것이다.[7] 또한, 언어란 인간의 본성(human nature)이 아니라 진화과정(evolutionary development)에서 자연발생적으로 생겨난 의사소통의 수단이라는 최소주의적 관점에 기인하는 최적성(optimality), 완벽성(perfections), 해독성(legibility) 등의 새로운 개념도 소개된다. 즉, 인간의 본성으로 뇌 속에 존재하는 근본적인 기능은 감각운동체계(sensori-motor system)와 사고체계(system of thoughts)의 수행체계(performance system)인데, 이러한 수행체계의 요구에 의해 언어기능(faculty of language: FL)이라는 인지체계가 진화과정에서 발생하게

---

6) 자질일치(Agree)는 소위 핵심기능범주(core functional categories: CFC)인 C, T, v 등은 비해석성(uninterpretable)의 파이자질(ϕ-features)을 가지며, 이러한 비해석성의 파이자질을 갖는 기능범주는 해석성(interpretable)의 파이자질을 갖는 명사적 범주(nominal categories)와 일치의 관계를 이룸으로써 비해석성 자질이 삭제되어 문법적인 표현을 도출한다. 파이자질의 일치를 통해 명사적 범주에 대한 격표시와 EPP-자질을 충족하는 이동(Move)이 유발된다.

7) 이러한 변화에 의한 언어학적인 결과는 촘스키(Chomsky 2001) 이후 탐침자-목표물 문법체계(Probe-Goal Framework)란 새로운 최소주의이론을 낳게 된다. 따라서 일치, EPP-자질, 국면 등에 관련되는 다양한 문법적 작용에 대한 해설은 탐침자-목표물 문법체계를 소개하는 아래의 논의를 참고하기 바란다.

된 것이라고 본다. 이러한 차원에서 언어(즉, 언어기능)란 수행체계의 요구를 최적(optimally)으로 반영하는 조직(organism)이며[8], 따라서 수행체계의 요구를 최소의 장치로 충족하여야 하며, 또한 언어조직의 모든 장치는 다른 이유에서가 아니라 오로지 수행체계의 요구에 의해 그 존재가 설명될 수 있는 완벽한 체계이어야 한다는 것이다. 그러므로, 언어조직이 생성해내는 모든 언어정보는 수행체계가 필요로 해야 하며, 또한 수행체계에 의해 해석될 수 있는 정보이어야 한다는 것이다. 이러한 조건을 해독성조건(legibility condition)이라 한다. 해독성조건을 충족하는 음성표상(phonetic representation) PHON과 의미표상(semantic representation) SEM은 수렴(converge)되며, 그렇지 않는 경우는 파산(crash)된다. 또한 언어기능은 최초의 S_0 상태에서 언어경험은 통해 점차 최종상태인 L로 변화되며, 최종상태 L이 바로 개별언어의 내재언어(I-language)가 된다. 개별언어의 내재언어가 연산을 통해 생성하는 언어정보인 PHON과 SEM의 표상은 감각운동체계와 사고체계의 해석을 거쳐 각기 소리(Sound)와 의미(Meaning)로 표출되는데, 이러한 소리와 의미를 외재언어(E-language)라 한다.

촘스키(Chomsky 1998)에서 제안되는 자질일치이론의 문법체계는 다음과 같은 문법모형으로 나타낼 수 있다.

8) 수행체계의 요구는 설계도(design specifications)에 비유되며, 진화를 일으키는 자연은 초기술자(super engineer)에 비유된다. 이러한 차원에서 언어란 초기술자가 설계도에 따라 가장 이상적인 최적의 건축물(architecture)을 만들어 내듯이 수행체계의 요구에 따라 자연이 진화과정을 통해 만들어 낸 최적의 완벽한 조직이라는 것이다. 이러한 관점에서 촘스키(Chomsky 1998)에서는 언어를 다음과 같이 정의하고 있다.

(i) a. 언어기관은 최소의 설계도를 충족하는 완벽한 해결책이다. (The language organ is a perfect solution to minimal design specifications.)

b. 언어는 해독성조건을 충족하는 최적의 해결책이다. (Language is an optimal solution to legibility condition.)

(25) 자질일치이론의 문법체계

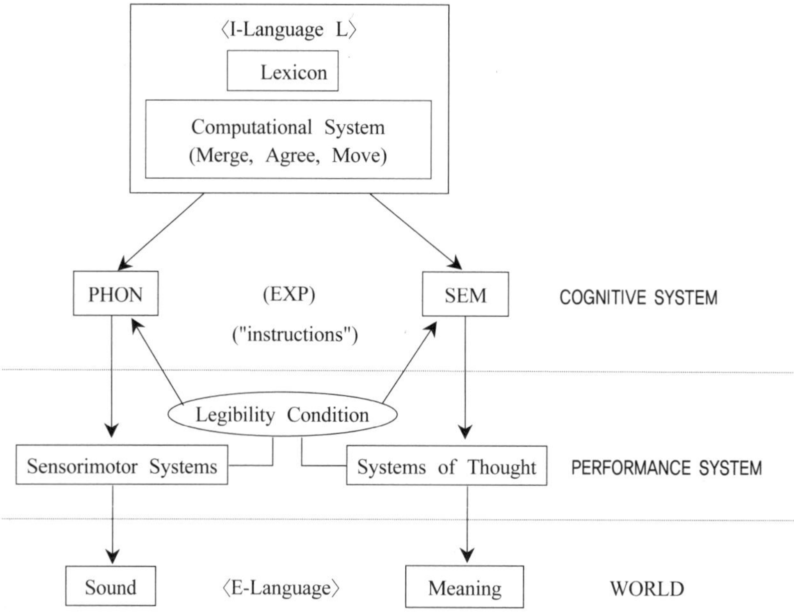

2.4 국면이론

이제, 필자가 촘스키 혁명의 종결(ending)이자 최소주의문법의 완결판(final version)으로 평가하는 촘스키(Chomsky 2001)의 국면이론(Phase Theory)은 과연 어떠한 이론인지 검토해 보자. 국면이론에서 제안하는 문법체계를 소위 '탐침자-목표물 문법체계(Probe-Goal Framework)'라 한다. 탐침자-목표물 문법체계에서는 인간의 본유적 언어기능(faculty of language) FL은 그 최초상태인 S_0가 언어의 기본특성(basic properties)인 자질(features)들의 집합체 {F}와 연산체계(C_{HL})로 이루어져 있다고 본다. 즉, S_0는 {F}와 C_{HL}로 구성되어 있으며, 이중 {F}는 언어경험을 통해 개별언어에 노출됨으로써 개별언어에 활용될 {F}의 하위집합체인 [F]가 일괄적 수집(one-time collection)으로 결정되고, 또한 [F]의 구성요소들을 일괄적 조립(one-time assembly) 작용을 통해 그 개별언어의 어휘부(Lexicon: LEX)를 만든다. 어휘부란 자질결합의 최소단위인 어휘항목(LI)들의 조직체이다. 이와 같이 언어경험을 통해 개별언어의 어휘부 LEX가 구성되면, 이제 수행체계(performance system)의 요구에 의해 LEX로부터 일괄적 수집(one-time collection) 작용으로 표현(expressions) EXP의 도출(derivation) D에 필요한 어휘항목의 집합체인 어휘배열(lexical array) LA이 구성된다. 탐침자-목표물 문법체계에서는 LA가 어휘항목들의 소집합체인 하위어휘배열(lexical subarray) LA_i들의 집합으로 이루어져있다고 본다. 하위어휘배열의 집합체인 어휘배열 LA가 구성되면, 이 LA는 협소통사부(narrow syntax: NS)로 넘겨지고, LA를 넘겨받은 협소통사부에서는 이제 연산체계(computational system: C_{HL})가 작용하여 LA로부터 도출 D_{NS}를 생성해 낸다. 연산체계에는 선택(Select), 합치(Match), 일치(Agree), 수반(Pied-Pipe), 병합(Merge) 등의 연산(computation)이 존재한다. 이러한 연산은 하위어휘배열 단위로 반복적으로 적용되어 각 하위어휘배열마다 그것의 독자적인 D_{NS}를 순차적으로 생성한다. 이러한 차원에서 협소통사부는 어휘배열(LA)을 넘겨받아 도출(D)을 만들어내는 생성엔진(generative engine)이라 할 수 있다. 이렇게 각 하위어휘배열 단위마다 얻어지는 D_{NS}를 국면(phase)이라 하며, 국면은 연산이 반복적으로 적용되는 순환단위(cycle)가 된다.[9] 국면의 순환단위에서 적용되는 연산중에 가장 중요한 연산이 바로 일치(Agree)이다. 일치는 동일 파이자질(ϕ-features) 상의 합

9) 촘스키(Chomsky 2001)에 의하면, 실사범주(substantive category)의 투사(projection)는 기능범주(functional category)에 의해 선택되어 하나의 순환단위(cyclic unit)인 국면(phase)을 이루게 되는데, 이러한 국면은 그것의 핵(head)인 기능범주가 파이자질상 완전(ϕ-complete)하면 강국면(strong phase)을, 파자질상 불완전(ϕ-incomplete)하면 약국면(weak phase)를 이룬다고 본다. 파이자질상 완전(ϕ-complete)하다는 것은 그 범주가 성(gender), 수(number), 인칭(person)의 파이자질을 모두 갖는다는 것이고, 파이자질상 불완전(ϕ-incomplete)하다는 것은 이중 하나 이상의 자질을 갖지 못한다는 것을 말한다. 촘스키(Chomsky 2001, 2004)에 의하면, 파이자질상 완전한 강국면은 의미적으로는 명제(proposition)를 이루는 단위이며, 음성적으로 독립성을 갖게 되므로 문자화(Spell-Out)의 대상이 되나, 약국면은 파이자질의 일치를 위한 순환 단위로만 사용된다.

치를 말하며, 해당 국면에 내포되는 기능범주(functional category)와 명사적 범주(nominal category) 사이에 야기된다. 이 때 일치에 참여하는 기능범주는 비해석성(uninterpretable)의 파이자질을 가지므로 자질점검을 받기 위해 그의 성분통어영역(c-domain) 내에서 해석성(interpretable)의 파이자질을 갖는 명사적 범주를 탐색하여 그와 일치를 이루어야 한다. 이러한 관점에서 기능범주를 '탐침자(Probe)'라 하고 그와 일치를 이루는 명사적 범주를 '목표물(Goal)'이라 한다. 촘스키(Chomsky 2001)에 의하면 자연언어에서 탐침자는 주로 C와 v 등의 기능범주이며, 혹은 기능범주로부터 선택되는 T와 V 등의 실사범주도 탐침자가 될 수 있다. 그러나 해석성 파이자질을 갖는 명사적 요소인 D와 N은 언제나 목표물이 된다. 또한, 자질상의 일치를 이루기 위해서는 탐침자는 반드시 목표물을 자신의 표찰영역(domain of LB(K))(즉, 투사범주) 내에 포함하고 있어야 한다. 일치가 적용되면 탐침자와 목표물의 비해석성 자질들은 모두가 값을 부여받고 양도(TRANSFER) 후 의미부에서 삭제된다. 일치가 적용되기 위해서는 먼저 탐침자와 목표물 사이에 자질상의 '합치(Match)'가 먼저 이루어져야 하는데, '합치'란 동일자질간의 확인(Identity)을 의미한다. 따라서 일치는 반드시 동일 종류의 파이자질을 갖는 핵범주들 사이에만 적용된다. 또한 일치(Agree)는 합치(Match)와 달리 다음과 같은 소위 활동성조건(activity condition) 하에서 적용된다.

(26) 일치의 연산이 적용되기 위해서는 탐침자와 목표물이 모두 활동적이어야 한다. (Probe and Goal must both be active for Agree to apply.)

'활동적(activc)'이라는 개념은 탐침자와 목표물이 되는 범주가 그들의 자질구성에서 비해석성 자질(uninterpretable feature)을 하나 이상 포함하고 있다는 것이다. 따라서 기능범주의 파이자질은 비해석성이므로, 기능범주는 그 자체로 언제나 활동적이 될 수 있지만, 목표물이 되는 명사적 범주는 반드시 비해석성의 격(Case) 자질을 가질 때만이 활동적이 될 수 있다.

또한 탐침자와 목표물로서 일치를 이루는 한 쌍의 범주가 있을 때, 일치를 통해 상대 범주의 비해석성 자질을 삭제(delete)하기 위해서는 반드시 그 범주가 성(gender), 수(number), 인칭(person)의 파이자질을 모두 갖는 소위 '파이자질상 완전한(ϕ-complete)' 범주가 되어야 한다. 따라서 촘스키(Chomsky 2001)에서는 다음과 같은 파이자질완전성조건(ϕ-completeness condition)을 제시하고 있다.

(27) α는 자신과 합치의 쌍을 이루는 β의 비해석성 자질들을 삭제하기 위해서 반드시 파이자질상 완전해야 한다. (α must be ϕ-complete to delete uninterpretable features of the paired matching element β.)

또한 일치는 때로는 EPP-자질을 충족하기 위하여 수반과 병합 작용을 동반하여 이동(Move)을 야기하기도 한다. 촘스키(Chomsky 2001)의 다음과 같은 EPP-자질할당조건(EPP-assignment condition)을 제안하고 있다.

(28) EPP-자질이 할당될 때는 반드시 표출상에서 그 효과가 나타난다. (The EPP-feature is assigned only if that has an effect on outcome.)[10)]

또한 촘스키(Chomsky 2001)에서는 이동의 과정에서 모든 이동은 소위

---

10) 촘스키(Chomsky 2001)에 의하면, EPP-자질은 v*, T, C 등에 할당될 수 있으며, EPP-자질이 할당될 때는 반드시 표출상에 그 효력이 나타나야 한다고 본다. EPP-자질과 그것으로 인한 이동의 결과로 의미표상(SEM)에 나타나는 의미적 효과를 특히 외곽특성(edge properties)이라 하며, 외곽특성에는 초점(focus), 특정성(specificity), 한정성(definiteness), 신정보(new information) 등을 나타내는 담화상 특성(discoursal properties)과 양화사의 작용역(scope)에 영향을 미치는 작용역상 특성(scopal properties)이 있다. 이러한 외곽특성을 해석적 복합체(interpretive complex) INT라 한다. 한편, 촘스키(Chomsky 2004)에서는 EPP-자질을 OCC라 부르며, EPP와 OCC의 차이는 OCC의 경우가 EPP보다 훨씬 선택적인 개념을 갖는다는 것이다. 즉 OCC는 반드시 의미표상(SEM)에서 의미적 효과를 낳는 경우만 OCC-자질이 할당된다고 본다. 따라서 촘스키(Chomsky 2004)의 체제에서는 의미표상에서 의미적 효과를 갖지 않는 허사 *there*의 병합은 EPP(OCC)의 자질을 충족하기 위한 것이 아니라 단순히 *there*가 탐침자로서 최소의 탐색으로 TP와 병합한 결과로 본다.

국면불가침조건(phase impenetrability condition: PIC)에 의해 반드시 강국면(strong phase)의 지정어 위치를 경유해야 한다고 본다.

(29) H가 강국면 HP의 핵이고, ZP는 차상위의 강국면일 때, H의 영역은 ZP의 순환단계에서 적용되는 연산작용에 참여할 수 없지만, H와 그것의 외곽 요소는 참여할 수 있다. (The domain of H is not accessible to operations at ZP, but only H and its edge, (where H is the head of strong phase HP, and ZP is the next strong phase).

(29)의 국면불가침조건에 의하면, 강국면 HP의 핵(head)인 H와 그것의 외곽(edge)에 해당되는 지정어(Spec)와 부착요소(adjoined element)만이 차상위 강국면(the next strong phase) ZP의 연산작용(operation)에 참여할 수 있다. 즉, 차상위 강국면 ZP의 핵 Z가 비해석성(uninterpretable) 파이자질(ϕ-features)이나 EPP-자질을 가질 때, 이들을 제거(delete)하기 위해 일치(Agree)나 이동(Move) 등의 연산이 일어나는데, 이러한 연산에 참여할 수 있는 요소는 바로 차하위 강국면 HP의 핵 H와 외곽 요소들(edge elements)이라는 것이다.[11] 따라서 강국면 HP의 영역(domain)인 보충어 위치에 남아있는 요소는 차상위 강국면의 연산에 전혀 영향을 받지 않으므로 도출(derivation)이 차상위 강국면에 이르기 전에 즉시 양도(TRANSFER)에 의해 음운부로 이관되어 문자화(Spell-Out)에 의해 문자판독되어야 한다.[12] 따라서 강국면 HP의 보충어가 HP의 지정어 위치로

11) 촘스키(Chomsky 1995, 2001)에 의하면 기능범주의 투사에는 여러 개의 지정어(즉, 다중 지정어(multiple Spec's))가 나타날 수도 있다고 주장한다. 특히, 촘스키(Chomsky 2004)의 자유병합(Free Merge) 이론에 의하면 한 핵범주에 병합되는 첫 번째 요소는 보충어(complement)이나 그 이후에 병합되는 요소들은 모두 지정어로 정의함으로써 다중 지정어 현상이 하나의 보편문법적 현상임을 주장하고 있다. 또한, 촘스키(Chomsky 2004)에서는 이동에 의한 부착(adjunction)은 허용되지 않는다고 봄으로써 외곽 요소(edge elements)에는 오직 지정어만 존재한다고 본다.

12) 양도(TRANSFER)는 강국면의 단계에 적용되며, 강국면의 핵인 기능범주가 EPP-자질을 갖지 않을 경우 그것의 보충어는 국면불가침조건(PIC)의 효과에 의해 바로 문자화(Spell-Out: S-O)에 의해 문자판독(spelled out)된다. 촘스키(Chomsky 2004: 21)에 의하면, 문자화는 가능한 한 일찍 적용되어야 한다(Spell-Out should apply as early as possible). 문자화를 강국면 단계에서 적용하는 것은 의미부

이동되지 않는 한 그 보충어와 그 보충어에 내포되는 요소들은 차상위 강국면에 적용되는 연산작용에 참여할 수 없게 된다.[13)]

이와 같이 일련의 연산과정을 통해 얻어진 도출은 양도(TRANSFER) 작용에 의해 국면 단위로 음운부(phonological component) Φ와 의미부(semantic component) Σ로 이관(transferred)되고, Φ와 Σ는 이관 받은 도출 D_{NS}에 각기 해당 규칙과 원리를 적용하여[14)] 음성표상(phonetic representation) PHON과 의미표상(semantic representation) SEM을 사상(mapping)한다. PHON과 SEM은 각기 수행체계(performance system)인 감각운동체계(sensori-motor system) S-M과 개념의도체계(conceptual-intentional system) C-I로 보내져 언어표현의 음성과 의미로 해석된다.

이러한 국면이론은 그것의 탐침자-목표물 문법체계를 통해 많은 언어학적 의미 있는 발전을 이루었는데, 이들 중 중요한 몇 가지를 살펴보면 다음과 같다.

먼저, 확대표준이론(Extended Standard Theory: EST)이란 Y-모형(Y-model)에서 제안되었던 5 단계의 순환(cycles)을 1 단계의 순환으로 축약했다. 즉, Y-모형에서는 D-구조, S-구조, LF 등의 내부언어층위(internal linguistic levels)가 있고, 또한 이들 내부언어층위에서 나타나는 언어정보를 받아들여 의미와 음성을 해석하는 의미접합부(meaning interface)와 음성접합부(sound interface)가 있다. 이들 각 층위들에 나타나는 언어정보들은 각자 독립적인 순환단계를 거쳐 생성된다. 즉, D-구조의 언어정보는 어휘

(semantic component)와 음운부(phonological component), 그리고 협의통사부(narrow syntax)의 순환 단위(cycle)를 동일화하여 연산의 부담(computational burden)을 줄일 수 있고, 문자화를 가능한 한 일찍 적용하는 이유도 역시 도출과정에서 도출의 전단계(earlier stage)를 잊게 함으로써 연산의 부담을 줄일 수 있기 때문이다.

13) 국면이론의 가정에 따르면, 문자화(Spell-Out)에 의해 음운부로 이관되어 문자판독(spelled out)된 요소는 더 이상 협소통사부(narrow syntax: NS)에 참여하지 않는다.

14) 협소통사부에서 도출된 언어정보인 D_{NS}를 양도(TRANSFER) 작용에 의해 음운부로 이관(transfer)하는 과정을 "문자화(Spell-Out)"라 한다. 음운부에서 적용되는 규칙은 핵이동(head movement)과 같이 의미적 차원에서 영향을 미치지 않으나, 매개변인적 변이(parametric variation)에 따라 언어 간에 어순의 차이를 일으키는 개별언어의 이동규칙들이 적용되고, 의미부에서는 의미역 구조(θ-structure)와 EPP와 관련되는 표면해석 INT 등에 대한 해석규칙과 결속원리, 양화원리 등이 적용된다.

부로부터 도입되는 어휘들을 기초로 한 핵계층이론의 순환적 적용에 의해 생성되고, S-구조에 나타나는 언어정보는 외현통사순환(overt syntactic cycle)을 통해 생성되고, 또한 S-구조에 나타나는 언어정보는 다시 내현통사순환(covert syntactic cycle)을 거쳐 LF의 언어정보로 사상(mapping)된다. 또한 S-구조의 언어정보는 음운론적/형태론적 순환을 거쳐 음성접합부의 언어정보인 음성표상(PHON)으로 사상되고, LF의 언어정보는 의미적 작용을 통해 의미접합부의 언어정보인 의미표상(SEM)으로 사상된다. 그러나 이들 5개 층위에 나타나는 정보 중 접합부조건(interface conditions)에 의해 요구되는 정보는 음성표상과 의미표상 뿐이다. 따라서 음성표상과 의미표상은 개념적 필요성을 충족하는 층위가 되며, 나머지 3개의 층위들은 개념적 필요성을 충족하지 못하는 잉여적이며 불필요한 층위가 되는 것이다. 국면이론에서는 음성접합부와 의미접합부만을 층위로 인정하며, 음성표상과 의미표상만을 감각운동체계와 개념의도체계의 수행체계에서 활용하는 언어정보로 인정한다. 또한 음성표상과 의미표상으로 사상되는 협소통사부의 언어정보는 둘 다 강국면(strong phase) 단위로 사상된다고 봄으로써 소위 순환을 강국면에 적용되는 협소통사부의 작용으로 단일화하고 있을 뿐만 아니라, 음성표상과 의미표상을 도출하기 위해 음운부와 의미부로 양도된 강국면은 이후 계속되는 협소통사부의 작용에서 잊혀지므로 그만큼 연산의 부담(computational load)을 감소할 수 있게 된다. 이와 같이 최소주의이론에서는 Y-모형 체계에서 제안되었던 5단계의 순환을 개념적 필요성의 차원에서 1단계의 순환으로 축소함으로써 최소주의이론의 기본원리인의 '효과적 연산의 원리(principles of efficient computation)'(제3장 (3iii) 참조)를 충족하고 있다.

이상에서 살펴본 국면이론의 탐침자-목표물 문법체계를 모형으로 제시하면 다음과 같다.

(30) 탐침자-목표물 문법체계의 모형

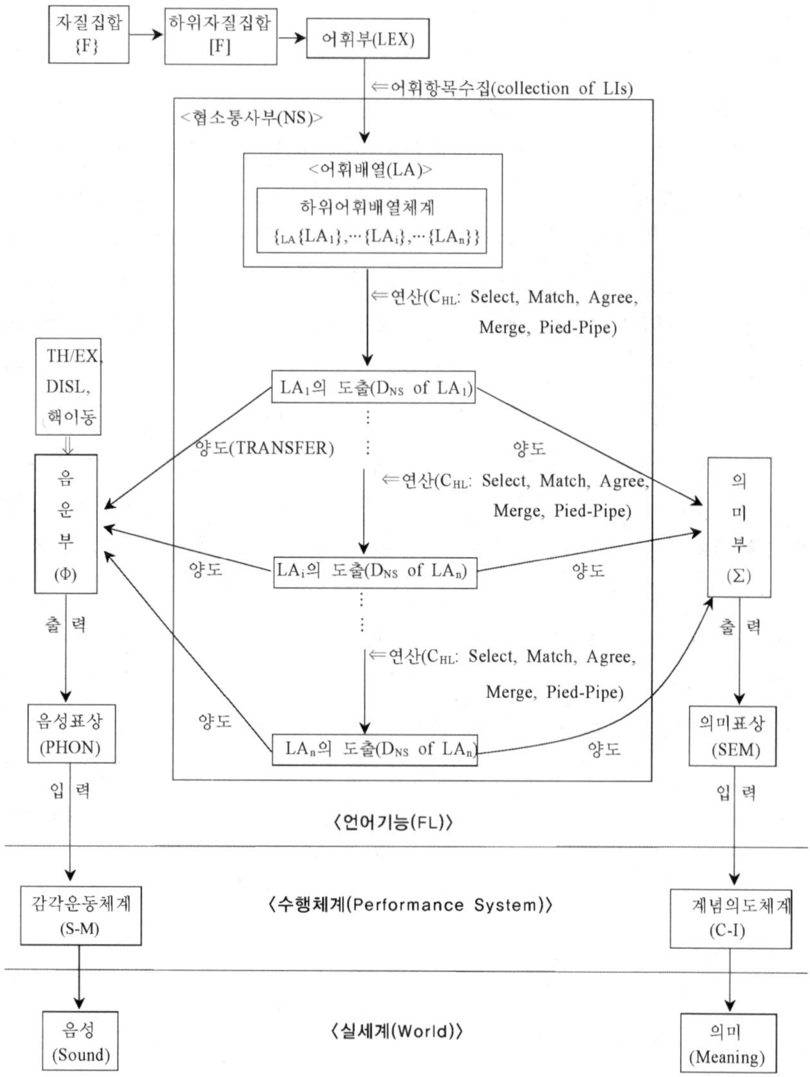

그러면, 위와 같은 탐침자-목표물 문법체계에서 가정하는 협소통사부의 도출과정을 간략히 살펴보자.

위와 같은 협소통사부의 연산과정을 거쳐 표현이 실제로 어떻게 도출되는지 실례를 들어보자. 먼저 아래 예문을 고려해 보자.

(31) What did John read?

위의 (31)의 표현은 수행체계의 요구로 일괄적 수집 작용을 통해 어휘부로부터 기능범주와 어휘범주로 구성되는 다음과 같은 어휘배열을 구성함으로써 협소통사부에서 표현의 도출 D_{NS}를 생성하기 위한 연산이 시작된다.[15)]

(32) 어휘배열(LA): {{C, T}, {v*, John, read, what}}

위의 어휘배열에는 {C, T}와 {v*, John, read, what}의 하위어휘배열들이 있고,[16)] 이러한 하위어휘배열들은 그 순서에 따라 선발(Select), 병합

---

15) 촘스키(Chomsky 1995)에 의하면, 어휘배열(LA)에 해당되는 배번집합은 수행체계의 요구에 의해 구성된다고 본다.

16) 촘스키(Chomsky 1999, 2004)에 의하면, 하위어휘배열의 구성은 핵심기능범주(core functional category: CFC) 중심으로 이루어진다고 본다. 즉, 핵심기능범주는 C와 v인데 하위어휘배열은 반드시 이들을 하나씩 내포하고 있어야 한다. 참고로 국면이론에서는 T는 더 이상 기능범주가 아니라 실사범주(substantive category)로 규정하며, D의 경우는 기능범주이긴 하지만 국면을 이루는 핵심기능범주로 보지 않는다. 핵심기능범주의 특징은 명사적 범주와 일치(agreement)를 위한 비해석성의 파이자질(ϕ-features)을 가지며, EPP의 자질과 격을 할당할 수 있는 기능 등을 지닌다. 특히 핵심기능범주 중 v는 완전 체제의 파이자질을 갖는, 즉 파이자질상 완전(ϕ-complete)한 v*와 결손 체제의 파이자질을 갖는, 즉 파이자질상 불완전한(ϕ-incomplete) v로 구분되며, v*는 타동사를 선택하며, v는 수동태나 비대격(unaccusative) 동사를 선택한다. 또한 파이자질상 완전한 핵심기능범주를 갖는 하위어휘배열로부터는 강국면(strong phase)을 도출되고, 파이자질상 불완전한 핵심기능범주를 갖는 하위어휘배열로부터는 약국면(weak phase)을 도출된다. 여기서 '파이자질상 완전하다'는 개념은 성(gender), 수(number), 인칭(person)에 해당하는 파이자질을 모두 갖추고 있다는 것을 의미하고, '파이자질상 불완전하다'는 개념은 성, 수, 인칭의 파이자질 중에 한두 가지를 갖추고 있지 못하다는 것을 의미한다.

(Merge), 일치(Agree) 등의 연산에 의해 도출 D_{NS}에 이르게 된다. 어휘배열로부터 어휘항목을 선발하는 순서는 사실상 임의적이지만, 여기서는 편의상 (연산의 복잡성을 우회하여) 합법적인 도출에 이르는 정상적인 과정을 택하기로 한다.[17] 먼저 {v*, John, read, what}의 하위어휘배열에서 *what*부터 선발이 되는 경우를 고려해 보겠다. *what*이 선발되면 자동적으로 다음과 같은 통사대상(syntactic object)이 만들어진다.[18]

(33) [$_{\text{D}}$ what]

그 다음 어휘항목 *read*의 선발에 의해 [$_{\text{V}}$ read]라는 통사대상이 만들어지고, [$_{\text{V}}$ read]는 이미 만들어진 통사대상 [$_{\text{D}}$ what]과 병합(Merge)에 의해 결합된다. 병합의 연산으로 다음과 같은 더 큰 단위의 통사대상(통사단위)이 도출된다.[19]

(34) a. [$_{\text{VP}}$ [$_{\text{V}}$ read] [$_{\text{D(P)}}$ what]]

b.

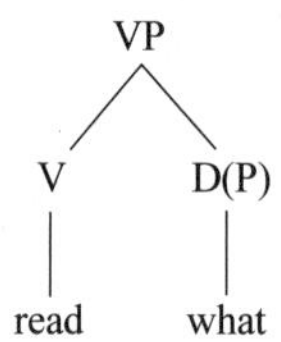

17) 선발과 병합의 순서가 잘 못된 도출은 결과적으로 경제성조건(economy principles)나 해독성조건(legibility conditions)을 위반하게 되어 파산(crash)된다.

18) 선발(Select)은 어휘배열에 포함되는 어휘항목(즉, 어휘정보)을 통사부에서 작용하는 통사단위로 격상시키는 연산이다. 따라서, 어휘배열에 내포되는 어휘항목들은 각기 협소통사부에서 모두 선발의 연산에 의해 통사대상(syntactic object: SO)으로 격상한다. 최소주의이론에서는 통사대상을 (33)에서처럼 각괄호 [ ]로 표시하지 않고, 중간괄호 { }로 표시한다. 따라서 (33)의 표현은 사실상 {what}으로 되어야 한다. 그러나 본서에서는 편의상 기존의 방식인 [$_{\text{D}}$ what]으로 표시한다.

19) 필수구구조(bare phrase structure) 이론에 의하면, 병합의 경우 투사되는 범주의 표찰(label)은 선택자(selector)나 이동의 표적(target)가 되는 범주의 핵이 된다. 또한 필수구구조에서는 최대투사(maximal projection), 중간투사(intermediate projection), 핵투사(X^0-projection) 등 모든 투사범주가 표찰상의 차이는 없다고 본다.

(34)' a.

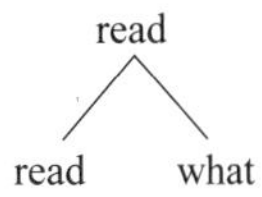

b. {read, {read, what}}

위의 표현에서 (34a)와 (34b)는 기존의 변형생성문법에서 핵계층이론(X-bar Theory)에 입각하여 표시하던 구조표현 방법이고, (34'a)와 (34'b)는 최소주의이론에 입각해 표현된 필수구구조(bare phrase structure)이다.[20] 촘스키(Chomsky 2004)에서는 필수구구조이론에 소위 '표찰자유체제(label-free system)'와 '자유병합체제(free Merge system)'를 도입함으로써 병합에 의해 도출되는 투사범주에 표찰을 표시하지 않으며 단순히 병합되는 두 범주만을 표시하므로 병합에 의한 투사범주는 아래와 같이 표현된다.[21]

(34)" a.

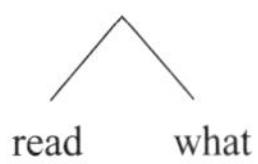

b. {read, what}

그 다음 핵심기능범주(core functional category: CFC)인 v*가 선발되면,

---

20) 사실상 필수구구조의 구조표현 방식은 최소주의이론의 경제성조건인 소위 내포성조건(inclusiveness condition)의 요구에 의한 것이다. 내포성조건이란 협소통사부에서는 어휘부에서 제공되는 언어정보 이외에 연산과정에서 다른 정보를 추가적으로 생산할 수 없다는 조건이다. 따라서, 핵계층이론에 기인하는 투사정보와 이동시 생겨나는 지표(index) 정보 등을 통사구조에서 허용하지 않는다.

21) 촘스키(Chomsky 2004) 이후의 국면이론에서는 필수구구조이론을 더욱 발전시켜 병합에 의해 만들어지는 투사범주들의 표찰을 아예 표시하지 않는 소위 '표찰자유체제(label free system)'와 또한 병합의 회수를 제한하지 않는 소위 '자유병합체제(free Merge system)'을 도입하고 있다. 이러한 이론에서는 모든 범주들의 병합관계를 오직 파이자질상의 일치에 두고 있으며, 따라서 일치(Agree) 연산의 결과로 병합(Merge)이 이루어진다고 본다. 또한, 지정어(specifier: Spec)와 보충어(complement)의 구분도 구조상의 구분이 아니라 병합의 순서에 따른 구분으로 본다. 즉, 핵범주와 맨 먼저 병합하는 요소를 보충어라 하고, 그 다음으로 병합되는 요소들은 모두 지정어로 규정한다. 따라서 모든 자연언어에서는 지정어가 여러 개 나타나는 소위 '복합지정어구문(multiple Spec construction)'이 자연스럽게 나타난다고 본다.

$[_{v^*}\ v^*]$의 통사대상을 이루고, 이미 도출된 통사대상과 병합이 일어나면, 다음 단계의 도출에 이른다.[22)]

(35) a. $[_{v^*P}\ v^*\ [_{VP}\ [_{V}\ \text{read}]\ [_{D(P)}\ \text{what}]]]$

b.

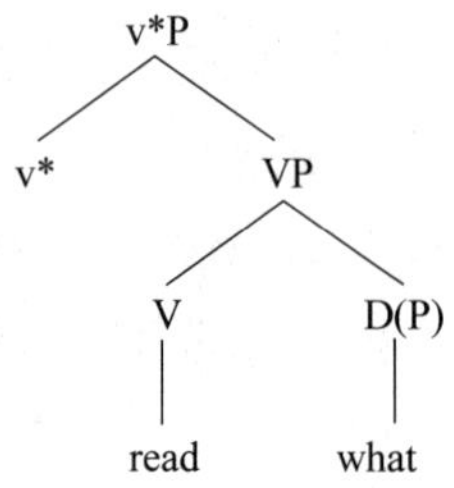

(35)' a.

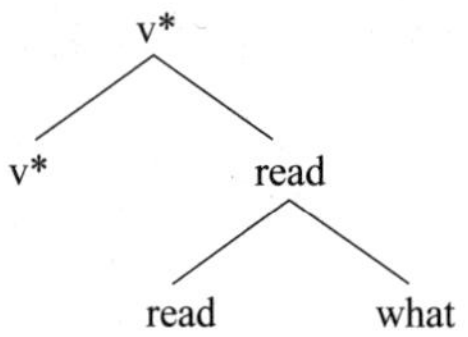

b. {v*, {v*, {read, {read, what}}}}

(35)" a.

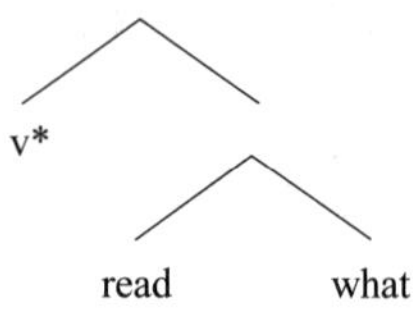

b. {v*, {read, what}}

---

22) 위의 (34)의 경우처럼 (35)는 핵계층이론의 표기방식이며, (35)'은 필수구구조이론의 표기방식이고 (35)"은 표찰자유체제(label-free system)의 표기방식이다. 이하 본서에서는 구구조를 편의상 기존의 핵계층이론의 방식으로 표현하고자 한다.

국면이론에 의하면, V가 파이자질상 완전한(ϕ-complete) 핵심기능범주인 v*에 의해 선택되어 위와 같은 병합을 이루는 경우, V 역시 반드시 파이자질상 완전해야 한다고 본다.[23] 이 경우 파이자질상 완전한 V는 타동사구문(transitive construction)에서 목적어와 일치를 이루게 되어 그 목적어에게 대격(accusative Case)을 할당하게 된다. 이는 마치 파이자질상 완전한 C가 T를 선택하게 될 때, T도 역시 파이자질상 완전하게 되어 일치를 통해 주어에게 주격(nominative Case)을 할당하는 경우와 같다.[24] 따라서 다음과 같은 가정을 제시하고 있다.

(36) T와 V가 각기 C와 v*에 의해 선택된다면, T와 V는 파이자질상 완전하다. (When selected by C or v*, T and V are ϕ-complete.)

그러나, 국면이론에서는 설명의 복잡성을 피하기 위해 격할당(Case assignment)과 EPP-자질을 충족하는 장소를 기존의 이론에서처럼 단순히 T와 v*로 본다.[25] 따라서 목적어에 대해 대격의 값을 부여(value)하고 삭제(delete)하는 작용은 v*P의 국면에서 v*에 의해 이루어진다고 본다.[26]

---

23) 왜냐하면, 촘스키(Chomsky 2004)에 의하면 아래 정의에서와 같이 (선택관계에 의한) 병합은 파이자질상의 대조(Match)을 위한 최소의 탐색(minimal search) 과정으로 보기 때문이다.

(i) Merge of α to β involve minimal search of β to determine where α is introduced, and least tampering with β.

파이자질상 대응을 이루기 위해서는 두 요소 간에 동일한 파이자질의 체계가 요구된다. 또한 '최소의 탐색(minimal search)'이란 가장 짧은(closest) '영탐색(zero search)'을 의미하므로, 병합은 언제나 도출의 뿌리범주에 적용되어야 하는 확장조건(extension condition)을 준수하게 된다.

24) 촘스키(Chomsky 1999)에서는 이러한 관계를 다음과 같이 언급하고 있다.

(i) C-T의 관계는 v*-V의 관계와 유사하다. (The C-T relation is analogous to the v*-V relation.)

25) 이러한 이론을 $LOCUS_{Tv*}$라고 말한다. 이에 대해 $LOCUS_{TV}$는 격과 EPP를 충족하는 위치를 T와 V로 보는 이론이다. 촘스키(Chomsky 1999)에서는 편의상 $LOCUS_{Tv*}$ 이론을 택하고 있다.

26) 명사적 표현의 구조격(structural Case)는 핵심기능범주의 핵과 파이자질상의 일치에 의해 격의 값이 부여되고 그 뒤 도출 D_{NS}이 양도(TRANSFER)의 연산을 통해 음운부와 의미부로 이양되면, 값이 부여된 격은 음운부에서는 그냥 유지되지만, 의미부에서는 삭제(delete)된다고 본다. 왜냐하면, 격자질은 음운부에서는 해석될 수 있지만 의미부에서는 해석되지 않는 비해석성의 자질이기 때문이다.

(35)의 도출이 형성되면,[27] 이제 v의 의미적 요구에 의해 동작주(agent) 역을 수행할 논항을 요구하게 된다.[28] 이제 선발(Select)의 연산에 의해 *John*이 선발되어 [$_{N(P)}$ John]의 통사대상을 이루게 되고, 다음 단계의 병합(Merge)의 연산에 의해 [$_{N(P)}$ John]이 기존의 통사대상과 결합되면 다음과 같은 통사대상이 도출된다.

(37) a. [$_{v^*P}$ [$_{N(P)}$ John] [$_{v^{*\prime}}$ v* [$_{VP}$ read [$_{D(P)}$ what]]]]

b.

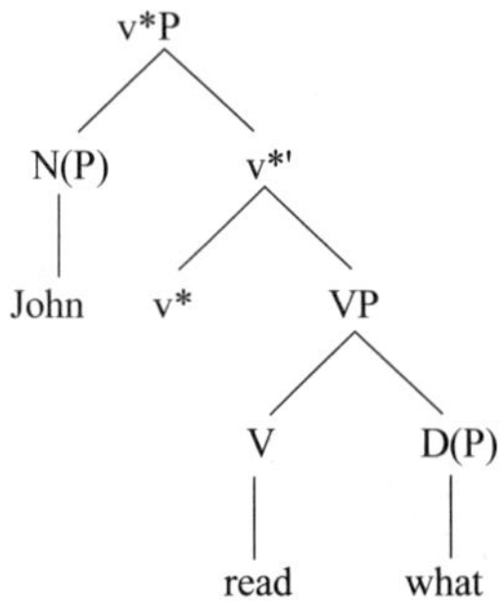

이 단계의 도출에 이르면, 일치(Agree)의 연산에 의해 v*의 파이자질(ϕ-feature)과 *what*의 파이자질이 일치를 이루게 된다. 두 범주 사이에 파이자질상의 일치가 일어날 경우, 비해석성 파이자질(uninterpretable ϕ-feature)을 갖는 범주를 '탐침자(Probe: P)'라 하고 그것과 일치를 이룰 해석성 파이자질(interpretable ϕ-feature)을 갖는 범주를 '목표물(Goal: G)'이라 한다. 자연언어에서 탐침자는 주로 C와 v 등의 기능범주이며, 혹은 기능범주로부터 선택되는 T와 V 등의 실사범주도 탐침자가 될 수 있다. 그러나

27) 초기의 최소주의이론에서는 이 단계에 이르면 v*의 강성 동사접사자질 [V-]를 점검하기 위해 V가 v*로 인상한다고 보았는데, 국면이론에서는 핵이동은 모두 음운부의 작용으로 보므로 협소통사부에서는 핵이동은 존재하지 않는다고 본다. 왜냐하면, 협소통사부에 적용되는 이동은 반드시 표층상의 의미적 효과(surface semantic effect)를 낳는데, 핵이동은 이러한 의미적 효과를 유발하지 않기 때문이다. 따라서 V-to-v 이동과 v-to-T 이동, 또한 T-to-C 이동 등은 더 이상 협소통사부의 작용이 아니라고 보아야 한다.

28) 촘스키(Chomsky 1995)에서는 Keyser & Hale(1993)의 제안을 받아들여 동작주(agent) 의미역과 사역자(causer) 의미역은 vP의 지정어(Spec) 위치에 병합된다고 본다.

해석성 파이자질을 갖는 명사적 요소인 대명사 D와 명사 N은 언제나 목표물이 된다.

또한, 자질상의 일치를 이루기 위해서는 탐침자는 반드시 목표물을 자신의 표찰영역(domain of LB(K))(즉, 투사범주) 내에 포함하고 있어야 한다.[29] 일치가 적용되면 탐침자와 목표물의 비해석성 자질들은 모두가 값을 부여받고 양도(TRANSFER) 후 의미부에서 삭제된다. 일치가 적용되기 위해서는 먼저 탐침자와 목표물 사이에 자질상의 '대조(Match)'가 먼저 이루어져야 하는데, '대조'란 동일자질간의 확인(Identity)을 의미한다. 따라서 일치는 반드시 동일 종류의 자질을 갖는 핵범주들 사이에만 적용된다. 또한 일치(Agree)는 대조(Match)와 달리 다음과 같은 소위 활동성조건(activity condition) 하에서 적용된다.

(38) 일치의 연산이 적용되기 위해서는 탐침자와 목표물이 모두 활동적이어야 한다. (Probe and Goal must both be active for Agree to apply.)

'활동적(active)'이라는 개념은 탐침자와 목표물이 되는 범주가 그들의 자질구성에서 비해석성 자질(uninterpretable feature)을 하나 이상 포함하고 있다는 것이다. 따라서 대조는 자질의 해석성 여부와 상관없이 적용되지만, 일치는 탐침자와 목표물이 반드시 하나 이상의 비해석성의 자질을 포함할 때만이 적용된다. 명사적 범주가 아닌 범주의 파이자질은 비해석성이므로, 기능범주는 그 자체로 언제나 활동적이 될 수 있지만, 목표물이 되는 명사적 범주는 반드시 비해석성의 격(Case) 자질을 가질 때만이 활동적이 될 수 있다.

또한 탐침자와 목표물로서 일치를 이루는 한 쌍의 범주가 있을 때, 일치를 통해 상대 범주의 비해석성 자질을 삭제(delete)하기 위해서는 반드시 그 범주가 성(gender), 수(number), 인칭(person)의 파이자질을 모두

29) 이 개념을 풀이하면, 탐색자는 목표물을 성분통어(c-command)해야 한다는 것이다.

갖는 소위 '파이자질상 완전한(ϕ-complete)' 범주가 되어야 한다. 따라서 촘스키(Chomsky 1999)에서는 다음과 같은 파이자질완전성조건(ϕ-completeness condition)을 제시하고 있다.

(39) α는 자신과 대조의 쌍을 이루는 β의 비해석성 자질들을 삭제하기 위해서 반드시 파이자질상 완전해야 한다. (α must be ϕ-complete to delete uninterpretable features of the paired matching element β.)

이상의 논의에서 살펴본 국면이론의 제안에 따르면, (37)의 도출에서 기능범주 v*와 목적어 *what* 사이에 일치(Agree)의 연산이 적용된다. v*는 비해석성의 파이자질을 가지고 있으며, *what*은 해석성의 파이자질을 가지고 있다. 또한 v*는 그것의 투사범주 내에 *what*을 포함하고 있으므로 이들 간에 자질상의 대조(Match)가 이루어진다. 따라서 v*는 탐침자이고, *what*은 목표물이 된다. 또한 이들은 성, 수, 인칭의 파이자질을 모두 가지므로 파이자질상 완전하며, 모두 비해석성 자질을 하나 이상 가지고 있으므로 활동적이다.[30] 이들 간에 일치(Agree)의 연산이 적용되면, v*의 비해석성의 파이자질과 *what*의 격자질이 값을 부여(valued) 받게 되고, 차후 양도의 연산이 적용되면 의미부에서 삭제(delete)된다.

또한 촘스키(Chomsky 1999)의 다음과 같은 EPP-자질할당조건(EPP-assignment condition)에 의하면 영어의 v*는 선택적인 EPP-자질을 가질 수 있다.

(40) v*에 EPP-자질이 할당될 때는 반드시 표출상에서 그 효과가 나타난다. (v* is assigned an EPP-feature only if that has an effect on outcome.)[31]

30) v*의 경우는 기능범주이므로 그것이 가지고 있는 파이자질이 모두 비해석성이며, *what*의 경우는 대격(accusative Case)이란 비해석성의 격자질을 가지고 있다.

31) 촘스키(Chomsky 1999, 2004)에 의하면, 이 가정은 T와 C 등에 까지 확대될 수 있으며, EPP-자질이 할당될 때는 반드시 표출상에 그 효력이 나타나야 한다고 본다. EPP-자질과 그것으로 인한 이동의 결과로 의미표상(SEM)에 나타나는 의미적 효과를 특히 외곽특성(edge properties)이라 하며, 외곽특

위의 도출 (37)에서 목적어 *what*은 의문사이므로 표현의 최종도출 시에 C의 비해석성 Q-자질을 점검하기 위해 CP의 지정어 위치로 이동해야 하고, 이러한 이동의 과정에서 소위 국면불가침조건(phase impenetrability condition: PIC)에 의해 반드시 강국면(strong phase)인 v*P의 지정어 위치를 경유해야 한다는 요구가 제기된다.[32)]

촘스키(Chomsky 1999, 2004)에서는 국면불가침조건(PIC)을 다음과 같이 정의하고 있다.[33)]

(41) H가 강국면 HP의 핵이고, ZP는 차상위의 강국면일 때, H의 영역은 ZP의 순환단계에서 적용되는 연산작용에 참여할 수 없지만, H와 그것의 외곽요소는 참여할 수 있다. (The domain of H is not accessible to operations at

---

성에는 초점(focus), 특정성(specificity), 한정성(definiteness), 신정보(new information) 등을 나타내는 담화상 특성(scopal properties)와 양화사의 작용역(scope)에 영향을 미치는 작용역상 특성(scopal properties)이 있다. 이러한 외곽특성을 해석적 복합체(interpretive complex) INT라 한다. 한편, 촘스키(Chomsky 2004)에서는 EPP-자질을 OCC라 부르며, EPP와 OCC의 차이는 OCC의 경우가 EPP보다 훨씬 선택적인 개념을 갖는다는 것이다. 즉 OCC는 반드시 의미표상(SEM)에서 의미적 효과를 낳는 경우만 OCC-자질이 할당된다고 본다. 따라서 촘스키(Chomsky 2004)의 체제에서는 의미표상에서 의미적 효과를 갖지 않는 허사 *there*의 병합은 EPP(OCC)의 자질을 충족하기 위한 것이 아니라 단순히 *there*가 탐침자로서 최소의 탐색으로 TP와 병합한 결과로 본다.

32) 촘스키(Chomsky 1999, 2004)에 의하면, 실사범주(substantive category)의 투사(projection)는 기능범주(functional category)에 의해 선택되어 하나의 순환단위(cyclic unit)인 국면(phase)을 이루게 되는데, 이러한 국면은 그것의 핵(head)인 기능범주가 파이자질상 완전(ϕ-complete)하면 강국면(strong phase)을, 파자질상 불완전(ϕ-incomplete)하면 약국면(weak phase)를 이룬다고 본다. 파이자질상 완전(ϕ-complete)하다는 것은 그 범주가 성(gender), 수(number), 인칭(person)의 파이자질을 모두 갖는다는 것이고, 파이자질상 불완전(ϕ-incomplete)하다는 것은 이중 하나 이상의 자질을 갖지 못한다는 것을 말한다. 촘스키(Chomsky 1999, 2004)에 의하면, 파이자질상 완전한 강국면은 의미적으로는 명제(proposition)를 이루는 단위이며, 음성적으로 독립성을 갖게 되므로 문자화(Spell-Out)의 대상이 되나, 약국면은 파이자질의 일치를 위한 순환 단위로만 사용된다.

33) 양도(TRANSFER)는 강국면의 단계에 적용되며, 강국면의 핵인 기능범주가 EPP-자질을 갖지 않을 경우 그것의 보충어는 국면불가침조건(PIC)의 효과에 의해 바로 문자화(Spell-Out: S-O)에 의해 문자판독(spelled out)된다. 촘스키(Chomsky 2004: 21)에 의하면, 문자화는 가능한 한 일찍 적용되어야 한다(Spell-Out should apply as early as possible). 문자화를 강국면 단계에서 적용하는 것은 의미부(semantic component)와 음운부(phonological component), 그리고 협의통사부(narrow syntax)의 순환단위(cycle)를 동일화하여 연산의 부담(computational burden)을 줄일 수 있고, 문자화를 가능한 한 일찍 적용하는 이유도 역시 도출과정에서 도출의 전단계(earlier stage)를 잊게 함으로써 연산의 부담을 줄일 수 있기 때문이다.

ZP, but only H and its edge, (where H is the head of strong phase HP, and ZP is the next strong phase).

(41)의 국면불가침조건에 의하면, 강국면 HP의 핵(head)인 H와 그것의 외곽(edge)에 해당되는 지정어(Spec)와 부착요소(adjoined element)만이 차상위 강국면(the next strong phase) ZP의 연산작용(operation)에 참여할 수 있다. 즉, 차상위 강국면 ZP의 핵 Z가 비해석성(uninterpretable) 파이자질(ϕ-feature)이나 EPP-자질을 가질 때, 이들을 제거(delete)하기 위해 일치(Agree)나 이동(Move) 등의 연산이 일어나는데, 이러한 연산에 참여할 수 있는 요소는 바로 차하위 강국면 HP의 핵 H와 외곽요소들(edge elements)이라는 것이다.[34] 따라서 강국면 HP의 영역(domain)인 보충어 위치에 남아있는 요소는 차상위 강국면의 연산에 전혀 영향을 받지 않으므로 도출(derivation)이 차상위 강국면에 이르기 전에 즉시 양도(TRANSFER)에 의해 음운부로 이관되어 문자화(Spell-Out)에 의해 문자판독되어야 한다. 따라서 강국면 HP의 보충어가 HP의 지정어 위치로 이동되지 않는 한 그 보충어와 그 보충어에 내포되는 요소들은 차상위 강국면에 적용되는 연산작용에 참여할 수 없게 된다.[35]

따라서, (40)와 (41)의 제안에 의하면, (37)의 도출에서 v*는 EPP-자질을 가져야 한다. EPP-자질은 비해석성이기 때문에 EPP-자질을 갖는 범주의 지정어 위치에 인칭의 파이자질을 갖는 명사적 요소가 병합됨으로써 삭제되어야 한다.[36] 그러므로 (37)의 도출에서 v*가 *what*와 일치를

34) 촘스키(Chomsky 1995, 1999, 2004)에 의하면 기능범주의 투사에는 여러 개의 지정어(즉, 다중 지정어(multiple Spec's))가 나타날 수도 있다고 주장한다. 특히, 촘스키(Chomsky 2004)의 자유병합(Free Merge) 이론에 의하면 한 핵범주에 병합되는 첫 번째 요소는 보충어(complement)이나 그 이후에 병합되는 요소들은 모두 지정어로 정의함으로써 다중 지정어 현상이 하나의 보편문법적 현상임을 주장하고 있다. 또한, 촘스키(Chomsky 2004)에서는 이동에 의한 부착(adjunction)은 허용되지 않는다고 봄으로써 외곽요소(edge elements)에는 오직 지정어만 존재한다고 본다.

35) 국면이론의 가정에 따르면, 문자화(Spell-Out)에 의해 음운부로 이관되어 문자판독(spelled out)된 요소는 더 이상 협소통사부(narrow syntax: NS)에 참여하지 않는다.

36) 촘스키(Chomsky 1999)에서는 범주자질(categorial features)을 별도로 인정하지 않는 국면이론과 같은 언어이론 내에서는 인칭의 파이자질이 명사적 범주의 역할을 대신한다고 주장하면서 다음과 같

관계를 이루어 자질이 점검될 때 *what*이 EPP-자질을 점검하기 위해 이동(Move)하여[37] v*P의 지정어 위치에 병합되게 된다.

(42) a. [$_{v^*P}$ [$_{D(P)}$ what] [$_{v^{*'}}$ John [$_{v^{*'}}$ v* [$_{VP}$ read [$_{D(P)}$ t_{waht}]]]]]

b.

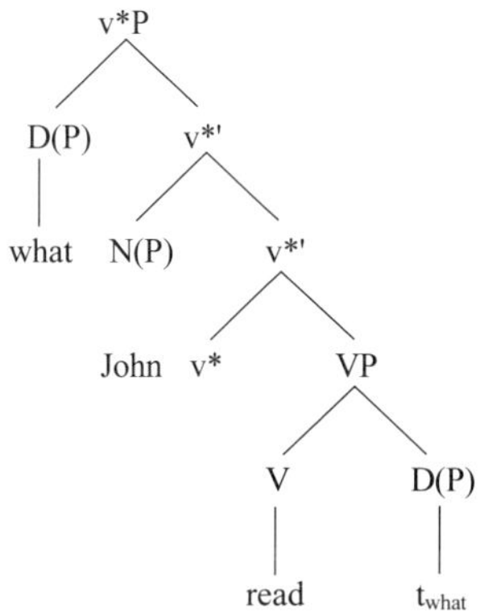

(42)의 도출에 이르면, 어휘배열(LA) (32)에 내포되어 있는 하위어휘배열(lexical subarray: LA$_i$)인 {*v**, John, read, what}에 대한 연산이 종결되어 v*P는 하나의 강국면(strong phase)을 이루게 된다. 강국면을 형성하는 도출 D$_{NS}$은 곧장 양도(TRANSFER)의 연산에 의해 음운부와 의미부로 이관(transferred)되는데, 이 때 문자화(Spell-Out: S-O)의 작용으로 의미부로는 음운자질의 이관이 차단된다. 문자화에 의해 음운부로만 이관된 도출의 음운자질(phonological features)들은 음운부에서 그 즉시 문자판독(spelled out)된다. 음운부로 이관되어 문자판독된 요소는 더 이상 협소통사부의 연산에 참여할 수 없다. 강국면의 핵과 외곽요소는 국면불가침조건(PIC)

이 언급하고 있다.

"In a framework that dispenses with categorial features, as is reasonable on minimalist grounds, [person] plays the role formerly assigned to [D] or [N] features."

37) 촘스키(Chomsky 1999, 2004)에 의하면, 이동은 일치(Agree)와 수반(Pied-Pipe)과 병합(Merge)의 연합작용으로 본다.

(i) Move = Agree+Pied-Pipe+Merge

의 효과에 의해 상위의 강국면의 연산에 참가할 수 있으므로, 양도의 연산이 적용될 때 강국면의 핵과 외곽요소들은 그 강면국의 단계에서 문자화에 적용되지 않는다.[38] 즉, (42)의 도출에서 양도에 의해 문자화에 참여하는 요소는 [$_{VP}$ read [$_{D(P)}$ t_{what}]] 부분뿐이다.

이제 그다음 단계의 도출이 진행되면, 먼저 다음 하위어휘배열에 소속되어 있는 기능범주 T가 선발되어 [$_{T}$ T]의 통사대상이 되고, T의 선택자질은 다시 v*P와의 병합을 요구한다. 이러한 요구에 따라 병합이 일어나면, 다음과 같은 TP의 통사대상이 도출된다.

(43) a. [$_{TP}$ T [$_{v*P}$ [$_{D(P)}$ what] [$_{v*'}$ John [$_{v*'}$ v* [$_{VP}$ read [$_{D(P)}$ t_{what}]]]]]]

b.

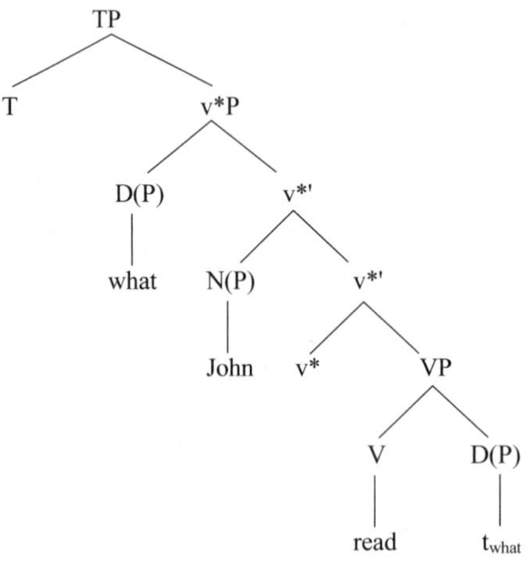

자연언어에서 주절의 T는 언제나 C에 의해 선택되어야 하므로 (36)의 정의에 따라 T는 완전한 체계의 파이자질을 가지며, 또한 T는 (명사적 요소가 아니므로) 파이자질이 비해석성이다.

또한 촘스키(Chomsky 1999)의 가정에 의하면,[39] 완전한 체계의 비해석

38) 그러나 상위의 강국면이 존재하지 않는 강국면(예컨대, 뿌리문(root clause) CP의 경우)은 양도 후 바로 문자화에 적용된다.

39) 촘스키(Chomsky 1999)에는 다음과 같은 언급이 나타난다.

성 파이자질을 갖는 범주에는 EPP-자질이 허용된다. 따라서 자연언어에서는 C와 C에 의해 선택되는 T, 그리고 v* 등에는 EPP가 허용된다.[40)]

이러한 가정에 따르면, 위의 도출 (43)에서 T는 탐침자로서 일치(Agree)를 위해 자신의 투사범주의 범위(domain) 내에서 파이자질상 대조(Match)를 이루는 목표물을 탐색(searching)해야 한다. 이러한 탐색과정에 발견되는 가능한 목표물이 *what*과 *John*이다. 거리(distance)상 개념으로 보면, T에 대해 *what*이 *John*보다 가까운 거리에 있으므로 최소연결조건(minimal link condition: MLC)(혹은 최단이동조건(shortest Move))에 의해 T는 *what*과 먼저 대조를 이루게 되므로 더 이상의 탐색이 차단되어 *John*과 대조를 이루지 못하게 된다. 이러한 차단효과를 소위 간섭효과(intervention effect)라 한다. 촘스키(Chomsky 1999)에서는 차단효과를 다음과 같이 음운적 외곽요소(phonological edge)의 개념으로 새롭게 정리하고 있다.

(44) HP의 음운적 외곽요소는 탐침자에 접근가능하다. (The phonological edge is accessible to Probe P.)

위와 같은 신최소연결조건(new MLC)에 의하면, 아래 (45)의 구조에서 XP가 음운적 실체(phonological contents)을 가질 경우,[41)] XP는 탐침자 P

(i) It is tempting to associate EPP with ϕ–completeness: C, and T selected by C, are ϕ–complete, and therefore allow an EPP–feature.

40) 이들 범주에 EPP–자질이 허용될 경우에는 국면불가침조건(PIC)이나 표면해석(surface interpretation: INT)과 관련되는 표출상의 효과가 나타난다. 이러한 주장과 관련하여 촘스키(Chomsky 1999)에서는 위의 (40)와 함께 다음과 같은 가정을 내리고 있다.

(i) 표면적 의미효과는 협소통사부의 작용에 국한된다. (Surface semantic effects are restricted to narrow syntax.)

즉, EPP–자질은 협소통사부에서 이동을 야기하며, 이러한 이동의 결과로 특정성(specificity), 한정성(definiteness), 초점(focus) 등의 새로운 의미정보인 INT가 생겨난다고 본다. (i)의 가정에 의하면, 도출의 결과물에서 표면적 의미효과를 갖지 않는 이동은 협소통사부의 이동이 아니라 음운부의 이동으로 보아야 한다는 주장이 가능하다.

41) 음운적 실체(phonological contents)를 갖는다는 것은 그 요소가 흔적이나 기타의 공범주(empty category)가 아니라 음운자질을 가지고 있어 음운부에서 소리로 표현될 수 있다는 것을 의미한다.

와 목표물인 Spec 사이에 적용되는 자질상의 대조(Match)를 차단하므로 P와 Spec 간에는 자동적으로 일치(Agree)의 연산이 적용될 수 없게 된다.[42]

(45) $[_{ZP}$ … P … $[_{HP}$ XP [Spec [H YP]]]]

결과적으로 (43)의 구조에서 T는 *John*과 파이자질상의 일치(Agree)를 이룰 수 없으므로 T의 비해석성 자질들과 *John*의 격자질이 값을 부여받지 못하고 의미부에서 삭제될 수 없게 된다. 이러한 도출은 결과적으로 개념의도체계(C-I system)의 해독성조건(legibility conditions)을 위반하게 되어 파산(crash)된다. 촘스키(Chomsky 1999)에서는 이러한 문제를 해결하기 위해 (43)의 도출에서 T와 *John* 사이에 일치는 *what*이 CP의 지정어(Spec) 위치로 이동하게 될 다음 단계의 순환에 이르기까지 지연되어야 한다고 본다. 다음 단계의 순환은 C가 선발(Select)되어 TP와 병합(Merge)되고, 그 다음에는 C의 비해석성 자질인 Q-자질과 EPP-자질을 점검하기 위해 *what*이 CP의 지정어 위치로 이동(일치(Agree)+수반(Pied-Pipe)+병합(Merge))하게 된다. 이러한 이동은 위의 국면불가침조건(PIC) (41)에 의해 보장된다. 이러한 연산의 결과로 아래와 같은 통사대상이 도출된다.

42) 이 경우 XP는 이미 격자질의 값을 부여받아 비활동적(inactive)이지만, 비해석성의 자질이 없는 비활동적인 요소도 음운적 실체가 있고 파이자질상 완전한 경우에는 자질상의 대조를 차단함으로써 이른바 간섭효과(intervention effect)를 나타낸다.

(46)

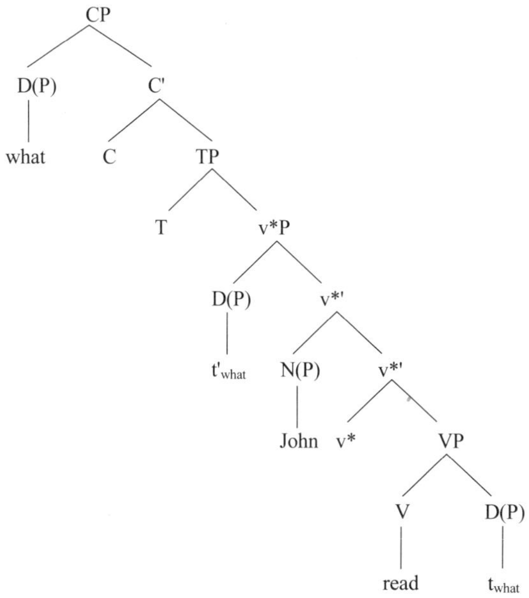

(46)의 도출에 이르면, v*P의 외곽에는 음운적 실체가 없는 *what*의 흔적(trace)이 나타나므로, 이제 더 이상 T와 *John* 사이에 대조(Match)와 일치(Agree)를 차단할 수 없게 된다. 따라서 (46)의 도출에서 T와 *John* 사이에 일치가 일어나면, T의 비해석성 파이자질과 *John*의 격자질이 값을 부여받고 양도(TRANSFER) 후에 의미부에서 삭제되게 된다. 또한 T와 *John* 사이에 일치가 일어날 때, T의 EPP-자질을 충족하기 위해 인칭의 파이자질을 갖는 *John*이 TP의 지정어 위치로 이동하게 된다. 이러한 연산의 결과로 다음과 같은 최종도출에 이른다.

(47)

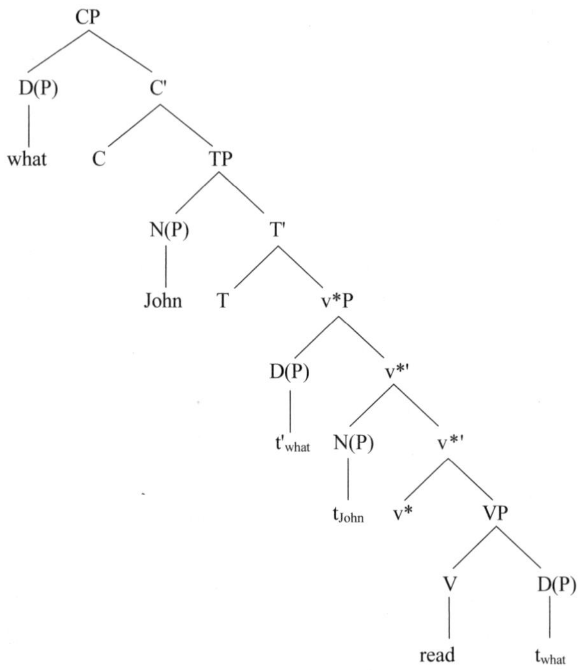

그러나 위의 도출과정에서 제기되는 심각한 문제점은 바로 역순환성(countercyclicity)의 문제이다. 즉, TP의 지정어 위치로 이동하는 *John*의 이동은 TP의 순환단계에 적용되는 작용이고, CP의 지정어 위치로 이동하는 *what*의 이동은 CP의 순환단계에 적용되는 작용인데, (47)의 도출은 바로 CP의 순환단계의 문법작용이 일어난 후 다시 하위의 순환단계에 문법작용이 적용된다는 의미에서 엄밀순환성조건(strict cycle condition)을 위반하고 있다. 촘스키(Chomsky 1999)에서는 이러한 역순환성의 문제가 다음과 같은 국면해석평가원리(principle of interpretation/evaluation for phase)에 의해 해결된다고 주장하고 있다.

(48) 강국면 PH_1에 대한 해석과 평가는 차상위 강국면 PH_2에서 이루어진다.
(Interpretation/evaluation for PH_1 is at PH_2, where PH_1 is strong phase and PH_2 is the next highest strong phase.)

즉, 위의 (48)의 국면해석평가원리에 의하면, 모든 순환단계에서 적용되는 협소통사부의 작용들에 대한 해석(interpretation)/평가(evaluation)는 그 순환단계에서 내려지는 것이 아니라 그 순환단계를 포함하는 강국면 위의 차상위 강국면에 이르러 이루진다는 것이다. 요컨대, 위의 (47)의 도출에서 강국면을 이루는 v*P와 그 내부에서 일어난 문법작용들이 합법적인가에 대한 해석/평가는 그 다음 상위의 강국면인 CP에서 이루어진다는 것이다. 또한 CP 내부에서 진행된 일체의 작용들에 대한 해석/평가도 매 순환단계마다 적용되는 것이 아니라 그 다음 차상위 강국면에 이르러서 내려져야 한다는 것이다. 따라서, CP 내부에서 일어난 역순환성의 문제가 해결된다.[43] 즉, CP 내부에서 진행된 작용들에 대한 해석/평가가 내려지는 단계에 이르면, 이미 CP의 국면은 (47)과 같은 구조를 가지므로 *John*이 TP의 지정어 위치로 이동하는 순환단계에서 (44)의 신최소연결조건(new MLC)을 위반했거나 엄밀순환성조건을 위반했다는 해석/평가를 내릴 수 없다. 왜냐하면, CP의 국면에 이르러서는 이미 v*P의 외곽지정어(outer Spec) 위치에는 *what*이 아니라 *what*의 흔적 t_{what}가 있기 때문이다.[44]

위의 (47)에서와 같이 CP의 도출이 완성되면, 강국면 CP는 즉시 양도의 연산에 의해 음운부와 의미부로 이관되고 음운부에서 문자화(Spell-

---

43) 주절 CP의 경우는 차상위 강국면이 없기 때문에 CP가 도출된 직후에 그 국면에 대한 해석/평가가 내려진다고 본다.

44) 촘스키(Chomsky 2004)에서는, 강국면의 내부에서 일어나는 협소통사부의 작용은 엄밀순환성조건에 의해 강국면내의 순환단위별로 적용되는 것이 아니라 각 강국면의 단위로 일괄적으로 동시에 적용된다는 것이다. 따라서 이러한 가정에 의하면, (48)이 국면해석평가원리에 의존하지 않고도 강국면 내부에서 일어나는 역순환성의 문제가 해결될 수 있을 뿐만 아니라 또한 뿌리절(root clause) CP의 경우는 차상위 강국면에 이르지 않고도 그 자체로 해석/평가가 내려질 수 있다는 추가적인 가정이 사라진다.

Out)에 의해 그 도출이 모든 요소가 한꺼번에 문자판독(spelled out)된다.[45)]

45) 촘스키(Chomsky 2004)에서는 더 이상의 상위 (강)국면이 없는 강국면의 경우는 국면불가침조건과 상관없이 양도와 동시에 문자화에 의해 음운부에서 전체 요소가 한꺼번에 문자판독된다. (Applied to a phase PH, S-O must be able to spell-out PH in full, or root clauses would never be spelled out.)

제3장 강력최소주의이론의 출현

1. 머리말

앞서 필자는 1957년 『통사구조론』(*Syntactic Structures*(Chomsky 1957))의 출판으로 불어 닥친 이른바 '촘스키 혁명'이 그동안 실증주의철학과 구조주의문법에 짓눌려 1세기 이상을 암흑 속에 묻혀 왔던 데카르트주의 언어학을 부활시킴으로써, 언어학사상 코페르니쿠스적 전환에 버금가는 대변혁을 일으켰다. 이러한 변혁의 원동력은 바로 변형생성문법(Transformational Generative Grammar)의 제안이었다. 변형생성문법의 가장 큰 특징은 인간의 언어기능(faculty of language: FL)이 본유적(innate)이며, 바로 데카르트의 '고기토'에 해당되는 정신영역(인지체계)의 핵심부라는 주장에 있다. 또한 변형생성문법은 훔볼트의 통찰을 받아들여 인간의 언어기능은 무한한 언어표현을 생성하는 유한한 생성규칙의 체계로 이루어진다고 가정하고, 바로 이 본유적인 생성규칙의 체계가 보편문법의 실체이며, 문법기술의 목표는 보편문법의 규명이라고 본다. 따라서 1957년 일어났던 촘스키 혁명은 최근 최소주의문법(Minimalist Grammar)에 이르기까지 이러한 목표를 달성하기 위해서 수많은 노력을 해 왔으며, 그 결과 본서의 앞선 고찰에서처럼 방대한 업적과 괄목할 만한 발전을 이루어왔다.

이러한 촘스키 혁명의 발전단계를 요약하면 다음과 같다.

(1) 제1기: 표준이론 시기 (1957년 - 1980년)
제2기: 원리매개변인이론 시기 (1981년 - 1992년)
제3기: 최소주의이론 시기 (1993 - 2003년)

필자가 최소주의이론을 촘스키 혁명의 3기로 규정하며, 최소주의이론의 범주 내에서 촘스키(Chomsky 2001)에 의해 제안된 국면이론(Phase Theory)은 소위 '탐침자-목표물 문법체계(Probe-Goal Framework)'라는 새로운 문법의 틀을 제시하고 있는데, 이 탐침자-목표물 문법체계를 촘스키 혁명의 최종 완결판(final version)이라 평가하는 이유는 국면이론에서도 이전의 원리매개변인이론을 포함한 변형생성문법에서와 마찬가지로 여전히 인간의 언어기능을 데카르트의 '고기토'와 같은 인간의 본유적 능력으로 규정하고, 이 본유적 능력의 실체인 보편문법의 규명을 문법기술의 목표로 삼고 있기 때문이다.

그러나, 이러한 변형생성문법이 촘스키 혁명의 제3기로 일컬어지는 최소주의이론의 정점(즉, 국면이론)에 이르렀을 때, 1957년처럼 그렇게 요란하지는 않았지만, 사실상 1957년의 촘스키 혁명에 버금가는 또 한 번의 혁명적 대전환이 일어났으니, 그것이 곧 '강력최소주의이론(strong minimalist thesis: SMT)'의 출현이다.

촘스키(Chomsky 2004, 2005a, 2005b)에서 제안하고 있는 강력최소주의이론은 형식적인 문법의 틀은 앞선 국면이론의 '탐침자-목표물 문법체계'를 이어받고 있으나, 사실상 강력최소주의이론은 그동안 촘스키 혁명 이후 변형생성문법에서 추진되어 왔던 데카르트주의 언어학의 구현을 포기하고, 데카르트의 '고기토'와 이성주의 철학, 그리고 변형생성문법의 보편문법가설(UG hypothesis)에 짓눌려 반세기(50년) 이상을 외면당해 왔던 현대 진화론(modern evolutionism)과 생물언어학(bio-linguistics)의 관점과 주장을 받아들여 인간의 언어기능을 더 이상 신(god)이 부여한 인간의 본유적 능력(innate capacity)으로 보지 않고, 인간의 진화과정(evolutional process)에서 성장의 구성적 제약(architectural constraints)에 따라 자연발생적으로 생겨난 자연의 한 현상으로 본다. 따라서 인간의 언어기능은 성장의 구성적 제약(즉, 사고체계와 감각운동체계의 요구 혹은 접합부조건(interface conditions: IC))과 자연의 일반원리(general principle)에 의해 자연과학적인 연구방법(객관적 자료 수집과 귀납적 분석)으로 완벽히 기술(description)될 수 있는 완벽체계(perfective system)라는 것이다.

요컨대, 강력최소주의이론에서는 인간의 언어능력이 본유적인 정신세계의 실체(즉, 고기토)(이성주의적 관점)가 아니라 물질세계(자연) 속에서 물질적 법칙에 따라 발생한 자연의 개체적 현상(진화론적 관점)이라는 것이다. 이러한 점에서 강력최소주의이론은 앞선 최소주의문법과 차별이 되며, 촘스키 혁명 이후 최소주의문법에까지 이어져온 변형생성문법의 전통을 뛰어넘는 새로운 21세기 언어학이라 평가할 수 있다.[1)]

2. 진화론과 생물언어학적 관점

인간의 사고표현과 의사소통의 수단인 언어는 어떻게 한 언어의 내재언어(I-language)로 습득되는 것일까? 언어습득(language acquisition)에 관한 견해는 언어학의 변천을 이끈 철학적 관점에 따라 많은 차이를 나타지만, 20세

1) 영국의 실증주의 철학자 흄(David Hume 1711-1776)은 인상(impression)은 물질(세계)의 후천적 경험에 의해 생겨나며, 인간의 정신(인지체계)은 이러한 인상들의 결합과 기억으로 만들어 지는 관념(idea)의 다발이라고 보았다. 강력최소주의이론에서 인간의 언어능력(인지체계)이 진화론적으로 오랜 세월 물질의 경험(진화과정) 속에서 발생한 대상이라고 본다면, 강력최소주의이론도 현대 진화론과 함께 17-8세기의 실증주의 철학과 과학적 자연주의를 기조로 하는 일종의 경험론적 학문으로 평가할 수 있다. 이러한 점에서 강력최소주의이론은 이성주의 철학을 기반으로 하는 변형생성문법이라기보다는 오히려 실증주의 철학을 기반으로 하는 구조주의문법에 더 가깝다고 평가할 수 있다. 다만 강력최소주의이론이 구조주의문법과 다른 점은 구조주의문법에서는 인간의 언어능력이 후천적 경험으로 학습되는 인지체계라고 보았지만 강력최소주의이론에서는 진화과정에서 습득된 인간의 유전적 자질(genetic endowment)로 본다는 점이다.

기 초 구조주의문법의 실증주의적 관점(empiricist perspective), 20세기 중반 변형생성문법의 이성주의적 관점(rationalist perspective), 그리고 최근의 강력최소주의이론(SMT)의 진화론적 관점(evolutionist perspective) 등 세 가설로 나누어질 수 있다.

언어습득에 관한 진화론적 관점(evolutionist perspective)이란 최근 촘스키(Chomsky 2004, 2005a, 2005b)의 강력최소주의이론에서 다윈(Darwin 1872)과 월리스(Wallace 1989)의 현대 진화론을 기반으로 채택하고 있는 소위 '생물언어학적 관점(bio-linguistic perspective)'을 말한다. 강력최소주의이론에서 채택하고 있는 생물언어학적 관점은 이 영역의 최초의 저술인 Eric Lenneberg(1967)의 *Biological Foundations of Language*가 출판되기에 앞서 이미 20년 이상 학문영역으로서의 모양세를 갖추는 논의가 이어져 왔다. 그 이후 파리의 Royaumont 연구소의 협찬으로 1974년 MIT에서 "Bio-linguistics"이란 주제로 국제학술대회가 개최되었으며, 본 학술대회와 그 이전의 몇 년간의 연구에서 많은 중요한 핵심적 논의가 이루어졌다. 생물언어학의 핵심적 논의 중의 하나가 바로 "언어의 표면상 원리들이 어느 정도로 인지체계(cognitive system)의 고유한 속성을 지니고 있는지, 그리고 이와 유사한 형식적 체계가 인간이나 혹은 다른 유기체의 다른 인지영역에서도 발견되는지"이다. 생물언어학적 관점에서 제기되는 더욱 근원적인 문제는 "언어의 얼마나 많은 부분이 원리적 설명(principled explanation)이 가능한지, 그리고 언어에 상응하는 상동요소(homologous elements)들이 다른 영역과 유기체에서도 발견될 수 있는지"이다. 이러한 문제들에 대한 심도 있는 연구와 논의가 최근 강력최소주의이론의 연구에서 이루어져왔다. 즉, 강력최소주의이론에서는 생물언어학적 관점에서 소위 "언어기능(faculty of language: FL)"이라는 인간생체(두뇌)의 한 영역이 언어의 사용과 습득에 개입한다고 본다.[2] 따라서, 강력최소주의이론에서는 언어의 연구는 인간생체를 포함하는 자연세계

2) 언어기능은 후천적 언어경험을 통해 성장(growth)해 가며, 성장의 최종상태(final state)가 바로 내적언어(I-language)인 개별언어의 언어적 능력이다.

(natural world)의 한 영역에 대한 연구이다. 요컨대, 언어기능이란 다윈(Charles Robert Darwin 1809-1882)과 함께 현대 진화론의 공동창시자인 월리스(Alfred Russel Wallace 1989)가 "인간의 지적, 도덕적 본성(man's intellectual and moral nature)"이라 불렀던 인간의 창의적 상상력, 언어와 상징, 수학, 자연현상의 해석과 기록 등을 수행하는 인간능력(human capacities)의 한 영역이라는 것이다. 월리스(Wallace 1989)에 의하면 이러한 인간능력은 약 50000년 전에 오늘날 인간의 조상인 한 작은 종족 사이에서 생겨났으며, 이러한 인간능력은 "변이와 적자생존(variation and natural selection)"의 원리에 의해 설명될 수 없으며, 물질세계의 존재와 관계되는 어떤 다른 자연의 원리에 의해 설명되어야 하는 하나의 신비(considerable mystery)라고 본다. 언어기능은 이러한 인간의 지적능력에 핵심적 부분이다. 고인류학자인 Ian Tattersall은 언어란 속성상 "상징적 사고(symbolic thought)"이며, 이러한 언어는 진화과정에서 돌연적이며 창발적(sudden and emergent)으로 발생했다고 본다. 이러한 언어의 발생을 Jared Diamond는 "위대한 도약(Great Leap Forward)"이라 불렀다. Royaumont-MIT 심포지움에서 Frnçois Jacob과 그의 동료인 Nobell Laureate Salvodor Luria는 개인간의 의사소통체계(communication system)로서의 언어의 역할은 이차적인 것이며, 일차적으로 언어는 추상적이며 생산적인 사고의 발전에 기인하며, 따라서 그것의 본질적 역할은 인지적 영상을 표출하고, 기호화하는 것으로, 기호의 무한한 결합을 허용하는 언어의 근본적 속성을 통해 실재의 개념을 형상화하고, 계획과 사고의 능력을 생산해 내며, 가능 세계에 대한 정신적 창조를 만들어 내는 것이라고 본다. David Hume 등 17, 18세기 철학자들도 인간언어의 가장 기초적인 개념인 어휘(lexical items)는 동물의 의사소통체계에서 보편적으로 나타나는 바와 같이 바깥세상의 사물과 기호 간의 지시적 관계에 의해 정신세계와는 상관없이 물질적 대상에 직접 관련되는 것이 아니라, 기본적으로 인지력(cognoscitive powers)의 산물이라고 본다. 인지력은 물질세계와 무관한 정신적인 작용을 통해 개념들(concepts)로 개별화되고, 이러

한 개별화를 통해 바깥세계의 사물을 지시할 수 있는 풍부한 수단을 제공하게 된다. 어휘란 바로 이러한 차원에서 인지력의 요소인 개념들과 관련되거나 혹인 그것과 동일한 것이라고 본다.[3] 이러한 인지력의 요소인 어휘들은 무한히 다양한 내면적 구조형성을 통해 사고, 해석, 계획과 그리고 인간의 다른 정신활동들 등을 낳게 되고,[4] 때로는 의사소통을 위해 이차적 과정인 외면화(externalization)를 포함하는 실제적 행동으로 사용되기도 한다. 요컨대, 언어기능의 기원(origin)은 의사소통의 역할에 기인하는 것이 아니라 지적능력의 돌연적이며 창발적 진화를 통해 발생한 인간의 풍부한 정신활동(mental activity)에 유래된다고 본다.

한편 생물언어학에서는 모든 동물의 경우 학습은 관련 특별조직(specialized mechanism)을 기초로 이루어진다는 관점을 취하는데, R. G. Gallistel은 이러한 관점을 “신경과학의 기준(norm of neuroscience)”으로 보았으며, 이러한 관점은 60년전 C. H. Waddington에 의해 진화성장생물학(evolutionary and developmental biology)에서 제안되었던 소위 “수로화(canalization)”의 개념과 유사하다. 즉, 관련조직의 특성은 진화나 성장유형의 수용 범위와 통로(scope and channel)를 제한하는 구성적 제약(architectural constraints)을 부여한다는 것이다. 학습의 과정도 진화나 성장의 과정과 유사하다고 본다. 요컨대, 학습과정 역시 관련조직이 열악한 환경적 상황과 상관없이 자신의 내부설계에 따라 외부 요인들의 촉발적, 형성적 효과(triggering and shaping effects) 하에서 정해진 수로화의 통로를 거쳐 제한적인 최종상태로 성장하는 과정이라는 것이다. 강력최소주의문법에서는 이러한 학습의 근거를 이루는 관련조직을 두뇌 내부의 기관(organs within the brain)으로 보며, 이러한 기관이 학습을 통해 최

3) 이러한 인지능력의 요소인 개념들을 Jerry Fodor는 사고의 언어(language of thought)라고 했다.

4) 보편문법(UG)는 최소의 의미수반(meaning-bearing) 요소인 단어와 이러한 (단어)기호들의 무한한 결합과 계층적 구성을 통해 사고, 해석, 계획 등의 수행하는 수단을 제공해야 한다. 따라서 보편문법은 어휘를 생성하는 어휘부(lexicon)와 사건과 명제(events and propositions)를 생성하는 통사적 구조를 생성하는 연산부(computational system)로 이루어진다.

종상태에 이르게 되면 특정 유형의 연산(computation)을 수행하게 된다고 본다. 이러한 관점에서 언어의 학습도 역시 두뇌 속의 언어관련 기관의 성장과정으로 본다. 따라서 언어기능에 관한 연구의 핵심적 과제는 성장과정을 통해 최적의 유형(optimal types)에 이르는 결과에 대해 자신의 설계에 따라 구성적 제약을 가하는 관련조직의 실체를 규명하는 일이다.

강력최소주의이론에서는 인간의 언어기능이 다른 생물 유기체의 일반적 특성을 반영하고 있다는 생물언어학적 가설을 채택하면서, 개인의 언어성장(growth of language)에는 다음과 같은 세 가지 요인이 관계한다고 본다.

(2) (i) 유전적 자질(genetic endowment)
  (ii) 외적 자료(external data)
  (iii) 비언어기능적 원리(principles not specific to the faculty of language)

(2i)는 언어에 관련되는 유전적 자질로 인간에게 고유한 보편문법의 체계를 말하며, 이 요인은 소위 동물행동학자들이 말하는 '유기체의 환경(organism's *Umwelt*)'을 형성하며,[5] 따라서 (2ii)의 요인을 언어경험(linguistic experience)으로 해석한다. (2iii)는 언어기관에 국한되는 제약이 아닐 뿐만 아니라 유기체와 독립된 일반적 원리이며, 언어체계와 같은 연산체계에 대해선 연산의 효율성(computational efficiency)을 제공하는 원리이다.

이전의 변형생성문법에서는 유전적 자질이 언어경험을 내재언어로 사상(mapping)한다고 주장함으로써 한 내재언어의 획득이 (2ii)와 (2i)의 상호작용에 의해 결정된다고 보았다. 이러한 경우, (2i)의 기술인 보편문법(UG)이 소위 설명적 타당성(explanatory adequacy)을 충족한다고 말한다.

---

5) 유기체의 환경(organism's Umwelt)이란 특정 신체기관의 성장과 발전이 국한된 범위 속에 이루어지도록 하는 여건을 말한다.

그러나 강력최소주의이론에서는 이러한 설명적 타당성을 뛰어넘어, (2i)의 요인도 (2iii)에 기초해 원리적 설명(principled explanation)이 가능하다고 봄으로써 궁극적으로는 내재언어의 특성이 (2iii)에 의해 원리적으로 설명이 된다고 가정한다.[6)]

강력최소주의이론의 주장에 따르면, 인간의 언어기능(FL)은 인간의 진화과정에서 약 5-6만년 전 현대 인류의 조상인 한 부족 내에서 발생한 이른바 '위대한 도약(Great Leap Forward)'이란 창발적 돌연변이에 의해 생겨났는데,[7)] 이러한 돌연변이는 사고표현(expression of thought)을 위한 '병합(Merge)'이라는 간단한 결합작용 하나를 발견함으로써 가능해졌다고 본다. 병합은 하나의 작은 단위를 다른 단위와 결합함으로써 내적 구조를 갖는 더 큰 단위를 만들어 내는 작용으로, 이 때 작은 개념단위는 어휘(lexical item)라는 통사대상(syntactic object: SO)이고, 이 어휘들이 병합에 의해 만들어내는 더 큰 단위의 통사대상은 구(phrase)이다. 병합은 순차적이긴 하지만 무한계적(unboundedly)으로 적용될 수 있고, 이러한 무한계병합(unbounded Merge)의 특성에 의해 점진적으로 더욱 큰 계층적 구조의 통사대상을 만들어낸다. 이렇게 하여, 궁극적으로는 사고와 기획 등 가능세계에 대한 정신적 창조까지도 가능하게 하는 매우 복잡한 개념단위까지도 만들어 낼 수 있게 된다. 따라서 (2i)의 요인에 해당하는 인간의 언어기능은 일차적으로 인간의 진화과정에서 사고표현의 수단인 병합작용의 발견으로 창발적으로 생겨난 것이라고 볼 수 있다.

---

6) 요컨대, 강력최소주의이론(the strongest minimalist theory: SMT)이란 언어기능의 발생이 개념의도체계와 감각운동체계인 언어외부체계(수행체계)의 요구에 의한 것이며, 따라서 언어기능의 특성이 이들 수행체계가 부과하는 접합부조건(즉, 해독성조건)에 의해 완벽한 원리적 설명이 가능해야 한다고 보는 언어이론이다. 따라서, 강력최소주의이론 이전의 변형생성문법에서는 언어기능(즉, UG)과 내재언어(즉, 개별언어) 간의 관계를 원리적으로 설명하려는 소위 설명적 타당성의 성취가 이론의 최대 목표이었으나, 강력최소주의이론에서는 이러한 설명적 타당성을 뛰어넘어, 이제는 언어기능까지도 언어외부체계에 의해 자연과학에서처럼 그 특성의 원리적 설명이 가능하다고 본다.

7) Wallace에 의하면 "변이와 적자생존(variation and natural selection)"의 원리에 의해 결코 설명될 수 없는 인간의 언어기능이 약 50000년 전에 오늘날 인간의 조상인 한 작은 종족 사이에서 생겨났다고 본다.

이러한 차원에서 보면 (2i)는 일차적으로 (2iii)에 따라 의미/개념의도접합부(semantic/C-I interface)의 조건에 의해 원리적 설명이 가능해야 한다. 한편 인간언어는 의사소통(communication)을 위해서 음성으로 표현되는데, 이는 언어기능이 이차적으로는 감각운동접합부(S-M interface)의 조건도 충족해야 한다는 것을 의미한다. 따라서, (2iii)에 따라 (2i)는 감각운동접합부의 조건에 의해서도 원리적 설명이 가능해야 한다. 언어는 복사의 삭제(deletion of copy), 중의성(ambiguity), 정원통로(garden path), 순환적 매입(recursive embedding) 등에서 나타나듯이 의사소통의 효율성(communicative efficiency)이란 차원에서 보면 매우 취약하게 설계(poorly designed)되어 있다. 그러나, 사고표현의 차원에서 보면 매우 유연하고 효율적인 구조체계를 갖는데, 이는 바로 인간의 언어기능이 일차적으로 사고표현을 위해 생겨난 것이며, 의사소통은 이차적인 목적임을 말해준다. 따라서 언어기능은 의미/개념의도접합부(semantic/C-I interface)의 조건을 충족함에 있어서는 (2iii)의 요인에 따라 원리적 설명이 완벽해야 할 뿐만 아니라 연산의 효율성(computational efficiency)이 극대화되어 있어야 한다. 또한, 연산과정에서 효율적 연산의 당연한 요구인 불변경조건(no-tampering condition: NTC)이 반드시 준수되어야 한다.[8] 요컨대, 언어기능은 두 접합부체계의 언어설계(language design)에 따라 인간의 진화과정에서 자연발생적으로 생겨났으며, 따라서 언어기능은 두 접합부의 요구인 해독성조건(legibility conditions)을 충족시켜야 하며, 특히 언어기능의 발생이 일차적으로 사고표현을 위한 개념의도체계의 요구에 의한 것이므로, 언어기능은 개념의도접합부에 의해 부과되는 조건에 의해 그 원리적 설명이 완벽히 이루어져야 한다. 이러한 완벽성을 추구하는 언어이론이 바로 강력최소주의이론(strong minimalist thesis: SMT)이다. 강력최소주의이론의 관점에서 보면, 언어기능은 개념의도체계의 조건을

8) 국면이론(Phase Theory)에서는 불변경조건에 내포성조건(inclusiveness condition)과 확장조건(extension condition) 등이 포함된다고 보았으나 강력최소주의이론에서는 엄격한 개념의 확장조건 대신에 완화된 개념의 확장조건을 채택하고 있다.

최적으로 충족시키도록 잘 설계(well-designed)된 연산체계(computational system: C_{HL})를 가지고 있으므로, 의사소통을 위한 감각운동접합부로의 사상(mapping)(즉, 음성표현을 생성하기 위한 음운부로의 언어정보의 사상)은 부수적인 것이다. 따라서 음운부로의 사상은 강력최소주의이론의 가설(즉, 언어기능이 접합부의 해독성조건에 의해 완벽한 원리적 설명이 가능해야 한다는 가설)을 충족함에 있어 연산의 효율성원리(principles of computational efficiency)가 잘 준수되지 않는다.

(2i)의 유전적 자질이란 두뇌의 언어관련 기관으로 인류에게 획일적인 조직으로 나타나는 요인이다. 이 유전적 자질은 언어경험의 환경적인 영향을 해석하여 언어기능의 일반적 성장과정을 결정하며, 자신의 설계에 따라 구성적 제약을 가함으로써 연산의 한계를 설정한다. (2ii)의 경험은 국한된 범위의 변이를 유발하는 효과를 낳는데, 이러한 경험의 효과는 인간의 다른 능력과 유기체에서 일반적으로 나타난다. 언어성장에 영향을 미치는 세 번째 요인인 (2iii)의 비언어기능적 원리는 (2i)과 (2ii)와 깊이 관련되는 원리로서 다음과 같은 하위원리들로 구성되어 있다.

(3) (i) 자료분석의 원리(principles of data analysis)
　(ii) 구조적 구성과 성장제약의 원리(principles of structural architecture and developmental contraints)
　(iii) 효과적 연산의 원리(principles of efficient computation)

(3)의 하위원리들은 (2)의 언어성장을 결정짓는 요인들과 상호 복합적으로 관련을 맺고 있지만, 일차적인 관계를 개략적으로 나타내면 다음과 같다.

(3i)는 언어습득과 기타의 영역에서 사용되는 원리로서 (2ii)와 직접적으로 관련된다. 즉, 언어습득 시 경험하는 언어자료를 분석하여 매개변인의 값을 결정함으로써 언어의 변이(variations)를 결정하는 데 참여하는 원리이다. 오랫동안 생성언어학(Generative Linguistics)에서는 언어의 경험

과 학습의 문제가 기술적 타당성(descriptive adequacy)과 설명적 타당성(explanatory adequacy) 사이에 긴장(tension) 관계를 조성해 왔는데, 원리매개변인이론(Principles and Parameters Theory: P&P theory)에서는 이러한 긴장 관계를 해소하고, 기술적 타당성과 설명적 타당성을 동시에 성취하는 문법체계에 대한 가설을 제시하고 있다. 즉, 언어습득을 (3i)의 원리 하에서 제한된 언어자료의 경험을 통해 결정되는 매개변인의 값에 의해 (3ii)의 원리 하에서 수로화를 거쳐 제한적으로 결정되는 가능언어(possible languages)들 중에 하나의 (내재)언어(I-language)를 선택하는 과정으로 봄으로써 설명적 타당성을 포착하게 되고, 이렇게 선택되는 내재언어는 무수한 표현들(infinite expressions)의 집합인 외재언어(E-language)를 생성한다고 가정함으로써 기술적 타당성을 포착하게 된다. 생물언어학적 관점에서는 (2ii)의 언어경험은 (3i)의 원리 하에서 매개변인의 값을 결정케 함으로써 언어성장에 촉발자(trigger)의 역할을 담당하며, 언어기능의 최초상태(initial state)에서 최적 최종상태(final state)에 이르는 언어습득(즉, 언어성장)의 과정은 (3ii)의 원리 하에서 촉발자의 조정을 받으며 정해진 통로(channels)로 나아가는 수로화 과정이라고 본다.

위의 설명에서와 같이, (3ii)의 원리는 수로화, 유기체의 형태, 행동의 결정 등에 참여하는 원리로서 (2i)과 (2ii)의 요인과 복합적으로 관련된다. (3ii)의 원리는 진화론적 관점에서 인간의 유기체적 특성에 따라 인간의 유전적 자질인 언어기능의 창발적 발생이 가능하도록 하였으며, 또한 언어학습적 차원에서는 언어성장과정에서 언어(기능)기관의 조직적 특성을 반영케 함으로써 한정된 범위의 최적 최종상태(optimal final states)에 이르게 하는 원리이다.

(3iii)는 언어와 같은 연산적 체계에 특별한 의미를 갖는 원리로서 (2i)와 직접적인 관련이 있다. 즉, 인간의 유전적 자질인 언어기능은 연산의 체계인데, 이 연산의 체계가 최적의 조직으로 가장 효율적인 연산이 가능하도록 하는 원리이다. 이 원리에는 이전의 최소주의문법에서 소개되어온 개념적 필요성(conceptual necessity), 자연성(naturalness), 최

소성(minimality), 경제성(economy), 최적성(optimality), 완벽성(perfections) 등의 개념들이 내포되며, 이들 개념들 역시 상호 포함관계에 있거나 협력관계에 있다.

또한 자연성에는 경제성과 최소성 등이 포함되는데, 경제성과 최소성은 (2i)의 유전적 자질(언어기능)이 (3ii) 하에서 창발적인 진화의 결과로 발생할 경우에도 참여하였을 뿐만 아니라, 언어기능의 연산과정을 통제하는 조건으로도 참여하게 된다. 요컨대, 경제성과 최소성에 의해 언어기능의 조직은 최소의 경제적인 조직(minimal economical system)이며, 또한 언어기능의 연산작용도 역시 최소의 과정으로 가장 경제적인 방법으로 이루어져야 한다는 것이다.

한편, 촘스키(Chomsky 2005a)에 의하면 인간의 진화과정에서 창발적 진화의 결과로 발생한 위대한 도약(Great Leap Forward)의 핵심이 바로 병합(Merge)이라고 본다. 병합이란 두 개의 서로 다른 독립적인 개념(대상)을 인식하고, 이들을 결합함으로써 더 크고 복잡한 개념(대상)을 만들어내는 능력이다. 이러한 병합을 반복적으로 적용하면 고도로 복잡한 개념(대상)을 창출할 수 있게 되어 인간의 사고활동을 가능케 한다는 것이다. 최소주의문법에서는 언어기능의 연산작용에 나타나는 병합은 외부병합(external Merge)과 내부병합(internal Merge)의 두 종류가 있다고 본다. 언어체계가 두 종류의 병합을 갖는다는 사실은 외견상 최소성조건과 효과적 연산의 원리를 위반하는 것처럼 보인다. 그러나, 개념적 필요성의 차원에서 보면 전혀 최소성조건과 효과적 연산의 원리를 위반하는 것이 아니라는 것을 확인하게 된다. 즉, 개념적 필요성은 언어란 수행체계인 감각운동체계와 개념의도체계의 요구에 충족해야 하는 것인데, 이 경우에 의미를 해석하는 개념의도체계에서는 인간의 복잡한 사고를 표현할 수 있는 의미적 다양성(semantic multiplicity)을 요구하게 되고, 언어는 이러한 요구에 부응해야 함으로 의미적 다양성을 충족할 수 있는 다양한 방법을 제공해야 한다는 것이다. 이러한 차원에서 언어체계에 두 종류의 병합작용이 존재한다는 것이다.

또 다른 (3iii)의 효과적 연산은 불변경조건(no-tampering condition)에서도 그 특성이 잘 나타난다. 불변경조건이란 다양한 복합적 표현을 생성하는 협소통사부의 작용이 결코 도출과정에서 새로운 요소를 첨가하거나 삭제함으로써 그들이 적용되는 통사대상을 수정할 수 없다는 조건이다. 불변경조건에는 내포성조건(inclusiveness condition)과 확장조건(extension condition) 등이 포함된다. 내포성조건은 협소통사부의 연산작용은 통사대상의 도출과정에서 새로운 정보를 첨가하지 않고 오직 어휘부에서 제공된 언어정보(즉, 어휘항목들)에만 의존해서 다양한 표현(통사대상)을 생성해 나가야 한다는 것이다. 이러한 내포성조건에 의해 Y-모형이론에서 채택하였던 범주계층(bar-level), 흔적(traces), 지표(index) 등의 개념이 문법체계에서 사라지고, 그 대신 필수구구조이론(Bare Phrase Structure Theory)과 복사이론(copy theory)이 채택된다. 한편, 확장조건은 병합(Merge)의 연산이 주어진 두 개의 통사대상을 결합하여 더 큰 단위의 통사대상을 만들어낼 때 주어진 통사대상의 뿌리(Root)에만 병합이 적용되어야 한다는 것이다. 만약 병합이 주어진 통사대상의 내부에서 이루어진다면 그 통사대상의 구조를 변경하므로 결과적으로 불변경조건의 위반이 초래된다.

한편 촘스키(Chomsky 2005a)에 의하면, 인간의 진화과정에서 창발적 진화의 결과로 발생한 위대한 도약(Great Leap Forward)의 핵심이 바로 병합(Merge)이라고 본다. 병합이란 두 개의 서로 다른 독립적인 개념(대상)을 인식하고, 이들을 결합함으로써 더 크고 복잡한 개념(대상)을 만들어내는 능력이다. 이러한 병합을 반복적으로 적용하면 고도로 복잡한 개념(대상)을 창출할 수 있게 되어 인간의 사고활동을 가능케 한다는 것이다. 최소주의이론에서는 언어의 연산작용에 나타나는 병합은 외부병합(external Merge)과 내부병합(internal Merge)의 두 종류가 있다고 본다. 언어체계가 두 종류의 병합을 갖는다는 사실은 외견상 최소성조건과 효과적 연산의 원리를 위반하는 것처럼 보인다. 그러나, 개념적 필요성의 차원에서 보면 전혀 최소성조건과 효과적 연산의 원리를 위반하는 것이 아니라는 것을 확인하게 된다. 즉, 개념적 필요성은 언어란 수행체계인 감각운동체계와 개념의도체계의 요구에 충족해야 하는 것인데, 이 경우에 의미를 해석하는 개념의도체계에서는 인간의 복잡한 사고를 표현할 수 있는 의미적 다양성(semantic multiplicity)을 요구하게 되고, 언어는 이러한 요구에 부응해야 함으로 의미적 다양성을 충족할 수 있는 다양한 방법을 제공해야 한다는 것이다. 이러한 차원에서 언어체계에 두 종류의 병합작용이 존재한다는 것이다. 즉, 외부병합은 논항구조(argument structures)를 생성하고, 내부병합은 외곽특성(edge properties)인 작용역(scope)과 담화관련 정보(신구 정보, 주제, 초점 등등)를 생성한다.

한편, 강력최소주의이론의 언어연구 역시 위에서 언급한 바와 같이 언어기능이 접합부조건(interface conditions: IC)과 자연의 일반원리(General Principle)에 의해 완벽히 설명될 수 있는 완벽성을 갖춘 체계이라는 가정하에서 시작한다. 그러나 개별언어현상을 다루는 기술적 차원의 문법연구에서는 가끔 불완전한(imperfect) 문법장치가 제시되기도 하는데, 이러한 비완벽성(imperfections)들은 소위 외견상 비완벽성(apparent imperfections)으로서 차후 더욱 완벽한 문법체계가 규명된다면 해결될 수 있는 것들이다. 그러나 실증적 증거(empirical evidence)에 의해서 비완벽성의 문법장치가 실제로 요구될 경우도 있을 수 있는데, 이러한 비완벽성을 실재적 비완벽성(real imperfections)이라 하며, 실재적 비완벽성은 경로-의존적 진화과정(path-dependent evolutionary history)이나, 두뇌나 유기체의 특성, 혹은 다른 근거에 의한 독자적 설명을 필요로 한다.

이러한 차원에서 촘스키(Chomsky 2004)에서는 (2i)에서 기술하고 있는 유전적 자질(genetic endowment)인 언어기능의 최초상태(S_0)가 다음과 같은 특성으로 분석될 수 있다고 본다.

(4) (i) 설명될 수 없는 요소(unexplained elements)
(ii) 접합부조건(IC)
(iii) 일반적 특성(general properties)

위에서 (4i)는 원리에 의해 설명될 수 없는 소위 '실재적 비완벽성(real imperfections)'의 문제를 말하며, (4ii)는 소위 감각운동체계와 사고체계가 요구하는 해독성조건(즉, 언어의 설계도)에 의해 설명될 수 있는 특성을 말하고, (4iii)는 자연의 요구인 최소성, 자연성, 효율성 등에 의해 설명될 수 있는 소위 '훌륭한 설계(good design)'의 특성을 말한다. 자연의 요구인 (4iii)에 비해 (4i)과 (4ii)는 인간의 유기체적 조직에 의해 요구되는 일반적 특성(general properties of organic system)이라 할 수 있다. 여기서 (4ii)와 (4iii)은 원리에 입각해 설명될 수 있는 부분이지만, (4i)는 그렇지 못한 부분이다. 강력최소주의이론에서는 언어기능은 원리적 설명(principled explanation)이 가능한 완벽한 체계(perfect system)라고 가정하므로, 이 이론에 의하면 사실상 (4i)는 존재하지 않는다. 따라서 촘스키(Chomsky 2004)에서는 다음과 같은 가정을 진술하고 있다.

(5) (4i)는 존재하지 않는다. ((4i) is empty.)

만약 (5)의 진술이 사실이라면, 언어기능의 최초상태는 전혀 (이성주의 철학의 주장에서와 같이 신으로부터 부여받은) 본유적 실체가 아니라, 오로지 감각운동체계와 사고체계의 요구 속에서 자연의 원리(물질법칙)에 따라 후천적 진화과정을 통해서 발생한 자연의 한 개체로서 자연과학적인 방법론(객관적 자료수집과 귀납적 자료분석)에 의해 기술될 수 없는 기계적 조직체라는 것이다. 이러한 관점에서 볼 때, 신으로부터 부여받은 인간의 본유적 정신영역인 '고기토'는 언어기능 자체가 아니라, 오히려 이러한 언어기능을 진화과정을 통해 만들어낸 설계도(design specification), 즉 인간의 감각운동체계와 사고체계라고 보아야 한다.[9)]

9) 다음 장에서 제안하고자 하는 필자의 최강최소주의이론(strongest minimalist thesis)은 바로 이러한 관점에서 시작되며, 이러한 관점을 극도로 밀고나감으로써 언어기능(혹은 내재언어)의 존재 자체를 부정하고, 인간의 언어사용(외재언어)은 인간의 본유적 기능인 감각운동체계와 사고체계의 상호작용에 의해 직접 생산되는 대상으로 본다.

그러나, 강력최소주의이론의 예상과 달리, 사실상 자연언어에는 개별 언어들 간에 다양한 매개변인적 변이(parametric variation)가 나타나는데, 이러한 변이현상은 일견에 명백한 비완벽성(imperfection)에 해당되는 것으로 보인다. 생성언어학에서 매개변인적 변이의 문제는 사실상 설명적 타당성(explanatory adequacy)을 추구하는 언어이론에서 기술적 타당성(descriptive adequacy)과의 사이에 나타나는 간격(gap)을 메우기 위한 불가피한 조치라 본다. 따라서 강력최소주의이론에서는 매개변인적 변이를 허용하되 그 다양성을 최소화하려는 의도 하에 다음과 같은 소위 획일성원리(uniformity principle)를 제시한다.

(6) 반대할 강력한 증거가 없는 경우에는, 언어들은 획일적이라고 가정하여야 하며, 언어간의 다양성은 쉽게 포착되는 발화의 특성에 국한된다고 보아야 한다. (In the absence of compelling evidence to the contrary, assume languages to be uniform, with variety restricted to easily detectable properties of utterances.)

즉, (6)의 획일성원리에 의하면, 모든 자연언어는 어휘부(Lexicon: LEX)에서 의미표상(SEM)에 이르는 소위 협소통사부(narrow syntax)의 연산과정(computation)은 동일하며, 어순 등 의미와 상관없이 나타나는 언어간의 차이는 모두 문자화(Spell-Out: S-O) 이후에 음성표상(PHON)에 이르는 소위 음운부(phonological component)에서 개별언어원리에 의해 발생하는 개별언어현상이라고 본다. 따라서 강력주의이론에서는 음운부보다 협소통사론에 더 큰 관심을 두고 언어연구를 진행한다.

마지막으로 진화론적 관점과 생물언어학적 관점을 채택하고 있는 강력최소주의이론에서 인간의 진화과정에서 자연발생적으로 생겨났다는 언어기능(FL)의 발생과정을 정리하면 다음과 같다.

언어(language)는 기능적으로 말해 의사소통(communication)의 체계이다. 의사소통이란 사고의 전달이며, 지구상의 많은 동물 중에 인간만이 차원 높은 의사소통의 체계인 언어를 보유하고 있다. 이는 인간만이 고도로 발달된 사고체계(system of thoughts)를 소유하고 있음을 말한다.[10)]

그러면, 사고체계를 소유하고 있는 인간이 사고전달(즉, 의사소통)의 수단인 언어를 어떻게 확보하는 것일까? 촘스키(Chomsky 1995)에서는 만약 인간에게 음성을 만들어 내는 발성기관(sound organ)이 없고 고도의 정신감응력(즉, 텔레파시 telepathy)이 있다면, 아마도 인간은 음성 대신 정신감응력을 통해 사고의 전달을 수행하였을 것이라고 본다. 이러한 정신감응력까지도 없다면, 아마도 인간은 몸짓언어(body language)나 기호언어(sign language) 등을 통해 의사소통을 수행했을 것이다. 그러나 발성기관을 가지고 있는 인간이 음성을 통해 의사소통을 수행하고 있다는 것은 매우 자연스러운 결과이다. 이 발성기관(폐, 목, 입, 혀, 코 등등)은 두뇌(brain)의 통제를 받아 음성을 만들게 되는데, 발성기관을 통제하는 이러한 두뇌의 수행체계(performance system)를 감각운동체계(sensori-motor system)라 한다. 요컨대, 최소주의이론에서는 언어란 인류가 본유적으로 두뇌 속에 보유하고 있는 사고체계와 감각운동체계를 최적(optimally)으로 매개하여 의사소통을 가능하게 해 주는 두뇌의 인지체계(cognitive system)라고 보며,[11)] 특히 강력최소주의이론에 이르러서는 이러한 (언어) 인지체계는 1차적으로는 사고체계, 2차적으로는 감각운동체계

---

10) 이러한 차원에서 보면, 언어학은 인간언어(human languages)의 연구이면서, 동시에 인간의 사고체계에 대한 연구이기도 하다. 사실상, 변형생성문법들은 인간언어의 연구를 통해 인간의 본성(human nature), 즉 인간의 지성체계(human mind)를 규명할 수 있다고 본다. 촘스키(Chomsky 1972)에서는 다음과 같이 언급하고 있다.

(i) "언어연구의 수행을 통해 우리가 밝혀내어야 많은 과제가 있다. 그 중에서 본인이 개인적으로 크게 흥미를 느끼고 있는 것은 언어의 연구가 바로 인간 지성의 본질적 특성을 규명해 줄 어떤 실체를 확인시켜 줄 수 있다는 가능성이다.(There are a number of questions which might lead to undertake a study of language. Personally, I am primarily intrigued by the possibility of learning something, from the study of language, that will bring to light inherent properties of the human mind.)"

11) 촘스키(Chomsky 1995)에서는 사고체계를 개념의도체계(conceptual-intentional system: C-I), 감각운동체계를 조음청취체계(articulatory-perceptual system: A-P)라고 일컫는다. 또한 최소주의이론에서는 (언어)인지체계(language system)를 언어기관(language organ) 혹은 언어기능(faculty of language: FL)이라 부르기도 한다.

의 요구에 의해 인류의 진화과정에서 자연발생적으로 생겨났다고 본다.[12] 의사소통과 관련되는 이들 두뇌 기능체계의 관계를 간략히 표현하면 다음과 같다.[13]

(7) 언어기능의 발생(진화과정) :

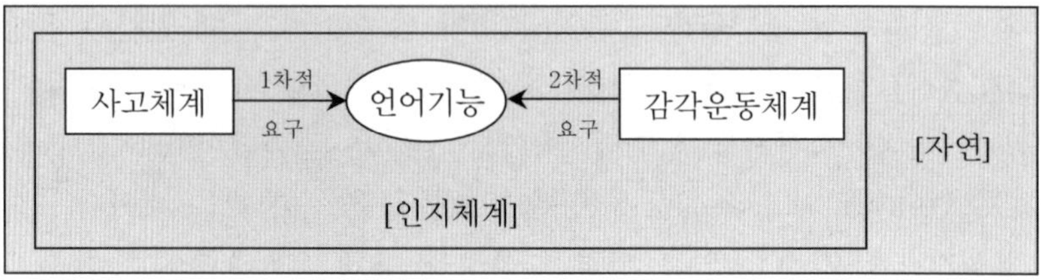

위의 그림에서와 같이 강력최소주의이론에서는 언어기능이 물질의 법칙에 지배를 받는 자연 속에서 인간의 본유적인 사고체계와 감각운동체계의 요구에 의해 인류의 진화과정에서 자연발생적으로 생겨난 하나의 인지능력이라 정의한다. 따라서 언어기능은 그것이 생성하는 음성표상과 의미표상의 언어정보가 반드시 사고체계와 감각운동체계에 의해 해독될 수 있는 정보이어야 한다는 요구를 받는다. 이러한 수행체계의 요구를 접합부조건(IC)이라 한다.[14] 언어기능에 의해 생성되는 언어정보가 실제로 언어표현으로 사용될 수 있기 위해서 이러한 접합부조건을 충족해야 한다는 것은 당연한 요구이다. 이런 견지에서 접합부조

12) 인류학적으로는 현대인의 조상을 후기 구석기 시대 이후 발현한 호모 사피엔스 사피엔스(Hómo sápiens sápiens)로 보는데, 그 이전의 인류의 조상과의 차이 중에 하나가 언어사용의 유무라고 본다. 따라서 진화론적으로는 (언어)인지체계가 호모 사피엔스 사피엔스에서 생겨난 것으로 보아야 한다.

13) 인간의 '언어기능(language faculty)'이란 용어는 일반적으로 언어를 담당하는 인지체계만을 일컫는 말로 사용하지만, 경우에 따라서는 인지체계뿐만이 아니라 사고체계와 감각운동체계 모두를 일컫는 말로 사용하기도 한다. 본서에서는 '언어능력(linguistic competence)'이란 용어는 언어 인지체계만을 일컫지만, '언어기능(language faculty)'은 인지체계, 사고체계, 감각운동체계 등 언어 관련 뇌 기능체계 모두를 일컫는 말로 사용하기로 한다.

14) 촘스키(Chomsky 2004)에서는 해독성조건이 음성표상과 의미표상의 접합부에 적용되는 조건이라는 차원에서 이 조건을 접합부조건(interface condtions: IC)라고 일컫는다. 참고로 촘스키(Chomsky 1995)에서는 완전해석조건(full interpretation: FI)이라고도 했다.

건은 언어기능을 만드는 최소한의 설계도(minimal design specifications)라고 할 수 있고, 자연은 인류의 진화과정 속에서 이러한 설계도를 최적으로 충족하는 언어기능을 만든 초기술자(superengineer)라고 볼 수 있다.

만약 장차 수행체계의 본질이 규명되어 접합부조건의 실체가 밝혀지고, 또한 자연의 요구를 반영한 '훌륭한 설계(good design)'가 어떤 것인지 밝혀진다면, 강력최소주의이론의 언어연구는 자연과학(혹은 구조주의문법)과 마찬가지로 실증적 발견(empirical discovery)을 추구하는 실증적 연구(empirical inquiry)의 일환이 될 것이다. 그러나 현재로서는 이러한 단계에 이르지 못하고 있으므로 강력최소주의적 언어연구는 선험적(prioristic)인 일반지침 하에서 진행되는 이성적 연구(rational inquiry)의 성격을 띤다. 그럼에도 불구하고 수행체계의 본질과 최적성에 대한 선험적 가정(즉, 일반원리)에서 시작하는 연역적 추론(deductive reasoning)으로 얻는 합리적인 옵션(reasonable options)들 중에 어느 것이 실세계(actual world)에서 실현(instantiate)될 수 있는 옵션인지 검증하는 실험은 강력최소주의이론의 이성적 언어연구에서 반드시 필요하다.[15] 왜냐하면, 연역적 추론에 의해 얻어지는 결론은 실증적 증거에 의해만 사실로 입증될 수 있기 때문이다.

3. 문법체계의 운용

본절에서는 현대 진화론과 생물언어학적 관점(biolinguistic perspectives)에 기초하여 최근 촘스키(Chomsky 2005b)에서 외곽자질(edge-feature: EF)

15) 이러한 주장과 관련하여 촘스키(Chomsky 1999)에서는 다음과 같은 언급이 제시되고 수 있다:
"Even the most extreme proponents of deductive reasoning from first principles, Descartes for example, held that experiment was critically necessary to discover which of the reasonable options was instantiated in the actual world."

이란 새로운 자질을 제안하고 국면의 개념을 새롭게 수정하고 있는 강력최소주의이론(strong minimalist thesis: SMT)에서는 문법체계의 운용과 도출이 어떻게 이루어지는지 살펴보고자 한다.

강력최소주의이론에서는 생물언어학적인 관점을 받아들여 인간의 언어기능(faculty of language: FL)을 일상생활 속에서 상호작용하는 유기체의 많은 하위영역 중에 하나, 즉 하나의 신체기관(an organ of the body)으로 보며, 이 신체기관은 언어기능의 최초상태(initial state of FL)인 보편문법(UG)에서 점차 언어기능의 최종상태(final stage of FL)인 내재언어(I-language)로 성장(growth), 발전(development)해 나간다고 본다. 이러한 성장과 발전에는, 앞절에서 논의한 생물언어학적 관점에 따르면, 다음과 같은 세 가지 요인이 관여한다고 볼 수 있다.

(8) (Ⅰ) 외적 자료(external data)
(Ⅱ) 유전적 자질(genetic endowment)
(Ⅲ) 구조적 구성과 성장제약의 원리(principles of structural architecture and developmental contraints)

(8III)는 언어기관이나 유기체와는 독립적인 자연의 일반적 원리이며, 언어체계와 같은 연산체계에 대해선 연산의 효율성(computational efficiency)을 제공하는 원리이다.

강력최소주의이론에 따르면 개념의도체계의 요구에 의한 다양한 사고표현을 만들어 내기 위해 언어기능(내재언어)은 병합(Merge)이라는 연산작용을 갖게 되었으며, 무한계병합(unbounded Merge) 이론에 따르면 병합은 반복적으로 적용될 수 있으며, 이러한 반복적 병합작용에 의해 다양한 사고를 표현할 수 있는 다양한 계층적 구조의 통사대상들을 도출하게 된다. 따라서 병합작용은 언어기능이 갖는 가장 핵심적이며, 기본적인 연산이라 볼 수 있다. (8III)의 요인에 따라 연산은 연산의 효율성원리(principles of computational efficiency)를 준수해야 하는데, 병합의 연산이 준수해야 하는 중요한 연산의 효율성원리가 바로 불변경조건(no-tampering condition)이다. 이러한 불변경조건에 의하면, 만약 X와 Y가 병합에 의해 결합될 때는 그들에 새로운 자질이 첨가될 수 없음은 물론 X나 Y가 파편(segments)으로 나누어지는 일도 없어야 한다. 그러므로 병합은 항상 외곽(edge)에 이루어져야 한다. 강력최소주의이론에 의하면, 한 어휘항목 LI가 어휘부(Lexicon)에서 협소통사부(narrow syntax: NS)의 연산체계로 유입되어 병합(Merge)에 의해 이미 도출되어 있는 통사대상 SO의 외곽에 병합되기 위해서는 병합을 유발하는 자질을 가지고 있어야 하는데, 바로 이 자질이 이른바 '외곽자질(*edge-feature*: EF)'이다.

(9) 간투사를 제외한 모든 어휘항목이 외곽자질을 갖는다. (All LI's except for interjections have EF.)[16)]

한편, 무한계병합(unbounded Merge)의 가정에 따르면,[17)] 병합은 반복적으로 적용되는데, 강력최소주의이론에서는 이러한 반복적 병합(interable Merge)의 특성이 바로 어휘항목의 외곽자질에 기인하는 것으로 본다.

(10) 외곽자질은 비한정적으로 외곽에 자유병합을 허용한다. (EF permits free Merge to the edge, indefinitely.)

즉, 어휘항목의 외곽자질은 한 번의 병합작용으로 사라지지 않고 여러 번 병합작용을 반복적으로 일으킬 수 있는데, 이 때 아래 정의 (11)에서와 같이 어휘항목과 처음으로 이루어지는 통사대상을 그 어휘의 보충어(complement)이라 하고, 그 이후에 병합되는 통사대상들을 지정어(specifier: Spec)라 한다. 따라서 (11)의 정의에 의하면 한 어휘항목에 여

---

16) 간투사(interjection)은 결합을 이루지 않고 혼자서 완전한 표현을 만들 수 있기 때문에 외곽자질을 갖지 않는다고 가정한다.

17) 강력최소주의이론에서는 무한계병합이론이 자유병합체계(free Merge system)과 표찰자유체계(label-free system)에 기초하고 있다고 본다.

러 개의 지정어가 허용되는 다중지정어구문(multiple Spec construction: MSC)이 생성된다.

(11) 지정어의 수는 무제한적이며, 지정어-보충어 구별은 첫째 병합, 둘째 병합 등등의 병합순서의 개념으로 축소된다. (The number of specifiers is unlimited, and the specifier-complement distinction itself reduces to first-Merge, second-Merge, etc.)

(10)-(11)의 가정은 기술적 문법장치(descriptive technology)를 축소함으로써 강력최소주의이론에 더욱 근접하며, 또한 경험적으로도 입증될 수 있다. 즉, 위의 가정에 따르면 자연언어의 연산작용은 (형상구조에 의한 의미역 관계상) 필요 이상의 지정어를 갖는 다중지정어구조(MSC)까지도 아무런 연산의 효율성원리도 위반하지 않고 생성할 수 있다. 이러한 통사대상은 개념의도체계에서 해석이 용이하지 않은 '난해한 표현(unintelligible expression)'으로 인식되기는 하지만 연산과정에서 파산(crash)에 이르지는 않는다. 강력최소주의이론에서는 연산체계에서 아무런 위반 없이 생성되나 접합부에서 '난해한 표현'으로 인식되는 도출을 괴짜표현(deviant) 혹은 횡설수설(gibberish)이라 하는데, 사실상 이러한 표현들도 경우에 따라서는 은유(metaphor)나 희화적 표현(evocative expressions)과 같은 특수한 사고를 표현하는 데 최선의 방법으로 활용되기도 한다. 그러므로 이러한 표현들도 사실상 접합부에서 나름대로의 적절한 해석을 받아야 하는 일종의 정상적인 표현으로 취급되어야 한다는 것이다.

또한, 강력최소주의이론에 의하면 개념의도체계의 요구를 충족하기 위해서는 병합은 다양한 의미의 통사구조를 만들어 내어야 하는데, 이를 위해 병합은 외부병합(external Merge: EM)와 내부병합(internal Merge: IM)의 두 장치로 이루어져야 한다고 본다. 즉, 이들 두 유형의 병합은 의미의 이중성(duality of semantics)에 부합되는 장치들로, 외부병합은 계층적 구조형상(cartographic hierarchies)을 구축함으로써 의미역을 할당을 위한 논항구조(argument structure)를 생성하며, 내부병합은 전위(displacement)를 유발함으로써 작용역 효과(scopal effects)와 함께 구정보(old information), 특정성(specificity) 등과 같은 담화관련 특성(discourse-related properties)을 만들어 낸다고 본다.

한편, 병합에 의해 도출된 통사대상이 계속되는 협소통사부의 연산에 참여하기 위해서는 표찰이 결정되어야 하는데, 표찰의 결정은 다음과 같은 표찰연산공식(labelling algorithm)에 의해 이루어진다.

(12) 통사대상 {H, α}에서 H가 어휘항목이라면, H가 표찰이 된다. (In {H, α}, H an LI, H is the label.)

(13) 만약 α가 β에 내부적으로 병합되어 {α, β}의 통사대상을 형성하면, β의 표찰이 {α, β}의 표찰이 된다. (If α is internally merged to β, forming {α, β} then the label of β is the label of {α, β}.)

(12)에서는 연산공식의 결과로 α가 H의 보충어(complement)가 되며, (13)에서는 α가 β의 지정어(Spec)가 됨을 의미한다.[18] 위의 두 표찰연산공식은 모든 경우의 통사대상에 대해 표찰을 결정하지만, 경우에 따라서는 두 공식이 상충되기도 한다. 예컨대, 모든 도출의 첫 단계에서는 항상 두 어휘항목이 병합되는데, 이 경우 (12)에 의하면 두 항목 중에

---

18) 이러한 표찰연산공식의 결과를 도식으로 살펴보면 다음과 같다.

(i) (12)의 결과: a. {H, α} ⇒ {H, {H, α}}

b.

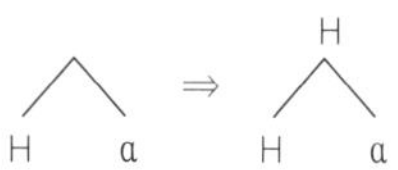

(ii) (13)의 결과: a. {α, {β, {β, XP}}} ⇒ {β, {α, {β, {β, XP}}}}

b.

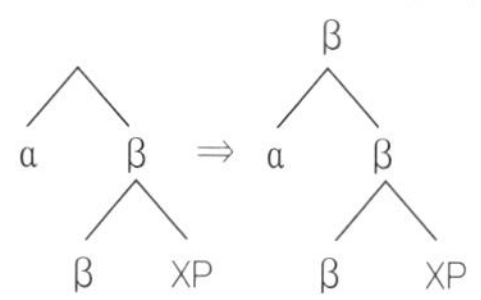

어느 것이라도 그 통사대상의 표찰이 될 수 있다. 또한, 내부병합의 경우에 있어서도, 만약 이동을 통해 비어휘범주 β에 내부병합되는 요소가 어휘범주 α라면, 이 경우에도 (12)에 의하면 α가 표찰이 되어야 하며, (13)에 의하면 β의 표찰이 표찰이 되어야 한다. 두 번째 경우의 예를 살펴보면 다음과 같다.

(14) what [C [you wrote t]]

위의 예문은 *what*이 CP에 내부병합을 이룬 경우인데, 이 경우 (13)에 의하면 C가 표찰로 투사될 수 있으므로 (14)은 의문문으로서 *wonder*와 같은 동사의 보충어로 사용될 수 있다. 그러나 내부병합된 *what*이 어휘범주이므로 (12)에 의해 *what*이 표찰이 될 수도 있고, 이 경우는 (14)이 자유관계절(free relative)로서 *what*을 핵으로 갖는 DP가 되므로 *read*와 같은 동사의 목적어로 사용될 수도 있다.[19)]

(15) a. I wonder *what you wrote.*
b. I read *what you wrote.*

한편 강력최소주의이론에서는 연산의 효율성원리인 불변경조건(NTC)에 입각하여 내부병합은 흔적(trace)을 남기지 않고 병합되는 요소의 복사(copy)를 남긴다고 가정한다. 이러한 복사는 의미접합부(semantic interface)에까지 전달되므로 하강작용(lowering operation)인 재구성(reconstruction)을 배제할 수 있는 효과를 낳는다. 하지만 복사가 음성접합부(phonetic interface)에 전달이 되면, 이 곳에서는 두 가지 요구가 상충

19) 사실상 위의 (12)-(13)의 표찰연산공식은 통사대상의 도출과정에서 아무런 조건 없이 자유롭게 적용된다. 이 경우 위의 (15)에서 보충어가 서로 뒤바뀌어 나타날 수 있지만, 이러한 경우도 연산의 효율성원리를 위반하는 경우가 아니기 때문에 의미접합부에서 수렴(converge)되어 개념의도체계에 의해 괴짜표현(deviant)으로 해석될 수 있다.

된다. 즉, 분해과정의 용이성(ease of parsing process)과 연산의 최소화(minimization of computation) 간의 상충이 일어난다. 다시 말하면, 복사가 남아있을 경우는 '충전물-공백(filler-gap)'의 문제가 저절로 해결됨으로써 분해과정의 용이성이 도모되나 연산의 최소화에 저촉이 되고, 하나만을 남기고 모든 복사가 지워질 경우에는 분해과정의 용이성은 크게 저하되나 연산의 최소화는 도모될 수 있게 된다. 강력최소주의이론에 의하면, 이러한 경우는 (8III)의 요인에 의해 당연히 연산의 최소화 쪽이 선택되므로, 자연언어는 음성접합부에서 하나의 복사만을 남기고 나머지는 모두 삭제하는 선택을 하게 된다는 것이다.

한편, 강력최소주의이론에서는 촘스키(Chomsky 2004)에 따라 국면(phase)을 다음과 같이 정의한다.[20]

(16) 오직 CP와 v*P만이 국면이다. (Only CP and v*P are phases.)

강력최소주의이론 하에서는 국면이 양도(TRANSFER), 문자화(Spell-Out), 일치(Agree), 내부병합(IM) 등의 연산이 적용되는 문법작용의 최소단위가 된다. 이러한 주장에 따르면, 주격-일치제계 하에서 파이자질(ϕ-feature)의 특구(locus)가 되었던 T까지도 국면을 이룰 수 없기 때문에 양도나 문자화는 물론 일치나 내부병합의 단위가 될 수 없다. 강력최소주의이론의 중요한 주장이 바로 이러한 점에 기인한다. 즉, 만약 T가 국면을 이룰 수 없다면, T의 지정어(Spec-T)로의 외부논항주어(external argument subject)나 비대격/수동태 목적어(unaccusative/passive object) 등이 인상되는 EPP 현상은 어떻게 포착되는가? 바로 이러한 점을 포착하기 위해서 강력최소주의이론에서는 다음과 같은 가정을 제시한다.

20) 강력최소주의이론에서는 더 이상 강국면(strong phase)과 약국면(weak phase)의 구분을 필요로 하지 않는다. 한편, DP의 경우도 구조적으로 CP와 유사하다는 측면에서 국면으로 취급해야 한다는 주장이 있는데, 이러한 주장에 대해서는 Svenonius(2003)과 Hiraiwa(2005)를 참조하기 바란다.

(17) T가 C에 의해 선택된다면, T는 C로부터 일치자질과 시제를 계승받는다.
(T inherits Agree- and Tense-features from C iff it is selected by C.)

위의 가정에 의하면, T는 C에 의해 선택될 때까지는 도출상에서 일치(Agree)나 일치를 통한 내부병합의 연산에 참여할 수 없게 된다. T가 C에 의해 선택되지 않을 경우는 시제나 파이자질을 갖지 않는 소위 인상구문(raising construction)이나 예외격표시구문(ECM construction)과 같은 부정사구문을 이룬다.[21] 따라서 T는 C에 의해 선택될 때만 CP의 국면 단위에서 C-T의 연합체로서 국면에 적용되는 연산에 참여하게 된다. 즉, C-T가 목표물 DP와 일치를 이룰 때, 목표물 DP는 장거리일치(long-distance agreement) 하에서 제자리(in-situ)에 남거나, 아니면 T의 지정어(Spec-T)로 인상된다. 이 때 일치를 이룬 DP는 모든 자질이 값을 부여받아 비활성화(inactivated)되었으므로 더 이상 C의 지정어(Spec-C)로 이동되지 않는다. 따라서 다음과 같은 비활동성조건(inactivity condition)이 도출된다.

(18) 명사적 요소 DP나 NP가 그것의 모든 비해석성 자질이 일치에 의해 값을 부여받아 비활성화되면, 더 이상의 연산에 참여하지 못한다. (A nominal element DP or NP is inactivated, with all its uninterpretable features valued by Agree, then it cannot enter into further computations.)

한편, 강력최소주의이론에서는 (12)-(13)의 표찰연산공식에 의해 결정되는 표찰이 곧 그 통사대상의 내부에서 목표물을 탐색하는 탐침자가 된다고 가정하며 탐침자를 다음과 같이 정의한다.[22]

---

21) 강력최소주의이론에서는 기능범주(functional category)와 어휘범주(lexical category), 혹은 실사범주(substantial category) 와 비실사범주(non-substantial category)의 구분이 아니라 국면핵(phase head)과 비국면핵(non-phase head)의 구분만 존재하며, T는 비국면핵을 이루는 어휘항목(LI)으로 더 이상 T_{comp}/T_{def}으로 세분되지 않는다.

(19) 표찰이 통사대상 내부에서 일치와 내부병합의 연산이 적용될 때 목표물을 찾는 탐침자가 된다. (The label is the probe that seeks a goal for operations internal to the SO: Agree or IM.)

또한, 연산의 최소화에 의하면 탐침자는 가장 작은 영역 내에서 목표물을 탐색해야 하므로 다음과 같은 최소탐색조건(minimal search condition)이 도출된다.

(20) (i) 탐침자는 그것의 최소탐색영역에서 목표물을 찾아야 한다. (The probe must seek its goal in the minimal search domain.)

(ii) {α, {α, β}}가 국면을 이룰 경우, α의 탐색영역은 다음과 같이 정의된다:

(a) β가 하위국면이라면, β의 지정어이다.

(b) 그 이외의 경우, β에 관할되는 모든 통사대상이다.

(In the phase {α, {α, β}}, the minimal search domain of α is defined as follows: (a) it is the Spec of β; (b) otherwise, it is all the syntactic objects (SOs) dominated by β.)

사실, 강력최소주의이론에서는 위의 (10)의 가정에 기인하는 자유병합가설과 무한계병합이론을 채택하고 있으므로 병합에 의해 이루어지는 통사대상은 {α, {β, γ}} 등과 같이 표현되는 조병합(set-Merge)의 구조만을 갖게 되는데,[23] 이러한 구조 속에서 도출되는 통사관계는 다음의 정의에서와 같이 조원소관계(set-membership relation)와 탐침자-목표물 관계(probe-goal relation)의 두 가지 밖에 없다.

---

22) 참고로 표찰자유체계(label-free system)에서는 표찰이 결정되지 않으므로 (국면을 이루는) 통사대상의 핵이 탐침자(probe)가 된다. 이 경우는 탐침자의 '탐색영역'을 정의하기 위해 성분통어(c-command)의 개념이 적용되어야 한다.

23) 강력최소주의이론에서는 ⟨α, β⟩의 쌍병합(pair-Merge)으로 표현되는 부착구조(adjunction structure)는 더 이상 협소통사부에서 허용되지 않는다.

(21) {α, {β, γ}}와 같은 조병합구조에서는 조원소관계와 탐침자-목표물 관계의 두 가지 통사관계만 존재한다. (There exist two syntactic relations in the set-Merge structure such as {α, {β, γ}}: (A) set-membership and (B) probe-goal relations.)

위의 정의에서 조원소관계는 항관계(*terms-of*)와 관할(*dominate*)의 개념만을 가지고 있으므로, 사실상 강력최소주의이론에서는 자매관계(*sister-of*)와 그것의 합성(composition)을 통해 도출되는 성분통어(c-command)와, 그리고 핵-지정어관계(head-Spec relation)인 최대투사통어(m-command) 등의 통사관계는 허용되지 않는다. 따라서 탐침자-목표물 관계도 사실상 항관계와 관할의 개념에 의해서만 정의되며, 최소탐색영역(minimal search domain)도 마찬가지이다.

그러면 여기서 위의 (19)-(21)의 주장에 대한 이해를 돕기 위해 (22)에 제시되는 표찰이 결정된 조병합 구조를 통해 조원소관계에 내포되는 항관계와, 그러한 항관계에 의해 정의되는 탐침자-목표물 관계, 그리고 탐침자의 최소탐색영역이 어떻게 결정되는지 살펴보자.

(22)

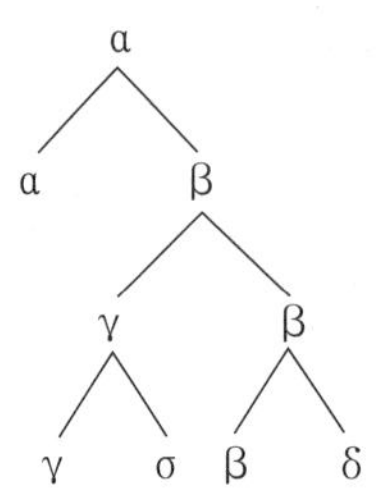

위의 조병합구조에서 표찰 α의 항은 α에 의해 관할되는 α 자신과 그것의 보충어인 β, 그리고 β의 지정어인 γ와 β의 보충어인 δ, 또한 γ의 보충어인 σ 등이 된다. 사실상 α의 항은 표찰 α가 관할(dominate)하는 모든 범주가 된다. 또한 (22)에서 {α, β}가 국면을 이룬다면 (12)의 정의에 의해 그것의 표찰이 되는 α가 탐침자(Probe)가 되는데, 이 때 α는 그의 최소탐색영역 내에서 목표물(Goal)을 찾는다. 그것의 최소탐색영역은, 그것의 보충어 β가 국면을 이루지 않는 한, β의 모든 항들(β, γ, δ, σ)이 된다. 이 경우 β의 항들(β, γ, δ, σ) 중의 하나가 목표물로서 α의 일치자질(Agree-feature)이나 외곽자질(EF)에 의해 장거리일치(long-distance agreement)를 이루거나 혹은 α의 지정어위치로 내부병합(IM)(즉, 이동(Move)+복사작용(copying))된다. 그러나 만약 (22)의 구조에서 α의 보충어인 β도 하나의 독립적인 국면을 이룬다면, α의 탐색영역은 국면불가침조건(phase impenetrability condition: PIC)에 의해 오직 β의 외곽(즉, 지정어)인 γ에 국한된다.[24] 또한, 이 경우에 있어서도 γ의 보충어로서 γ에 내포되는 σ는 이미 지나간 하위국면 β 속에 깊게 매입(deeply embedded)되어 있으므로 σ는 상위국면의 표찰인 α의 최소탐색영역에 있지 못하게 된다.

그러면, 여기서 위에서 논의해온 주장들의 경험적 증거를 확보하기 위하여 주어섬효과(subject island effect)와 관련된 다음 예문들을 고려해 보자.

(23) a. it was the CAR (not the TRUCK) of which [they found the (driver, picture)]
b. of which car did [they find the (driver, picture)]?

24) 촘스키(Chomsky 2005b)에 의하면 국면불가침조건(PIC)도 역시 항관계와 관할관계에 의해 포착될 수 있다고 본다. 즉, 국면의 지정어는 그 국면의 표찰에 의해 관할되는 보충어 영역에 있지 않으므로 그 표찰의 최소탐색영역에 있지 않다. 따라서 국면의 지정어는 상위국면(upper phase)의 표찰에 의해 관할되는 항로서 그것의 최소탐색영역에 속하게 되어 그것과 일치를 이루거나 내부병합을 이루게 된다. 또한 한 국면의 보충어와 그것의 구성요소들이 국면불가침조건의 효과로 상위국면의 탐침자에 접근이 불가능한 것은 탐침자와 목표물 사이에 나타나는 외재논항(혹은, 논항연쇄)의 간섭효과(intervention effect)에 기인하는 것으로도 볼 수 있다. 그러나 국면불가침조건의 효과가 나타나는 더 근원적인 이유는 한 국면의 최소탐색영역은 그 국면단위에서 곧 바로 문자화되기 때문이다. 문자화가 일어난 통사대상은 더 이상 협소통사부의 연산에 참여하지 못한다.

(24) a. ＊it was the CAR (not the TRUCK) of which [the (driver, picture) caused a scandal]

b. ＊of which car did [the (driver, picture) cause a scandal]?

위의 (23)과 (24)의 대조는 *Wh*-이동(*of which* (*car*)의 이동)이 보충어 내부로부터는 가능하나 주어 내부로부터는 불가능하다는 소위 주어섬효과(subject island effect)를 잘 나타내어 주고 있다. 이러한 주어섬효과는 위에서 제시한 (18)의 비활동성조건에 의해 쉽게 포착된다. 아래 (25a-b)의 구조표현은 각기 (23)과 (24)의 문장이 도출되는 중간단계의 통사대상을 나타낸다.

(25) a. C [$_{TP}$ [they$_i$ [T [$_{v*}$ t_i [v* [found [$_{DP}$ the (driver, picture) of which (car)]]]]]]]

b. C [$_{TP}$ [the (driver, picture) of which (car)]$_i$ [T [$_{v*}$ t_i [v* [caused a scandal]]]]]

위의 구조표현을 살펴보면, 그 내부로부터 *Wh*-이동이 일어날 DP인 *[the (driver, picture) of which (car)]*가 (25a)의 경우에서는 동사의 목적어 위치에 나타나 있어 활동적(active)이지만, (25b)에서는 일치자질(Agree-feature)을 갖는 탐침자인 T와의 일치를 통해 그것의 비해석성 자질인 격자질이 값을 부여받고 문장의 주어(즉, T의 지정어) 위치로 인상되었으므로 비활동적이다. 따라서 (25b)에서 주어위치에 나타나는 DP는 비활동성조건 (18)의 정의에 따라 더 이상의 연산에 참여하지 못한다. 또한 비활동적인 통사대상은 비가시적(invisible)이기 때문에 더 이상 그 자신도 상위의 위치로 인상될 수 없지만, 그 내부에 나타나는 어떤 요소도 상위로 인상될 수 없다. 이러한 관계를 일반화하여 촘스키(Chomsky 2005b)에서는 다음과 같은 일반주어섬효과(generalized subject island effect)를 제시하고 있다.

(26) PH가 PHs를 선택하는 국면의 핵일 경우, PHs에 의해 계승된 PH의 일치 자질이 XP를 PHs의 지정어위치로 인상시키면, XP는 비가시적이 되어 더 이상 인상될 수 없으며, 또한 그것의 내부로부터 어떤 것도 적출될 수 없다. (If the Agree featue of PH inherited by PHs has raised XP to Spec-PHs, then XP is invisible; it cannot be raised and nothing can be extracted from it.)

일반주어섬효과 (26)에 의하면, (23)-(24)에서 보여주는 주어섬효과는 근원적으로 (18)의 비활동성조건에 기인함을 알 수 있다. 그러면 이러한 점에 주목하며 다음 예문을 살펴보자.

(27) a. it was the CAR (not the TRUCK) of which [the (driver, picture) was found]
b. of which car was [the (driver, picture) found]?

(27)의 예문들도 (24)과 마찬가지로 주어위치로 인상된(즉, 비활성화된) DP 내부로부터 *Wh*-이동(*of which (car)*의 이동)이 일어난 경우이나 (24)과는 달리 문법적인 문장으로 판정된다. 즉, (27)는 주어섬효과의 측면에서 보면 (24)보다 오히려 (23)과 대등한 문법성을 갖는다. (24)과 (27)의 비교에서 확인되는 차이점은 (24)은 그 내부로부터 *Wh*-이동이 일어난 주어 DP가 능동태의 주어이고, (27)에서는 수동태의 주어라는 점이다. 바로 이러한 관점에서 촘스키(Chomsky 2005b)의 강력최소주의 이론에서는 주어섬효과가 나타나지 않는 (27)와 같은 수동태구조에서는 *Wh*-이동의 적용시점이 주어 DP가 문장의 주어(T의 지정어) 위치로 인상된 후가 아니라 동사의 목적어로 기저위치에 남아 있을 때라고 주장한다. 즉, 강력최소주의이론에 의하면 아래 구조분석 (28)을 통해 확인되는 바와 같이[25] (23)과 (27)의 경우는 모두 DP인 *[the (driver, picture) of which (car)]*가 동사의 목적어 위치에 있는 (28)의 구조에서 *of which*

25) (28)의 v는 비대격/수동태의 동사성 형태소(기능범주)이다. 대격의 동사성 형태소 v*를 갖는 경우에만 독립적인 내부국면(internal phase)인 v*P를 형성한다.

*(car)*가 C의 탐색에 의해 C의 지정어(Spec-C) 위치로 인상된 경우이므로,[26] (27)는 (24)과 달리 비활동성조건에 기인하는 주어섬효과가 전혀 나타나지 않는다는 것이다.

(28) C [T [v [V [the (driver, picture) of which (car)]]]]

그렇다면, 이제 (24)의 경우에 있어서도, 만약 *of which (car)의 Wh-*이동이 DP [*the (driver, picture) of which (car)*]가 T와의 일치에 의해 주어위치로 인상되기 전 다음 구조에서와 같은 기저위치에서 적용된다면 어떠한가?

(29) C [T [$_{v*P}$ [the (driver, picture) of which (car)] [v* [V XP]]]]

즉, (24)가 (29)의 구조에서 *of which (car)*가 C의 탐색에 의해 C의 지정어(Spec-C) 위치로 인상된 경우라면, (26)의 정의에 비추어 (24)도 실제의 경험적 현상과는 달리 주어섬효과가 나타나지 않아야 한다. 그럼에도 불구하고 실상 (24)는 비문법적인 문장으로 판정된다. 촘스키(Chomsky 2005b)에 의하면, 바로 이러한 문제는 위의 (20)-(22)와 관련한 논의에서 살펴본 최소탐색영역(minimal search domain)에 의해 설명된다고 주장한다. 즉, 위의 (24)가 (29)의 기저구조에서 직접 C의 탐색에 의한 *of which (car)*의 적출로 도출된 문장이라 하더라도, 위의 논의에 의하면 하위국면의 지정어 내부에 나타나는 요소는 어떤 것이라도 상위국면 탐침자의 최소탐색영역에 포함되지 못하므로 (요컨대, 이미 지나간 국면 v*P에 깊게 매입(deeply embedded)되어 있으므로) 그 지정어로부터 상위국면으로 적출될 수 없다. 따라서, (24)의 경우는 여전

---

26) 이 경우를 좀더 섬세히 기술한다면, (27)의 수동태구문의 경우는 *of which (car)*가 C의 지정어 위치로 직접 인상된다고 보지만, (23)의 타동사구문의 경우는 국면불가침조건(PIC)의 효과에 의해 중간 국면인 v*의 지정어를 경유해 C의 지정어로 인상된다.

히 비문법적인 문장으로 판정된다. 이러한 섬효과(island effect)를 주어섬 효과와 구분하여 소위 '외재논항섬효과(external argument island effect)'라 한다. 촘스키(Chomsky 2005b)에서는 국면의 내부에 나타나는 이러한 외재논항섬효과와 국면의 보충어에 접근할 수 없다는 국면불가침조건(PIC) 효과를 묶어 다음과 같은 국면국부성조건(phase locality condition)을 제시하고 있다.

(30) 하위국면에 매입되어 있는 α 내부에 나타나는 요소는 이미 도출과정을 통과하였기 때문에 더 이상 상위국면의 연산에 접근할 수 없다. (The elements in α embedded in the lower phase, which has already been passed in the derivation, cannot be accessed in the next higher phase.)

위와 같은 분석을 받아들인다면, 이제 (23)-(25)의 대조에서 나타나는 주어섬효과와 관련되는 문법성은 탐침자의 최소탐색영역의 결정에 적용되는 (30)의 국면국부성조건에 의해 설명될 수 있다. 그러나 이러한 (28)-(29)의 구조분석 하에서는 엄밀순환성조건(strict cycle condition)과 관련되는 다음과 같은 중요한 문제가 제기된다.

(31) (i) T의 지정어(Spec-T) 위치로의 주어인상은 언제 일어나는가?
(ii) 국면의 외재논항(혹은 지정어)에 내포되는 요소는 그 국면의 외곽지정어를 경유해 상위 국면의 지정어로 인상될 수 없는가?

우선, 비교적 간단한 (31ii)의 문제를 먼저 고려해 보자. 위의 논의와 관련하여 (31ii)는 '(29)과 같은 구조에서 v*의 외재논항 내부에 나타나는 *of which (car)*가 v*의 외곽지정어(outer Spec)를 경유해 순환적으로 C의 지정어 위치로 인상될 수는 없는가?'로 구체화할 수 있다. 위에서 확인한 바와 같이, (29)의 구조에서 v*의 외재논항의 내부요소인 *of which (car)*는 상위국면의 탐침자의 최소탐색영역 내에 있지 않으므로

(30)의 조건에 의해 상위국면의 연산에 참여할 수 없다. 그러나 (31ii)의 문제제기에서처럼 외재논항 내부에 있는 *of which (car)*가 v*의 외곽지정어(outer Spec)로 먼저 이동할 수 있다면, *of which (car)*는 국면불가침조건(PIC)의 효과에 따라 상위국면의 탐침자인 C의 최소탐색영역 내에 있게 되므로 (30)과 상관없이 C의 지정어 위치로 인상할 수 있게 된다. 그러나 이러한 문제는 (22)의 구조표현에서 β가 국면의 핵일 경우 β의 지정어 위치에 나타나는 γ 자체가 탐침자인 β의 탐색영역에 속하지 않는다고 주장함으로서 해결될 수 있다. 즉, 위의 (29)에서 v*의 지정어 위치에 나타나는 DP *[the (driver, picture) of which (car)]* 자체가 v*의 탐색영역에 있지 않으므로 그 내부에 나타나는 *of which (car)*가 v*의 탐색에 의해 v*의 외곽지정어(outer Spec)로 내부병합된다는 것은 불가능하다. 사실상 위의 (22)와 관련되는 논의에서 국면의 핵이 탐침자로 목표물을 탐색하는 그것의 최소탐색영역은 그것의 보충어와 그 보충어의 모든 항이 되며, 그 보충어가 또 다른 국면을 이루면 국면불가침조건(PIC)의 효과에 의해 그 보충어의 지정어로 국한된다고 주장하고 있으므로, 한 통사대상이 국면을 이룰 때 그 핵의 지정어는 그 핵의 최소탐색영역에 있지 않게 된다. 따라서, 위의 (29)에서 *of which (car)*는 결코 v*의 탐색에 의해 v*의 외곽지정어로 내부병합되지 못한다.

이제 (31i)의 문제를 살펴보자. 위의 (17)의 정의에 의하면 T는 그것을 선택하는 C에 의해 비해석성 자질(uninterpretable feature)인 일치자질(Agree-feature)을 물러 받는다. 따라서 T는 C에 의해 선택될 때까지는 일치의 연산에 참여할 수 없게 되며, T는 오로지 C에 의해 선택되어 C로부터 일치자질을 계승받은 이후의 CP의 국면에서만 일치자질에 대한 값을 부여받기 위해 일치의 연산에 참여하게 된다. 이러한 관점에서 촘스키(Chomsky 2005b)의 강력최소주의이론에서는 C와 T는 T가 일치자질을 계승한 이후에 C-T의 연합체를 이루어 동시에 CP 국면의 연산에 참여한다고 본다. 따라서, 강력최소주의이론에 의하면, (27)의 문장은 (28)의 구조에서 C의 외곽자질(EF)의 의한 *of which (car)*의 인상과 T의 일치자질(Agree-feature)에 의한 *[$_{DP}$ the (driver, picture) of which (car)]*의 인상이 동시에 나란히 일어난다고 본다. 그 결과 다음과 같은 통사대상이 도출된다. (참고: 아래 구조는 복사이론에 입각해 흔적을 이동한 요소의 복사로 나타내고 있고, 이러한 복사는 음성접합부의 문자화과정에서 삭제된다.)

(32) [$_{CP}$ of which (car) [C [$_{TP}$ [$_{DP}$ the (driver, picture) of which (car)] [T [$_{vP}$ t_i [v [was found [$_{DP}$ the (driver, picture) of which (car)]]]]]]]]

이렇게 볼 때, (24)의 경우도 (29)의 구조에서 C-T 연합체의 탐색에 의해 C의 지정어 위치로의 *of which (car)*의 인상과 T의 지정어 위치로의 *[$_{DP}$ the (driver, picture) of which (car)]*의 인상이 동시에 나란히 일어나지만, 이 경우는 위의 논의에서처럼 C의 지정어 위치로 인상되는 *of which (car)*의 적출이 (30)의 국면국부성조건을 위반함으로써 비문법적인 문장으로 처리된다.

한편, 위의 논의에서와 같이 탐침자 T의 일치자질에 의한 목표물의 인상이 CP의 국면에서 C의 외곽자질에 의한 목표물인상과 함께 일어난다면, 이제 촘스키(Chomsky 1999)에서 TP와 CP 순환 사이에 제기되었든 역순환성(countercyclicity)의 문제가 국면해석평가원리(principle of interpretation/evaluation for phase)를 설정하지 않고서도 해결될 수 있다.[27)]

---

27) 촘스키(Chomsky 1999)에서는 이러한 역순환성의 문제가 다음과 같은 국면해석평가원리(principle of interpretation/evaluation for phase)에 의해 해결된다고 주장하고 있다.
(i) 강국면 PH_1에 대한 해석과 평가는 차상위 강국면 PH_2에서 이루어진다. (Interpretation/evaluation for PH_1 is at PH_2, where PH_1 is strong phase and PH_2 is the next higher strong phase.)

먼저 아래 예문을 고려해 보자.

(33) what did John read?

이 문장의 도출과정은 다음 구조표현에서와 같다. (아래 구조표현에서 t_{John}, t_{what} 등은 각기 *John*과 *what*의 복사(흔적)을 나타냄.)

(34)

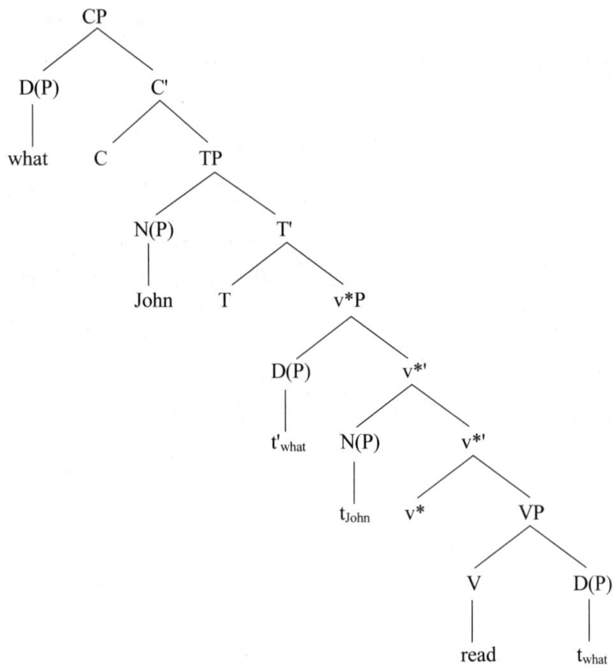

역순환성(countercyclicity)의 문제란, 만약 위의 구조표현에서 순환상 TP의 지정어 위치로 이동하는 *John*의 인상이 CP의 지정어 위치로 이동하는 *what*의 인상보다 먼저 적용된다면, 이 경우 v*의 지정어 위치에 나타나는 *what*의 일치자질이 (T의 *John*에 대한 탐색을 차단함으로써) *John*의 인상을 가로막는 소위 간섭효과(intervention effect)를 일으키게 된

다.[28] 따라서 이러한 간섭효과를 피하기 위해서는 역순환적으로 *what*를 CP의 지정어 위치로 먼저 인상한 후에 TP의 지정어 위치로의 *John*의 주어인상이 이루어져야 한다는 것이 바로 역순환성의 문제이다. CP의 국면에서 C와 T가 C-T의 연합체를 이루어 동시에 탐색작업을 수행한다는 강력최소주의이론의 주장에 의하면 CP 국면에서 주어(*John*)의 인상과 의문사(*what*)의 인상이 동시에 나란히 이루어지므로 이러한 역순환성의 문제가 결코 발생하지 않는다.

그러나 이러한 주장에 연루되는 또 다른 문제는 v*의 외곽지정어 위치에 남아있는 *what*의 흔적(복사)은 왜 간섭효과를 일으키지 않는가 하는 문제이다. 이 문제에 대해 촘스키(Chomsky 2005b)는 다음과 같이 주장하고 있다.

(35) 간섭효과에 관한 한 비논항연쇄와 논항연쇄가 동일하게 작용한다: 즉, 일률적 연쇄라면 비논항연쇄이든 논항연쇄이든 간에 그 연쇄 전체나 그것의 머리만이 간섭효과를 유발한다.[29] (A'-chains behave like A-chain with respect to the intervention effects: if uniform, only the full chain (equivalently, its head) is the object that intervenes.)

---

28) 간섭효과란 탐침자와 목표물 사이에 나타나는 어떤 요소가 탐침자에 의한 그 목표물의 탐색을 차단하는 효과를 말한다. 즉, 위의 도출 (34)에서 T는 탐침자로서 일치(Agree)를 위해 자신의 투사범주의 범위(domain) 내에서 파이자질상 대조(Match)를 이루는 목표물을 탐색(searching)해야 하는데, 이러한 탐색과정에 발견되는 가능목표물은 *what*과 *John*이지만, 사실상 T는 *John*과 탐침자-목표물 관계(probe-goal relation)를 이루어야 한다. 그러나 거리(distance)상 *what*이 John보다 T에 가까우므로 최소연결조건(minimal link condition: MLC)(혹은 최단이동조건(shortest Move))에 의해 T는 *what*과 먼저 대조를 이루므로 더 이상의 탐색이 차단되어 결과적으로 *John*과 탐침자-목표물 관계를 이루지 못하게 된다. 바로 이러한 차단효과를 소위 간섭효과(intervention effect)라 한다. 촘스키(Chomsky 1999)에서는 간섭효과를 다음과 같은 음운적 외곽요소(phonological edge)의 개념으로 정의하기도 한다.

(i) HP의 음운적 외곽요소는 탐침자에 접근가능하다. (The phonological edge is accessible to Probe P.)

29) 논항연쇄(A-chain)란 연쇄의 고리(즉, 구성원)들이 모두 논항위치에 나타나는 연쇄를 말하고, 비논항연쇄(A'-chain)란 연쇄의 고리들이 모두 비논항위치에 나타나는 연쇄를 말한다. 따라서 논항연쇄나 비논항연쇄는 모두 일률적 연쇄(uniform chain)가 된다. 비일률적 연쇄(nonuniform chain)로는 운용자-변항연쇄(operator-variable chain)가 있다.

즉, (35)의 주장에 의하면, 논항연쇄이든 비논항연쇄이든 간에 연쇄의 머리(head)는 간섭효과를 일으키나, 그 이외의 고리(link)들은 간섭효과를 유발하지 않는다는 것이다.[30] 바로 이러한 주장에 근거하여 (34)에서 v*의 외곽지정어 위치에 나타나는 *what*의 흔적은 일률적 비논항연쇄의 꼬리이므로 T와 *John* 간의 탐침자-목표물 관계를 방해하는 간섭효과를 일으키지 않는다고 본다.

이제, (17)의 가정을 채택하는 강력최소주의이론 하에서 v*P 국면 내부의 탐색관계는 어떻게 기술될 수 있는지 살펴보자. 촘스키(Chomsky 2005b)에서는 최적화(optimization)의 원리 하에서 일치자질의 계승은 국면핵(phase-head)의 일반적 특성이라 주장하면서 (17)의 가정을 다음과 같이 일반화하고 있다.

(36) C와 v*는 국면의 핵이며, 그들의 일치자질은 그들이 선택하는 어휘항목에 의해 계승된다. (C and v* are the phase-heads, and their Agree-feature is inherited by the LI they select.)

(36)의 가정에 의하면, 이제 C뿐만 아니라 v*의 경우도 그의 일치자질(Agree-feature)을 그가 선택하는 어휘항목(LI)에게 물려준다. 따라서, v*의 경우도 C와 마찬가지로 격자질을 갖는 목적어 명사구를 일치의 연산을 통해 그가 선택하는 어휘항목의 지정어(즉, 여기서는 동사의 지정어(Spec-V)) 위치로 인상하게 된다. 강력최소주의이론에서는 타동사

---

30) 이러한 주장에 대한 경험적 증거로 촘스키(Chomsky 2005b)에서는 다음 구조골격에서와 같은 아이슬란드어의 여격-주격경험주구문(dative-nominative experiencer construction)을 제시하고 있다.

(i) C [T [DAT [v* NOM]...

위의 구조에서 만약 DAT가 제자리에 남아있으면 논항연쇄의 머리가 되므로 T의 NOM에 대한 탐색을 차단하는 간섭효과를 일으키게 되어 비문법적인 문장이 되고, DAT가 T의 지정어위치로 인상되면 그 흔적은 논항연쇄의 꼬리가 되므로 T와 NOM 간에 간섭효과를 일으키지 않아 문법적인 문장이 된다. 그러나 DAT가 *Wh*-이동에 의해 C의 지정어위치로 인상되면 이는 비문법적인 문장이 된다. 그 이유는 *Wh*-이동에 의한 DAT의 흔적은 여전히 논항연쇄의 머리이기 때문에 비록 음운적 자질을 갖지 않는다 하더라도 T와 NOM 간에 탐색을 차단하는 간섭효과를 일으키기 때문이다.

구문에서 격자질을 갖는 목적어 명사구가 다음 구조에서처럼 언제나 동사의 지정어 위치에 나타난다고 본다.[31] (아래구조표현에서 $t_{a\ picture\ of\ John}$은 *[DP a picture of John]*의 복사(흔적)임.)

(37) [v*P they [v* [VP [DP a picture of John] [bought $t_{a\ picture\ of\ John}$]]]]

위의 구조표현에서도 동사의 지정어 위치로 인상한 *[DP a picture of John]*은 이미 일치에 의해 그것의 격자질이 값을 부여받아 비활성화(inactivated)되었으므로 (18)의 비활동성조건에 의하면 자신을 물론 그 내부에 나타나는 어떠한 요소도 더 이상의 연산에 참여할 수 없게 된다. 그렇다면 (23)의 도출과정을 살펴보자. (23)은 다음과 같은 중간도출 단계를 거치게 된다. (아래 구조표현에서 $t_{the\ (driver,\ picture)\ of\ which\ (car)}$는 *the (driver, picture) of which (car)*의 복사(흔적)임.)

(38) [v*P they [v* [VP [DP the (driver, picture) of which (car)]
[found $t_{the\ (driver,\ picture)\ of\ which\ (car)}$]]]]

이제 (38)의 경우, 동사의 지정어 위치로 인상된 *[DP the (driver, picture) of which (car)]*가 일치의 결과로 비활성화되었다면 (18)의 조건에 의해 그 내부로부터의 *wh*-구의 인상이 허용되지 않아 (23)의 도출이 불가능하게 된다. 촘스키(Chomsky 2005b)에서는 이러한 문제점을 해결하기 위해 v*P 내부에서 진행되는 연산도, CP의 국면에서와 같이, 선택관계에 있는 v*와 V가 v*-V로 연합체를 이루므로 v*의 탐색이 진행될 때 V의 탐색도 함께 진행되어 V의 지정어(Spec-V)로의 DP의 인상과 v*의 지정어(Spec-v*)로의 *wh*-구의 인상이 동시에 나란히 목적어의 기저위치로부터 이루어진다고 본다. 그 결과 (23)은 사실상 다음과

31) 어순상에 있어 동사가 목적어에 앞서는 것은 문자화가 이루어질 때 음성접합부에서 적용되는 v*로의 V의 인상(V-to-v* raising)의 결과이다.

같은 중간 단계의 도출을 갖는다. (흔적을 복사로 표현함.)

(39) $[_{v^*P}$ *of which* $[_{v^{*\prime}}$ they [v* $[_{VP}$ $[_{DP}$ the (driver, picture) *of which*] [found $[_{DP}$ the (driver, picture) *of which*]]]]]]

이후 CP의 국면에 이르러 C-T 연합체에 의한 탐색의 결과로 주어인상과 *Wh*-이동이 동시에 일어나면, (39)은 다음과 같은 도출로 이어진다. (이 경우 국면불가침조건(PIC)의 효과에 의해 v*의 지정어는 상위 국면의 핵인 C의 탐색영역임을 상기하라. 편의상 모든 흔적을 복사로 표현함.)

(40) $[_{CP}$ of which $[_{C'}$ C $[_{TP}$ they [T $[_{v^*P}$ of which $[_{v^{*\prime}}$ they [v* $[_{VP}$ $[_{DP}$ the (driver, picture) *of which*] [found $[_{DP}$ the (driver, picture) *of which*]]]]]]]]]

일치자질의 계승으로 인해 동사의 지정어(Spec-V)로 목적어 DP가 인상한다는 가정은 예외격표시구문(ECM)에 대해서도 새로운 분석을 낳는다. 즉, 아래 (41a-b)에서와 같이 예외격(즉, 대격)을 갖는 종속절의 주어 DP가 사실상 종속절 T의 지정어(Spec-T) 위치가 아니라 예외격표시동사인 주절 동사의 지정어(Spec-V) 위치로 인상되어 나타난다는 것이다. (동사 *expected*는 어순이 결정되는 음성접합부(phonetic interface)에서 v*로 인상됨을 유의하라.)

(41) a. the slave expected $[_{DP}$ (the picture, the owner) of him] to be somewhere else

b. $[_{TP}$ the slave$_i$ [T $[_{v^*P}$ t_i $[_{v^{*\prime}}$ v* $[_{VP}$ $[_{DP}$ (the picture, the owner) of him]$_j$ $[_{V'}$ expected $[_{TP}$ (t_j) to $[_{vP}$ v $[_{VP}$ t_j be somewhere else]]]]]]]]][32)]

32) (41b)의 구조표현에서 주절 V에 의해 선택되는 종속절 TP와, 그리고 T에 의해 선택되는 종속절 vP는 독립적인 국면을 형성하지 못하므로 대격의 격자질을 갖는 DP는 기저위치인 종속절 VP 내부에서 직접 주절의 V와 일치를 이루어 주절 V의 지정어 위치로 인상된다고 본다.

(41b)의 구조기술에서와 같이 예외격표시구문에서 대격을 갖는 종속절의 주어 DP가 주절의 v*P 국면에서 v*-V 연합체와의 일치를 통해 사실상 주절 동사의 지정어(Spec-V) 위치로 인상된다는 가정은 (41)에서 대명사 *him*이 결코 주절의 주어와 동일지시를 갖지 못한다는 사실에 의해 입증된다.

이제, 촘스키(Chomsky 2005b)에 의하면, 강력최소주의이론에서는 (36)에서 제시되는 자질계승의 일반화에 의해 논항위치(A-position)와 비논항위치(A'-position)의 구분이 분명해진다고 주장한다. 즉, (36)에 의하면 T와 V는 그들을 선택하는 C와 v*로부터 일치자질(Agree-feature)을 계승받게 되는데, 계승된 일치자질에 의해 인상되는 곳이 바로 논항위치이고, 국면의 핵인 C와 v*의 외곽자질(edge-feature: EF)에 의해 인상되는 곳이 바로 비논항위치라는 것이다. 이러한 관계를 촘스키(Chomsky 2005b)에서는 다음과 같이 정의하고 있다.

(42) 비논항위치는 국면핵의 외곽자질에 의해 인상되는 위치로서 C의 지정어와 v*의 지정어 위치이고, 그 이외의 위치는 논항위치이다. (The A'-position is defined as one that is attracted by an edge-feature of a phase head; hence typically in Spec-C or outer Spec-v*; Others are A-position.)

(42)에서 정의되는 논항-비논항의 구분(A-A' distinction)은 강력최소주의이론에서 (8III)에 부합되는 많은 의미 있는 일반화를 낳는데, 그 중 중요한 경우를 살펴보면 다음과 같다.

(43) (ⅰ) 비활동성조건이 일반화될 수 있다. 즉, 내부병합(IM)과 관련하여, 논항위치로 이동하여 논항연쇄(A-chain)를 형성할 경우 연쇄의 머리(head of chain)는 일치의 연산에 의해 모든 자질이 값을 부여받아 비활성화(혹은, 비가시화)되므로 자신과 그 자신의 내부에 나타나는

어떤 요소들도 상위국면의 표찰에 의해 탐색되지 않는다. (본장 (18), (26) 참조)

(ii) 논항연쇄의 머리는 비활성화되어 있기 때문에 C와 v*의 외곽자질의 탐색으로 그들의 지정어 위치로 유인되는 비논항이동(A'-movement)은 논항연쇄의 머리에 적용되는 것이 아니라 그것의 기저위치에 적용된다고 본다. 따라서 비논항이동은 항상 국면단위로 논항이동(A-movement)과 나란히 적용되어야 한다. (본장 (26), (36) 참조)

(iii) 내부병합에 의해 연속적 순환이동(successive cyclic movement)은 일치의 연산에 의한 논항이동에서는 불가능하나 외곽자질의 탐색에 의한 비논항이동에서는 가능하다. 즉, 일치 자질에 의한 논항이동은 이동하는 요소를 비활성화하기 때문에 이동 이후에 또 다른 연산에 참여할 수 없으나, 외곽자질에 의한 비논항이동은 일치를 유발하지 않으므로 비논항 위치에 내부병합된 요소는 계속해서 상위국면의 핵에 의해 탐색될 수 있다.[33] (본장 (10), (18), (26) 참조)

(iv) 간섭효과(intervention effect)의 기술을 일반화할 수 있다. 즉, 간섭효과는 그 연쇄가 비논항연쇄(A'-chain)이든 논항연쇄(A-chian)이든 간에 그것이 일률적 연쇄라면 그 연쇄의 머리(head of chain)에 의해 유발된다. (본장 (35) 참조)

(v) '내부병합으로 형성된 연쇄의 머리는 모두 섬(island)이 된다'라고 섬효과를 일반화할 수 있다. 즉, 이동의 결과로 형성되는 연쇄의 머리가 비논항위치에 나타나든 논항위치에 나타나든지 간에 그 내부에서 어떤 것도 적출할 수 없다. (본장 (26), (30) 참조)

---

33) (40iii)의 일반화에서는 다시 다음과 같은 하위일반화가 도출되어 나온다.

(Ⅰ) 한 통사대상이 연이어 계속 이동한다면 그 통사대상은 감각운동접합부로 양도(즉, 문자화)될 수 없다. (SO cannot be transferred to the S-M interface("spelled out") if it is subsequently gling to move.)

(Ⅱ) 탐침자-목표물 관계에서, 목표물은 반드시 제자리에서 문자화되거나(장거리일치 경우) 혹은 탐침자 위치에서 문자화된다(내부병합 경우). (In a probe-goal relation, the goal can be spelled out only in-situ (under long-distance Agree) or at the probe (under internal Merge).)

위의 (II)는 '이동하는 요소가 이동 도중 중간위치에 멈출 수 없다'는 부분이동금지조건(ban on partial movement)을 함축하고 있다.

(v)의 섬효과의 일반화와 관련하여, 여기서 한편 부가어섬효과(adjunct island effect)의 문제는 촘스키(Chomsky 2005b)의 강력최소주의이론에서 어떻게 기술되고 있는지 살펴보자. 촘스키(Chomsky 2005b)에 의하면 강력최소주의이론의 무한계병합(unbounded Merge)과 자유병합(free Merge) 이론 하에서는 더 이상 ⟨α, β⟩와 같은 쌍병합(pair-Mege)(즉, 부착(adjunction) 구조)을 협소통사부에서 허용하지 않는다고 주장한다. 그렇다면, 이러한 경우 촘스키(Chomsky 2004)에서 쌍병합의 결과에 기인하는 것으로 기술되었던 부가어섬효과(adjunct island effect)는 어떻게 포착될 수 있는가? 촘스키(Chomsky 2005b)에 의하면, 이러한 문제는 바로 위에서 제시한 바와 같은 (12)-(13)의 표찰연산공식에 의해 해결될 수 있다고 본다. 즉, 협소통사부에서 부가어처럼 XP-YP의 구조를 갖는 통사대상은 XP와 YP 중에 어느 것도 핵이 될 수 없으므로 위에서 제시한 (12)-(13)의 표찰연산공식에 의해 표찰이 결정될 수 없으며, 따라서 다음의 정의에서와 같이 부가어 내부로는 탐침자(즉, 표찰)의 최소탐색영역이 결정될 수 없기 때문에 부가어섬효과가 발생한다고 본다.[34]

(44) XP와 YP 중에 어느 것도 핵이 될 수 없는 XP-YP 구조에서는 최소탐색이 한 가지 방법으로 정의될 수 없는 "잘 못된 선택"이 발생하므로 섬효과를 낳는다.[35] (Minimal seach is not uniquely defined in XP-YP structure where XP nor YP is a head: the "wrong choice" yields island effects.)

부가어섬효과에 관한 한, (44)과 같은 촘스키(Chomsky 2005b)의 주장 이외에, 또 다른 설명이 강력최소주의이론에서 강구될 수 있다. 즉, 위

---

34) 촘스키(Chomsky 2005b)에 의하면 탐침자의 최소탐색영역은 Kayne의 '연결성(connectedness)'과 Huang의 '적출영역조건(CED)'의 개념에 입각해 결정될 수 있다고 본다.

35) 촘스키(Chomsky 2005b)에서는 부가어섬효과와 관련하여 (44)을 다음과 같이 간략히 표현하고 있다.
(i) 부가어는 탐침자의 탐색영역에 있지 않으므로 부가어섬효과가 발생한다. (The adjunct-island subcase follows if an adjunct is not in the search domain of the probe.)

의 (11)의 정의에 의하면, 무한계병합(unbounded Merge)과 자유병합(free Merge) 이론을 채택하는 강력최소주의이론에서는 오로지 조병합만 존재하며 지정어-보충어 구별(specifier-complement distinction)도 단순히 병합의 순서에 의해 이루어진다. 이러한 병합체계에서는 사실상 지정어(Spec)와 부가어(Adjunct)의 구분이 없어진다. 즉 부가어도 엄격한 의미에서 지정어로 분류된다. 이런 차원에서 부가어섬효과는 지정어섬효과에 흡수될 있고, 또한 지정어섬효과는 위의 국면국부성조건(phase locality condition) (30)에 기인하는 것으로 기술할 수 있으므로 부가어섬효과는 (44)과 같은 "잘 못된 선택"의 개념을 도입하지 않고서도 (30)의 국면국부성조건에 의해 포착된다.

이제 강력최소주의이론에서 연속적 순환 논항이동(successive-cyclic A-movement)과 관련되는 문법적 현상들은 어떻게 설명되는지 살펴보자. 먼저 아래 예문을 고려해 보자. ((45)=(24))

(45) a. * it was the CAR (not the TRUCK) of which [the (driver, picture) [*t* caused a scandal]]

b. * of which car did [the (driver, picture) [*t* [cause a scandal]]]?

(46) a. it was the CAR (not the TRUCK) of which [the (driver, picture) is likely [*t* to [*t* cause a scandal]]

b. of which car is [the (driver, picture) likely [*t* to [*t* cause a scandal]]]?

위에서 논의한 바에 따르면, (45)의 예문에 나타나는 비문법성은 국면국부성조건 (30)에 의해 포착될 수 있다. 즉, (45)에서 종속절 CP 내에서 C의 탐색에 의해 C의 지정어(Spec-C) 위치로 인상된 *of which (car)*는 DP *[the (driver, picture) of which (car)]*가 기저위치(즉, v*의 외재논항위치)에 있을 때 그 DP 내부로부터 적출된 것이라고 주장함으로써 (45)의 비문법성이 국면국부성조건 (30)에 기인하는 소위 외재논항섬효과(external argument island effect)에 의해 포착된다. 이러한 주장에 비추어보면, (46)의 경우에도 C의 지정어(Spec-C)로 인상된 *of which (car)*는 DP *[the (driver, picture) of which (car)]*가 그것의 기저위치인 종속절 v*의 외재논항위치에 있을 때 그 내부로부터 적출된 것이므로 (46)도 역시 국면국부성조건에 기인하는 외재논항섬효과에 의해 비문법적인 문장으로 판정되어야 한다. 그러나 이러한 예상과는 달리 (46)의 경우는 외재논항섬효과가 전혀 나타나지 않는 문법적인 문장으로 판정된다.

이러한 문제도 촘스키(Chomsky 2005b)의 강력최소주의이론에서 가정하는 연속적 순환 논항이동의 문법체계 하에서 잘 설명될 수 있다. 즉, 촘스키(Chomsky 2005b)에서는 국면핵(C와 v*)으로부터 일치자질을 계승받은 어휘범주(T와 V)에 의해 그것의 지정어로 유인되는 이동은 논항이동(A-movement)인데, 이러한 논항이동은 유인되는 과정에 나타나는 모든 논항위치(A-position)를 순차적으로 경유한다고 가정한다. 이러한 연속적 순환 논항이동의 가정에 따르면, 위의 (45)와 (46)의 예문 사이에 나타나는 차이는 (46)에서는 주절의 C-T 연합체가 CP의 국면에서 v*의 외재논항인 *[the (driver, picture) of which (car)]*과 의문사 *of which (car)*를 유인하는 경로에 논항위치인 종속절 T의 지정어가 존재한다는 점인데, 바로 (46)에서 C-T 연합체의 일치자질에 의해 주절 T의 지정어로 유인되는 *[the (driver, picture) of which (car)]*의 이동은 논항이동으로서 유인 도중에 바로 이 종속절 T의 지정어를 경유한다는 것이다. 이 경우 *[the (driver, picture) of which (car)]*의 이동이 종속절 T의 지정어 위치에 낭노했을 때, 바로 주절 C의 외곽자질이 C-T의 연합체로서 의문사 *of which (car)*를 탐색하여 그것의 지정어로 유인하는 것이라면, 종속절 T의 지정어 위치는 비활성화된 논항연쇄의 머리도 아니며 v*의 외재논항과 같은 하위국면의 지정어도 아니기 때문에, 위의 일반주어섬효과 (26)이나 국면국부성조건 (30) 등에 저촉됨이 없이 문법적인 문장을 도출할 수 있게 된다.

사실상 국면을 형성하지 않는(즉, C에 의해 선택되지 않는) T는 일치자질을 물려 받지 않으므로 그것의 지정어 위치를 경유하는 통사대상에게 값을 부여하지 않는다. 따라서 그 통사대상은 (18)의 비활동성조건에 영향을 받지 않으며 (26)의 일반주어섬효과로부터도 자유롭다. 요컨대, 국면을 형성하지 않는 종속절 TP의 지정어 위치는 상위 주절국면의 입장에서 보면 마치 목적어 논항위치와 같은 효과를 나타낸다. 그러므로, C에 의해 선택되지 않는 T를 갖는 구문(즉, 인상구문(raising construction)과 예외격표시구문(ECM construction) 등)에서는 일반적으로 (30)의 국면국부성조건에 기인하는 외재논항섬효과가 나타나지 않는다.

(47) of which car did they believe the (driver, picture) to have caused a scandal?

위의 예문에서 *[the (driver, picture) of which car]*의 이동 경로는 종속절 v*의 지정어 위치에서 시작하여, 종속절 T의 지정어를 거쳐 주절동사 *believe*의 지정어 위치까지이다. 이 경우 *[the (driver, picture) of which (car)]*가 종속절 T의 지정어 위치에 당도했을 때 그 내부에 나타나는 의문사 *of which car*가 주절 v*의 외곽자질에 의해 v*의 지정어로 유인되고, 다시 그곳에서 주절 C의 유인에 의해 그것의 지정어 위치로 인상된다.

위의 논의에 비추어, 외치(extraposition)의 경우는 강력최소주의이론에서 어떻게 설명될 수 있는지 고려해 보자. 먼저 아래 문장을 살펴보자.

(48) a. * the (driver, picture) [*t* caused a scandal] *of the car*
b. * the (driver, picture) is likely [*t* to [*t* cause a scandal] *of the car*]

위의 (48)의 경우는 *of the car*가 [*the (driver, picture) of the car*] 로

부터 문장의 후미로 외치가 일어난 경우이다. 외치의 경우는 (48)의 예문에서 보여주듯이 'C에 의해 선택되지 않는 T를 갖는 구문'이냐 아니냐에 상관없이 일률적으로 주어섬효과가 나타난다. 이러한 점에서 촘스키(Chomsky 2005b)에서는 외치는 협소통사부의 작용이 아니라 협소통사부의 작용이 완료된 국면이 감각운동접합부(S-M interface)로 양도(TRANSFER)되는 과정에서 일어나는 문자화(Spell-Out)의 한 부분으로 본다. 즉, 외치가 협소통사부의 작용이라면 C에 의해 선택되지 않는 T를 갖는 인상구문인 (48b)의 경우가 (46)-(47)의 경우와 동일한 이유로 문법적이어야 하나, 오히려 주어섬효과(subject island effect)를 나타내는 (45)와 (48a) 등의 일반타동사구문과 마찬가지로 비문법적인 문장으로 판정된다. 따라서 촘스키(Chomsky 2005b)에서는 외치를 양도과정에서 일어나는 문자화의 한 부분으로 규정함으로써, (48)의 두 예문에서 *of the car*가 이미 협소통사부의 연산이 끝난 통사대상인 문장의 주어 DP 내부로부터 외치되어 문미로 이동한 것으로 볼 수 있기 때문에, 이들 문장의 비문법성이 단순히 일반적인 주어섬효과에 기인하는 것으로 본다.[36] 이러한 관점에서 보면, 외치란 구문의 형태와 상관없이 오직 국면 내부에 나타나는 목적어(혹은 보충어)로부터만 가능하다는 결론이 나온다.

---

36) 이 때의 주어섬효과는 위의 예문 (45)와 관련되는 외재논항섬효과와도 구분이 되며, 외치가 외곽자질(EF)의 탐색에 의한 이동이 아니라면 (18)의 비활동성조건과도 무관한 현상이다. 그러나, 만약 외치가 C나 v*의 외곽자질의 유인에 의한 것이라면 외치의 경우에 나타나는 주어섬효과도 (26)의 일반주어섬효과에 기인하는 것으로 설명할 수 있다.

4. 문제점의 확인

이제 강력최소주의이론의 문법체계 운용에서 발생할 수 있는 문제점이 무엇인지 살펴보자.

사실상 촘스키(Chomsky 2005b)의 강력최소주의이론에서는 EPP-자질(EPP-feature)을 가정하지 않는다. 그렇다면 일치자질의 탐색에 의한 T와 V의 지정어 위치로 이동하는 내부병합(IM)의 유발력(triggering force)은 무엇인가? 이러한 문제는 다음과 같은 외곽자질에 대한 촘스키(Chomsky 2005b)의 가정에 의해 그 해답을 찾을 수 있다.

(49) (i) 내부병합에 의한 이차병합을 유발하는 외곽자질은 오직 C와 v*의 외곽자질이다. (Only C and v* have EF that can trigger second-Merge by IM.)

(ii) 이차병합을 유발하는 외곽자질은 국면의 핵으로부터 일치자질이 계승될 때 함께 계승될 수 있다. (The second-Merge triggering EF can be inherited from the phase head along with the Agree-feature.)

(iii) 계승된 외곽자질은 일종의 자질확산작용에 의해 그 국면에 나타나는 모든 T에게 전달된다. (The inherited EF extends, by some kind of feature-spread, to all T's in the phase.)

즉, C-T나 v*-V의 연합체에 의한 일치자질에 의해 T와 V의 지정어 위치로 인상되는 내부병합은, (49ii)의 가정에 비추어 보면, 바로 C와 v*로부터 계승된 T와 V의 외곽자질에 기인한다는 사실을 알 수 있다. 이러한 가정을 채택하면, 이제 EPP-자질을 설정하지 않고도 T의 지정어 위치로 주어 명사구가 인상되는 EPP 현상을 포착할 수 있다. 또한, 앞서 논의한 바처럼, 인상구문이나 예외격표시구문에서 주절 T나 V의 일치자질에 의해 야기되는 인상의 경우 이동요소가 종속절 T의 지정어를 경유하는 소위 연속적 순환 논항이동(successive-cyclic A-movement)을 수행하게 되는데, 이제 이러한 순환이동도, (49iii)에 의하면, 역시 자질확산작용에 의해 그 국면 내부에 나타나는 모든 T에게 계승된 C나 v*의 외곽자질에 기인한다는 것을 알 수 있다.

위와 같은 주장에 의하면, 일치자질의 탐색에 의한 일치와 외곽자질의 탐색에 의한 내부병합은 상호독립적인 연산작용임이 확인된다. 그렇다면, 내부병합 없는 일치가 존재할 수 있는데, 바로 이러한 일치현상이 장거리일치(long-distance agreement)의 경우이다. 영어에서 장거리일치는 소위 다음과 같은 허사구문(expletive construction)에서 발생한다.

(50) a. there arrives a student from New York

b. C [there [T [$_{vP}$ v [$_{VP}$ arrives a student from New York]]]]

위의 허사구문에서 T는 일치자질의 탐색에 의해 비해석성 격자질을 갖는 *a student*와 장거리일치를 이룬다. 이러한 일치를 통해 *a student*는 그것의 격자질에 대한 값을 부여받는다. 이 경우 허사 *there*가 T의 지정어 위치에 외부병합(EM)되는 이유도 역시 C로부터 일치자질을 계승받을 때 함께 계승받은 T의 외곽자질에 기인한다고 볼 수 있다. 즉, 어휘배열(lexical array: LA)에 *there*가 선택된 경우는 T의 외곽자질을 충족하기 위해 *there*가 삽입되므로 (50)의 허사구문이 도출되고, *there*가 선택되지 않은 경우는 T의 외곽자질을 충족하기 위해 *a student*가 인상되어 다음과 같이 비대격구문을 이룬다. (아래 예문에서 $t_{\text{a student}}$는 *a student*의 복사(흔적)을 의미함.)

(51) a. a student arrives from New York

b. C [*a student* [T [$_{vP}$ v [$_{VP}$ arrives $t_{\text{a student}}$ from New York]]]]

그러면 다음 예문을 고려해 보자.

(52) a. * there will a student take the class

b. C [there [will T [$_{v^*P}$ a student [$_{v^{*'}}$ v* [$_{VP}$ take the class]]]]]

위의 예문은 소위 타동허사구문(transitive expletive construction: TEC)인데, 영어에서는 허용되지 않는 비문법적인 문장이다. 요컨대, 영어에서는 타동사구문에서 T의 일치연산이 적용될 때 반드시 다음 예문에서와 같이 v*의 외재논항이 T의 지정어 위치로 의무적으로 인상되어야 한다. (아래 예문에서 $t_{a\ student}$는 *a student*의 복사(흔적)을 의미함.)

(53) a. a student will take the class

b. C [a student [will T [$_{v^*P}$ $t_{a\ student}$ [$_{v^{*'}}$ v* [$_{VP}$ take the class]]]]]

그러나, 이러한 타동사구문에 나타나는 영어의 의무적 주어인상의 문제는 일치와 병합의 연산을 상호 독립적인 연산으로 취급하는 강력최소주의이론에서는 그 설명이 불가능하다. 물론 허사를 갖지 않는 언어에서는 T의 외곽자질이 주어인상에 의해서만 충족될 수 있으므로 (51)과 (53) 등과 같은 비허사구문(non-expletive construction)만을 허용한다는 것은 당연하다. 그러나 영어처럼 허사 *there*를 갖는 유형의 언어에서는 장거리일치시에 허사의 외부병합이 허용된다면, 이는 비대격구문뿐만 아니라 대격구문에까지 장거리일치시 허사구문이 허용될 수 있다는 말이다. 그럼에도 불구하고 (52)에서 확인되는 바와 같이 영어에서는 대격구문의 허사구문인 타동허사구문이 결코 허용되지 않는다. 이러한 현상은 현재의 강력최소주의이론의 문법체계 하에서는 도저히 포착될 수 없는 하나의 미스터리이다.[37]

---

37) 이러한 미스터리는 기술적이긴 하지만 일단 다음과 같은 촘스키(Chomsky 1999)의 경제성조건에 의해 설명될 수는 있다.

또한 다음 예문을 고려해 보자.

(54) a. there was never seen a student from New York

b. C [there [T [$_{vP}$ v [VP was never seen a student from New York]]]]

위의 예문은 수동허사구문(passive expletive construction)의 예로서, 위의 (50)의 비대격허사구문(unaccusative expletive construction)에서와 마찬가지로, 영어와 같이 허사를 허용하는 언어에서 C-T의 탐색에 의한 장거리 일치가 이루어질 경우, 만약 목표물의 인상이 이루어지지 않는다면 허사가 T의 지정어 위치에 삽입(즉, 외부병합)되어 T의 외곽자질을 충족할 수 있다는 사실을 다시 한번 입증하고 있다. 그렇다면 다음 예문을 고려해 보자. (이 예문에서 t_{who}는 *who*의 이동으로 남는 복사(흔적)임.)

(55) a. * who was there never seen?

b. [who C [there [T [$_{vP}$ v [$_{VP}$ was never seen t_{who}]]]]]

이 예문은 위의 (54)과 같은 구조에서 도출되는 *wh*-의문문으로 C-T 연합체의 목표물 탐색시에 허사 *there*의 삽입과 함께 의문사 *who*가 C의 지정어로 인상되어 C의 외곽자질을 충족하고 있는 경우이다. (55)는 겉으로 보았을 때 도출상 아무런 위반도 야기하지 않는다. 그럼에도 불구하고 이 예문은 영어에서 사실상 비문법적인 것으로 판정된다. 이 예문을 아래 (56)에 제시되는 비허사구문(non-expletive construction)의 경우와 비교해 보자. (이 예문에서 $t_{who1/2}$는 who_1과 who_2의 동시적 인상으로 남는 복사(흔적)를 의미함.)

(i) 타동사구문에서는 v*P 내부로부터 무엇이든 최대한도로 탈출해야 한다. (In transitive constructions, something most escape the v*P.)

즉, 언어이론상에서는 (52)와 (53)이 다 가능하지만, 둘 다 가능할 경우는 (i)에 의해 v*P 내부가 비워지는 (53)이 선택된다는 것이다.

(56) a. who was never seen?

b. [who_1 C [who_2 [T [$_{vP}$ v [$_{VP}$ was never seen $t_{who1/2}$]]]]][38)]

위의 예문은, (55)에서와 달리, C-T의 탐색에 의한 일치가 이루어질 때 T의 지정어 위치로 목적어 *who*의 인상이 이루어진 경우이다. 이 경우는, 위에서 논의한 바처럼, C의 외곽자질을 충족하기 위해 목적어 *who*가 동시에 C의 지정어 위치로도 인상된 경우로 (56b)의 통사대상을 도출한다. 흥미로운 사실은 (55)와 비교해 이 문장이 문법적이라는 사실이다. 요컨대, 영어에서 허사구문은 관련명사구(associate NP)에 대한 *wh*-의문문을 허용하지 않으나 비허사구문은 허용한다. 이러한 현상에서 확인되는 문법적 사실은 C의 외곽자질이 목표물(goal)의 인상(즉, 내부병합)에 의해 충족된다면 C로부터 계승된 T의 외곽자질도 반드시 목표물의 인상(즉, 내부병합)에 의해서 충족되어야 한다는 사실이다. 이러한 사실에 입각하면, (55)와 같은 의문허사구문이 비문법적인 이유는 C의 외곽자질이 내부병합(*who*의 인상)에 의해 충족되었으나 T의 외곽자질은 외부병합(*there*의 삽입)으로 충족되었기 때문이라고 볼 수 있다. (55)와 (56)의 대조에서 확인되는 바와 같이, 영어의 *wh*-의문문에 나타나는 이러한 의무적 인상현상은 강력최소주의이론의 문법체계에서 도저히 설명될 수 없는 또 하나의 미스터리이다.[39)]

또한 다음 예문을 고려해 보자. (아래 예문들에서 $t_{who1/2}$는 who_1과 who_2의 동시적 인상으로 남는 복사(흔적)를 의미하고, t_{who}은 *who*의 복사(흔적), t_{what}은 *what*의 복사(흔적)를 의미함.)

---

38) T의 지정어 위치에 나타나는 who_2와 복사(흔적) t_{who}는 감각운동접합부(S-M interface)에서 who_1의 복사로 인정되어 삭제된다.

39) 이러한 미스터리의 경우도 기술적(descriptive)이긴 하지만 다음과 같은 조건의 설정으로 설명될 수 있다.

(i) C의 외곽자질이 내부병합에 의해 충족된다면 C로부터 계승된 T의 외곽자질도 반드시 내부병합에 의해 충족 되어야 한다. (EF inherited by T from C must be satisfied by IM in case that EF of C is satisfied by IM.)

(57) a. who read what?

b. [who_1 C [who_2 [T [$_{v*P}$ $t_{who1/2}$ [$_{v*'}$ v* [$_{VP}$ read what]]]]]]

(58) a. * what did who read?

b. [*what* C [*who* [T [$_{v*P}$ t_{what} [$_{v*}$ t_{who} [$_{v*'}$ v* [$_{VP}$ read t_{what}]]]]]]]

위의 (57)와 (58)의 대조가 보여주는 바는 소위 우위성효과(superiority effect)의 문제이다. 이미 위의 예문 (33)과 (56)의 도출과정을 통해 확인한 바처럼, C-T의 탐색에 의한 C와 T의 외곽자질은 C와 T에 있어 동일한 목표물(goal)에 의해서도 충족((56)의 경우)될 수 있고, 서로 다른 목표물에 의해서도 충족((33)의 경우)될 수 있음이 입증되었다. 이러한 관점에서 보면, C와 T가 동일한 목표물에 의해 그들의 외곽자질이 충족된 (57)의 경우와 서로 다른 목표물에 의해 충족된 (58)의 경우가 모두 허용되어야 하나 영어에서는 (58)만 허용된다. 요컨대, 영어에서는 *Wh*-이동시에 우위성효과가 준수된다는 것이다. 이와 같이 *Wh*-이동시 나타나는 이러한 우위성효과도 강력최소주의이론의 문법체계 하에서 이론적으로 설명될 수 없는 또 다른 하나의 언어현상이다. 사실상 독일어(German)와 같은 유형의 언어들에서는 우위성효과가 나타나지 않으며, 따라서 (57)-(58)와 같은 의문문이 모두 허용된다, 이러한 측면에서 촘스키(Chomsky 2005b)에서는 우위성효과는 외곽자질에 의한 내부병합(IM)에 적용되는 조건이 아니라 초점(focus), 작용역(scope), 혹은 쌍-목록해석(pair-list interpretation) 등 *wh*-의문문에 관련되는 다른 요인에 의해 포착되어야 하는 언어현상일 수도 있다고 언급하고 있다.

제4장 최강최소주의이론의 제안

1. 머리말

약 2500년 전 그리스 철학자들로부터 시작된 언어학(문법의 연구)의 역사와 발전과정은 그 내용면에서는 무척 복잡다단하고 방대하지만, 전체적인 흐름을 한 마디로 요약한다면 언어를 기술하는 문법적 장치(grammatical device)의 효율성(efficiency)과 간편성(simplicity)을 높이려는 작업의 역사라고 해도 과언은 아니다.[1] 이러한 측면에서 1990년대 이후 노암 촘스키에 의해 시도된 소위 최소주의 프로그램(Minimalist Program)은 '개념적 필요성(conceptual necessity)'에 입각해서 그동안 변형생성문법(Transformational Generative Grammar)에서 매우 중요한 문법적 장치로 여겨져 왔던 D-구조(D-structure), S-구조(S-structure), X-바(X-bar), 지표(index)

1) 참고로, 고대로부터 오늘날에 이르기까지 언어학의 발전단계와 그 단계에 따른 인접학문들과의 상관관계를 도표로 나타내어 보면 다음 표에서와 같다. (김용석 2011b 참조)

언어학	배경사조	연구방법론	언어학습이론
전통문법 (Traditional Gr.)	본체론 (Ontology)	유추론 논리학 (Analogy Logic)	문법-번역 교수법 (Grammar-Translation Method)
구조주의문법 (Structural Gr.)	실증주의 철학 (Empiricism)	행동주의 심리학 (Behaviorism)	청취-발성 접근법 (Aural-Oral Approach)
변형생성문법 (Transformational Generative Gr.)	이성주의 철학 (Rationalism)	인지주의 심리학 (Cognitivism)	인지체계 학습이론 (Cognitive-Code Learning Theory)
최소주의문법 (Minimalist Gr.)	진화론 (Evolutionism)	생언어학 (Biolinguistics)	진화-성장 수로화이론 (Evolutionary-Developmental Canalization)

등등의 많은 개념과 장치들을 불필요한 요소들로 문법의 틀에서 제거하는 작업을 진행하였으며, 최근 촘스키(Chomsky 2004, 2005a, 2005b)에서 현대 진화론적 관점(modern evolutionist perspectives)과 생물언어학적 가정(biolinguistic assumptions)에 근거하여 인간의 언어기능은 자연의 일반특성(general properties)과 접합부조건(interface conditions)에 의해서만 설명되어야 하는 완벽체계(perfect system)이고, 따라서 언어를 기술하는 문법체계 역시 자연의 일반특성과 접합부조건에 부합되는 완벽체계이여야 하므로 기존의 문법체계에서 발견되는 비완벽성(imperfections)의 제거에 박차를 가하고 있다.

본 연구에서는 최근 촘스키(Chomsky 2004, 2005a, 2005b)에서 인간언어에 대한 새로운 이해와 분석을 시도하고 있는 소위 '강력최소주의이론(strong minimalist thesis: SMT)'을 고찰하고, 이 이론에서 주장하고 있는 완벽체계의 언어기능과 그 체계를 구현한 '탐침자-목표물 문법체계(Probe-Goal Framework)'가 사실상 존재하지 않는 허구임을 밝히고, 강력최소주의이론의 21세기 대안으로 이른바 '최강최소주의이론(strongest minimalist thesis)'과 그것의 문법체계인 소위 '언어생산체계(language production system: LPS)'을 제안하고자 한다.

본 연구의 계기가 되는 근원적인 질문은 다음과 같다.

(1) (i) 인간의 본유적 언어기능이 완벽체계임에도 불구하고, 왜 이 지구상에는 매우 다양한 개별언어들이 존재하는가? (Why do so many particular languages exist in spite that the human faculty of language is assumed to be a perfect system?)

(ii) 음운부와 의미부는 상호 교류가 없는 독립적인 부서임에도 불구하고, 왜 음운부에서 발생하는 강세와 성조 등이 문장의 의미에 영향을 미치는가? (Why do the phonetic stress and the intonation affect the meaning of the sentence in spite there is no interaction assumed between the phonological and semantic components?)

(iii) 협소통사부의 연산작용은 오로지 형식자질에 의해 추진되어야 함에

도 불구하고, 왜 이동(혹는 내부병합)과 격할당 등에 음운적 요소가 개입하는가?[2] (Why is the syntactic computations like Move(or Internal Merge) and Case-assignment affected by phonological factors in spite that the computation of narrow syntax is driven only by the formal features?)

2. 강력최소주의이론의 고찰

오늘날 인간이 사용하는 각 언어(languages)를 개별언어(particular languages)라고 한다. 그러면, 개별언어의 실체가 무엇인가? 촘스키(Chomsky 1957) 이후 현대 변형생성문법에서는 개별언어란 그 언어의 원어민(native speakers)이 의사소통(communication)을 위해 사용하는 모든 표현들(expressions)의 집합이라고 본다. 이 집합에 속하는 각 표현들은 음성적인 표상(PF-representation)과 의미적인 표상(LF-representation)이라는 양 측면의 언어정보를 갖는데, 강력최소주의이론(SMT)에서는 이들 표상

2) 예컨대, 촘스키(Chomsky 2001, 2004, 2005a, 2005b)의 강력최소주의이론에서 가정하는 탐침자-목표물 문법체계(Probe-Goal Framework)에서는 이동을 '이동(Move)=일치(Agree)+수반(Pied-Pipe)+병합(Merge)'으로 분석하는데, 이 중 '수반'은 아래 정의에서와 같이 음운적 자질을 필요로 한다.

(i) Pied-Piping requires phonological content.

또한, 탐침자-목표물 문법체계에서는 음운적 외곽(phonological edge), 음운적 경계(phonological board)와 같은 음운적인 개념들이 이동을 통제하는 조건으로 제안되기도 하며, 아이슬란드어(icelandic)와 같은 소위 목적어전이언어(OS-language)에 적용된다고 보는 전위(dislocation: DISL)와, 허사구문(expletive construction)과 관련하여 영어의 수동구문과 비대격구문에 적용된다고 보는 주제화/적출화(TH/EX) 등의 이동규칙은 모두 협소통사부의 연산 도중에 적용되는 음운부의 규칙으로 규정하고 있다. 또한 촘스키(Chomsky 2001)는 V-to-v, v-to-T, T-to-C, N-to-D 등의 핵이동(head movement) 현상도 음운부의 작용으로 취급할 것을 제안하고 있고, 또한 촘스키(Chomsky 2005b)에서는 외치(extraposition)를 문자화(Spell-Out)의 한 작용으로 봄으로써 음운부와 관련있는 이동현상으로 규정하고 있다. 뿐만 아니라 최소주의이론에서 격(Case)은 형식자질로 취급되어 협소통사부에서 점검되지만 격 여과장치(Case Filter)에 의하면 격의 점검은 항상 음음적 실체를 가지는 DP에만 적용되므로, 이 역시 협소통사부의 연산에 음운적 요소가 개입하는 경우이다.

들을 각기 음성표상(PHON)과 의미표상(SEM)이라 한다. 그러면, 음성표상과 의미표상의 언어정보를 갖는 언어표현들은 어떻게 생성되는 것일까? 현대 생성언어학에서는 바로 그 개별언어의 원어민이 뇌 속에 갖는 언어능력(linguistic competence)의 인지체계(cognitive system)인 소위 내재언어(internal language: I-language)의 연산작용(computation)에 의해 생성된다고 주장한다. 이러한 관점에서 내재언어인 원어민의 인지체계에 의해 생성된 표현들을 외재언어(external language: E-language)라고도 한다. 이렇게 보면, 개별언어란 외재언어의 차원에서는 그 언어에 사용되는 표현들의 집합이라고 할 수 있지만, 내재언어의 차원에서는 그 표현들을 만들어내는 원어민의 (언어) 인지체계라고도 할 수 있다. 촘스키(Chomsky 1995) 이후 최소주의 프로그램(Minimalist Program: MP)에서는 원어민의 인지체계인 내재언어를 진정한 의미에서 언어(language: L)라고 본다. 그러면, 원어민의 내재언어는 어떻게 생겨나는 것일까? 생성언어학이론에서는 원어민의 내재언어는 현대인간의 두뇌 속에 유전학적으로 결정되어(genetically determined) 있는 소위 언어기능(faculty of language: FL)의 한 완성상태(attained state)라고 본다. 즉, 유전학적으로 결정된 언어기능의 최초상태(initial state)를 S_0라 보면, 이 S_0는 모든 인간에게 균등한 상태로 존재할 것이며, 생후 최초의 언어경험(language experience)인 일차적 언어자료(primary linguistic data: PLD)를 통해 언어기능의 완성상태인 한 개별언어의 내재언어 L로 결정된다. 이러한 차원에서 보면, S_0는 본유적인 언어습득장치(language acquisition device: LAD)라 할 수 있다.

이러한 개별언어 L의 습득과정을 도표로 나타내면 다음과 같다.

(2) PLD —(입력)→ [LAD] —(출력)→ L

요컨대, 언어기능의 최초상태인 S_0는 미정 값(unmarked value)의 매개변인들의 집합을 내포하고 있고 이들 매개변인의 값을 확정함으로써 많은 종류의 가능완성상태들(possible attained states)을 만들어낼 수 있는데, 개인적 언어경험인 PLD는 이들 가능완성상태의 옵션 중 하나를 선택하여 그 개인의 내재언어 L로 결정한다는 것이다. 구체적으로 말하면, S_0는 그것의 미정 값의 매개변인들이 개인의 언어경험을 통해 그 언어에 적합한 확정 값으로 고정됨으로써 그 언어의 내재언어 L로 결정된다는 것이다. 따라서 서로 다른 언어의 경험은 매개변인들의 값을 달리 고정함으로써 서로 다른 (내재)언어로 결정되는 것이다.[3] 이러한 관계를 그림으로 나타내면 다음과 같다.

(3) 언어기능(FL)의 변환과정:[4]

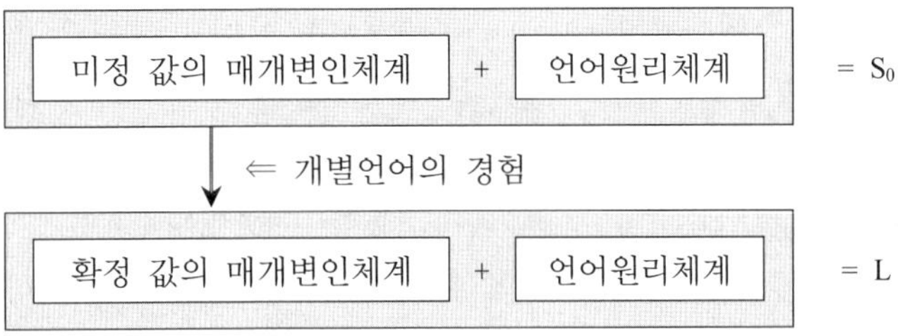

이상의 논의는 다소 관점의 차이는 있지만 1957년 촘스키 혁명 이후 변형생성문법이론 내에서 일관되게 주장되어 왔다고 볼 수 있다. 그러나 촘스키(Chomsky 2004, 2005a, 2005b)에서 제안되고 있는 강력최소주의 이론에서는 하나의 새로운 근원적인 문제를 제기하고 있는데, 바로 인류에게 유전학적으로 결정되어 있는 언어기능(FL)의 속성이 무엇인가 하는 문제이다. 다시 말해, 언어기능이라는 인지체계가 어떻게 인간의 두뇌 속에 생겨났는지의 문제를 제기하고, 이에 대한 해답을 찾으려는

---

3) 변형생성문법이론에서는 S_0로 관한 연구를 보편문법(UG)이라 하고, 내재언어 L에 관한 연구를 개별문법이라 한다. 개별문법의 기술은 기술적 타당성(descriptive adequacy)을 지향하며, 보편문법의 기술은 설명적 타당성(explanatory adequacy)을 지향한다.

4) 촘스키(Chomsky 1995)에 의하면, 매개변인은 주로 (기능범주에 해당하는) 어휘항목의 자질상 변이로 나타나며, 언어원리체계에는 연산체계(C_{HL})와 필수출력조건(Bare Out-put Conditions: BOC)의 체계로 이루어져 있다고 본다.

노력을 기울이고 있다는 점이다. 이러한 노력은 언어의 본질을 보다 근원적으로 정확하게 이해하는데 많은 도움을 준다고 본다.

언어(language)는 기능적으로 말해 의사소통(communication)의 체계이다. 의사소통이란 사고의 전달이며, 지구상의 많은 동물 중에 인간만이 차원 높은 의사소통의 체계인 언어를 보유하고 있다. 이는 인간만이 고도로 발달된 사고체계(system of thoughts)를 소유하고 있음을 말한다.5)

그러면, 사고체계를 소유하고 있는 인간이 사고전달(즉, 의사소통)의 수단인 언어를 어떻게 확보하는 것일까? 촘스키(Chomsky 1995)에서는 만약 인간에게 음성을 만들어 내는 발성기관(sound organ)이 없고 고도의 정신감응력(즉, 텔레파시 telepathy)이 있다면, 아마도 인간은 음성 대신 정신감응력을 통해 사고의 전달을 수행하였을 것이라고 본다. 이러한 정신감응력까지도 없다면, 아마도 인간은 몸짓언어(body language)나 기호언어(sign language) 등을 통해 의사소통을 수행했을 것이다. 그러나 발성기관을 가지고 있는 인간이 음성을 통해 의사소통을 수행하고 있다는 것은 매우 자연스러운 결과이다. 이 발성기관(폐, 목, 입, 혀, 코 등등)은 두뇌(brain)의 통제를 받아 음성을 만들게 되는데, 발성기관을 통제하는 이러한 두뇌의 수행체계(performance system)를 감각운동체계(sensori-motor system)라 한다. 요컨대, 최소주의 프로그램에서는 언어란 인류가 원초적으로 두뇌 속에 보유하고 있는 사고체계와 감각운동체계를 최적(optimally)으로 매개하여 의사소통을 가능하게 해 주는 두뇌의 인지체계(cognitive system)라고 보며,6) 특히 강력최소주의이론에 이르러서는 이러한 (언어) 인지체계는 인류의 진화과정에서 자연발생적으로

---

5) 이러한 차원에서 보면, 언어학은 인간언어(human languages)의 연구이면서, 동시에 인간의 사고체계에 대한 연구이기도 하다. 사실상, 생성언어학자들은 인간언어의 연구를 통해 인간의 본성(human nature), 즉 인간의 지성체계(human mind)를 규명할 수 있다고 본다.

6) 촘스키(Chomsky 1995)에서는 사고체계를 개념의도체계(conceptual intensional system: C-I), 감각운동체계를 조음청취체계(Articulatory Perceptual system: A-P)라고 일컫는다. 또한 최소주의 프로그램에서는 (언어)인지체계(language system)를 언어기관(language organ) 혹은 언어기능(faculty of language: FL)이라 부르기도 한다.

생겨났다고 본다.[7] 의사소통과 관련되는 이들 두뇌 기능체계의 관계를 간략히 표현하면 다음과 같다.[8]

(4) 두뇌 기능체계의 관계:

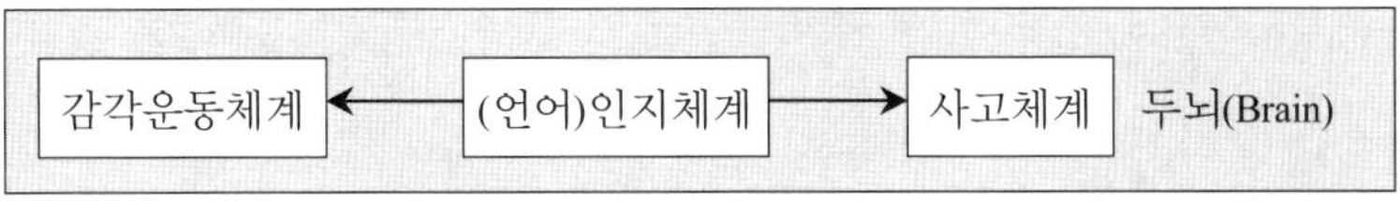

위의 그림에서와 같이 최소주의 프로그램에서는 언어를 인간의 사고체계와 감각운동체계를 최적으로 매개하여 의사소통을 가능하게 하는 인지체계라 정의하였는데, 사고체계는 인지체계(즉, 내재언어)가 생성하는 의미정보(즉, 의미표상 SEM)를 해독하여 의미(meaning)를 찾아내며, 감각운동체계는 인지체계가 생성하는 음성정보(즉, 음성표상 PHON)를 해독하여 소리(sound)를 결정한다. 이러한 차원에서 사고체계와 감각운동체계를 수행체계(performance system)이라 일컫는다. 또한 수행체계는 (언어)인지체계와 구분되며, (언어)인지체계가 생성한 언어정보를 해독하여 실세계(즉, 실재)의 의미와 소리로 전환한다는 차원에서 언어외적체계(language-external system) 혹은 외적체계(external system)이라 하고, 이때 (언어)인지체계는 상대적으로 언어내적체계(language-internal system) 혹은 내적체계(internal system)라고 한다. (언어)인지체계인 내적체계에 의해 생성된 의미표상과 음성표상은 다시 수행체계인 외적체계에 의해 해독된다는 차원에서 의미표상과 음성표상을 접합부(interface)라 한다.

---

7) 인류학적으로는 현대인의 조상을 후기 구석기 시대 이후 발현한 호모 사피엔스 사피엔스(Hómo sápiens sápiens)로 보는데, 그 이전의 인류의 조상과의 차이 중에 하나가 언어사용의 유무라고 본다. 따라서 진화론적으로는 (언어)인지체계가 호모 사피엔스 사피엔스에서 생겨난 것으로 보아야 한다.

8) 인간의 '언어기능(language faculty)'이란 용어는 일반적으로 언어를 담당하는 인지체계만을 일컫는 말로 사용하지만, 경우에 따라서는 인지체계뿐만이 아니라 사고체계와 감각운동체계 모두를 일컫는 말로 사용하기도 한다. 본서에서는 '언어능력(linguistic competence)'이란 용어는 언어 인지체계만을 일컫지만, '언어기능(language faculty)'은 인지체계, 사고체계, 감각운동체계 등 언어 관련 뇌 기능체계 모두를 일컫는 말로 사용하기로 한다.

이상에서 논의한 언어생성의 과정을 종합적으로 표현하면 다음의 그림과 같다.

(5)

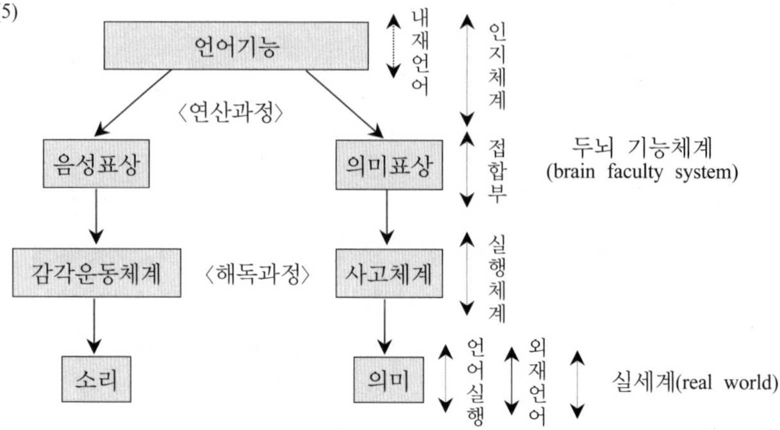

위에서 살펴본 바와 같이, 강력최소주의이론에서는 의사소통의 필요성을 충족하기 위한 사고체계와 감각운동체계의 요구에 의해 언어기능(FL)이란 인지체계가 인류의 진화과정에서 자연발생적으로 생겨났다고 본다. 따라서 언어기능은 그것이 생성하는 음성표상(PHON)과 의미표상(SEM)의 언어정보가 반드시 감각운동체계와 사고체계의 수행체계에 의해 해독될 수 있는 정보이어야 한다는 요구를 받는다. 이러한 수행체계의 요구를 촘스키(Chomsky 1999)에서는 소위 해독성조건(legibility conditions)이라 한다.[9] 언어기능에 의해 생성되는 언어정보가 실제로 언어표현으로 사용될 수 있기 위해서 이러한 해독성조건을 충족해야 한다는 것은 당연한 요구이다. 따라서 언어기능은 그것이 생성하는 언어정보가 반드시 해독성조건을 충족해야 한다는 수행체계의 요구 속에서 자연발생적

9) 촘스키(Chomsky 2004)에서는 해독성조건이 음성표상과 의미표상의 접합부에 적용되는 조건이라는 차원에서 이 조건을 접합부조건(interface condtions: IC)라고 일컫는다. 참고로 촘스키(Chomsky 1995)에서는 완전해석조건(full interpretation: FI)이라고도 했다.

으로 진화과정에서 생겨난 것이라고 볼 수 있다. 이런 견지에서 해독성 조건은 언어기능을 만드는 최소한의 설계도(minimal design specifications)라고 할 수 있고, 자연은 인류의 진화과정 속에서 이러한 설계도를 최적으로 충족하는 언어기능을 만든 초기술자(superengineer)라고 볼 수 있다. 이러한 점을 촘스키(Chomsky 1999)는 다음과 같이 표현하고 있다.

(6) 인간의 언어기능은 해독성조건인 최소설계도에 대한 최적의 해결책이다. (The human faculty of language FL is an optimal solution to the minimal design specifications as "legibility conditions.)

이와 같이 강력최소주의이론에서는 언어기능이 해독성조건을 충족하는 최적의 체계(optimal system)이라고 가정한다. 여기서 '최적성(optimality)'의 개념은 자연의 일반적 특성(general properties of nature)인 최소성(minimalism), 자연성(naturalness), 효율성(efficiency) 등을 반영한 '훌륭한 설계(good design)'에 따라 해독성조건을 최적으로 충족한다는 것을 말한다. 따라서 강력최소주의이론에 의하면 언어기능은 수행체계의 해독성조건을 최소의 수단(minimal tools)로 가장 자연스럽(most naturally)고 가장 효율적(most efficiently)으로 충족하는 완벽한 체계(perfect system)이라고 가정한다. 이러한 가정 하에서 진행하는 언어연구를 소위 '강력최소주의이론(strong minimalist thesis: SMT)'이라 한다. 요컨대, 강력최소주의이론에서는 언어기능은 수행체계의 해독성조건과 자연의 일반원리만으로 완전히 설명될 수 있는 완벽한 체계(perfect system)로서 소위 '완벽성(perfection)'이 보장되어야 한다고 본다.

만약 수행체계의 본질이 규명되어 해독성조건의 실체가 밝혀지고, 또한 자연의 요구를 반영한 '훌륭한 설계'가 어떤 것인지 밝혀진다면, 강력최소주의 언어연구는 실증적 발견(empirical discovery)을 추구하는 실증적 연구(empirical inquiry)의 일환이 될 것이다. 그러나 현재로서는 이러한 단계에 이르지 못하고 있으므로 강력최소주의 언어연구는 선험적

(prioristic)인 일반지침 하에서 진행되는 이성적 연구(rational inquiry)의 성격을 갖는다. 그럼에도 불구하고 수행체계의 본질과 최적성에 대한 선험적 가정(즉, 일반원리)에서 시작하는 연역적 추론(deductive reasoning)으로 얻는 합리적인 옵션(reasonable options)들 중에 어느 것이 실세계(actual world)에서 실현(instantiate)될 수 있는 옵션인지 검증하는 실험은 강력최소주의이론의 이성적 언어연구에서 반드시 필요하다.[10)] 왜냐하면, 연역적 추론에 의해 얻어지는 결론은 실증적 증거에 의해만 사실로 입증될 수 있기 때문이다.

강력최소주의이론에서는 언어기능이 해독성조건과 일반원리에 의해 완벽히 설명될 수 있는 완벽성을 갖춘 체계이라는 가정 하에서 시작한다. 그러나 개별언어현상을 다루는 기술적 차원의 문법연구에서는 가끔 불완전한(imperfect) 문법장치가 제시되기도 하는데, 이러한 비완벽성(imperfections)들은 소위 외견상 비완벽성(apparent imperfections)으로서 차후 더욱 완벽한 문법체계가 규명된다면 해결될 수 있는 것들이다. 그러나 실증적 증거(empirical evidence)에 의해서 비완벽성의 문법장치가 실제로 요구될 경우도 있을 수 있는데, 이러한 비완벽성을 실재적 비완벽성(real imperfections)이라 하며, 실재적 비완벽성은 경로-의존적 진화과정(path-dependent evolutionary history)이나, 두뇌나 유기체의 특성, 혹은 다른 근거에 의한 독자적 설명을 필요로 한다.

이러한 차원에서 촘스키(Chomsky 2004)에서는 언어기능의 최초상태인 S_0가 다음과 같은 특성으로 분석될 수 있다고 본다.

(7) (i) 설명될 수 없는 요소(unexplained elements)
(ii) 접합부조건(IC)
(iii) 일반적 특성(general properties)

10) 이러한 주장과 관련하여 촘스키(Chomsky 1999)에서는 다음과 같은 언급이 제시되고 수 있다: "Even the most extreme proponents of deductive reasoning from first principles, Descartes for example, held that experiment was critically necessary to discover which of the reasonable options was instantiated in the actual world."

위에서 (7i)는 원리에 의해 설명될 수 없는 소위 '실재적 비완벽성'의 문제를 말하며, (7ii)는 소위 감각운동체계와 사고체계가 요구하는 해독성조건(즉, 언어의 설계도)에 의해 설명될 수 있는 특성을 말하고, (7iii)는 자연의 요구인 최소성, 자연성, 효율성 등에 의해 설명될 수 있는 소위 '훌륭한 설계(good design)'의 특성을 말한다. 자연의 요구인 (7iii)에 비해 (7i)와 (7ii)는 인간의 유기체적 조직에 의해 요구되는 일반적 특성(general properties of organic system)이라 할 수 있다. 여기서 (7ii)와 (7iii)는 원리에 입각해 설명될 수 있는 부분이지만, (7i)는 그렇지 못한 부분이다. 강력최소주의이론(SMT)에서는 언어기능은 원리적 설명(principled explanation)이 가능한 완벽한 체계(perfect system)라고 가정하므로, 이 이론에 의하면 사실상 (7i)는 존재하지 않는다. 따라서 촘스키(Chomsky 2004)에서는 다음과 같은 가정을 진술하고 있다.

(8) (7i)는 존재하지 않는다. ((7i) is empty.)

그러나, 이러한 강력최소주의이론의 주장과 달리, 위에서 언급한 바처럼 사실상 자연언어에는 개별언어들 간에 다양한 매개변인적 변이(parametric variation)가 나타나는데, 이러한 변이현상은 일견에 명백한 비완벽성에 해당되는 것으로 보인다. 생성언어학에서 매개변인적 변이의 문제는 사실상 설명적 타당성(explanatory adequacy)을 추구하는 언어이론에서 기술적 타당성(descriptive adequacy)과의 사이에 나타나는 간격(gap)을 메우기 위한 불가피한 조치라 본다. 따라서 강력최소주의이론에서는 매개변인적 변이를 허용하되 그 다양성을 최소화하려는 의도 하에 다음과 같은 소위 획일성원리(Uniformity Principle)를 제시한다.

(9) 획일성원리(Uniformity Principle):
반대할 강력한 증거가 없는 경우에는, 언어들은 획일적이라고 가정하여야 하며, 언어 간의 다양성은 쉽게 포착되는 발화의 특성에 국한된다고 보아야 한다. (In the absence of compelling evidence to the contrary, assume languages to be uniform, with variety restricted to easily detectable properties of utterances.)

즉, (9)의 획일성원리에 의하면, 의미와 상관없이 나타나는 언어 간의 차이는 모두 문자화(Spell-Out: S-O) 이후에 음성표상(PHON)에 이르는 소위 음운부(phonological component)에서 개별언어원리에 의해 발생하는 개별언어현상이라고 본다. 따라서 강력최소주의이론에서는 음운부보다 협소통사부(narrow syntax: NS)에 더 큰 관심을 두고 언어연구를 진행한다. 촘스키(Chomsky 2004, 2005a, 2005b)의 강력최소주의이론에서 제안하는 소위 '수정 탐침자-목표물 문법체계(Revised Probe-Goal Framework)'에서는 언어기능(FL)의 최초상태 S_0가 인간언어의 기본특성(basic properties)인 자질(features)들의 집합체 {F}와 연산체계(C_{HL})로 이루어져 있다고 본다. 즉, S_0는 {F}와 C_{HL}로 구성되어 있으며, 이중 {F}는 언어경험을 통해 개별언어에 노출됨으로써 개별언어에 활용될 {F}의 하위집합체인 [F]가 일괄적 수집(one-time collection)으로 결정되고, 또한 [F]의 구성요소들을 일괄적 조립(one-time assembly) 작용을 통해 그 개별언어의 어휘부(Lexicon: LEX)를 만든다.[11] 어휘부란 자질결합의 최소단위인 어휘항목(LI)들의 조직체이다. 이와 같이 언어경험을 통해 개별언어의 어휘부 LEX가 구성되면, 이제 수행체계(performance system)의 요구에 의해 LEX로부터 일괄적 수집(one-time collection) 작용으로 표현(expressions) EXP의 도출(derivation) D에 필요한 어휘항목의 집합체인 어휘배열(lexical array) LA이 구성된다.[12] 강력최소주의 문법체계에서는 LA가 어휘항목들의 소

11) 여기까지의 과정이 내재언어(I-language)를 결정하는 매개변인의 값을 고정하는 언어습득과정에 해당된다. 촘스키(Chomsky 1999, 2004)에 의하면, 연산체계 C_{HL}은 매개변인과 상관없이 모든 언어에 획일적인 것이라고 본다. 따라서 언어의 변이(variations)는 개별언어 간 어휘항목(LI)의 차이, 구체적으로 말하면, 기능범주(functional category)의 자질구성의 차이에 기인하는 것으로 본다.

12) 어휘배열 LA는 동일어휘가 두 번 이상 선택된다면 그 회수만큼 그 어휘에 번호를 붙이게 되므로 촘스키(Chomsky 1995)의 개념인 배번집합(numeration: N)이 된다.

집합체인 하위어휘배열(lexical subarray) LA_i들의 집합으로 이루어져있다고 본다. 하위어휘배열의 집합체인 어휘배열 LA가 구성되면, 이 LA는 협소통사부(narrow syntax: NS)로 넘겨지고, LA를 넘겨받은 협소통사부에서는 이제 연산체계(computational system: C_{HL})가 작용하여 LA로부터 도출 D_{NS}를 생성해 낸다. 연산체계에는 선발(Select), 대조(Match), 일치(Agree), 수반(Pied-Pipe), 병합(Merge) 등의 연산(computation)이 존재한다. 이러한 연산은 하위어휘배열 단위로 반복적으로 적용되어 각 하위어휘배열마다 그것의 독자적인 D_{NS}를 순차적으로 생성한다. 이러한 차원에서 협소통사부는 어휘배열(LA)을 넘겨받아 도출(D)을 만들어내는 생성엔진(generative engine)이라 할 수 있다. 이렇게 각 하위어휘배열 단위마다 얻어지는 D_{NS}를 국면(phase)이라 하며, 국면은 연산이 반복적으로 적용되는 순환단위(cycle)가 된다. 연산중에서 일치는 때로는 수반과 병합작용을 유발하여 이동(Move)을 야기하기도 한다. 연산을 통해 얻어진 도출은 양도(TRANSFER)의 작용에 의해 국면 단위로 음운부(phonological component) Φ와 의미부(semantic component) Σ로 이관(transferred)되고, Φ와 Σ는 이관받은 도출 D_{NS}에 각기 해당 규칙과 원리를 적용하여[13] 음성표상(phonetic representation) PHON과 의미표상(semantic representation) SEM을 사상(mapping)한다. PHON과 SEM은 각기 수행체계(performance system)인 감각운동체(sensori-motor system) S-M과 개념의도체계(conceptual-intentional system) C-I로 보내져 표현의 음성과 의미로 해석된다.

---

13) 협소통사부에서 도출된 언어정보인 D_{NS}를 양도(TRANSFER) 작용에 의해 음운부로 이관(transfer)하는 과정을 "문자화(Spell-Out)"라 한다. 음운부에서 적용되는 규칙은 핵이동(head movement)과 같이 의미적 차원에서 영향을 미치지 않으나, 매개변인적 변이(parametric variation)에 따라 언어 간에 어순의 차이를 일으키는 개별언어의 이동규칙들이 적용되고, 의미부에서는 의미역 구조(θ-structure)와 EPP와 관련되는 표면해석 INT 등에 대한 해석규칙과 결속원리, 양화원리 등이 적용된다.

3. 최강최소주의이론의 구축

3.1 이론의 배경

인간언어(human language)에 대한 강력최소주의이론(SMT)의 핵심적 주장은, 첫째 인간언어는 개념의도체계(C-I)와 감각운동체계(S-M)로 이루어지는 수행체계의 요구에 의해 인간의 진화과정에서 자연발생적으로 생겨난 자연언어(natural language)이며, 둘째 따라서 자연언어인 인간언어는 개념의도체계와 감각운동체계에서 요구되는 해독성조건인 소위 접합부조건(IC)과 진화과정에서 일반유기체의 특성을 결정하는 자연의 일반원리(General Principle)에 의해 완벽히 설명되는 완벽체계(perfect system)이며, 셋째 그러므로 자연의 요구(일반특성)인 최소성(minimality), 자연성(naturalness), 효율성(efficiency) 등이 최적으로 반영된 최적체계(optimal system)이라는 것이다.

이러한 강력최소주의 관점에서는 보면 인간언어에는 접합부조건과 자연의 일반원리에 의해 설명되지 않는 비완벽성(imperfections)이 나타나지 않아야 한다. 그러나, 앞 절에서 지적한 바처럼, 사실상 자연언어에는 개별언어들 사이에 나타나는 어순의 차이와 같은 다양한 변이들(variants)이 존재하는데, 이러한 변이현상들은 강력최소주의이론에서와 같이 협소통사부의 연산과 같은 언어기능의 속성으로 다루어지는 한 모두 인간언어에 나타나는 명백한 비완벽성이 된다. 또한, 언어기능의 속성이 자연의 일반원리와 접합부조건에 의해 완벽히 설명될 수 있다면, 자연의 일반원리는 접합부의 양 체계인 감각운동체계와 개념의도체계에도 적용되는 원리이므로, 이제 언어기능의 속성은 감각운동체계와 개념의도체계의 속성으로만 포착될 수 있게 된다. 이러한 주장은 언어기능이 인간의 독립적인 본성이 아니라 감각운동체계와 개념의도체계의 속성으로부터 도출되는 가상적인 가공물(artifact)에 지나지 않는다는 것이다.

이러한 차원에서 본 장에서 제안하고자 하는 최강최소주의이론(strongest minimalist thesis)에서는 위 (8)과 (9)의 대안으로 다음 (10)과 같은 최강최소주의이론의 두 가지 핵심 가정(core assumptions)을 제시하고자 한다.

(10) (i) 인간의 언어기능은 존재하지 않는다. 따라서 인간언어는 개념의도기관과 감각운동기관의 상호작용에 의해 직접 생산된다. (The faculty of language(FL) is empty. with the human languages produced directly by the interaction of the conceptual-intentional and the sensori-motor organs.)

(ii) 모든 인간언어는 획일적이다. 따라서 개별언어간의 외견상 차이는 물질법칙에 지배를 받는 감각운동기관의 특성에 기인한다. (All human languages are uniform, with the apparent differences among particular languages attributed to the property of the sensori-motor organ governed by the physical law.)

즉, 위 (10i)는 이른바 '언어기능부재가설(no-FL hypothesis)'이고, (10ii)는 최강획일성원리(strongest uniformity principle)이다. (10i)에 의하면, 인간의 언어는 언어기능에 의해서가 아니라 언어생산체계(language production system: LPS)인 개념의도기관(conceptual-intentional organ: CI)과 감각운동기관(sensori-motor organ: SM)의 상호작용에 의해 직접 생산되며, (10ii)의 최강획일성원리에 의하면, 모든 인간언어는 인간의 본성인 언어생산체계에 의해 생산되므로 본질적으로 동일하다는 것이다. 따라서 개별언어 사이에 나타나는 변이현상은 인간의 본성에 기인하는 현상이 아니라, 자연의 물질세계(physical world)를 지배하는 물질법칙(physical law)에 민감한 감각운동기관이 만들어 내는 음성적 선택물(phonetic options)이라는 것이다.

본 장에서 제안하고자 하는 최강최소주의이론은, 근대 철학의 아버지인 데카르트의 철학적 기조에 따라, 인간의 본성(human nature)은 물질법칙으로 설명할 수 없는 인간에 고유한 정신적 영역과 물질법칙으로 설명이 가능한 물질적 영역의 양면성을 갖는다고 보며, 인간의 언어는 바로 인간의 본성을 구성하는 정신적 영역과 물질적 영역의 상호교류에 의해 진화과정에서 자연발생적으로 생겨난 결과물이라고 본다. 또한 인간의 정신적 영역의 본질은 개념의도기관(conceptual-intentional organ: CI)이며, 물질적 영역의 본질은 감각운동기관(sensori-motor organ: SM)인데, 개념의도기관은 자체적 원리와 규칙에 따라 다양한 의미단위들을 생산해 내며, 감각운동기관은 개념의도기관과의 교신에 의해 의미단위의 외면적 형식이 되는 음성단위를 자체의 원리와 규칙에 의해 생산해 낸다.[14] 이 경우 의미단위를 생산하는 개념의도기관의 원리와 규칙은 자연의 일반원리에 지배를 받지만, 음성단위를 생성하는 감각운동기관의 원리와 규칙은 물질법칙에 영향을 받는다. 따라서 자연의 일반원리에 지배를 받는 개념의도기관은 모든 인간언어에 획일적인 의미단위(≒내용)를 제공하지만, 물질법칙에 영향을 받는 감각운동기관은 경험적 환경의 선택에 따라 다양한 음성적 선택물들(≒형식)을 제공한다. 이를 자연현상과 비교해 볼 때, 자연에 존재하는 소나무의 내면적 본질(≒내용)은 동일하나 소나무의 외면적 모습(≒형식)은 자라나는 환경과 여건에 따라 다양해지는 것과 같다. 인간언어의 특성은 모든 언어가 의미적으로는 동일한 구조를 지니나 음성적으로는 개별언어마다 상이한 구성을 갖는데, 최강최소주의이론의 관점에서 보면 이는 바로 인간언어가 진화과정에서 인간본성의 두 영역인 개념의도기관과 감각운동기관의 교신에 의해 발생된 결과물이기 때문이다.

14) 최강최소주의이론에서는 기존의 최소주의이론에서 개념의도체계(conceptual-intentional system)(혹은 사고체계(system of thoughts)라고 부르던 것을 개념의도기관(conceptual-intentional organ: CI)이라 부르고, 조음청취체계(articulatory-perceptual system)(혹은 감각운동체계(sensori-motor system)이라 부르던 것을 감각운동기관(sensori-motor organ: SM)이라 부른다. 그 이유는 기존의 최소주의이론에서는 이들 기관들이 독립적인 인지체계(cognitive system)인 언어기능(faculty of language)이 생성한 언어를 처리하는 수행체계(performance system)로 보지만, 최강최소주의이론에서는 이들 기관이 수행체계가 아니라 직접 언어를 생성하는 인간의 본성이라고 보기 때문이다.

최강최소주의이론에서 가정하는 인간언어의 발생을 도표로 나타내면 다음과 같다.

(11) 인간언어의 발생:

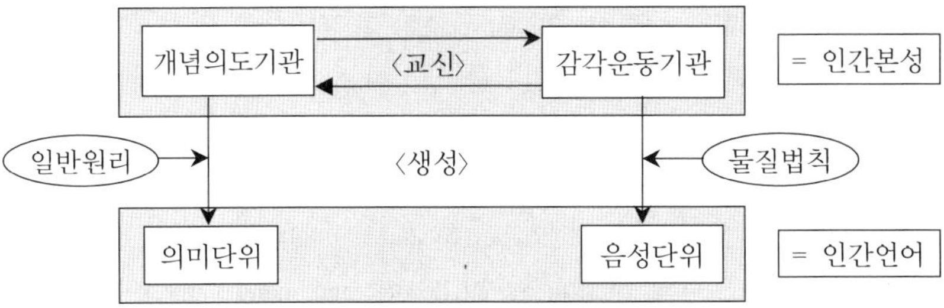

개념의도기관의 원리와 규칙을 통제해서 언어의 의미단위를 생성해내는 자연의 일반원리(General Principle)는 플라톤의 기하학적 원리로, 생물언어학적 관점에서 보면 언어의 최소성, 단순성, 효율성 등을 보장하는 자연의 본체적 원리(ontological principle)이며, 감각운동기관의 원리와 규칙을 통제해서 언어의 음성단위를 생성하는 물질법칙(Physical Law)은, 물질 역시 자연의 한 영역이므로 자연의 일반원리에 지배되지만 경험적 환경에 민감한 경험민감원리(experience-sensitive principle)이다. 언어에 대한 강력최소주의 관점인 (4)와 최강최소주의 관점인 (11)의 차이는 (4)에서는 인간언어가 개념의도기관(즉, 개념의도체계)과 감각운동기관(즉, 감각운동체계)의 요구에 의해 발생했으나 이들 체계와는 독립적인 기능을 갖는 별개의 인지체계를 구성한다고 보지만, (11)에서는 인간언어는 또 하나의 본질적 실체를 가지는 인간 두뇌의 기관(organ)이 아니라 단순히 개념의도기관과 감각운동기관의 상호교신에 의해 생성되는 하나의 외적 생산물(product)이라는 것이다. 따라서, 최강최소주의 관점에서 보면, 인간언어에서 내재언어(I-language)는 실체가 없는 허상이며, 오직 외적언어(E-language)만이 실체를 갖는 존재라는 것이다. 즉, 최강최소주의 관점에서는 인간언어가 20세기 초에 소쉬르(Ferdinand de Saussure

1857-1913)에 의해 주창된 구조주의 언어학(Structuralist Linguistics)의 관점에서와 같이 오로지 경험적 영역에 존재하는 실체이지만, 그 자체로 존재하는 것이 아니라 인간본성에서 파생되는 결과물이라는 점에서는 20세기 중반 노암 촘스키(Noam Avraham Chomsky 1929-현재)에 의해 주창된 생성주의 언어학(Generativist Linguistics)의 관점에서와 같다. 그러나 변형생성문법과 또한 다른 점은 언어를 생성하는 인간의 본성에는 내재언어라고 가정하는 언어기능이 독자적으로 존재하지 않는다는 것이다.

사실상, 다윈(Charles Robert Darwin 1809-1882)과 함께 현대 진화론의 공동창시자인 월리스(Alfred Russel Wallace 1989)에 의하면, 인간언어는 "인간의 지적, 도덕적 본성(man's intellectual and moral nature)"이라 불렀던 인간의 창의적 상상력, 언어와 상징, 수학, 자연현상의 해석과 기록 등을 수행하는 인간능력(human capacities)의 한 영역으로서 약 50000년 전에 오늘날 인간의 조상인 한 작은 종족(homo sapiens)에서 생겨났는데, 이러한 인간능력은 진화과정에서 돌연적이며 창발적(sudden and emergent)으로 발생하였으므로 "변이와 적자생존(variation and natural selection)"의 원리에 의해 설명될 수 없고, 물질세계의 존재와 관계되는 어떤 다른 자연의 원리에 의해 설명되어야 하는 하나의 신비(considerable mystery)라고 본다. 이러한 월리스(Wallace 1989)의 주장을 최강최소주의적 관점에서 보면, 인간의 창의적 상상력, 언어와 상징, 수학, 자연현상의 해석과 기록 등을 수행하는 인간능력(human capacities)의 한 영역은 바로 개념의도기관이며, 50000년 전 인간의 진화과정에서 돌연적이며 창발적으로 발생했다는 언어는 개념의도기관과 감각운동기관의 교신을 통해 생성된 의미단위와 음성단위의 갑작스러운 발생을 의미한다.

3.2 협소통사부의 무용론과 언어기능의 부재

촘스키(Chomsky 2001, 2004, 2005a, 2005b)의 강력최소주의이론이 가정하는 언어기능의 핵심은 외재언어를 생성하는 협소통사부의 연산체계이며, 연산체계에서 핵심적인 연산은 병합(Merge)이다. 촘스키(Chomsky 2005a)에 의하면, 인간의 진화과정에서 창발적 진화의 결과로 발생한 위대한 도약(Great Leap Forward)[15)]의 핵심이 바로 병합(Merge)인데, 병합은 두 개의 서로 다른 독립적인 개념(대상)을 인식하고, 이들을 결합함으로써 더 크고 복잡한 개념(대상)을 만들어내는 능력이라고 본다. 이러한 병합을 반복적으로 적용하면 고도로 복잡한 개념(대상)을 창출할 수 있게 되어 인간의 사고활동을 가능케 한다는 것이다. 강력최소주의이론에서는 병합은 외부병합(external Merge)과 내부병합(internal Merge)의 두 종류가 있다고 본다. 언어체계가 두 종류의 병합을 갖는다는 사실은 외견상 최소성조건과 효과적 연산의 원리를 위반하는 것처럼 보이지만, 개념적 필요성의 차원에서 보면 전혀 최소성조건과 효과적 연산의 원리를 위반하는 것이 아니라는 것이다. 즉, 개념적 필요성은 언어란 수행체계인 감각운동체계와 개념의도체계의 요구에 충족해야 한다는 것인데, 이 경우에 의미를 해석하는 개념의도체계에서는 인간의 복잡한 사고를 표현할 수 있는 의미적 다양성(semantic multiplicity)을 요구하게 되고, 언어는 이러한 요구에 부응해야 함으로 의미적 다양성을 충족할 수 있는 다양한 방법을 제공해야 하므로 언어체계에 두 종류의 병합작용이 존재한다는 것이다. 즉, 외부병합은 논항구조(argument structures)를 생성하고, 내부병합은 외곽특성(edge properties)인 작용역(scope)과 담화관련 정보(신구 정보, 주제, 초점 등등)를 생성한다. 강력최소주의이론에서 주장하는 병합과 의미적 다양성의 관계를 도표로 나타내면 다음과 같다.

15) 고인류학자인 Ian Tattersall은 언어는 속성상 "상징적 사고(symbolic thought)"이며, 진화과정에서 갑작스럽고 창발적(sudden and emergent)으로 발생했다고 본다. 또한 이러한 언어의 발생을 Jared Diamond는 "위대한 도약(Great Leap Forward)"이라 불렀다.

(12) 병합과 의미적 다양성의 관계:

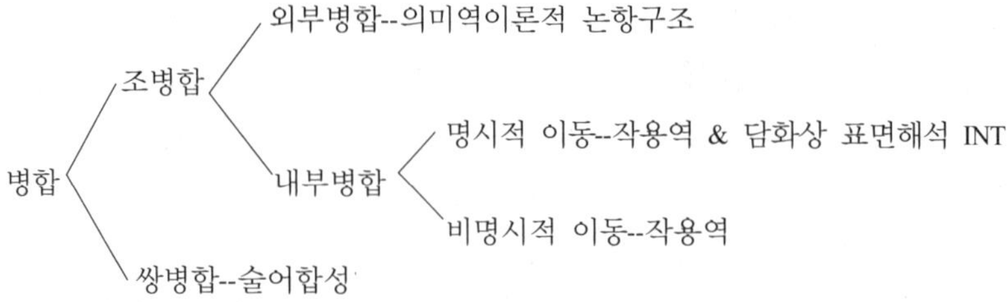

위 (12)의 도표에 의하면, 병합(Merge)은 먼저 조병합(set-Merge)과 쌍병합(pair-Merge)으로 분류되는데, 조병합은 대체(substitution)의 작용을 말하며, 쌍병합은 부착(adjunction)의 작용을 말한다. 두 개의 통사대상을 결합하여 하나의 더 큰 단위의 새로운 통사대상을 만들어내는 조병합이 있음에도 불구하고 쌍병합이 존재한다는 것은 사실상 언어의 비완벽성(imperfection)에 해당된다. 그러나, 강력최소주의이론에서는 이러한 쌍병합이 술어합성(predication composition)이라는 의미적 기여를 하고 있고, 이러한 의미적 기여가 의미적 다양성에 대한 개념의도체계(C-I system)의 요구에 기인하므로 쌍병합 역시 접합부조건(IC)에 의해 설명될 수 있는 언어의 완벽성(perfection)에 속한다고 본다. 또한 조병합에는 독립적인 두 통사대상을 대등하게 결합하여 하나의 더 큰 단위의 통사대상을 만들어 내는 외부병합(external Merge)과 한 통사대상 속에 내포되는 요소를 그 통사대상의 지정어 위치에 다시 결합하는 내부병합(internal Merge)이 있다. 내부병합을 일반적으로는 이동(movement)이라 부르는데, 이동은 기호학이나 컴퓨터언어 등과 같은 인공언어(artificial language)에는 존재하지 않을 뿐만 아니라, 또한 이동을 설명하기 위해 비해석성 자질(uninterpretable features)까지도 자연언어(natural language)에서 허용해야 하는 부담을 안게 된다. 이러한 차원에서 내부병합도 역시 언어의 비완벽성으로 볼 수 있다. 그러나 강력최소주의이론에서는 이러한 내부병합도 장거리 의존관계(long-distance dependency)와 작용역(scope), 그리고 초점(focus), 특정성(specificity), 한정성(definiteness) 등의 담화상 표면해석(discourse-related surface interpretation: INT)을 만들어내므로, 이 역시 의미적 다양성에 대한 개념의도체계의 요구로서 언어의 완벽성에 해당된다고 본다. 또한 내부병합에는 명시적 이동(overt movement)과 비명시적 이동(covert movement)을 야기하는 내부병합이 있고, 외부병합(external Merge)은 의미역이론적 논항구조(θ-theoretic argument structure)를 형성함으로써 이 역시 의미적 다양성에 대한 개념의도체계의 요구에 부응한다고 본다. 결론적으로 말해, 강력최소주의이론에서는 (12)의 도표에서 분류되는 다양한 유형의 병합들은 모두 개념의도체계의 의미적 다양성 요구에 부응하기 위해 인간의 언어기능에 반드시 존재해야 하는 작용들로 언어의 완벽성에 해당된다고 본다.

요컨대, 강력최소주의이론에 의하면, 병합과 병합에 관련되는 연산들의 존재는 협소통사부가 존재해야 하는 중요한 이유가 되고, 또한 협소통사부의 존재는 내재언어인 언어기능의 존재를 입증해 주는 중요한 근거가 된다. 그러나, 만약 병합이 협소통사부의 작용이 아니라 의미단위를 생성하는 개념의도기관의 작용이나 혹은 음성단위를 생성하는 감각운동기관의 작용이라면 협소통사부의 존재이유는 사라지며, 협소통사부의 존재가 허상이라면 언어기능을 담보해 주는 중요한 증거가 사라진다. 사실상, 본 연구에서 지향하고 있는 최강최소주의이론에서는 쌍병합과 조병합을 포함하는 외부병합은 기호의 무한한 결합을 허용함으로써 실재의 개념을 형상화하고, 계획과 사고의 능력을 생산해 내며, 가능 세계에 대한 정신적 창조를 만들어 내는 개념의도기관의 기본적인 작용이며, 이동을 유발함으로써 어순에 관한 개별언어적 변이를 생성해 내는 내부병합은 개념의도기관과 상호교신을 통해 음성단위를 만드는 감각운동기관의 기본적인 작용으로 본다. 따라서, 최강최소주의이론에서는 인간의 언어기능을 담보하는 협소통사부와 협소통사부의 연산작용은 실존하지 않는다고 본다.

사실상, 1974년에 개최된 Royaumont-MIT 심포지움에서 Frnçois Jacob과

그의 동료인 Nobell Laureate Salvodor Luria는 의사소통체계(communication system)로서의 언어의 역할은 이차적인 것이며, 일차적으로 언어는 추상적이며 생산적인 사고의 발전에 기인하며, 따라서 그것의 본질적 역할은 인지적 영상을 표출하고, 기호화하는 것으로, 기호의 무한한 결합을 허용하는 언어의 본질적 속성을 통해 실재의 개념을 형상화하고, 계획과 사고의 능력을 생산해 내며, 가능 세계에 대한 정신적 창조를 만들어 내는 것이라고 본다. 이러한 주장은 바로 언어는 인간의 본성에 속하는 정신영역의 부산물이며 기호의 무한한 결합을 허용하는 병합은 정신영역의 핵심인 개념의도기관의 기본 작용이라는 최강최소주의이론의 가정에 부합된다.

병합을 포함하는 연산체계가 협소통사부의 작용이 아니라면 더 이상 협소통사부는 존재하지 않으며, 이제 협소통사부가 존재하지 않는다면 더 이상 음운부(phonological component: Φ)와 의미부(semantic component: Σ)도 존재하지 않는다. 왜냐하면 음운부와 의미부는 협소통사부가 양도(TRANSFER)의 연산에 의해 전달해 주는 통사적 정보를 각기 음운적 정보와 의미적 정보로 해석하는 해석부(interpretation component)이기 때문이다. 참고로, 최강최소주의이론에서는 인간언어의 양면인 음성과 의미를 표출하는 음운적 정보와 의미적 정보의 생성은 각기 감각운동기관과 개념의도기관의 고유한 작용으로 본다.

그러나 협소통사부와 그것에 종속되어 있는 음운부와 의미부가 존재하지 않는다고 하더라도 아직은 언어기능 자체를 완전히 문법체계에서 제거할 수 있는 단계는 아니다. 왜냐하면, 강력최소주의이론에서는 개별언어의 어휘부(Lexicon: LEX)가 개념의도기관이나 감각운동기관과 별개로 인간의 언어기능 속에 존재한다고 보기 때문이다.

그러나 최강최소주의이론에서는 의미의 최소단위인 어휘항목이 '구성(Compose)'이라는 연산작용에 의해 개념의도기관에서 만들어진다고 보며, 따라서 이러한 어휘들의 집합체인 어휘부도 언어기능이 아니라 개념의도기관의 한 영역으로 존재한다고 본다.

사실상, David Hume 등 17, 18세기 철학자들도 인간언어의 가장 기초적인 개념인 어휘(lexical items)는 동물의 의사소통체계에서 보편적으로 나타나는 바와 같이 바깥세상의 사물과 기호 간의 지시적 관계에 의해 정신세계와는 상관없이 물질적 대상에 직접 관련되는 것이 아니라 기본적으로 인간의 정신영역인 인식력(cognoscitive powers)의 산물이라고 본다. 인식력은 물질세계와 무관한 정신적 작용을 통해 개념들(concepts)로 개별화되고, 이러한 개별화를 통해 다시 바깥세계의 사물을 지시할 수 있는 풍부한 수단을 제공하게 된다. 어휘란 바로 이러한 차원에서 인식력의 요소인 개념들과 관련되거나 혹은 그것과 동일한 것이라고 본다.[16] 이러한 인식력의 요소인 어휘들은 무한히 다양한 내면적 구조 형성, 즉 자유병합(free Merge)을 통해 사고, 해석, 계획과 그리고 인간의 다른 정신활동들 등을 낳게 된다고 본다.[17] 따라서 이러한 철학적 주장은 어휘항목의 형성과 어휘부가 언어기능이 개념의도기관의 영역에 속하는 것이라는 최강최소주의이론의 가정에 부합된다.

3.3 언어생산체계의 제안

위 (10)의 가정과 이상의 논의를 바탕으로 최강최소주의이론에서 제안하고자 하는 언어(표현)의 생산체계를 제시하면 다음 (13)와 같은 모형으로 표현된다.

---

16) 이러한 인지능력의 요소인 개념들을 Jerry Fodor는 사고의 언어(language of thought)라고 했다.

17) 따라서 정신영역의 핵심인 개념의도기관은 최소의 의미수반(meaning-bearing) 요소인 단어와 이러한 (단어)기호들의 무한한 병합과 계층적 구성을 통해 사고, 해석, 계획 등의 수행하는 수단을 제공해야 한다. 따라서 개념의도기관은 어휘를 생성하는 어휘부(lexicon)와 사건과 명제(events and propositions)의 의미단위를 나타내기 위한 어휘들의 계층적 구조를 생성하는 연산부(computational system)로 이루어진다.

(13) 언어생산체계(Language Production System):

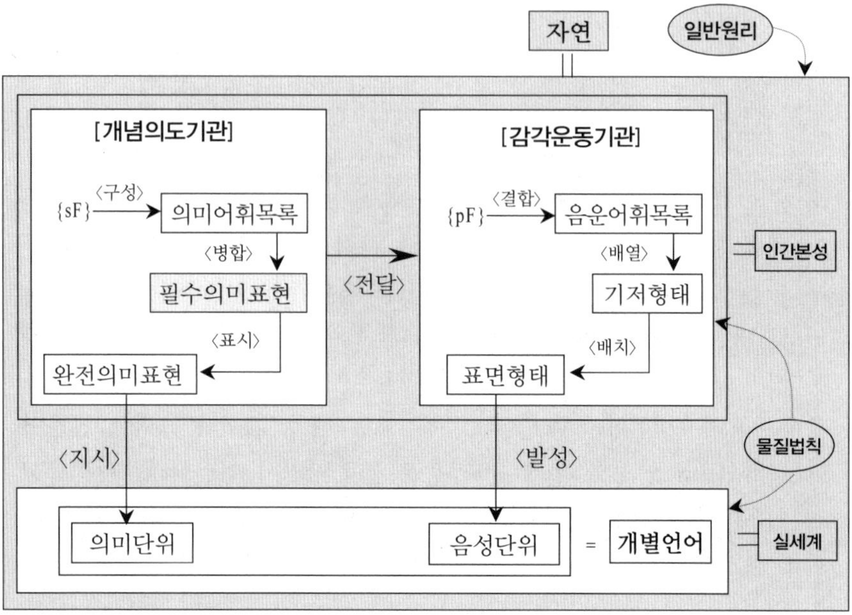

위의 모형으로 제시된 언어생산체계(language production system: LPS)를 통해 언어에 관한 최강최소주의이론의 주장을 살펴보면, 먼저 자연 속에는 물질적 경험세계인 실세계(real world)와 정신적 선험세계인 인간본성(human nature)이 본체적으로 존재하는데, 인간이 사고의 표현이나 의사소통의 목적으로 사용하는 언어는 다양한 개별언어의 형태로 실세계에 존재하며 경험의 과정을 통해 인간의 언어습득(language acquisition)에 환경적 요인을 제공한다. 개별언어는 기존의 변형생성문법에서 말하는 외재언어(E-language)에 해당되는데, 외재언어가 인간의 본유적 능력(innate competence)에 의해 생산된다고 보는 견해는 변형생성문법에서와 같다. 그러나 언어습득의 측면에서 보면, 최강최소주의이론은 20세기 초의 구조주의 언어학과 유사하다. 왜냐하면, 인간의 언어습득은 개별언어의 경험을 통해서만 습득되며, 매개변인화의 대상이 되는 내재언어

(I-language)는 별개로 존재한다고 보지 않기 때문이다. 또한 최강최소주의이론에서는 언어를 생산하는 본유적 능력은 최근의 강력최소주의이론에서 주장하는 바와 같이 인지체계(cognitive system)의 형태로 개념의도기관(CI)이나 감각운동기관(SM)과 별개로 존재하는 것이 아니라, 오직 개념의도기관과 감각운동기관만이 언어를 생산하는 인간의 본유적 능력에 해당된다고 본다. 이러한 가정 하에서는 강력최소주의이론에서 언어기능과 관련된다고 보는 개념적 필요성(conceptual necessity)이나 접합부조건, 또는 이러한 원리나 조건과 관련되는 많은 언어 작용들이 제거된다.

그러면, 최강최소주의이론의 가정 하에서는 언어가 어떤 과정을 통해 생산되는지 고려해 보자. 먼저 언어는 추상적이며 생산적인 사고를 담당하며 인지적 영상을 표출하고 기호화하고, 이러한 기호의 무한한 결합을 통해 실재의 개념을 형상화하고, 계획과 사고의 능력을 생산해 내며, 가능 세계에 대한 정신적 창조를 만들어 내는 인간의 본유적 정신영역인 개념의도기관의 한 부산물이라는 것이다. 사실상 개념의도기관은 그것의 무한한 정신적 작용을 통해 수많은 사고복합체(thought complex)를 창출해 내는데, 그 중에 일부만이 감각운동기관의 생산과정을 통해 음성언어(phonetic language)로 표출(Expose)될 수 있는 의미표현(semantic representation)이 된다는 것이다. 음성언어로 표출되지 않거나 표출될 수 없는 많은 사고복합체들도 때로는 감각운동기관의 다른 생산과정을 통해 실세계로 표출될 수 있는데, 인간의 특정행위(specific performance)와 몸짓언어(body language) 등이 이러한 표출에 속한다. 실세계로 표출되지 않는 사고복합체는 상상(imagination)으로 개념의도기관에 남는다. 또한 발성(Utter)은 감감운동기관이 사고복합체를 음성으로 표출하는 표출(Expose)의 한 형식이다. 그러므로, 언어의 본질은 개념의도기관의 정신작용의 결과로 발생하는 사고복합체이며, 사고복합체가 표현(expression)이나 의사소통(communication)의 목적으로 실세계로 표출되는 것은 인간진화의 산물이라는 것이다.

개념의도기관의 정신작용으로 생성되는 각종 의미정보(semantic information)는 감각운동기관로 전달(transmission)되는데, 감각운동기관은 경험의 요인이 반영되는 물질법칙 하에서 이러한 의미정보들을 기초로 개별언어의 어순(word order)과 음운형태(phonological form)가 반영된 표면형태(surface form)을 생성해 낸다. 개념의도기관이 생성하는 의미정보는 모든 인간언어에서 동일한 언어보편적(language-universal)이지만 감각운동기관이 생성하는 표면형태는 경험의 요인에 따라 개별언어마다 상이한 언어개별적(language-specific)이다. 개념의도기관이 생성하는 의미정보들의 최종 집합체인 완전의미표현은 지시(reference)를 통해 실세계에 존재하는 의미단위로 표출되고, 감각운동기관이 생성하는 표면형태는 발성을 통해 실세계의 음성단위로 표출된다. 실세계에 존재하는 이러한 의미단위와 음성단위의 짝들의 집합은 개별언어를 이루며, 개별언어는 사고의 표현이나 의사소통의 수단으로 사용된다.

그러면 구체적으로 개념의도기관(CI)에서 의미표현이 생성되는 과정과 감각운동기관(SM)에서 표면형태가 생성되는 과정을 살펴보자.

먼저, 개념의도기관의 본유적인 특성은 의미자질들(semantic features)의 집합인 {sF}과 구성(Compose), 병합(Merge), 표시(Mark) 등의 연산(computation: C_{CI})인데, 개념의도기관은 '구성'이라는 연산의 일괄적 수집(one-time collection)과 일괄적 조립(one-time assembly)의 작용을 통해 의미자질들의 최소단위인 의미어휘항목(semantic lexical items)과 의미어휘항목들의 집합체인 의미어휘목록(semantic lexicon)을 도출한다. 그 뒤 병합(Merge)의 연산은 두 의미단위를 결합하는 작용을 말하며, 의미어휘목록으로부터 해당 의미어휘항목들을 선발하여 이들을 다발적이며 순차적으로 결합한다. 병합은 먼저 두 대상 중 핵(head)이 되는 어휘항목의 의미선택적 특성(s-selectional property)에 따라 이루어짐으로써 명제(proposition)의 의미단위를 형성하고, 그 뒤 명제의 의미단위에 서술(declarative), 의문(interrogativr), 명령(imperative), 가정(subjunctive), 가능(possibility), 추측(supposition) 등을 나타내는 양태적 특성(modal properties)과, 초점(focus),

특정성(specificity), 한정성(definiteness), 신정보(new information) 등을 나타내는 담화상 특성(discoursal properties)을 갖는 보문소(C)를 의미어휘목록으로부터 선발하여 병합함으로써 소위 '필수의미표현(bare semantic representation)'을 도출한다.[18] 구조적으로 명제는 논항구조(argument structure)를, 필수의미표현은 문장구조(sentence structure)를 이룬다. 이러한 필수의미표현이 도출되면 표시(Mark)의 연산이 적용되는데, 표시는 탐색(Search)에 의해 양태와 외곽특성의 자질들을 필수의미표현 속에 내포되는 관련 구성소들에게 할당(Allot)함으로써 소위 '완전의미표현(complete semantic representation)'을 도출한다. 완전의미표현은 더 이상의 병합이 요구되지 않는 독립적인 의미단위를 이룰 수도 있고, 하나의 의미단위로서 병합의 대상이 되어 계속적인 병합에 참여할 수도 있다. 전자의 경우는 단문(simple sentence)을, 후자의 경우는 복문(complex sentence)을 생성한다. 최강최소주의이론의 언어생산체계에서는 초점(focus), 특정성(specificity), 한정성(definiteness), 신정보(new information) 등을 나타내는 담화상 특성(discoursal properties)은 C의 담화자질(discoursal features)로 나타나나 양화사의 작용역(scope)에 결정하는 작용역상 특성(scopal properties)은 표시의 연산에 의해 자동적으로 도출되는 부속적인 개념으로 본다. 이와 같이 병합과 표시의 연산은 다양한 사고복합체를 생성함으로써 개념의도기관이 요구하는 의미적 다양성(semantic multiplicity)에 기여한다. 필수의미표현과 완전의미표현 등의 의미표현은 어순이 결정되지 않은 채 언어보편적(language-universal)인 계층적 구조로 존재한다.

사실상 의미표현을 생성하는 이러한 개념의도기관의 작용은, 물질세계 속에서 개별언어의 사용을 통한 개인 간의 의사소통의 목적과는 상관없이, 자체로서 생성한 의미어휘항목들을 이용하여 무한히 다양한 내면적 구조를 형성함으로써 사고, 해석, 계획과 그리고 가능 세계에

18) '병합'도 '구성'과 유사한 개념이나, 병합과 구성의 차이는 병합은 두 대상을 결합하는 더 큰 단위의 개념의 복합체를 만드는 이중결합(dual combination)을 말하나, 구성은 둘 이상의 대상을 융합하여 하나의 더 큰 개념을 만드는 다중결합(multiple combination)을 말한다.

대한 무한한 정신적 창조를 만드는 인간의 독자적인 정신활동(mental activity)의 일환이다. 따라서 개념의도기관의 연산체계는 환경과 경험적 요인을 반영하는 물질법칙과는 상관없이 자연의 일반원리(즉, 단순성(simplicity), 최소성(minimality), 효율성(efficiency), 자연성(naturalness) 등)에 따라 작용한다.

개념의도기관(CI)에서 생성되는 의미어휘목록, 필수의미표현, 완전의미표현 등의 의미정보는 '전달(Transmit)'이라는 정신작용을 통해 감각운동기관(SM)으로 전달되는데, 감각운동기관은 전달받은 의미정보를 바탕으로 개별언어에서 사용할 단어와 구, 그리고 문장 단위에까지 음운형태(강세(stress), 성조(intonation) 등의 초절음소(superasegmental phonemes)까지도 포함)를 부여하고, 문장을 구성하는 단어들의 선형상 어순(linear order)까지도 결정함으로써 소위 문장의 '기저형태(base form)'와 '표면형태(surface form)'를 도출한다. 여기서 '전달'이라는 정신작용은 인간의 진화과정에서 의미(meaning)-소리(sound)의 양면성을 갖는(즉, 의사소통의 목적으로 사용되는) 언어의 창발적이며 돌연적 발생을 가능하게 한 핵심적 요인이다. 사실상, 본 연구에서 제안하고자 하는 최강최소주의이론은 인간의 진화과정에서 인간본성의 두 영역인 개념의도기관과 감각운동기관의 상호교신에 의해 창발적이며 돌연적으로 생겨난 한 정신작용이 바로 '전달'이다. 전달은 개념의도기관과 감각운동기관을 이어주는 접합부(interface)의 작용이며, 언어는 바로 이 '전달'이라는 접합부의 작용으로 발생한 인간진화의 부산물이라고 본다.

언어와 관련되는 감각운동기관(SM)의 본유적 특성은 음운자질들(phonological features)의 집합체인 {pF}와 결합(Combine), 배열(Dispose), 배치(Arrange)(=이동(Move) + 첨가(Annex)) 등의 연산(computation: C_{SM})이다. 결합(Combine)의 연산은 경험적 요인에 따라 {pF}에 속한 음운자질들을 일괄적 수집(one-time collection)과 일괄적 조립(one-time assembly)의 작용을 통해 개별언어에서 사용할 음운어휘들의 집합체인 음운어휘목록(phonological lexicon)을 생성한다. 그 뒤, 배열(Dispose)의 연산은 개념의도기관으로부터 전달받은 필수의미표현의 의미어휘항목들을 음운어휘목록에서 선발된 음운어휘항목들로 교체하고, 격원리(Case principle), 핵매개변인(head parameter) 등에 입각하여[19] 음운어휘항목들을 배열함으로써 문장구조의 기저형태를 도출한다. 다시 배치(Arrange)의 연산은 개념의도기관로부터 전달받은 완전의미표현의 정보를 바탕으로 단어와 구, 그리고 문장 범주 등에 표시되어 있는 양태와 외곽특성, 그리고 성조 등의 표시를 확인하고 그 어휘항목이나 구, 그리고 문장 범주들을 개별언어의 경험적 요인에 따라 특정의 위치로 이동(Move)하거나 강세(stress)나 성조(intonation) 등을 첨가(Annex)함으로써 문장의 표면형태(surface form)를 도출한다.

위에서 살펴본 바와 같이, 최강최소주의이론에서는 인간의 (개별)언어는 개념의도기관의 연산에 의해 생성된 완전의미표현과 감각운동기관의 연산에 의해 생성된 표면형태가 사고표현이나 의사소통의 목적으로 각기 지시(Refer)와 발성(Utter)이라는 표출(Expose) 작용을 통해 실세계에 존재하는 의미단위와 음성단위로 표출된 것이라고 본다. 인간이 본유적으로 타고나는 보편문법(universal grammar)은 인간본성의 두 영역인 개념의도기관과 감각운동기관에 각기 존재하는 의미자질집합 {sF}과 음운자질집합 {pF}, 그리고 구성, 병합, 표시, 결합, 배열, 배치 등의 연산이다. 이들 보편문법 중에 감각운동기관의 연산은 물질법칙에 따라 환경과 경험의 지배를 받는데, 이러한 결과로 개별언어라는 다양한 이형태(particular language variants)들이 발생한다. 따라서, 개인의 언어습득은 환경과 경험의 요인에 의해 감각운동기관의 연산 작용에 매개변인적 변이(parametric variation)가 발생하는 과정이다. 이중에서 의미어휘목록을 음성어휘목록으로 변환하는 결합은 매개변인적 변이의 발생(즉, 어휘의 학습)을 위한 개별언어의 경험을 가장 많이 요구하는 연산이고, 매개변

19) 격원리에 대해서는 아래 4절의 논의를 참고하고, 핵매개변인에 대해서는 Huang(1981)을 참조하기 바란다. 혹은 기저형태의 결정에 Kayne(1994)의 선형대응공리(Linear Correspondence Axiom: LCA) 등도 관여할 수 있다.

인적 변이의 발생을 위한 개별언어의 경험을 가장 적게 요구하는 연산은 배열이다. 왜냐하면, 배열은 이미 그 속성으로 존재하는 원리(격원리, 핵매개변인, 선형대응공리 등)의 [±] 값만을 언어경험을 통해 결정하나, 결합은 개별언어별, 어휘항목별로 개별적으로 이루어지기 때문이다. 배치의 연산은 최단이동(shortest Move)이나 국부성조건(locality condition)과 같은 자연의 일반원리에 기인하는 보편적 원리가 있지만, 이동의 여부과 위치의 결정, 그러고 강세와 성조 등의 첨가는 개별언어에 따라 상이하게 적용되므로 (매개변인적) 변이의 발생에 다소의 경험이 요구된다. 어린이들에 의한 개별언어의 문법적 학습은 비교적 짧은 시간(3-4세)에 완성되나 어휘의 학습은 경험의 시간에 비례한다는 것은 최강최소주의적 언어습득의 가정을 입증한다고 볼 수 있다.

4. 언어생산체계의 운용

최강최소주의이론에서 제안하는 언어생산체계의 중요한 특징 중에 하나는 어휘부를 의미어휘부와 음운어휘부로 양분하고 있다는 점이다. 이러한 주장은 일견에 어휘부가 개인의 언어경험에 의해 자질의 집합체 {F}로부터 의미자질과 음운자질, 그리고 형식자질까지 한 번에 결합된 어휘항목들의 집합체로 이루어진다는 강력최소주의이론의 주장에 비해 개념적으로 복잡해 보인다. 그러나 최강최소주의이론에서 어휘부를 의미어휘부와 음운어휘부로 양분하는 주장의 중요한 장점 중에 하나는 어휘항목의 형성에 나타나는 보편적 특성과 경험적 특성을 구분해서 기술할 수 있다는 점이다. 즉, 강력최소주의이론의 주장에서는 어휘항목의 형성이 오로지 개인의 언어경험에 의해서 이루어진다고 보지만, 최강최소주의이론에서는 개념의도기관에서 구성의 연산으로 생성되는 의미어휘부는 모든 언어에서 동일하게 나타나는 보편적이며 선험적인 인간의 본성에 기인한다는 것이다. 어휘항목의 형성에 나타나는 언어개별적 경험의 요소는 언어마다 자의적(arbitrary)인 어휘항목의 음성적 표현인데, 최강최소주의이론에서는 이러한 어휘항목의 음성적 표현은 환경과 경험의 요인에 지배되는 감각운동기관의 결합(Combine)이라는 연산의 매개변인적 변환(Convert) 작용에 기인한다는 것이다. 음운어휘항목의 도출과정을 도표로 나타내면 아래 (14)와 같다.

(14) 음운어휘항목의 도출과정:

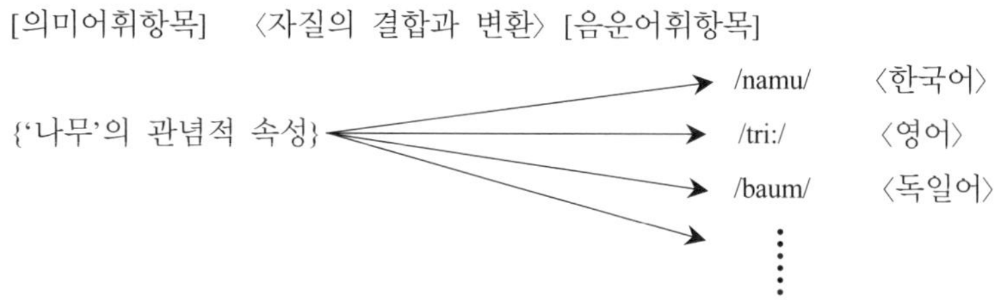

어휘부가 의미어휘부와 음운어휘부로 양분된다는 최강최소주의적 주장이 갖는 또 다른 장점은 강력최소주의이론에서는 어휘의 생성과 관련되는 부서가 어휘항목을 생성하는 어휘부(Lexicon) 이외에도 어휘항목이나 어휘항목의 결합체를 단어(word)로 해석하여 음성으로 표현하는 소위 형태부(morphology)가 별도로 존재한다고 보지만, 최강최소주의이론에서는 형태부를 가정하지 않으며, 형태부의 기능은 단지 감각운동기관의 결합이라는 연산의 한 작용일 뿐이라는 것이다.

최강최소주의이론의 또 다른 장점은 언어표현에서 의미표현에 기여하는 (계층적) 구조와 음성표현에만 나타나는 어순을 분리한다는 것이다. 사실상 의미표현에 기여하는 계층적 구조는 모든 언어에서 동일하게 나타나는 언어보편적(language-universal)인 현상이지만, 개별언어의 음성표현에 나타나는 어순은 언어마다 상이한 언어개별적(language-specific)

인 현상이다. 이러한 현상에 대해 기존의 강력최소주의이론에서는 어순까지도 협소통사부에서 구조적으로 결정하려고 시도함으로써 보편문법인 이동(Move)의 연산에 개별언어적 요인의 부담을 주게 될 뿐만 아니라, 또한 강력최소주의이론에서는 이동을 협소통사부(narrow syntax)에서 적용되는 내부병합(internal Merge)으로 보며, 내부병합을 포함한 협소통사부의 모든 연산은 오로지 형식자질인 일치자질과 격자질에 의해서만 추진된다고 보는데,[20] 그럼에도 불구하고 많은 경우 이동이 음성자질에 민감하다는 사실이 발견된다.[21] 이러한 사실 역시 이동을 감각운동기관의 연산인 배치(Arrange)의 한 작용으로 보는 최강최소주의이론의 타당성을 입증해 주는 강력한 증거들이 된다. 왜냐하면, 최강최소주의이론에서는 감각운동기관의 모든 연산이 근본적으로 음운자질에 근거하며, 또한 개별언어적 경험에 영향을 받는다고 보기 때문이다. 최강최소주의이론에서는 개념의도기관의 연산인 병합에 의해 생성되는 의미표현의 계층구조(hierarchical structure)는 어순에 대해 중립적인 언어보편적 구조이며, 감각운동기관의 연산인 배열과 배치에 의해 도출되는 기저형태와 표면형태는 어순이 결정된 언어개별적인 음성표현이라고 본다.

'배열(Dispose)'은 개념의도기관으로부터 전달되는 필수의미표현의 의미정보를 바탕으로 언어경험에 의해 결정되는 격원리와 핵 선행의 매개변인에 입각해 다음 (15)에서와 같이 개별언어적 문장의 기본어순이 나타나는 기저형태를 도출한다.

---

20) 촘스키(Chomsky 1995)에서는 이런 차원에서 최소주의이론을 자질-추진문법(feature-driven grammar)이라 일컫기도 한다.

21) 각주 1) 참조.

(15)

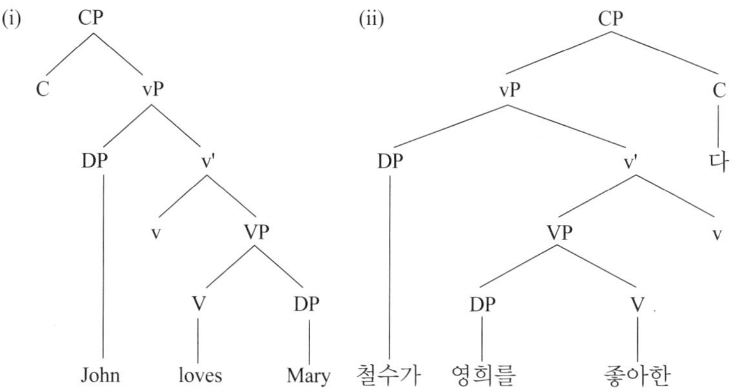

위의 구조는 기존의 강력최소주의이론에서 가정하는 구조와 비교해 볼 때 불필요한 개념들이 제거된 훨씬 간단한 구조이다. 최강최소주의 이론에서는 아래 (16)의 가정 하에서 의미적 차원에서 기여가 없거나 해당 어휘항목을 갖지 않는 범주(category)는 존재하지 않는다고 본다.

(16) 어휘항목을 갖지 않는 어휘범주는 존재하지 않는다. (The lexical category does not exist iff no lexical item belongs to it.)

따라서, 시제소 T의 범주는 존재하지 않는다. 왜냐하면, 의미어휘목록에는 T에 소속되는 어휘항목이 없으며, T는 의미적으로도 아무런 기여가 없기 때문이다. 기존의 변형생성문법에서 T가 의미한다고 보는 시제(tense)는 대부분의 언어에서 동사의 굴절(자질)로 나타난다. 그러나 T와 비교해 볼 때 보문소 C는 양태나 담화상 특성을 나타내므로 의미적 기여가 있으며, 또한 *that*, *for*, *whether*, ϕ 등의 소속 어휘항목이 존재한다. 또한, v는 타동성(transitive)과 사역성(causative)의 의미적 기여가 있으며,[22] 시제가 없는 원형동사를 선택할 때 나타나는 부정사소(infinitive

---

22) Keyser(1993)는 v가 타동성과 사역성을 가짐으로써 동작주(agent) 의미역을 갖는 DP와 사역자(causer) 의미역을 갖는 DP는 vP의 지정어(Spec) 위치에 병합된다고 본다.

particle) *to*와 조동사(auxiliary verbs)들이 소속 어휘항목으로 나타난다.

한편, 최강최소주의이론의 격원리(Case principle)는 다음과 같은 하위 원리들을 가진다.

(17) (i) 음성적 실체를 갖는 DP는 격을 할당받거나 혹은 격을 할당받는 허사와 연쇄를 이룬다. (The DP with phonetic contents must be Case-marked or form a Chain with an expletive.)

(ii) 격은 격할당자의 최소탐색에 의해 할당되는데, 대격동사는 대격을, C는 주격을 할당한다. (Case is marked by minimal search, with accusative Case marked by accusative verbs and nominative Case by C.)[23)]

(iii) 핵 선행 언어에서는 격할당이 오른쪽으로 이루어지나, 핵 후행 언어에서는 격할당이 왼쪽으로 이루어진다. (Case-marking performs rightward in head-initial languages, while leftward in head-final languages.)

(iv) 핵 선행 언어에서는 격할당 시 인접조건이 준수되나, 핵 후행 언어에서는 인접조건이 준수되지 않는다. (The adjacency condition on Case-marking is respected in head-initial languages, while not in head-final languages.)

위의 격원리 중에서 (17iii)와 (17iv)는 사실상 [±핵 선행]으로 표시되는 핵매개변인(head parameter)에 기인되는 특성으로 볼 수 있다. 이제, [±핵 선행]의 핵매개변인과 위 (17)의 격원리에 따라 감각운동기관의 연산인 배열은 (15)의 문장구조에 나타나는 바와 같은 어순을 결정하는데, 먼저 영어는 [+핵 선행], 한국어는 [-핵 선행]의 값을 갖는 언어로 분류된다. 따라서 영어에서는 목적어인 *Mary*가 선행하는 동사 핵 *loves*로부터 대격(accusative Case)을 할당받고, 한국어에서는 목적어인 '영희'가 후행하는 동사 핵 '사랑한'으로부터 대격을 할당받음으로써 이들 간의 어순이 결정된다. 또한 영어의 경우 주어 *John*은 선행하는 보문소 핵 C로부터 주격(nominative Case)을 할당받고, 한국어에서는 주어 '철수'가 후행하는

23) 최소탐색(minimal search)의 정의에 관해서는 각주 23) 참조.

보문소 핵 C로부터 주격을 받는다. 이 경우 한국어에서는 C와 '철수'가 인접해 있지 않지만 (17iv)의 효과로 '철수가' 거리상 가장 가까이 있는 DP이므로 격을 할당한다. 따라서 언어별로 주어 DP와 C 간의 어순이 결정된다.

이제, 개념의도기관에서 전달되는 완전의미표현이 감각운동기관의 '배치(Arrange)'라는 연산에 의해 어떻게 어순과 강세, 그리고 성조 등이 결정되는지 초점 등의 담화상 특성을 갖는 *wh*-의문문의 사례를 통해 살펴보자.

(18)

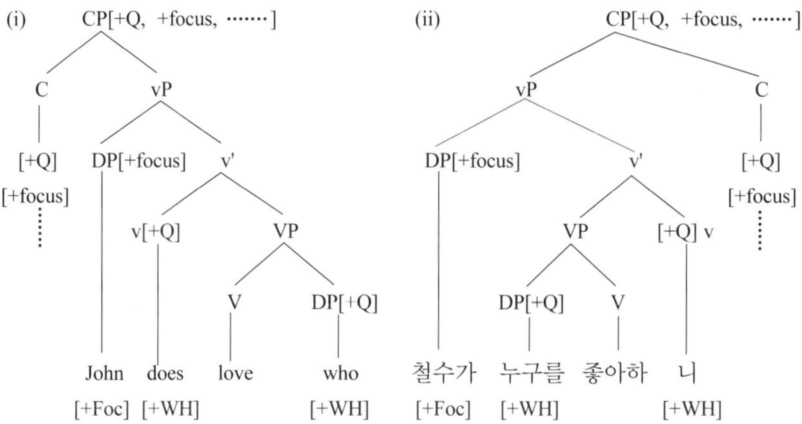

위 구조표현은 사랑하는 대상이 '누구'인지를 묻는 의문문이면서 동시에 사랑하는 주체인 주어에게 초점(focus)을 두는 초점구문의 완전의미표현이다. 먼저 이러한 완전의미표현은 개념의도기관에서 표시의 연산이 보문소 C가 갖는 양태와 담화상 특성을 문장 내부의 관련 구성요소에게 표시함으로써 도출된다. 표시는 다음과 같은 과정으로 이루어진다.

(19) (ⅰ) 보문소 C는 그것의 양태자질과 담화자질을 그것의 투사 CP에 삼투한다. (C percolate to its modal and discoursal features to its projection CP.)
(ⅱ) CP는 그것의 구성소를 탐색하고 삼투된 자질을 할당한다. (CP searches its constituents and allots the relevant percolated features to them.)

위 (19i)는 '핵의 모든 특성은 그대로 그것의 투사범주에게 전달된다'는 투사의 원리에 의해 포착될 수 있는 규약(convention)이라면, 사실상 표시(Mark)는 (19ii)의 규약에서와 같이 탐색(Search)과 할당(Allot)의 작용으로 구성되는 연산으로 보아야 한다. 탐색은 일종의 확인작용으로 다음과 같이 정의된다.

(20) 탐색자는 대조되는 자질을 가진 구성소를 자신의 관할영역에서 확인한다. (The searcher identifies the constituents with the features matched with its features within its own dominating domain.)[24)]

이제, 위 (19)에 정의되는 표시의 연산에 의해 개념의도기관은 (18)의 완전의미표현을 도출한다. 최강최소주의이론의 언어생산체계에서는 이동과 상관없이 양화사(quantifier)의 작용역(scope)은 표시의 연산에 의해 자동적으로 도출된다고 본다.[25)] 즉, 양화사의 작용역은 그것에 양태와 담화 등의 자질을 할당하는 하는 CP의 관할영역(dominating domain)이 된다.

(19)에 정의되는 표시의 연산에 의해서 (18)의 완전의미표현이 도출되면, 이제 '전달(Transmit)'에 의해 그 의미정보를 감각운동기관으로 전달한다. 이러한 완전의미표현의 의미정보를 전달받은 감각운동기관은 개

---

24) 따라서 격원리에서 활용되는 최소탐색(minimal search)의 개념은 다음과 같이 정의된다.
(i) 탐색자는 거리상 가장 까가운 구성소를 자신의 관할영역에서 확인한다. (The searcher identifies the closest constituent within its own dominating domain.)

25) 강력최소주의이론의 수정 탐침자-목표물 문법체계에서는 양화사의 작용역이 이동의 결과로 도출된다고 주장함으로써 이동을 협소통사부의 명시적 이동(overt movement) 이외에 의미부에서 적용되는 비명시적 이동(covert movement)을 가정하고 있다. 이러한 가정 역시 탐침자-목표물 문법체계가 갖는 비완벽성에 해당된다.

별언어의 경험에 의해 값이 정해진 매개변인 하에서 '배치(Arrange)'의 연산을 적용하여 문장의 최종어순과 강세, 성조 등이 결정되는 표면형태를 도출한다. 배치와 관련되는 한국어의 매개변인은 [-wh-이동]이고, 영어의 매개변인은 [+wh-이동]이다. 따라서 한국어에서는 의문사 DP는 제자리(wh-in-situ)에 남으나, 영어에서는 의문사 DP가 그것의 작용역을 통어(command)하는 위치(즉, CP의 지정어 위치)로 이동한다. 또한 이때 C에 의해 [+Q]의 표시를 받은 핵 범주 v도 배치작용에 의해 그것을 선택한 C로 이동한다. 의문문에서 v-to-C의 이동은 한국어와 영어에서 동일한 [+v-to-C 이동]의 매개변인을 갖는다고 본다. 또한 배치의 연산 하에서 [+focus]와 같은 담화자질의 할당은 개별언어의 특성에 따라 다양한 결과로 나타나는데, 때로는 구성소의 이동으로, 때로는 구성소의 강세나 성조로 나타난다. 또한 CP에 삼투된 양태와 외곽자질들은 CP 내에 다른 표시와 연합하여 CP 전체의 성조를 결정한다. 결과적으로 감각운동기관은 배치의 연산에 의해 위 (18)의 완전의미표현에 대한 다음과 같은 표면형태를 도출한다.

(21) (i)

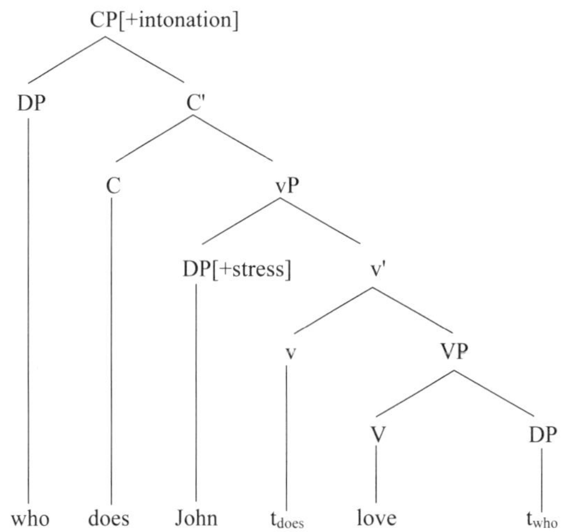

(ii)

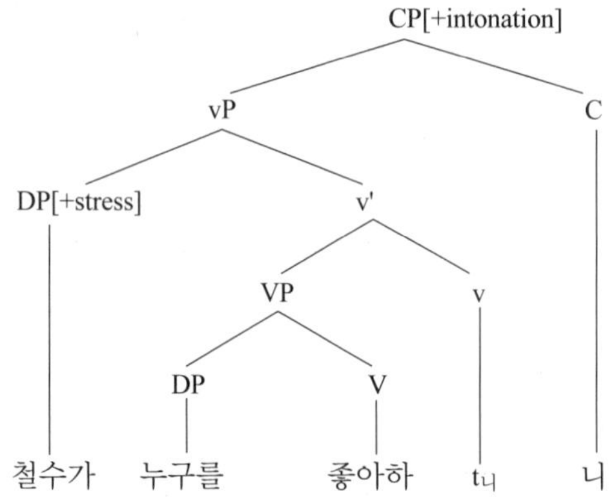

이제, 언어생산의 마지막 단계로 본 연구에서 제안한 언어생산체계 (13)는 (18)의 완전의미표현을 개념의도기관과 실세계 사이의 접합부 작용(interface operation)인 '지시(Refer)'에 의해 실세계의 의미단위로 표출되고, (21)의 표면형태도 역시 감각운동기관과 실세계의 접합부 작용인 '발성(Utter)'에 의해 실세계의 음성단위로 표출된다.

5. T 없는 통사론의 타진

본절에서는 앞서 살펴본 최강최소주의이론에서 현안으로 심각하게 재검토되어야 할 '시제범주(tense category) T의 존재'에 관한 문제를 논의하고자 한다. 요컨대, 본절에서는 먼저 촘스키(Chomsky 2004, 2005a, 2005b)의 강력최소주의이론에서뿐만 아니라 기존의 최소주의이론에서 T의 가정으로 인해 발생하는 이론적 혹은 경험적 문제점들이 무엇인지 살펴보고,[26] 이러한 모든 문제점들이 통사부로부터 T를 제거함으로써 근원적으로 해소될 수 있음을 밝히고자 한다.[27]

먼저, 위에서 살펴본 바와 같이, 필자의 최강최소주의이론에서는 인간의 언어는 문장의 의미(meaning)에 관여하는 개념의도기관(conceptual-intentional organ: CI)과 문장의 음성(sound)에 관여하는 감각운동기관(sensori-motor organ: SM)의 직접적인 상호작용으로 생성된다고 보고, 따라서 문장의 의미와 소리에 기여하지 않는 어휘항목과 범주는 존재하지 않는다고 주장하면서 다음 (22)와 범주의 설정기준을 제시한다.

(22) 어휘항목을 갖지 않는 범주는 존재하지 않는다. (The category does not exist iff no lexical item belongs to it.)

즉, (22)는 '해당 어휘항목이 없으면 의미적, 음성적 기여가 없고, 의미적, 음성적 기여가 없으면 그러한 범주는 당연히 어휘목록(Lexicon)에 존재하지 않는다'는 의미를 함축한다. 따라서 (22)에 의하면 다음과 같은 결과가 도출된다.

(23) 시제범주 T는 존재하지 않는다. (The tense category T does not exit.)

왜냐하면, 의미어휘목록에는 T에 소속되는 어휘항목이 없으며, T는 의미적으로도 아무런 기여가 없기 때문이다. 기존의 생성주의 언어학(Generativist Linguistics)에서 T가 의미한다고 보는 시제(tense)는 대부분의 언어에서 동사의 굴절(자질)로 나타난다. 그러나 T와 비교해 볼 때 보문소 C는 양태나 담화특성을 나타내므로 의미적 기여가 있으며, 또한 *that, for, whether, Φ* 등의 소속 어휘항목이 존재한다. 또한, v는 타동성(transitive)과 사역성(causative)의 의미적 기여가 있고,[28] T 대신 시제 발

26) '탐침자-목표물 문법체계'의 비완벽성에 대해서는 김용석(2010a, 2010b, 2012b) 참조.

27) 이러한 논증은 사실상 T의 존재를 부정하는 필자의 최강최소주의이론의 타당성을 입증해 준다고 볼 수 있다.

28) Hale and Keyser(1993)는 v가 타동성과 사역성을 가짐으로써 동작주(agent) 의미역을 갖는 DP와 사역자(causer) 의미역을 갖는 DP는 vP의 지정어(Spec) 위치에 병합된다고 본다.

현장소(tense locus)의 역할을 하며, 또한 부정사소(infinitive particle) *to*, 경동사(light verbs), 조동사(auxiliary verbs) 등이 소속 어휘항목으로 규정된다.[29)]

또한, 필자의 최강최소주의이론에서는 문장(즉, 완전의미표현(complete semantic representation))의 구성은 주술관계(subject-predicate relation)를 나타내는 명제(proposition)와 양태/담화적 특성(modal-discoursal properties)의 결합으로 이루어진다고 보며, 명제는 vP의 논항구조적 정보(information of argument structure)에 의해 표현되고, 양태/담화적 특성은 보문소 C의 양태/담화자질(modal-discoursal features)에 의해 표현된다고 본다. 따라서 문장의 구성은 다음 (24)의 도식과 같이 나타난다.

(24) 문장 = [$_{CP}$ [$_{C}$ 〈양태/담화특성〉] + [$_{vP}$ 〈명제〉]]
(Sentence = [$_{CP}$ [$_{C}$ 〈*modal-discoursal properties*〉] + [$_{vP}$ 〈*proposition*〉]])

위의 도식에 의하면, 기존의 강력최소주의이론에서 가정해 왔던 시제범주 T는 문장의 의미적 구성에 있어 아무런 기여를 하지 않으며, 단순히 통사적 차원에서 C와 v를 연결하는 연결고리(linker)의 역할을 수행해왔다고 볼 수 있다. 즉, T는 그것의 범주선택적 특성(c-selectional property)에 의해 v를 선택하고, 또 동시에 C에 선택됨으로써 C-T-v의 선형적 연결체(linear sequence)를 만들어낸다. 그러나, 많은 경우, T가 수행한다고 가정해 왔던 특성들이 C의 특성으로 확인되고 있으며,[30)] 또한

---

29) 영어에서 *be*와 *have* 등의 경동사(light)는 부정사소나 조동사가 나타나지 않을 경우 표면상 v에 위치하지만, 사실상 이 경우도 경동사는 v의 소속 어휘항목이 아니라 음운부에서 v로 핵이동한 V로 볼 수 있다. 이때 경동사는 관련 분사구를 보충어로 취한다고 본다. 이러한 가정에 의하면 아래 (ia)의 수동태구문은 (ib)의 중간단계의 도출을 갖는다.

(i) a. Several prizes are awarded.
b. [$_{vP}$ v [$_{VP}$ be [$_{PRTP}$ PRT [$_{VP}$ award [$_{NP}$ several prizes]]]]]

위의 표현에서 PRT는 분사(participle)의 형태소를 나타내며, 수동태동사(passive verb) awarded는 award+PRT의 결합형태라고 본다.

30) 기존의 이론에서 T가 갖는다고 가정해 왔던 여러 문법적 기능이 사실상 많은 언어에서 C에 의해 수행되고 있음이 발견된다. 예컨대, 아일랜드어(Irish)에서는 동사와 함께 C에 시제(tense)가 표시되

강력최소주의이론의 수정 탐침자-목표물 문법체계에서까지도 C와 v만이 국면(phase)을 이루는 기능범주로 규정하고 있다는 점에서 T의 존재 근거는 언어이론적 차원에서도 희박하다. 이제 남는 T의 유일한 존재의미는 그것의 지정어(Spec) 자리를 문장의 주어를 위한 위치로 제공한다는 것인데, 사실상 이마저도 위 (24)의 도식에 의하면 주술관계를 나타내는 명제 속에서 주어가 나타나는 위치가 바로 vP의 지정어 위치로 규정될 수 있으므로 아무런 T의 존재 근거가 될 수 없다.

결과적으로 최강최소주의이론의 문법체계 하에서는 다음과 같은 문장구조가 설정된다.

(25)

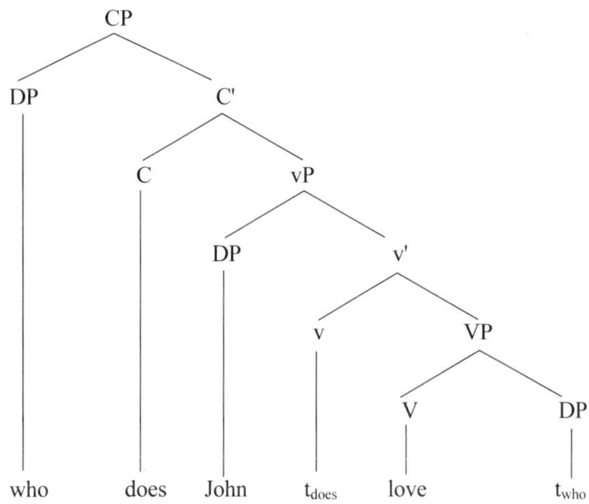

또한 최강최소주의이론의 문법체계에서는 다음과 같은 격원리(Case Principle)를 제안하고 있다.

며(McCloskey 1979 참조), 서플란더즈어(West Flemish)에서는 C가 동사와 함께 주어의 인칭(person)과 수(number)에 일치(agreement)하며(Haegeman 1983 참조), 유사한 일치관계가 독일어의 하층 바바리아 방언(Lower Bavarian German) 등에서도 발견된다(Bayer 1984 참조).

(26) (i) 음성적 실체를 갖는 논항 DP는 격을 할당받아야 한다.[31] (The argument DP with phonetic contents must be Case-marked.)

(ii) 격은 격할당자의 최소탐색에 의해 할당되는데,[32] 전치사 P, 대격동사 V, 그리고 보문소 C가 격할당자가 된다.[33] (Case is marked by the minimal search of the head categories such as preposition P, accusative V and complementizer C.)

따라서 위의 (25)의 구조에서 주어 *John*은 C로부터, 목적어 *who*는 대격동사 *love*로부터 각자의 격(Case)을 할당받는다.

이제, 위에서 제기한 T의 존재에 대한 의문에도 불구하고, T를 문법체계에 도입함으로써 발생할 수 있는 실질적인 문제점이 무엇인지 검토해 보자.

촘스키(Chomsky 2005b)에서는 T의 도입으로 인해 다음 (27)과 같은 가정을 설정하고 있다.

(27) (i) T가 C에 의해 선택된다면, T는 C로부터 일치자질과 시제를 계승받는다. (T inherits Agree- and Tense-features from C iff it is selected by C.)

(ii) 이차병합을 유발하는 외곽자질은 국면의 핵으로부터 일치자질이 계승될 때 함께 계승될 수 있다. (The second-Merge triggering EF can be inherited from the phase head along with the Agree-feature.)

---

31) 김용석(2010b, 2012b)에 의하면, (5i)는 다음 (i)와 같이 일반화될 수 있다고 본다.
(i) 논항 DP는 격을 가져야 한다. (Argument DP should have Case.)
이 경우, Stowell(1981)의 주장을 받아들여 PRO는 고유격(inherent Case)을 갖는다고 본다. 참고로, 허사 *there*는 논항 DP와 연쇄는 이룰 수 있지만, 그 자체로는 논항이 아니므로 탐색에 의한 격할당을 받지 않는다.

32) 최소탐색(minimal search)의 정의에 관해서는 촘스키(Chomsky 2005b) 참조.

33) 김용석(2010a, 2010b, 2012b)에서는 보문소 C가 기존 시제소 T의 대부분 문법적 기능을 수행하며, 또한 문장의 주어에게 격을 할당한다고 본다. 다음 (i)의 예가 C가 주어에게 격을 할당한다는 하나의 증거가 된다.
(i) a. I am anxious [*that* he/*him should arrive on time].
b. I am anxious [*for* *he/him to arrive on time].

위의 가정에 의하면, T는 C에 의해 선택될 때까지는 도출상에서 일치(Agree)나 외곽자질(edge-feature: EF)에 의한 이차병합(즉, 내부병합 혹은 이동)의 연산에 참여할 수 없게 된다. 따라서 T는 C에 의해 선택될 때만 CP의 국면 단위에서 C-T 복합체로서 국면에 적용되는 연산에 참여하게 된다는 것이다. 즉, T는 협소통사부의 연산에 참여할 때도 전혀 독자성을 갖지 못한다. 그럼에도 불구하고 T의 존재를 인정함으로써 촘스키(Chomsky 2004, 2005a, 2005b)의 수정 탐침자-목표물 문법체계에서까지도 다음 (28)과 같은 불필요한 추가적 가정을 설정해야 하고, 또한 이로 인해 (29)에서와 같은 여러 문제점을 야기하게 된다.

(28) 계승된 외곽자질은 일종의 자질확산작용에 의해 그 국면에 나타나는 모든 T에게 전달된다. (The inherited EF extends, by some kind of feature-spread, to all T's in the phase.)

(29) (i) 자질확산 작용은 다음과 같은 이유에서 특수약정(ad hoc stipulation)에 지나지 않는다.
(a) 외재논항섬효과(external argument island effect)가 나타나지 않는 인상구문과 예외격표시구문에만 적용된다.
(b) 일치자질에는 적용되지 않고 오직 외곽자질에만 적용된다.
(c) T와 V로부터 확산되지만 확산대상은 오직 T에만 국한된다.
(ii) 외곽자질의 확산에 기인하는 내부병합(internal Merge: IM)은 다음과 같은 이유로 연산의 효율성(computational efficiency)에 저촉된다.
(a) 불변경조건(no-tampering condition: NTC)을 위반한다.
(b) 연속적 순환이동(successive cyclic movement)은 경제성조건(economy condition)(즉, 최소도출조건(minimal derivation condition: MDC))을 위반한다.
(c) 이미 병합작용이 완료된 순환에 다시 병합을 요구하므로 엄밀순환성(strict cyclicity)을 위반한다.

그러나, 촘스키(Chomsky 2005b)에서는 (28)의 추가적 가정을 설정함으로써 아래 국면국부성조건(phase locality condition) (30)과 관련되는 한 가지 중요한 경험적 문제를 해결할 수 있다고 본다.

(30) 하위국면에 매입되어 있는 α 내부에 나타나는 요소는 이미 도출과정을 통과하였기 때문에 더 이상 상위국면의 연산에 접근할 수 없다. (The elements in α embedded in the lower phase, which has already been passed in the derivation, cannot be accessed in the next higher phase.)

이제, 위 추가적 가정 (28)의 효과를 점검하기 위해 아래 (31)의 예문들을 고려해 보자.

(31) a. * it was the CAR (not the TRUCK) [$_{CP}$ of which [$_{TP}$ the driver [$_{v*P}$ *t* [$_{VP}$ caused a scandal]]]].

b. * [$_{CP}$ of which car did [$_{TP}$ the driver [$_{v*P}$ *t* [$_{VP}$ cause a scandal]]]]?

위의 (31)의 예문은 모두 소위 '외재논항섬효과(external argument island effect)'(혹은, 주어섬효과(subject island effect))와 관련되는 전형적인 예문들로서, 촘스키(Chomsky 2005b)에 의하면 이들 예문에 나타나는 비문법성은 위 (30)의 국면국부성조건에 의해 포착될 수 있다고 본다.[34]
그러면, 다음 (32)의 예문을 고려해 보자.

(32) a. it was the CAR (not the TRUCK) [$_{CP}$ of which [$_{TP}$ the driver is likely [$_{TP}$ to [$_{v*P}$ *t* [$_{VP}$ cause a scandal]]]]].

b. [$_{CP}$ of which car is [$_{TP}$ the driver likely [$_{TP}$ to [$_{v*P}$ *t* [$_{VP}$ cause a scandal]]]]]?

---

34) 사실상, 촘스키(Chomsky 2005b)에서 제안하고 있는 국면국부성조건 (30)은 v*P의 외재논항은 섬이 된다는 외재논항섬효과(external argument island effect)와 상위국면의 탐침자가 하위국면의 보충어에 접근할 수 없다는 국면불가침조건(PIC)의 효과를 모두 흡수한다.

(32)의 예문들에서도, (31)의 경우와 동일하게, 이미 도출과정을 통과한 하위국면 v*P에 매입되어 있는 지정어(주어) 내부에 나타나는 요소 (*of which* (*car*))가 상위국면 CP의 연산에 참가하여 CP의 지정어 위치에 내부병합(internal Merge)이 일어났지만, (32)의 예문들은 국면국부성조건 (30)의 예측과는 달리 문법적이다. 촘스키(Chomsky 2005b)에 의하면, 바로 이러한 예문 (32)와 관련되는 국면국부성조건 (30)의 문제가 (28)의 추가적 가정으로 해결될 수 있다고 본다. 즉, (28)의 가정에 의하면, (32)의 예문들은 사실상 다음 (33)과 같은 도출을 갖게 되므로, (31)의 경우와 달리, (30)의 국면국부성조건에 저촉되지 않아 문법적인 문장으로 판정된다는 것이다.

(33) a. it was the CAR (not the TRUCK) [$_{CP}$ of which [$_{TP}$ the driver is likely [$_{TP}$ *t* to [$_{v*P}$ *t* [$_{VP}$ cause a scandal]]]].

b. [$_{CP}$ of which car is [$_{TP}$ the driver likely [$_{TP}$ *t* to [$_{v*P}$ *t* [$_{VP}$ cause a scandal]]]]]?

이제, (22)-(26)의 가정 하에서는 (28)과 같은 추가적 가정을 설정하지 않고도 (32)와 관련되는 국면국부성조건의 문제점이 효과적으로 해소될 수 있음을 보여줌으로써 결과적으로 T의 존재를 부정하는 최강최소주의이론의 문법체계가 타당한 이론임을 뒷받침하고자 한다.

그러면, 먼저 위 (31)과 (32)의 예문들이 (22)-(26)의 가정 하에서 그 통사적 구조와 도출이 각기 어떻게 표현될 수 있는지 살펴보자. (편의상 각 예에서 (b)의 문장을 사례로 든다.)

(34) a.

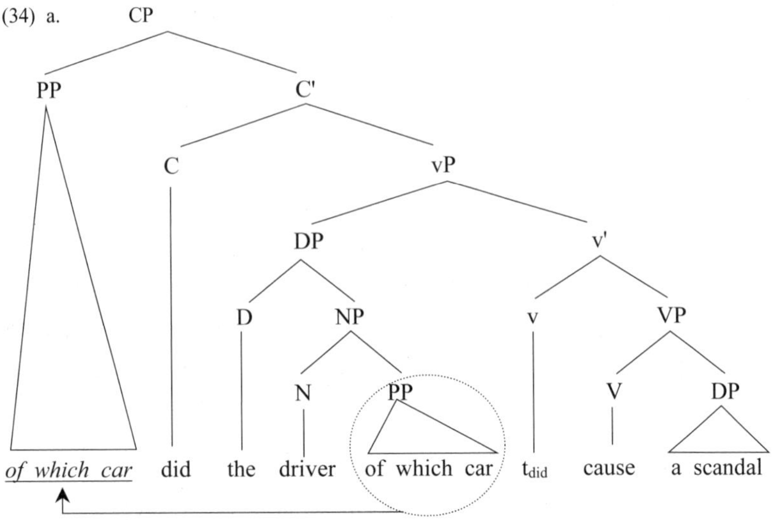
CP
PP
C'
C
vP
DP
v'
D
NP
v
VP
N
PP
V
DP
of which car did the driver of which car t_did cause a scandal

b.

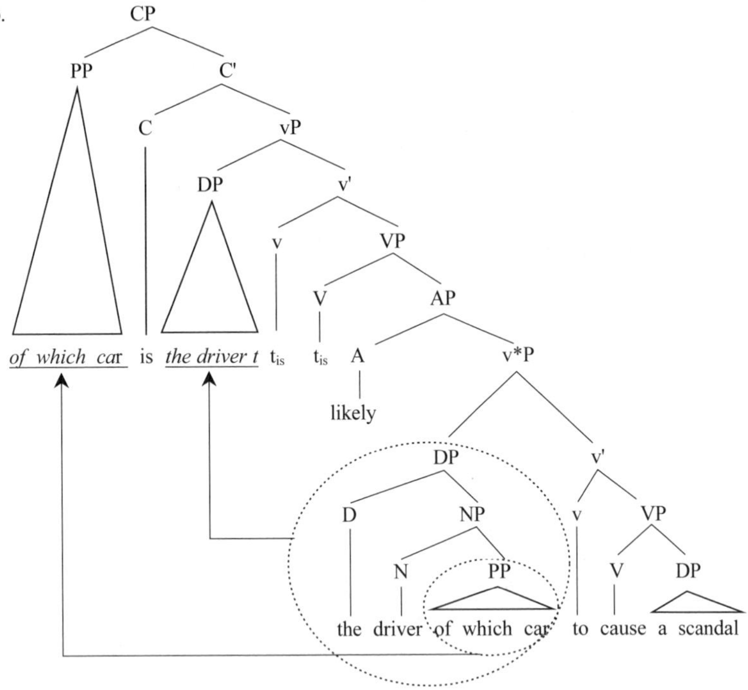
CP
PP
C'
C
vP
DP
v'
v
VP
V
AP
A
v*P
likely
DP
v'
D
NP
v
VP
N
PP
V
DP
of which car is the driver t t_is t_is
the driver of which car to cause a scandal

또한 'T 없는 통사론(Syntax without T)'의 구축을 위해 본장에서는 김용석(2010a, 2010b, 2012b)에서 제안하고 있는 다음 (35)의 가정을 채택한다.[35)]

(35) (i) 오직 CP만이 순환국면이다. (Only CP is the cyclic phase.)
(ii) vP는 명제의 주어 위치인 지정어를 갖는다. (vP has its Spec for the subject position of the proposition it constitutes.)

즉, (35i)는 통사적 연산의 순환단위(cyclic unit)인 국면(phase)의 정의이고, (35ii)는 명제조건(proposition condition)이다. 최강최소주의이론의 문법체계에서는 병합(Merge)에 의해 문장의 구조가 확장되어갈 때 술어핵(predicate head)의 의미역격자(θ-grid)가 충족되는 최초의 구조가 vP이고, 따라서 vP는 의미역구조(θ-structure)인 논항구조(argument structure)를 이루며, 동시에 (35ii)의 요구에 의해 주어 위치를 확보함으로써 명제를 이루는 통사적 단위가 된다. 그 다음 단계의 병합에서 C가 vP를 선택(select)하여 문장의 최종단위인 CP를 도출한다. C는 양태특성와 담화특성의 발현장소(locus)이므로 CP는 의미적으로 완전의미표현(complete semantic representation)의 독립적인 의미단위가 되고, 통사적으로는 연산단위인 순환국면(cyclic phase)이 된다고 본다.[36)]

그러면, 먼저 (35)의 정의 하에서 합법적인 도출인 (34b)가 어떻게 도출되는지 살펴보자.[37)] (34b)의 도출에서는 C가 도입될 때까지 병합

---

35) 본 가정은 국면(phase)의 정의를 단순화하고, 문법기술에서 v*P와 vP의 구분을 없앰으로써 문법체계의 완벽성 도모에 기여한다. 왜냐하면, 촘스키(Chomsky 2005b)의 수정 탐침자-목표물 문법체계에서는 외재논항(external argument)의 유무에 따라 단순히 v*P와 vP를 구분하여 CP와 함께 v*P만을 국면(phase)으로 취급하고 있고, 또한 v*P까지도 국면으로 규정함으로써 그만큼 협소통사부의 연산을 복잡하게 만들 뿐만 아니라, 이로 인해 많은 경험적 문제점(김용석 2009b 참조)을 야기함으로써 결과적으로 문법체계의 효율성(efficiency)과 최소성(minimality)을 크게 훼손하고 있기 때문이다.

36) 김용석(2010a, 2010b, 2012b)에서는 순수 주술관계를 나타내는 명제의 통사적 단위인 vP는 CP와 달리 필수의미표현(bare semantic representation)이나 완전의미표현(complete semantic representaion)의 의미단위를 이루지는 못하기 때문에 연산의 순환국면(cyclic phase)은 되지 못한다고 본다.

37) 연결동사(linking verb) be도 각주 5에서 언급한 경동사와 마찬가지로 평서문에서는 표면상 v에 위치

(Merge)의 연산이 계속 적용된다. C는 최초로 도입되는 국면의 핵(head of phase)이므로, C가 도입되면 CP의 국면이 형성되고 C는 탐침자(probe)로서 그의 표찰(label)인 CP의 관할영역(dominating domain)에서 목표물(goal)에 대한 탐색(search)을 시작한다.[38] C는 위 (5ii)의 가정 하에서 최소탐색에 의해 거리상 가장 가까운 DP *the driver of which car*에게 격(Case)을 할당하며, 또한 C는 의문자질 [+Q]를 가지므로 그것의 외곽자질(edge-feature)은 역시 최소탐색에 의해 가장 가까운 의문사구인 *of which car*를 CP의 지정어(Spec) 위치로 내부병합(Internal Merge)한다. 동시에 CP의 국면에서 하위 vP의 지정어 위치에 나타나는 *the driver* $t_{of\ which\ car}$는 명제조건 (35ii)의 요구에 의해 그 기저위치에 자신의 복사(copy) 흔적을 남기고 상위 vP의 지정어 위치로 이동한다.[39]

(34a)의 경우도, (34b)와 마찬가지로, C가 도입될 때까지 병합의 연산이 계속 되며, C가 도입되면 C는 탐침자(probe)로서 그의 표찰인 CP의 관할영역(dominating domain)에서 목표물(goal)에 대한 탐색(search)을 시작한다. (34a)에서도 C는 위 (5ii)의 가정 하에서 최소탐색에 의해 거리상 가장 가까운 DP *the driver of which car*에게 격(Case)을 할당하며, 또한 의문자질 [+Q]를 갖는 C는 역시 최소탐색에 의해 가장 가까운 의문사구인 *of which car*를 CP의 지정어(Spec) 위치로 내부병합(internal Merge)한다.

이상의 도출과정을 살펴보면, (34a)도 (34b)와 같이 (35)의 가정 하에서

하나 실상은 술어(형용사구나 명사구)를 보충어로 취하는 V로서 음운부에서 v의 위치로 핵이동(head movement) 되었다고 본다. 본 연구에서는 V-to-v와 v-to-C 등의 핵이동은 모두 음운부의 작용으로 본다(Chomsky 2001 참조).

38) 촘스키(Chomsky 2005b)에서는 표찰이 통사대상 내부에서 일치와 내부병합의 연산이 적용될 때 목표물을 찾는 탐침자가 된다고 주장하면서 다음 (i)와 같은 정의를 내리고 있다.

(i) The label is the probe that seeks a goal for operations internal to the SO: Agree or IM.

39) 명제의 구조를 형성하기 위한 주어 DP의 이동에 있어서도 CP의 국면에서 C-v가 복합체(complex)를 이루어 함께 탐색을 시작한다고 볼 수 있다. 이 때 v의 최소탐색과 외곽자질에 의해 DP가 vP의 지정어 위치로 이동하는 주어인상(subject raising)과 C의 최소탐색과 외곽자질에 의한 의문사구의 이동이 평행이동(parallel movement)으로 동시에 나란히 이동한다. 그러나 이러한 가정에 대한 검토는 국면의 정의와 관련하여 차후 연구과제로 유보하고자 한다.

아무런 도출상의 위반이 초래되지 않는다. 따라서 (34a)도 실상과 달리 합법적인 도출로 인정받아야 한다. 이러한 문제를 해결하기 위해서 본 장에서는 촘스키(Chomsky 2005b)의 국면국부성조건 (30)에서 외재논항섬조건(외재논항섬조건)을 다시 분리하여 다음과 같이 수정, 제안하고자 한다.[40]

(36) 만약 v가 [+tense]의 시제자질을 가지면, v의 외재논항은 섬이 된다.[41]
(The external argument of v constitutes an island iff v contains the [+tense] feature.)

이제 (36)의 외재논항섬조건에 의하면, (34a)의 도출에서는 v가 [+tense]의 자질을 가지므로 그것의 지정어 위치에 나타나는 외재논항 *[DP the driver of which car]*가 섬이 된다. 따라서 (34a)의 경우는 v의 외재논항 DP 바깥으로 의문사구 *of which car*가 결코 적출(extraction)될 수 없고, 이러한 이동을 감행한 (31)의 예문들은 모두 (36)의 외재논항섬조건에 의해 비문법적인 문장으로 판정된다. 그러나 (34b)의 경우는 하위 vP의 핵 v가 [-tense]의 자질을 갖는 *to*이므로 그것의 지정어 위치에 나타나는 외재논항 *[DP the driver of which car]*가 섬이 되지 않는다. 따라서 (34b)의 경우는 C의 탐색에 의해 의문사구 *of which car*가 그 DP의 내부로부터 CP의 지정어 위치로 이동할 수 있으므로, (32)의 예문들은 모두 문법적인 문장으로 판정된다.

이제 (35)의 가정 하에서 'T 없는 통사론'의 문법체계 (22)-(26)에 의해 영어의 비대격구문(unaccusative constructions)과 예외격표시구문(ECM constructions)의 의문사 의문문(*wh*-interrogatives)이 어떻게 도출되는지 살펴보자.[42] 먼저, 아래

---

40) 이제 국면국부성조건에는 '국면불가침조건(phase impenetrability condition: PIC)'의 효과만 남게 되는데, 촘스키(Chomsky 2001, 2004)에서는 국면불가침조건을 다음과 같이 정의하고 있다.
(i) The domain of H is not accessible to operations at ZP, but only H and its edge, (where H is the head of strong phase HP, and ZP is the next strong phase).

41) 김용석(2010a, 2010b, 2012b)에서는 T 대신에 v를 시제의 발현장소(tense locus)로 규정하고 있다.

(37)의 예문을 고려해 보자.

(37) a. Of which car did the driver arrive from New York?

b. Of which car did they believe the driver to cause a scandal?

촘스키(Chomsky 2005b)에서는, (37)의 각 예문은 사실상 각기 주어섬조건(subject island condition)과 국면국부성조건 (30)을 위반하는 문장들이지만, (37a)의 경우는 C-T 복합체의 탐색에 의한 주어와 의문사의 평행이동(parallel movement)으로, (37b)의 경우는 위 (28)에서 정의되는 '자질확산작용'의 효과로 이러한 조건들에 저촉되지 않게 되어 결과적으로 문법적인 문장으로 판정된다고 주장한다.

이들 예문의 구조와 도출은 위 (35)의 가정과 (22)-(26)의 문법체계 하에서 각기 다음 (38)과 (39)와 같이 표현된다.

(38) [$_{CP}$ of which car [$_{C'}$ C-did [$_{vP}$ [$_{DP}$ the driver $t_{of\ which\ car}$] [$_{v'}$ v-t_{did} [$_{VP}$ arrive [$_{DP}$ the driver of which car] from New York]]]]]

(39) [$_{CP}$ of which car [$_{C'}$ C-did [$_{vP}$ they [$_{v'}$ v-t_{did} [$_{VP}$ [$_{V'}$ believe [$_{vP}$ [$_{DP}$ the driver of which car] [$_{v'}$ v-to [$_{VP}$ have caused a scandal]]]]]]]]

'T 없는 통사론'에서는 위의 도출은 둘 다 최종 CP가 유일한 순환국면이 된다.[43] 따라서, 위의 도출은 '병합'에 의해 C가 도입될 때까지 아무런 연산도 적용되지 않는다. C가 도입되면, C와 v의 최소탐색에 의해 관련 구성소들에 대한 격할당과 이동의 연산이 적용된다. 먼저, (38)의

---

42) 참고로, 수동태구문(passive constructions)은 비대격구문과 동일한 연산과정으로 도출된다.

43) 참고로, 촘스키(Chomsky 2005b)에서는 (39)는 (28)에서 정의되는 '자질확산작용'의 결과로 4개의 순환단위를 거쳐 도출됨을 유의하라.

경우를 보면, CP의 순환국면에서 의문자질 [+Q]를 갖는 C의 최소탐색에 의해 비대격동사(unaccusative verb) *arrive*의 보충어인 *[DP the driver of which car]* 속에 나타나는 의문사구 *of which car*가 CP의 지정어 위치로 이동하며, 동시에 (35ii)의 명제조건에 의한 v의 탐색으로 *arrive*의 보충어인 *[DP the driver t of which car]*가 평행이동(parallel movement)의 형태로 vP의 지정어 위치로 인상된다. 이러한 연산과정에서 *[DP the driver of which car]*는 대격동사 *arrive*의 보충어이므로, (36)의 외재논항섬조건 하에서도, 전혀 섬을 이루지 않아 그 내부에 나타나는 의문사구 *of which car*가 C의 최소탐색에 의해 CP의 지정어 위치로 자유롭게 이동하는 것을 허용한다.

또한, (39)의 경우에 있어서도, C가 도입될 때까지 아무런 연산도 적용되지 않다가 C가 도입되면 CP의 순환국면에서 의문자질 [+Q]를 갖는 C의 최소탐색에 의해 명제를 이루는 하위 vP의 지정어인 *[DP the driver of which car]* 속에 나타나는 의문사구 *of which car*가 CP의 지정어 위치로 단번(one-step)에 이동하며, 동시에 C와 대격동사 *believe*는 (5ii)의 격원리에 따라 최소탐색으로 가장 가까운 위치에 나타나는 DP인 *they*와 *[DP the driver of which car]*에게 각기 주격(nominative Case)와 대격(accusative Case)을 할당한다. 이러한 연산과정에서 *[DP the driver of which car]*는 하위 vP의 외재논항이기는 하지만, 하위 vP의 핵 v가 [-tense]의 자질을 갖는 to이므로, 여전히 (36)의 외재논항섬조건 하에서도 전혀 섬을 이루지 않아 그 내부에 나타나는 의문사구 *of which car*가 C의 최소탐색에 의해 역시 CP의 지정어 위치로 자유롭게 이동한다.

이상의 논의에서 확인한 바와 같이, (22)-(26)의 문법체계와 (35)의 가정 하에서 구축한 'T 없는 통사론'은 기존의 강력최소주의이론을 포함하여 최소주의이론에서 T의 설정으로 야기되는 많은 문제점과 연산의 복잡성을 해소하고, 연산의 효율성(computational efficiency)을 극대화하고 있다는 점에서 더욱 완벽체계에 근접하고 있는 문법이론임이 입증되었다.

T의 존재를 인정하는 촘스키(Chomsky 2004, 2005a, 2005b)의 수정 탐침자-목표물 문법체계에서는 파이자질(ϕ-features)의 탐색에 의한 일치와 외곽자질(edge-feature)의 탐색에 의한 내부병합은 상호독립적인 연산작용으로 규정된다. 따라서 내부병합 없는 일치가 존재할 수 있는데, 바로 이러한 일치현상이 장거리일치(long-distance agreement)의 경우이다. 영어에서 장거리일치는 소위 다음 (40)과 같은 허사구문(expletive construction)에서 발생한다.

(40) a. there arrives a student from New York

b. C [there [T [$_{vP}$ v [$_{VP}$ arrives a student from New York]]]]

위의 허사구문에서 T는 일치자질의 탐색에 의해 비해석성의 격자질을 갖는 *a student*와 장거리일치를 이룬다. 이러한 일치를 통해 *a student*는 그것의 격자질에 대한 값을 부여받는다. 이 경우 허사 *there*가 T의 지정어 위치에 외부병합(EM)되는 이유도 역시 C로부터 일치자질을 계승받을 때 함께 계승받은 T의 외곽자질에 기인한다고 볼 수 있다. 즉, 어휘배열(lexical array)에 *there*가 선택된 경우는 T의 외곽자질을 충족하기 위해 *there*가 삽입되므로 (40)의 허사구문이 도출되고, *there*가 선택되지 않은 경우는 T의 외곽자질을 충족하기 위해 *a student*가 인상되어 다음 (41)과 같이 비대격구문(unaccusative construction)을 이룬다. (아래 예문에서 $t_{\text{a student}}$는 *a student*의 복사(흔적)을 의미함.)

(41) a. a student arrives from New York

b. C [*a student* [T [$_{vP}$ v [$_{VP}$ arrives $t_{\text{a student}}$ from New York]]]]

그러면 다음 (42)의 예문을 고려해 보자.

(42) a. * there will a student take the class

b. C [there [T-will [$_{v*P}$ a student [$_{v*'}$ v* [$_{VP}$ take the class]]]]]

위의 예문은 소위 타동허사구문(transitive expletive construction)인데, 영어에서는 허용되지 않는 비문법적인 문장이다. 요컨대, 영어에서는 타동사가 나타나는 대격구문(accusative constructions)에서 T의 일치연산이 적용될 때 반드시 다음 예문에서와 같이 v*의 외재논항이 T의 지정어 위치로 의무적으로 인상되어야 한다. (아래 예문에서 $t_{a\ student}$는 *a student*의 복사(흔적)을 의미함.)

(43) a. a student will take the class

b. C [a student [T-will [$_{v*P}$ $t_{a\ student}$ [$_{v*'}$ v* [$_{VP}$ take the class]]]]]

그러나, 이러한 타동사구문에 나타나는 영어의 의무적 주어인상의 문제는 일치와 병합의 연산을 상호 독립적인 연산으로 취급하는 수정 탐침자-목표물 문법체계에서는 그 설명이 불가능하다. 물론 허사를 갖지 않는 언어에서는 T의 외곽자질이 주어인상에 의해서만 충족될 수 있으므로 (41)과 (43) 등과 같은 비허사구문(non-expletive construction)만을 허용한다는 것은 당연하다. 그러나 영어처럼 허사 *there*를 갖는 유형의 언어에서는 장거리일치 시에 허사의 외부병합이 허용된다면, 이는 비대격구문뿐만 아니라 대격구문에까지 장거리일치 시 허사구문이 허용될 수 있다는 말이다. 그럼에도 불구하고 (42)에서 확인되는 바와 같이 영어에서는 대격구문의 허사구문인 타동허사구문이 결코 허용되지 않는다. 이러한 현상은 현재의 수정 탐침자-목표물 문법체계 하에서는 도저히 포착될 수 없는 하나의 불가사의(mystery)이다.

또한, 다음 (44)의 예문을 고려해 보자.

(44) a. there was never seen a student from New York

b. C [there [T [$_{vP}$ v [$_{VP}$ was never seen a student from New York]]]]

위의 예문은 수동허사구문(passive expletive construction)의 예로서, 위 (40)의 비대격허사구문(unaccusative expletive construction)에서와 마찬가지로, 영어와 같이 허사를 허용하는 언어에서 C-T 복합체(C-T complex)의 탐색에 의한 장거리일치가 이루어질 경우, 만약 목표물의 인상이 이루어지지 않는다면 허사가 T의 지정어 위치에 삽입(즉, 외부병합)되어 T의 외곽자질을 충족할 수 있다는 사실을 다시 한 번 입증하고 있다. 그렇다면 다음 예문을 고려해 보자. (이 예문에서 t_{who}는 *who*의 이동으로 남는 복사(흔적)임.)

(45) a. ＊who was there never seen?

b. [who C [there [T [$_{vP}$ v [$_{VP}$ was never seen t_{who}]]]]]

이 예문은 위의 (44)와 같은 구조에서 도출되는 *wh*-의문문으로 C-T 복합체의 목표물 탐색 시에 허사 *there*의 삽입과 함께 의문사 *who*가 C의 지정어로 인상되어 C의 외곽자질을 충족하고 있는 경우이다. (45)는 겉으로 보았을 때 도출상 아무런 위반도 야기하지 않는다. 그럼에도 불구하고 이 예문은 영어에서 사실상 비문법적인 것으로 판정된다. 이 예문을 아래 (46)에 제시되는 비허사구문(non-expletive construction)의 경우와 비교해 보자. (이 예문에서 $t_{who1/2}$는 who_1과 who_2의 동시적 인상으로 남는 복사(흔적)를 의미함.)

(46) a. who was never seen?

b. [who_1 C [who_2 [T [$_{vP}$ v [$_{VP}$ was never seen $t_{who1/2}$]]]]]

위의 예문은, (46)에서와 달리, C-T 복합체의 탐색에 의한 일치가 이루어질 때 T의 지정어 위치로 목적어 *who*의 인상이 이루어진 경우이다. 이 경우는, 위에서 논의한 바처럼, C의 외곽자질을 충족하기 위해 목적어 *who*가 동시에 C의 지정어 위치로도 인상된 경우로 (46b)의 통사대상을 도출한다. 흥미로운 사실은 (45)와 비교해 이 문장이 문법적이라는 사실이다. 요컨대, 영어에서 허사구문은 연관명사구(associate NP)에 대한 *wh*-의문문을 허용하지 않으나 비허사구문은 허용한다. 이러한 현상에서 확인되는 문법적 사실은 C의 외곽자질이 목표물(goal)의 인상(즉, 내부병합)에 의해 충족된다면 C로부터 계승된 T의 외곽자질도 반드시 목표물의 인상(즉, 내부병합)에 의해서 충족되어야 한다는 사실이다. 이러한 사실에 입각하면, (45)와 같은 의문허사구문이 비문법적인 이유는 C의 외곽자질이 내부병합(*who*의 인상)에 의해 충족되었으나 T의 외곽자질은 외부병합(*there*의 삽입)으로 충족되었기 때문이라고 볼 수 있다. (45)와 (46)의 대조에서 확인되는 바와 같이, 영어의 *wh*-의문문에 나타나는 이러한 의무적 인상현상은 T의 존재를 인정하는 수정 탐침자-목표물 문법체계에서 도저히 설명될 수 없는 또 하나의 불가사의이다.

또한 다음 (47)-(48)의 예문들을 고려해 보자. (아래 예문들에서 $t_{who1/2}$는 who_1과 who_2의 동시적 인상으로 남는 복사(흔적)를 의미하고, t_{who}은 *who*의 복사(흔적), t_{what}은 *what*의 복사(흔적)를 의미함.)

(47) a. who read what?

b. [who_1 C [who_2 [T [$_{v^*P}$ $t_{who1/2}$ [$_{v^{*\prime}}$ v* [$_{VP}$ read what]]]]]]

(48) a. * what did who read?

b. [*what* C [*who* [T [$_{v^*P}$ t_{what} [$_{v^*}$ t_{who} [$_{v^{*\prime}}$ v* [$_{VP}$ read t_{what}]]]]]]

위의 (47)과 (48)의 대조가 보여주는 바는 소위 우위성효과(superiority effect)의 문제이다. 수정 탐침자-목표물 문법체계에서는 C-T 복합체의 탐색에 의한 C와 T의 외곽자질은 C와 T에 있어 동일한 목표물(goal)에 의해서도 충족될 수도 있고, 서로 다른 목표물에 의해서도 충족될 수도 있다. 이러한 관점에서 보면, C와 T가 동일한 목표물에 의해 그들의 외곽자질이 충족된 (47)의 경우와 서로 다른 목표물에 의해 충족된 (48)의 경우가 모두 허용되어야 하나 영어에서는 (48)만 허용된다. 요컨대, 영어에서는 *wh*-이동시에 우위성효과(superiority effect)가 준수된다는 것이다. 이와 같이 *wh*-이동시에 나타나는 이러한 우위성 효과도 수정 탐침자-목표물 문법체계 하에서 이론적으로 설명될 수 없는 또 다른 하나의 불가사의이다.

아래에서는 이상에서 확인한 T의 존재를 인정하는 수정 탐침자-목표물 문법체계의 '3대 불가사의'가 'T 없는 통사론' 하에서 매우 효과적으로 해결될 수 있음을 보여줌으로써, 본장에서 제안하고자 하는 'T 없는 통사론'은 물론, 본서에서 21세기 새로운 언어이론으로 상정하고자 하는 소위 최강최소주의이론의 타당성을 입증하고자 한다.

그러면, 먼저 위 (40)과 (41)의 예문에서 확인한 허사구문과 비대격구문의 도출이 'T 없는 통사론'에서는 어떻게 이루어지는지 검토해 보자. 그 구조와 도출과정은 각기 다음 (49)와 (50)과 같이 표현된다.

(49) [$_{CP}$ C [$_{vP}$ there [$_{v'}$ v [$_{VP}$ [$_{V'}$ arrives [$_{DP}$ a student]] from New York]]]]

(50) [$_{CP}$ C [$_{vP}$ [$_{DP}$ a student] [$_{v'}$ v [$_{VP}$ [$_{V'}$ arrives [$_{DP}$ a student]] from New York]]]]

먼저, (49)의 도출과정을 살펴보자. C가 도입되면, C는 CP의 순환국면에서 최소탐색으로 비대격동사 *arrive*의 보충어 논항 DP인 *a student*에게 위 (26)의 격원리(Case principle)에 의해 격을 할당한다. 또한 vP의 지정어 위치에 허사 *there*의 병합은 격(Case)과는 상관없이[44] (35ii)의 명제조건에 의해 이루어진다. 결과적으로 (49)의 도출은 '격원리'와 '명제조건' 하에

44) 위 (26)의 격원리에 의하면 허사는 논항이 아니므로 격할당을 위한 탐색의 목표물이 되지 않는다.

서 '병합'에 의해 매우 간단히 이루어진다.

이제, (50)의 도출과정을 살펴보면, 대격동사 *arrive*의 보충어 논항인 *a student*에 대한 격할당은 (49)와 동일한 방법으로 이루어지나, (50)에서는 vP의 지정어 위치에 허사 *there*가 병합되지 않으므로 (35ii)의 명제조건 하에서 v의 최소탐색에 의해 *arrive*의 보충어인 *a student*가 vP의 지정어로 인상된다. 따라서 비대격구문도 'T 없는 통사론'에서는 역시 매우 간단한 연산으로 도출된다.

그러면, 이제 수정 탐침자-목표물 문법체계에서 첫 번째 불가사의로 지적되었던 위 (42)-(43)의 예문과 관련된 영어의 타동허사구문의 문제가 'T 없는 통사론'의 문법체계 하에서 어떻게 해결될 수 있는지 살펴보자.

'T 없는 통사론'의 문법체계 하에서는 타동사허사구문인 (42)의 도출은 다음 (51)과 같은 중간 단계를 거친다.

(51) [$_{vP}$ a student [$_{v'}$ v-will [$_{VP}$ take the class]]]

즉, 위 중간단계의 도출은 술어핵(predicate head)인 *take*의 의미역적 특성을 반영하는 논항구조(argument structure)임과 동시에 vP에 의해서 명제의 단위를 이루는 표현이다. 이 표현은 vP의 지정어 위치에 명제의 주어가 되는 *a student*가 존재하기 때문에 이미 (35ii)의 명제조건을 충족하고 있다. 따라서 더 이상 vP가 명제를 구성하기 위해 명제의 주어가 나타날 지정어 위치를 추가적으로 제공할 필요가 없다. 그럼에도 불구하고, 타동사허사구문의 도출은 언제나 다음 (52)의 구조표현에서와 같이 'T 없는 통사론'의 문법체계 하에서는 허용되지 않는 vP의 외곽지정어 위치를 추가적으로 요구함으로써 비문법적인 도출이 된다.

(52) *[$_{vP}$ there [$_{v'}$ a student [$_{v'}$ v-will [$_{VP}$ take the class]]]]

따라서, 'T 없는 통사론'의 문법체계 하에서는 (42)와 같은 타동사허사

구문은 영어에서뿐 아니라 다른 어떤 언어에서도 근원적으로 나타날 수 없는 표현임이 확인된다.45)

'T 없는 통사론'의 문법체계 하에서 (51)의 중간도출로부터 얻을 수

---

45) 그러나 촘스키(Chomsky 1995)에서는 다중지정어구조(multiple Spec construction)를 허용하는 아이슬란드어(Islandic)와 특정의 영어의 경우에서도 타동허사구문이 관찰된다고 주장하고 있다. 본장에서는 이들의 경우는 모두 그 도출과정이 사실상 (52)와 같은 중간단계를 거치지 않으므로 일반적인 타동허사구문과 달리 문법적인 문장으로 판정된다고 본다.

즉, 촘스키(Chomsky 1995)에 의하면, 영어의 경우는 아래 (i)에서와 같이 허사 *there*가 특정 동사에 의해 준처소격 특성(semi-locative charater)을 가지며, 또한 중량(heaviness)이 있는 주어명사구가 주제-평언구조(theme-rheme structure)의 요구에 의해 문미에 나타나는 경우에만 타동허사구문이 허용된다고 본다.

(i) a. There entered the room a man from England.

b. There hit the stands a new journal.

c. There visited us last night a large group of people who travelled all the from India.

만약, 촘스키(Chomsky 1995)의 주장에서처럼 영어의 타동허사구문에서 주어명사구가 주제-평언구조의 요구에 의해 문미에 나타난다면, 이 경우는 명제의 주어 위치인 vP의 지정어 위치가 비어 있는 경우이므로, 본장의 주장에 의하면, 이러한 vP의 지정어 위치는 (35ii)의 명제조건에 의해 당연히 허사 there가 병합되어야 하므로 위 (i)에서와 같은 영어의 타동허사구문들은 (52)와 같은 중간단계가 아니라 아래 (ii)와 같은 중간단계를 거쳐 도출된다고 본다.

(ii) [$_{vP}$ there [$_{v'}$ v [$_{VP}$ [$_{V'}$ entered the room] a man from England]]]

또한, 촘스키(Chomsky 1995)에서는 다중지정어구조를 허용하는 아이슬란드어에서 타동사허사구문이 나타나는 이유는 아래 (iii)에서와 같이 TP의 외곽지정어(outer Spec)와 지정어(Spec) 위치에 허사(expletive)와 타동사의 주어명사구가 다중으로 나란히 나타날 수 있기 때문이라고 분석한다. (촘스키(Chomsky 1995)는 동사가 허사 뒤에 위치하는 것은 음운부의 작용으로 동사-둘째(V-second) 현상에 기인하는 것으로 본다. 참고로, 본장 (42)의 어순도 (52)의 어순으로부터 음운부의 동사-둘째 현상에 기인하는 것으로 볼 수 있다.)

(iii) [$_{TP}$ expletive [$_{T'}$ SUBJ [$_{T'}$ T-v-V [$_{vP}$ OBJ [$_{v'}$ t_{SUBJ} [$_{v'}$ t_v [$_{VP}$ t_V t_{OBJ} ....

그러나, 본장의 'T-없는 통사론' 하에서는 아이슬란드어의 타동허사구문은 다중지정어구조가 아니라 다음 (iv)의 분석에서처럼 타동사의 주어명사구가 VP의 지정어 위치에 나타나는 경우로 본다.

(iv) [$_{vP}$ [$_{v'}$ v [$_{VP}$ SUBJ [$_{V'}$ V OBJ]]]]

이 경우는 vP의 지정어 위치가 비어 있기 때문에 역시 (35ii)의 명제조건에 의해 당연히 허사가 병합되어야 하므로 아이슬란어의 타동허사구문은 일반적인 타동허사구문과 달리 (52)가 아니라 아래 (v)와 같은 중간단계를 거쳐 도출된다.

(v) [$_{vP}$ expletive [$_{v'}$ v-V [$_{VP}$ SUBJ [$_{V'}$ t_V OBJ]]]]

한편, 아이슬란드어는 타동허사구문뿐만 아니라 목적어-전이(object-shift)도 허용하는 언어인데, 목적어-전이는 주어명사구가 VP의 지정어 위치에 나타날 경우 비어 있는 vP의 지정어 위치로 목적어가 인상되는 경우로 분석될 수 있으며, 이러한 목적어의 인상도 (35ii)의 명제조건의 효과에 의한 것으로 볼 수 있다.

있는 유일한 최종도출은 양태/담화적 특성을 갖는 C의 병합으로 다음 (53)과 같은 구조를 갖는 위 (43)의 대격구문뿐이다.

(53) $[_{CP}$ C $[_{vP}$ a student $[_{v'}$ v-will $[_{VP}$ take the class]]]]

이제, 수정 탐침자-목표물 문법체계에서 두 번째 불가사의로 지적되었던 위 (44)-(46)의 예문과 관련된 *wh*-이동시 야기되는 의무적 주어인상의 문제가 'T 없는 통사론'의 문법체계 하에서 어떻게 해결될 수 있는지 살펴보자.

'T 없는 통사론'의 문법체계 하에서는 수동허사구문인 (44)의 도출은 다음 (54)와 같은 구조를 갖는다.[46)]

(54) $[_{CP}$ C $[_{vP}$ there $[_{v'}$ v-was $[_{VP}$ never $[_{V'}$ t_{was} $[_{PRTP}$ PRT $[_{VP}$ see $[_{DP}$ a student from New York]]]]]]]]

사실 위 수동허사구문의 도출과정은 위 (49)의 비대격허사구문(unaccusative expletive construction)의 도출과 동일하다. 'T 없는 통사론'의 문법체계에 의하면, 영어의 모든 허사구문에서 허사 *there*는 (35ii)의 명제조건에 의해 반드시 vP의 지정어 위치에 병합되어야 한다. 만약 비대격동사와 수동태동사가 술어의 핵으로 나타나는 명제구문에서 vP의 지정어 위치에 허사가 병합되지 않으면, 명제조건 (35ii)의 요구에 의해 비대격동사와 수동태동사의 보충어(complement) 논항이 명제의 주어 자격으로 vP의 지정어 위치로 주어인상(subject raising)되어야 한다. 이러한 관점에서 보면, 수동허사구문과 비대격허사구문에서 vP의 지정어 위치에 나타나는 허사 *there*가 보충어 논항을 대신하여 명제의 주어 역할을 수행할 수 있는 것은 바로 *there*가 보충어 논항과 (there, associate NP)의 연쇄(Chain)를 이루기 때문이라고 볼 수 있다. 따라서 다음 (55)와 같은

46) 각주 29 참조.

연쇄조건(Chain condition)을 설정할 수 있다.

(55) 허사구문에서 허사 *there*는 그것의 연관명사구와 연쇄를 이룬다. (The expletive *there* constitutes a Chain with its associate NP in the expletive construction.)

(55)의 연쇄조건에 의하면, 위 (49)와 (54)의 구조표현에서 허사 *there*는 그것의 연관명사구인 *a student*와 연쇄를 이룸으로써 마침내 명제의 주어로서 (35ii)의 명제조건을 충족하게 된다.

그러면, 이제 (45)에서 확인되는 바와 같이 왜 *there*가 나타나는 허사구문에서는 연관명사구(associate NP)의 *wh*-이동이 허용되지 않는지를 'T 없는 통사론'의 문법체계 하에서 검토해보자. 'T 없는 통사론'의 문법체계 하에서 (45)의 도출은 다음 (56)과 같이 표현된다.

(56) [$_{CP}$ <u>who</u> [$_{C'}$ C-was [$_{vP}$ there [$_{v'}$ v-t$_{was}$ [$_{VP}$ never [$_{V'}$ t$_{was}$ [$_{PRTP}$ PRT [$_{VP}$ see who]]]]]]]]

위의 도출과정에서, 먼저 vP의 명제단위에서 허사 *there*는 그것의 연관명사구인 *who*와 (there, who)의 연쇄를 이룬다. 그 뒤 vP에 C가 병합되고, C의 최소탐색에 의해 *who*가 CP의 지정어 위치로 내부병합 된다. 그럼에도 불구하고 (56)의 도출은 비합법적인 도출이 되는데, 이러한 현상은 바로 다음 (57)과 같은 연쇄머리조건(Chain head condition)에 기인한다.[47]

---

47) 촘스키(Chomsky 2005b)에서도 다음 (i)에서와 같이 유사한 연쇄조건을 제시하고 있다.

(i) 간섭효과에 관한 한 비논항연쇄와 논항연쇄가 동일하게 작용한다: 즉, 일률적 연쇄라면 비논항연쇄이든 논항연쇄이든 간에 그 연쇄 전체나 그것의 머리만이 간섭효과를 유발한다. (A'-chains behave like A-chain with respect to the intervention effects: if uniform, only the full chain (equivalently, its head) is the object that intervenes.)

즉, (i)에 의하면, 논항연쇄이든 비논항연쇄이든 간에 연쇄의 머리(head)는 탐침자의 탐색을 차단하

(57) 오직 연쇄의 머리만이 탐색의 목표물이 된다. (Only the head of Chain is the Goal that the Probe searches.)

즉, (57)에 의하면 연쇄의 머리(head)만이 탐색의 대상이 되므로, 연쇄의 머리는 탐침자(Probe)에 의한 그 연쇄의 다른 고리(link)들에 대한 탐색을 차단하는 소위 간섭효과(intervention effect)를 일으킨다. 따라서, (56)의 도출과정에서 [+Q]의 자질을 갖는 C가 의문사 *who*에 대한 탐색을 진행할 때, *who*와 연쇄를 형성하는 *there*가 연쇄의 머리로서 C의 *who*에 대한 탐색을 차단하므로 C의 탐색은 결코 CP의 지정어 위치로 *who*의 내부병합을 유발할 수 없게 된다. 따라서 (56)의 도출은 'T 없는 통사론'의 문법체계 하에서 비합법적인 도출로 판정되고, (56)의 도출을 갖는 (45a)는 비문법적인 문장이 된다.[48] 반면에, 도출과정에서 의문사 *who*가

는 간섭효과(intervention effect)를 유발한다는 것이다.

48) 사실상 영어에서도 다음 (i)과 같은 허사구문에서는 연관명사구의 *Wh*-이동이 얼마든지 허용되는데, 일견에 이러한 현상이 본장의 분석에 심각한 반증이 될 수 있는 것같다.

(i) a. How much actual money is there in the world?

b. How many people were there in the conference?

그러나, 촘스키(Chomsky 1999)에 의하면, 영어에는 수동허사구문과 비대격허사구문 이외에도 다음 (ii)에서와 같은 존재적 의미(existential import)를 갖는 '존재허사구문(existential there-construction)'이 존재한다고 보며, 이러한 존재허사구문은 수동허사구문과 비대격허사구문과 달리 연관명사구의 주제화/적출화(TH/EX)에 의해 도출되는 허사구문이 아니기 때문에 위 (i)와 아래 (iii)에서처럼 연관명사구의 *Wh*-이동이 자유로이 허용된다고 주장한다.

(ii) a. There are many students in the room.

b. There are some flaws in that proof.

(iii) a. How many students are there in the room?

b. How many flaws are there in that proof?

본장에서는 위 (ii)와 같은 존재허사구문의 경우가 아래 (iv)와 같은 중간도출을 갖는다고 분석함으로써 존재허사구문의 *there*가 전치사구 도치구문에서 외치(extraposition)된 전치사구의 재생대용형(resumptive pro-form)으로서 전치사구와 연쇄를 이룬다고 가정함으로써 (57)의 연쇄머리조건과 상관없이 위 (iii)에서와 같이 연관명사구의 *Wh*-이동이 자유롭게 허용된다고 본다.

(iv) [$_{vP}$ [$_{vP}$ there [$_{v'}$ v-are [$_{VP}$ many students [$_{V'}$ t_{are}]]]] [$_{PP}$ in the room]]

위 (iv)의 분석은 영어에서 주어위치에 나타나는 that-절이 문미로 외치될 경우 원래의 주어위치에 그것의 재생대명사(resumptive pronoun)인 허사 it을 남기는 것과 같은 경우이다.

이러한 본장의 분석에 의하면, 영어에서 부분적으로 허용되는 아래 (v)와 같은 타동허사구문은 앞선 논의에서와 같이 문미에 나타나는 연관명사구가 허사 there와 연쇄를 이루는 경우이므로, 영어의 타

연쇄의 머리가 되는 (46a)의 경우는 C의 탐색에 의한 *who*의 이동이 (57)의 연쇄머리조건을 충족하게 되므로 'T 없는 통사론'의 문법체계 하에서 문법적인 문장으로 판정된다. 'T 없는 통사론'의 문법체계 하에서 (46a)의 도출과정은 다음 (58)과 같이 표현된다.

(58) [$_{CP}$ <u>who</u> [$_{C'}$ C-was [$_{vP}$ who [$_{v'}$ v-t$_{was}$ [$_{VP}$ never [$_{V'}$ t$_{was}$ [$_{PRTP}$ PRT [$_{VP}$ see who]]]]]]

즉, (58)의 도출과정에서 vP의 명제단위에 이르면, 먼저 (35ii)의 명제조건에 의해 수동태동사 *seen*의 보충어 논항인 *who*가 vP의 지정어 위치로 내부병합 되어 (who, t$_{who}$)의 연쇄를 형성하고, 그 다음 vP의 지정어 위치로 이동한 *who*는 연쇄의 머리로서 CP의 국면에서 [+Q]의 자질을 갖는 C의 탐색에 대해 목표물이 될 수 있으므로, *who*는 다시 C의 탐색에 의해 CP의 지정어 위치로 내부병합 됨으로써 (58)의 도출이 완성된다.

이제, 수정 탐침자-목표물 문법체계에서 세 번째 불가사의로 지적되었던 위 (47)-(48)의 예문과 관련된 소위 '우위성효과(superiority effect)'의 문제를 검토해 보자.

'T 없는 통사론'의 문법체계 하에서는 다중의문사구문(multiple *wh*-construction)인 위 (47a)과 (48a)의 도출과정은 각기 다음 (59)와 (60)과 같이 표현된다.

동허사구문에서는 연관명사구가 (57)의 연쇄머리조건에 의해 Wh-이동을 할 수 없을 것이라는 예측이 가능한데, 과연 (vi)에서 보여주는 바와 같이 이러한 예측이 사실임이 확인된다.

(v) a. There entered the room *a strange man*.

b. There hit the stands *a new journal*.

(vi) a. *How many men did there enter the room t$_{how\ many\ men}$.

b. *How many journals did there hit the stand t$_{how\ many\ journals}$.

(59) [$_{CP}$ who [$_{C'}$ C [$_{vP}$ who [$_{v'}$ v [$_{VP}$ read what]]]]]

(60) [$_{CP}$ what [$_{C'}$ C [$_{vP}$ who [$_{v'}$ v [$_{VP}$ read what]]]]]

즉, 위의 두 도출과정에서 최종 CP의 국면에 이르면 [+Q]의 자질을 갖는 C의 탐색에 의해 각기 독자적인 연쇄의 머리인 *who*와 *what*이 C의 탐색에 의해 CP의 지정어 위치로 내부병합 됨으로써 (59)와 (60)의 도출이 완성된다. 그러나, (59)의 도출을 갖는 (47a)는 문법적이나, (60)의 도출을 갖는 (48a)는 비문법적인 문장으로 판정된다. 이러한 현상을 바로 '우위성효과(superiority effect)'라 하는데, 이러한 우위성효과는 'T 없는 통사론'의 문법체계 하에서 다음 (61)의 정의에서와 같은 최소탐색조건(minimal search condition)에 의해 포착된다.

(61) 탐침자는 그것에 가장 가까운 목표물을 찾아야 한다. (The Probe must seek the closest Goal in its searching domain.)

즉, (61)은 연산의 부담을 최소화하는 조건으로, 모든 종류의 탐색과정에서 탐침자는 그것의 탐색영역(searching domain)에 나타나는 가능한 잠재적 목표물(possible potential goals)들 중에서 언제나 그것에 거리상 가장 가까이 있는 가능한 잠재적 목표물(the closest possible potential goal)을 탐색의 대상으로 선택해야 한다는 조건이다.[49]

이제, 다중의문사구문의 생성을 위한 위 (59)와 (60)의 두 도출과정에서 최종 CP의 국면에 이르면 각기 독자적인 연쇄의 머리로서 *who*와 *what*은 [+Q]의 자질을 갖는 C의 탐색에 대해 가능한 잠재적 목표물

49) 이와 유사한 조건을 다음 (i)에서와 같이 촘스키(Chomsky 2005b)에서도 제안하고 있다.
(i) 탐침자는 그것의 최소탐색영역에서 목표물을 찾아야 한다. (The probe must seek its goal in the minimal search domain.)

(possible potential goal)이 되는데, 이 때 *who*는 거리상 *what*보다 탐침자 C에 가까우므로 (61)의 최소탐색조건에 의해 오직 *who*만이 탐색의 대상이 되어 CP의 지정어 위치로 내부병합 된다. 따라서 (61)의 조건을 준수한 (59)의 도출은 문법적인 (47a)의 문장을 생성하나, (61)의 조건을 위반한 (60)의 도출은 비문법적인 (48a)의 문장을 만들어낸다.

이상에서는 본장에서 촘스키(Chomsky 2004, 2005a, 2005b)의 강력최소주의이론의 대안으로 제안하고 있는 소위 최강최소주의이론의 타당성을 입증하기 위해서, 두 문법체계 간에 선택의 중요한 요인이 되는 '시제범주(tense category) T의 존재에 관한 문제'를 논의하였다. 요컨대, 최강최소주의이론의 문법체계에서 위 (22)의 범주설정기준에 따라 'T는 존재하지 않는다'라는 위 (23)의 가정을 주장하고 있는 바, 본절에서는 이러한 가정을 입증하기 위하여, 먼저 기존의 강력최소주의이론에서 제안하고 있는 수정 탐침자−목표물 문법체계에서 T의 설정으로 인해 발생하는 이론적, 경험적 문제점들을 지적하고, 본 수정 탐침자-목표물 문법체계 내에서 '3대 불가사의'로 취급되었던 문법현상들 포함하여 이러한 문제점들이 모두 필자의 최강최소주의적 주장을 근간으로 본절에서 구축하고 있는 소위 'T 없는 통사론'의 문법체계 하에서 근원적으로 해소될 수 있음을 보여주고 있다.

본절의 논증과정에서 부수적으로 확인된 또 다른 수정 탐침자-목표물 문법체계의 중요한 비완벽성은 명제의 단위가 되는 vP를 지정어의 유무에 따라 vP와 v*P 두 가지로 양분하고, 또한 통사적 연산의 순환국면을 CP와 v*P로 규정하고 있다는 점인데, 이러한 비완벽성의 문제도 본절에서 구축하고 'T 없는 통사론'의 문법체계 하에서는 자동적으로 해소됨이 확인되었다. 즉, 'T 없는 통사론'의 문법체계 하에서는 CP만이 완전의미단위로서 통사적 연산의 순환국면이 되고, 또한 (5ii)의 논항조건에 따라 모든 vP가 지정어를 갖게 됨으로써 vP와 v*P의 구분이 자동적으로 사라진다.

결과적으로 본절에서는 위 (22)-(26)에서 제시되는 최강최소주의이론의 주장을 기초로 'T 없는 통사론'의 문법체계를 구축하고, 그동안 'T의 도입'으로 기존의 수정 탐침자-목표물 문법체계 내에서 매우 예외적이며, 또한 복잡한 구조설정과 연산을 통해서 설명할 수밖에 없었던 다양한 문법적 현상들이 'T 없는 통사론'의 문법체계 하에서는 매우 간단하고 효율적으로 설명될 수 있음을 입증함으로써 'T의 도입'이 자체가 기존의 수정 탐침자-목표물 문법체계 내에 존재하는 심각한 비완벽성임이 확인되었다.

6. 맺음말

이상 본장에서는 처음 (1)에서 제기한 질문의 답을 찾기 위하여, 최근 촘스키(Chomsky 2004, 2005a, 2005b)에서 시도되고 있는 '강력최소주의이론(strong minimalist thesis: SMT)'을 검토하고, 위 (11)에서 제안하고 있는 최강획일성원리의 가설 하에 강력최소주의이론의 수정 탐침자-목표물 문법체계에서 발생하는 비완벽성들을 확인하고, 이 이론과 문법체계의 대안으로 이른바 '최강최소주의이론(strongest minimalist thesis)'과 이 이론의 새로운 문법체계인 위 (14)의 '언어생산체계(language production system: LPS)'를 제안하였다. 최강최소주의이론과 언어생산체계의 핵심적 특징은 인간언어의 문법체계에서 통사부, 음운부, 의미부를 완전히 제거하고, 오로지 개념의도기관과 감각운동기관 사이의 상호교신(즉, 전달의 연산)에 의해 지구상에 나타나는 수많은 개별언어들이 생산된다는 것이다. 즉, 인간언어에는 언어보편적인 속성과 언어개별적인 속성이 상존하는데, 이러한 현상은 언어를 생산하는 개념의도기관과 감각운동기관이 인간의 본유적 기관으로 자연의 일반원리에 따라 작용하지만, 이 중 음성표현을 생산하는 감각운동기관은 경험의 요인이 반영되는 물질법칙에도 의존하므로 개별언어의 경험에 의해 발생하는 매개변인의 특성에 따라 언어개별적인 다양한 변이를 발생한다는 것이다. 따라서 수많은 개별언어의 발생은 감각운동기관의 특성에 기인하는 것으로 본다. 또한, 언어생산체계에서는 의미역적 논항구조나 명제의 의미는 물론 양태나 담화상 특성에 기인하는 개별언어적인 강세나 성조 등의 음운적 특성까지도 모두 개념의도기관과 감각운동기관의 상호교신에 의해 발생하는 문법적 특성으로 본다는 점에서 본 논문에서 제안하는 최강최소주의이론은 생성의미론(generative semantics) 이후 현대 변형생성문법 이론에서 매우 강력한 언어이론으로 자리매김한다.

한편, 본 연구에서는 최강최소주의이론이 비완벽성이 제거된 최적의 언어이론임을 입증하기 위하여 철학적, 진화론적, 생물언어학적 관점에서 강력최소주의이론과의 비교하였고, 이러한 비교를 통해 그 가능성을 확인하였다. 또한 간단한 실례를 통해 언어생산체계에서 실제의 문장이 어떻게 효과적으로 생성되는지도 검토하였으며, 끝으로 최강최소주의이론의 관점에 따라 T 범주를 제거하고 'T 없는 통사론'을 구축하여 기존의 강력최소주의이론에서 제기되었던 여러 문제점의 해결책을 제시함으로써 최강최소주의이론의 타당성과 우수성을 부분적으로 확보하였다.

그럼에도 불구하고, 최강최소주의이론은 이제 시안의 단계이며, 앞으로 이 이론에서 제안하는 언어생산체계가 인간언어의 보편언어적 무한한 생산성(infinite productivity)과 개별언어적 다양한 변이성(various variants)을 동시에 포착해 내는 최적의 완벽체계(optimal perfect system)인 문법체계로 도약하기 위해서는 그동안 강력최소주의이론을 포함하여 최소주의이론의 틀 내에서 제기되었던 많은 이론적, 경험적 문제점들의 해결을 계속적으로 시도해 나가야 하며, 또한 이들 이론에서 활발히 논의되어 왔던 인상구문(raising construction), 예외격표시구문(ECM-construction), 허사구문(expletive construction), 목적어전이구문(object-shift construction) 등등 실질적인 문법현상들에 효과적인 설명에도 도전하여야 할 것이다.

사실상 본장에서 최강최소주의이론을 제안함으로써 이제 촘스키 혁명 이후 데카르트주의 언어학의 부활로 시도되어왔던 본유적 언어능력의 실체규명이 허구임이 밝혀졌고, 본유적 언어능력 그 차체가 부정되기에 이르렀다. 이는 바로 데카르트주의에 기반을 둔 촘스키 언어학의 종말을 의미한다. 따라서 이제 무엇보다 시급한 문제는 순수이성(고기토)을 주장하는 르네 데카르트를 뛰어넘는, 최강최소주의이론에 걸맞은 새로운 이론적 배경과 철학적 기반을 확보하는 일이다.

이런 차원에서 최강최소주의이론은 이제 시작 단계에 있으며, 앞으로 주어진 연구과제가 무수히 산적해 있다고 하겠다.

제5장 칸트주의 언어학으로의 도약

1. 머리말

본 연구는 언어학사(history of linguistics) 상 약 2500년의 전통을 지닌 전통문법(Traditional Grammar) 이후 20세기에 이르러 제기된 영국의 경험주의 철학(대표 철학자: John Locke, George Berkeley, David Hume 등)에 기반을 둔 소쉬르식의 구조주의 언어학(Structuralist Linguistics) 과 대륙의 합리주의 철학(대표 철학자: Renè Descartes, Baruch de Spinoza, Gottfried Wilhelm von Leibnitz 등)에 기반을 둔 촘스키식의 생성주의 언어학(Generativist Linguistics) 간의 대립적 갈등관계를 해소하고, 이들 언어이론이 각기 안고 있는 이론적이며 경험적인 한계를 극복하고자 하는 목적 하에서 언어학적 관점에서 18세기 독일의 철학자 임마누엘 칸트(Immanuel Kant 1724-1804)의 인식론(epistemology)을 재조명하고, 칸트의 인식론을 언어이론의 철학적 기조로 채택함으로써 소위 '칸트주의 언어학(Kantist Linguistics)'이란 새로운 문법이론을 구축하고자 한다.

필자는 앞장에서 이미 최강최소주의이론(strongest minimalist thesis)을 제안함으로써 1957년 촘스키 혁명으로 부활한 데카르트주의 언어학(즉, 변형생성문법)에서 시도해 왔던 언어능력의 실체규명뿐만 아니라 언어능력의 본유성가설 그 자체가 허구임을 밝혔다. 이는 바로 데카르트주의에 기반을 둔 촘스키 언어학의 종말을 의미한다. 따라서 필자는 본장을 통하여 최강최소주의이론에 걸맞은 새로운 철학적 기반을 확보하기 위하여, 칸트가 분석하는 인간의 인식체계(Erkenntnis system)가 최강최소주의이론에서 제안하는 언어생산체계(language generation system: LGS)와 동일한 구조체제(mechanism)로 이루어졌음을 밝혀내고, 칸트의 인식체계를 언어생산체계에 대입, 융합함으로써 언어생산체계에 나타나는 부정확한 개념과 불필요한 장치들을 해소하거나 재정립하여 이 언어생산체계를 더욱 효율적인 완벽체계(perfect system)에 접근하는 칸트주의 언어학의 문법체계로 발전시켜 나가며, 또한 나아가서는 칸트주의 언어학을 17세기 프랑스의 철학자 르네 데카르트(Renè Descartes 1596-1650)의 본유관념론(innateness ideology)을 기조로 20세기 의 중반 노암 촘스키에 의해 주창되어 오늘날의 '강력최소주의이론(strong minimalist thesis)'에 이르기까지 눈부신 발전과 수많은 연구업적을 남긴 소위 '데카르트주의 언어학(Cartesian Linguistics)'의 새로운 21세기 대안으로 상정하고자 한다.

2. 최강최소주의이론의 등장

최근 촘스키(Chomsky 2001, 2004, 2005a, 2005b, 2006)의 '강력최소주의이론(strong minimalist thesis: SMT)'은 언어기능(faculty of language: FL)의 최초상태인 S_0가 다음과 같은 특성으로 분석된다고 본다.

(1) (i) 설명될 수 없는 요소(unexplained elements)
(ii) 접합부조건(IC)
(iii) 일반적 특성(General properties)

(1i)는 원리에 의해 설명될 수 없는 소위 '실재적 비완벽성(real imperfections)'의 문제를 말하며, (1ii)는 소위 감각운동체계(sensori-motor system)와 사고체계(system of thoughts)가 요구하는 해독성조건(legibility conditions)에 의해 설명될 수 있는 특성을 말하고, (1iii)는 자연의 요구인 최소성(minimalism), 자연성(naturalness), 효율성(efficiency) 등에 의해 설명될 수 있는 소위 '훌륭한 설계(good design)'의 특성을 말한다. 자연의 요구인 (1iii)에 비해 (1i)와 (1ii)는 인간의 유기체적 조직에 의해 요구되는 일반적 특성(general properties of organic system)이라 할 수 있다. 여기서 (1ii)와 (1iii)는 원리에 입각해 설명될 수 있는 부분이지만, (1i)는 그렇지 못한 부분이다. 강력최소주의이론(SMT)에서는 언어기능은 원리적 설명(principled explanation)이 가능한 완벽한 체계(perfect system)라고 가정하므로, 이 이론에 의하면 사실상 (1i)는 존재하지 않는다. 따라서 촘스키(Chomsky 2004)에서는 다음과 같은 가정을 진술하고 있다.

(2) (1i)는 존재하지 않는다. ((1i) is empty.)

그러나, 이러한 강력최소주의이론의 주장과 달리, 사실상 자연언어에는 개별언어들 간에 다양한 매개변인적 변이(parametric variation)가 나타나는데, 이러한 변이현상은 일견에 명백한 비완벽성에 해당된다. 따라서 강력최소주의이론에서는 매개변인적 변이를 허용하되 그 다양성을 최소화하려는 의도 하에 다음과 같은 소위 획일성원리(Uniformity Principle)를 제시한다.

(3) 반대할 강력한 증거가 없는 경우에는, 언어들은 획일적이라고 가정하여야 하며, 언어간의 다양성은 쉽게 포착되는 발화의 특성에 국한된다고 보아야 한다. (In the absence of compelling evidence to the contrary, assume languages to be uniform, with variety restricted to easily detectable properties of utterances.)

즉, (3)의 획일성원리에 의하면, 의미와 상관없이 나타나는 언어 간의 차이는 모두 문자화(Spell-Out: S-O) 이후에 음성표상(PHON)에 이르는 소위 음운부(phonological component)에서 발생하는 개별언어현상이라고 본다.

그러나, 이러한 주장에도 불구하고 강력최소주의이론과 그것의 문법체계에는 여러 문제점이 발견되는데 그 중요한 문제점들을 요약하면 다음과 같다.[1)]

(4) (i) 인간의 본유적 언어기능이 완벽체계임에도 불구하고, 왜 이 지구상에는 매우 다양한 개별 언어들이 존재하는가? (Why do so many particular languages exist in spite that the human faculty of language is assumed to be a perfect system?)

(ii) 음운부와 의미부는 상호 교류가 없는 독립적인 부서임에도 불구하고, 왜 음운부에서 발생하는 강세와 성조 등이 문장의 의미에 영향을 미치는가? (Why do the phonetic stress and the intonation affect the meaning of the sentence in spite there is no interaction assumed between the phonological and semantic components?)

(iii) 협소통사부의 연산작용은 오로지 형식자질에 의해 추진되어야 함에도 불구하고, 왜 이동(혹는 내부병합)과 격할당 등에 음운적 요소가 개입하는가?[2)] (Why is the syntactic computations like Move(or Internal Merge)

---

1) 강력최소주의이론의 문제점들에 대한 구체적인 논의는 김용석(2009b, 2010a, 2010b, 2011a,2012b, 2012d)을 참조하라.

2) 예컨대, 촘스키(Chomsky 2004, 2005a, 2005b)의 강력최소주의이론에서 제안하는 수정 탐침자-목표물 문법체계(Revised Probe-Goal Framework)에서는 이동을 '이동(Move)=일치(Agree)+수반(Pied-Pipe)+병합(Merge)'으로 분석하는데, 이 중 '수반'은 아래 정의에서와 같이 음운적 자질을 필요로 한다.
(i) Pied-Piping requires phonological content.
또한, 수정 탐침자-목표물 문법체계에서는 음운적 외곽(phonological edge), 음운적 경계(phonological board)와 같은 음운적인 개념들이 이동을 통제하는 조건으로 제안되기도 하며, 아이슬란드어(icelandic)와 같은 소위 목적어전이언어(OS-language)에 적용된다고 보는 전위(dislocation: DISL)와, 허사구문(expletive construction)과 관련하여 영어의 수동구문과 비대격구문에 적용된다고 보는 주제화/적출화(TH/EX) 등의 이동규칙은 모두 협소통사부의 연산 도중에 적용되는 음운부의 규칙으로 규정하고 있다. 또한 촘스키(Chomsky 2001)는 V-to-v, v-to-T, T-to-C, N-to-D 등의 핵이동(head movement) 현상도 음운부의 작용으로 취급할 것을 제안하고 있고, 또한 촘스키(Chomsky 2005b)에서는 외치(extraposition)를 문자화(Spell-Out)의 한 작용으로 봄으로써 음운부와 관련있는 이동현상으로 규정하고 있다. 뿐만 아니라 최소주의이론에서 격(Case)은 형식자질로 취급되어 협소통사부에서 점검되지만 격 여과장치(Case Filter)에 의하면 격의 점검은 항상 음음적 실체를 가지는 DP에만 적용되므로, 이 역시 협소통사부의 연산에 음운적 요소가 개입하는 경우이다.

and Case-assignment affected by phonological factors in spite that the computation of narrow syntax is driven only by the formal features?)

필자는 이러한 강력최소주의이론의 문제점을 해소하기 위하여 소위 최강최소주의이론을 제시하고 있는데 이 이론의 특징은 다음 (5)의 가정에서와 같다.[3]

(5) (i) 인간의 언어기능은 존재하지 않는다. 따라서 인간언어는 사고체계와 감각운동체계의 상호작용에 의해 직접 생산된다. (The faculty of language(FL) is empty. with the human languages produced directly by the interaction of the conceptual-intentional and the sensori-motor systems.)

(ii) 모든 인간언어는 획일적이다. 따라서 개별언어간의 외견상 차이는 물질법칙에 지배를 받는 감각운동체계의 특성에 기인한다.[4] (All human languages are uniform, with the apparent differences among particular languages attributed to the property of the sensori-motor system governed by the physical law.)

또한, (5)의 가정 하에서 필자가 강력최소주의이론의 수정 탐침자-목표물 문법체계의 대안으로 제안하는 최강최소주의이론의 언어생산체계(language production system: LPS)는 다음 (6)과 같다.

---

3) 김용석(2010a)의 '최강최소주의이론'에서는 기존의 최소주의이론에서 개념의도체계(conceptual-intentional system)(혹은 사고체계(system of thoughts))라고 부르던 것을 개념의도기관(conceptual-intentional organ: CI)이라 부르고, 조음청취체계(articulatory-perceptual system)(혹은 감각운동체계(sensori-motor system))이라 부르던 것을 감각운동기관(sensori-motor organ: SM)이라 부른다. 그 이유는 기존의 최소주의이론에서는 이들 기관들이 독립적인 인지체계(cognitive system)인 언어기능(faculty of language)이 생성한 언어를 처리하는 수행체계(performance system)로 보지만, 최강최소주의이론에서는 이들 기관이 수행체계가 아니라 직접 언어를 생성하는 인간의 본성이라고 보기 때문이다.

4) '물질법칙(physical law)'이란 경험과 환경(시간과 공간)의 요인에 따라 실체의 다양한 변이형(variants)을 유발하는 물질의 일반적 경향을 의미한다.

(6) 언어생산체계 :

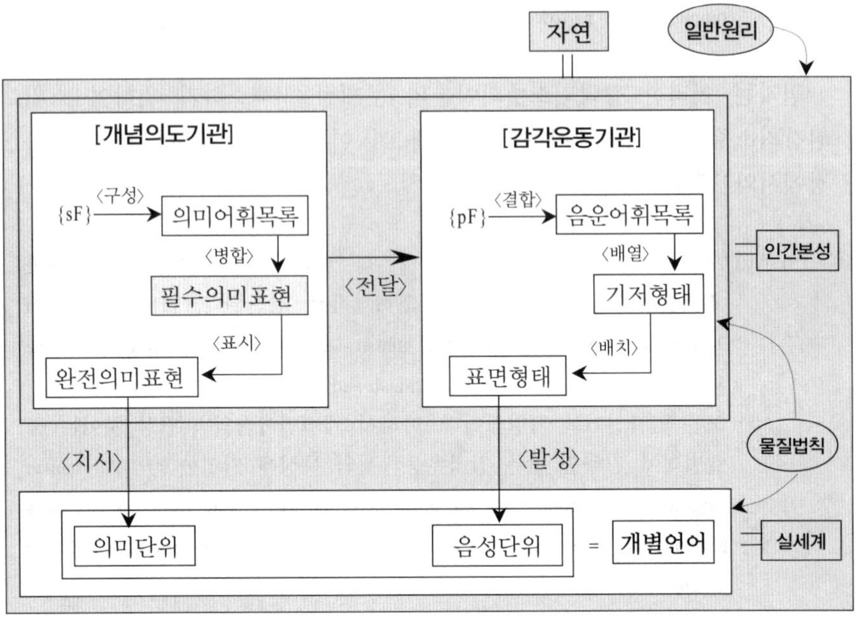

3. 칸트의 재조명[5)]

아리스토텔레스(Aristoteles BC 384-322) 이후 서양철학의 기조가 되어온 소위 '목적론적 세계관'을 '기계론적 자연관'으로 대체함으로써 근대철학의 출발의 기치를 든 데카르트는 '인간은 신으로부터 창조되었으나 신으로부터 독립된 본유적인 사유실체(cogito)인 정신과 연장실체(extensio)인 신체를 가진 예외적인 이원적 존재'이라고 주장한다. 이러한 주장 이후

5) 본절의 중요한 논의는 김용석(2010b, 2012b)의 주장에 기초한 것이다.

서양 철학사에는 인간의 사유체계인 인식체계의 본질에 대해 대륙의 합리주의자(Rationalists)(대표 철학자: Renè Descartes, Baruch de Spinoza, Gottfried Wilhelm von Leibnitz 등)와 영국의 경험주의자(Empiricists)(대표 철학자: John Locke, George Berkeley, David Hume 등) 간에 치열한 공방이 계속되었다. 이러한 공방 속에서 칸트는 '이성이 진리를 인식할 수 있는 본유적인 능력'이라고 주장함으로써 대륙의 합리론자의 입장에 서게 되지만, 동시에 '이성은 진리에 이르기에 매우 허약한 기초'라고 주장함으로써 영국의 경험론자의 입장을 부분적으로 수용한다. 즉, 칸트는 '인간은 지성(Verstand)을 통해 바깥의 물자체(Ding an sich)를 인식한다는 것은 불가능하다'고 본다. 왜냐하면, 인간이 사물을 인식할 때는 대상이 감성(Sinnlichkeit)을 거쳐 전달되므로 우리는 감성을 통해 비친 현상(phenomena)만을 알 수 있기 때문이다. 칸트가 보는 이러한 인식의 과정을 도표로 나타내면 다음 (7)에서와 같다.

(7) 인식의 과정 :

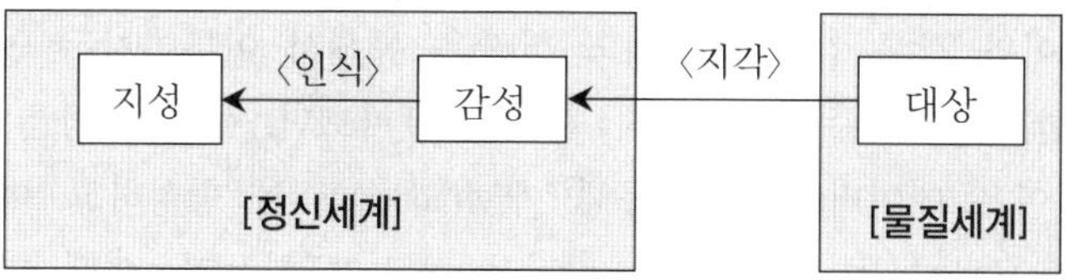

그러나 칸트는 이러한 인식의 과정에 머무르지 않고 다음과 같은 소위 칸트의 문제(Kant's problem)를 제기한다.

(8) 진리를 인식할 수 있는 주체는 어떻게 기능한 것인가? (How can *cogito* recognize the truth?)

이 문제에 대해 칸트는 '인간이 사물을 인식할 때는 감성을 거쳐 전달되는 현상만을 인식하기 때문에 진리를 대상에서 찾으려는 노력은 실패할 수밖에 없다. 따라서 진리를 대상에서 찾을 게 아니라 오히려 인간의 판단형식을 통해 대상의 진리를 구성해야 한다'고 대답한다. 즉, 진리는 대상에서가 아니라 주체(*cogito*)(사유실체, 또는 지성)의 판단형식에서 찾아야 한다는 것이다.[6)]

칸트에 의하면, 인간의 인식은 위 (7)의 도식에서와 같이 물질세계의 대상에 대한 경험과 함께 시작되지만, 인간에게 동일한 방식으로 경험할 수 있게 해 주는 정해진 형식이 필요하다는 것이다. 즉, 감성이 대상을 감각기관을 통해 받아들여 지각하려고 할 때, 먼저 '시간(time)'과 '공간(space)'이 갖추어져 있어야 하는데, 바로 이러한 시간과 공간이 감성의 '본유적 형식(innate formula)'이 된다.[7)] 또한 본유적으로 인간의 경험을 가능하게 하는 시간과 공간의 형식 속에서 감성이 지각을 통해 대상을 받아들이면 지성은 인식과정을 통해 그 대상이 어떠한지를 판단해야 하는데, 이 때 지성 역시 종합판단을 가능하게 하는 본유적 형식이 필요한데, 이것이 바로 칸트가 제안하고 있는 '12개의 범주(Kategorie)'라는 것이다.

그러면, 이와 같은 감성과 지성의 합작을 통해서 이루어지는 인식의 과정에 대한 칸트의 주장을 좀 더 자세히 살펴보면, 우선 지성은 감성을 통해 들어온 데이터(현상)를 통해 '개념(concepts)'을 형성하고, 이러한 개념을 바탕으로 'x는 y이다'라는 판단을 내려야 하는데, 이때 이러한 판단을 가능하게 해 주는 본유적인 12개의 판단형식이 작용한다는 것이다. 12개의 판단형식은 그 유형에 따라 양(quantity), 질(quality), 관계(relation), 그리고 양태(modality) 등의 4가지로 구분하며, 양에는 전칭판단, 특칭판단, 단칭판단이 속하며, 질에는 긍정판단, 부정판단, 무한판단

6) 이러한 칸트의 발상을 후대의 철학사가들은 플라톤(Platon BC 429-347)의 관념론(ideology) 이후 줄곧 이어져 왔던 철학적 상식을 뒤흔드는 혁명적 전환이라고 평가하고 이를 '코페르니쿠스적 전환(Copernican Turnover)'이라 정의한다.

7) 칸트가 주장하는 감성의 본유적 형식인 '시간'과 '공간'은 김용석(2010a)에서 물질법칙(physical law)에 관여한다고 보는 '경험'과 '환경'의 개념과 유사하다.

이 속하고, 관계에는 정언판단, 가언판단, 선언판단이 속하고, 또한 양태에는 사실판단, 가능판단, 필연판단이 속한다고 본다. 칸트는 이러한 12개의 판단형식을 '범주'라고 정의하고, 범주를 통해 지성에 들어오는 12개의 순수 개념을 찾아내고 이를 판단의 논리적 기준으로 삼는다는 것이다.

그러면, 전혀 다른 능력인 감성과 지성이 어떻게 협력하여 인식작용을 펼치게 되는 것일까? 지성과 감성을 연결하여 이러한 인식작용이 가능하게 하는 것이 바로 지성이 스스로 가지고 있는 '구상력(Einbuidungskraft)', 즉 상상력이다. 상상력은 대상을 직접 보지 않더라도 그 대상의 상을 그려내는 능력이며, 상상력이 그려내는 상을 도식(Schema)이라 하는데, 이 도식을 통해 감성과 지성이 협력하여 인식작용을 이루어 낸다는 것이다.

인식의 과정은 여기서 그치지 않는다. 지성은 12개의 판단기준을 통해 현상을 인식하지만, 여기서 한걸음 더 나아가 지성은 스스로 작업한 재료(개념)들을 가지고 다시 가공(추리)하여 보다 높은 수준으로 통합하는 추리능력이 있는데, 이러한 추리능력을 '이성(Vernunft)'이라 한다. 지성은 이성의 힘으로 하나의 개념에서 더 높은 수준의 개념으로 추리의 범위를 확장해 나간다. '소크라테스는 죽는다'는 명제는 경험을 통해서 지성이 얻는 개념이지만, 이성은 이 개념을 바탕으로 비경험적인 개념인 '모든 인간은 죽는다'라는 개념을 도출한다.

요컨대, 칸트에 의하면, 지성의 인식작용은 감성을 통한 대상의 경험에 의해 시작되지만, 지성은 이러한 경험을 통해 얻어진 개념들을 바탕으로 스스로 추리하는 이성의 힘으로 물질세계에서 경험할 수 없는 비경험적인 개념까지도 창출한다. 이러한 개념의 형성과 개념의 창출을 도식으로 나타내면 다음 (9)와 같다.

(9) 개념의 형성과 창출 :

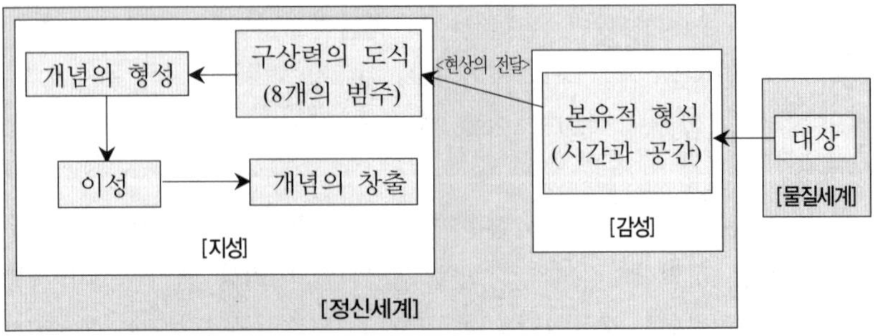

위의 도식에서 표현되어 있듯이, 칸트는 지성의 인식작용은 감성의 대상에 대한 경험과 경험된 현상(데이터)의 전달에 의해 촉발이 되지만, 인식작용 자체는 경험과 상관없이 지성의 독자적인 능력에 의해 진행된다고 본다. 즉, 지성은 스스로의 상상력(구상력)에 의해 도식(상)을 만들고, 그 도식을 통해 감성으로부터 전달받은 현상을 해석하여 개념을 형성하고, 다시 스스로의 이성(추리력)을 통해 새로운 신개념을 창출한다. 여기서 언어학적으로 주목할 사안은 이성은 무제한적인 추리를 통해 무수한 신개념을 창출하는 일종의 생성체계라는 것이다.

4. 칸트주의 언어학의 구축

다윈(Charles Robert Darwin 1809-1882)과 함께 현대 진화론의 공동창시자인 알프레드 월리스(Alfred Russel Wallace 1989)에 의하면, 인간언어는 "인간의 지적, 도덕적 본성(man's intellectual and moral nature)"이라 불렀던 인간의 창의적 상상력, 언어와 상징, 수학, 자연현상의 해석과 기록 등을 수행하는 인간능력(human capacities)의 한 영역으로서 약 50000년 전에 오늘날 인간의 조상인 한 작은 종족(homo sapiens) 에서 생겨났는데, 이러한 인간능력은 진화과정에서 돌연적이며 창발적(sudden and emergent)으로 발생하였으므로 "변이와 적자생존(variation and natural selection)"의 원리에 의해 설명될 수 없고, 물질세계의 존재와 관계되는 다른 자연의 원리에 의해 설명되어야 하는 하나의 신비(considerable mystery)라고 본다.

그러나 이러한 진화론적 주장을 칸트의 인식론적 관점으로 재해석하면 언어의 발생은 인간의 진화과정에서 변이와 적자생존의 원리에 의해 자연스럽게 설명될 수 있는 현상이다. 즉, 월리스(Wallace 1989)가 지적한 '인간의 지적, 도덕적 본성'은 바로 '지성'이며, 창의적 상상력, 언어와 상징, 수학, 자연현상의 해석과 기록 등을 수행하는 인간의 능력은 바로 '이성'이다. 인간의 지성은 이성의 무한한 창의력에서 생성되는 무수한 복합적인 (신)개념들을 생산하는 지적작업에 머물지 않고, 사고표현의 욕구에 따라 이러한 (신)개념들을 다시 감성으로 전달하고, 감성은 자체적인 본유적 형식(생성조건)에 따라 전달받은 (신)개념을 음성의 연결체로 가공하여 물질세계로 표출하는데, 이렇게 음성의 연결체로서 물질세계로 표출되는 대상이 바로 언어이다. 따라서 인간의 진화과정에서 언어발생은 지성의 본유적인 욕구인 사고표현의 욕구에 의해 촉발이 되었으나, 언어발생은 정작 이성에서 생성된 개념을 감성으로 전달하는 '개념의 전달'과, 이러한 전달을 통해 개념을 음성의 연결체로 가공하여 물질세계로 표출하는 '음성의 표출' 작용으로 가능하게 된 것이다.[8] 개념을 음성의 연결체로 가공하는 감성의 연산능력이 본성적 능력이라면, 진화과정에서 발생한 새로운 능력은 오직 지성과 감성 사이를 연결해주는 전달작용과 감성과 물질세계를 연결해주는 표출작용이다.

---

8) 촘스키(Chomsky 2001, 2004, 2005a, 2005b, 2006)에서는 인간의 진화과정에서 인간의 정신영역에 '언어기능(faculty of language)'이라는 지성과 감성과는 별개의 독립적인 정신세계의 본성인 '인지체계(cognitive system)'가 발생했다고 보는데, 언어의 발생이 새로운 인간 본성의 발생이라면 돌연적이며 창발적인 언어발생은 진화이론으로써는 도저히 설명할 수 없는 신비(mystery)로 남는다.

이러한 언어의 발생을 도식으로 표현하면 다음 (10)에서와 같다.

(10) 언어의 발생:

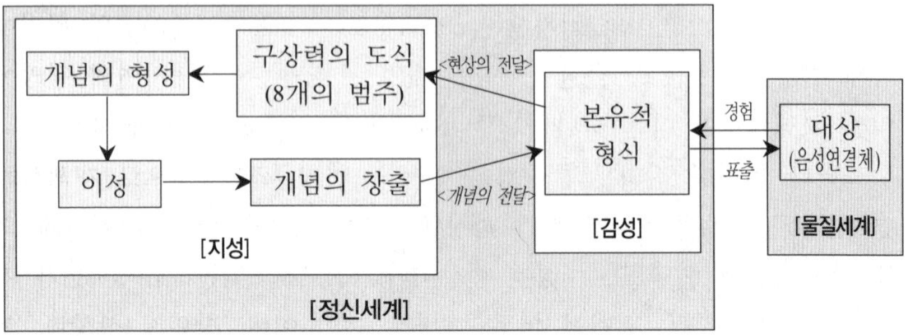

이와 같이 언어의 발생은 인간의 진화과정에서 인간의 본성인 지성과 감성 사이에서 진행된 오랜 세월의 교신(현상의 전달 및 개념의 전달)에 의해 이루어졌으며, 감성의 연산작용에 의한 물질세계로의 음성연결체의 표출은 언어를 통해 인간 사이에 의사소통(communication)을 가능하게 만들었다. 따라서 언어발생에 있어 의사소통은 부차적인 목적이며, 지성에 의한 사고활동과 사고표현이 언어발생의 일차적인 목적이라고 할 수 있다.

인간의 정신은 본유적인 능력이므로, 정신의 두 영역인 지성과 감성 역시 본유적인 인간의 능력이다. 따라서 지성이 갖는 인식체계와 감성이 갖는 연산체계도 모두 본유적 능력이라고 볼 수 있다. 그렇다면, 이러한 본유적인 능력에 의해 생성되어 물질세계로 표출되는 음성의 연결체(자연언어)는 인간 모두에게 보편적이어야 한다. 그러나 이러한 예상과는 달리 자연언어(natural language)에는 음성체계(sound system)나 어순(word order) 상에 다양한 변이들(variants)이 존재하는데, 이러한 변이들을 언어학적으로는 개별언어(particular languages)라 한다. 그러면, 개별언어적 변이 현상은 왜 발생하는 것일까? 위 (6)의 언어생산체계를 주장하는 최강최소주의이론의 관점에서는 이러한 개별언어적 변이현상은 인간의 본유적 능력 자체에 기인하는 현상이 아니라, 감각기관을 통해 경험되는 물질세계의 대상을 그것의 본유적 형식을 통해 현상으로 해석하는 감성의 특성에 기인한다고 볼 수 있다. 즉, 감성은 시간과 공간 속에서 경험의 대상으로 물질세계에 존재하는 실체의 다양한 변이들을 감각기관을 통해 받아들이고 이 변이들을 그것의 본유적 형식을 통해 현상(지성이 받아들일 수 있는 데이터)으로 변환하여 지성으로 전달함으로써 지성이 그것의 도식을 통해 다시 개념으로 인식할 수 있도록 하는 특별한 능력이다. 요컨대, 감성은 시간과 공간 속에서 다양한 실체의 변이를 만들어 내는 물질세계(physical world)의 물질법칙(physical law)을 이해할 뿐 아니라 대상의 현상을 개념으로 해석하는 지성의 정신적 법칙도 이해하는 특별한 기관으로서 물질세계와 지성을 연결하는 접합부(interface)의 기능을 담당한다. 따라서 감성은 물질세계와 지성의 접합부로서 시간과 공간 속에서 경험의 대상으로 존재하는 물질세계의 변이들을 받아들여 지성으로 전달하기도 하지만, 동시에 지성세계에서 이성이 창출하는 (신)개념들을 받아들이고, 다시 이를 본유적 형식을 통해서 시간과 공간 속에 나타날 현상으로 변환하여 물질세계로 전달함으로써, 결과적으로 경험의 세계인 물질세계에 다양한 실체의 변이들이 존재하게 한다. 이러한 관계를 최강최소주의이론적 관점에서 볼 때, 감성이 갖는 본유적 형식은 칸트의 정의처럼 단순히 시간과 공간의 기준을 넘어 정신적 지성세계의 보편적 개념(실체)를 경험적 물질세계의 개별적 변이(대상)로, 다시 경험적 물질세계의 개별적 변이를 정신적 지성세계의 보편적 개념으로 상호 변환을 가능하게 하는 특별한 연산체계(computational system)라고 볼 수 있다. 따라서 감성은 지성과 함께 정신세계의 한 기관으로서 정신세계를 지배하는 자연의 일반원리도 존중하지만, 감성이 갖는 연산체계는 경험의 물질세계를 지배하는 물질법칙에도 민감하다고 볼 수 있다. 그럼으로, 본유적인 지성의 인식체계가 창출해내는 보편적인 개념의 복합체가 경험의 물질법칙에 민감한 감성의 연산체계를 거치면서 실체의 개별적인 변이형태로 물질세계로 표출되는 것이다. 이러한 관계를 최강최소주의이론의 관점에서 볼 때, 지성의 인식체계가 만들어 내는 보편언어(universal language)(개념의 복합체)가 감성의 연산체계를 거침으로써 개별언어(particular languages)(음성의 연결체)로 물질세계에 표출된다.

최강최소주의이론의 관점에서 칸트의 인식론에서 도출되는 보편언어와 개별언어의 관계를 도식으로 나타내면 다음 (11)과 같다.

(11) 보편언어와 개별언어의 관계:

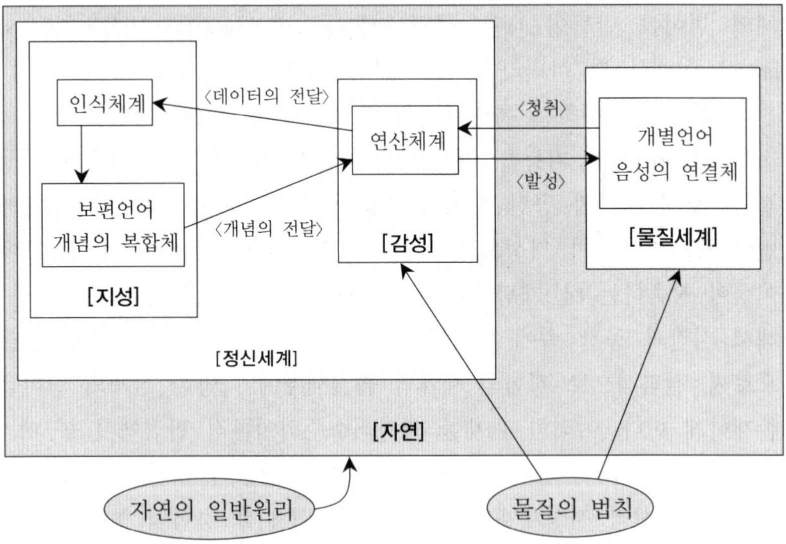

위의 도식에서 물질세계에 존재하는 개별언어의 음성연결체(phonetic sequence)는 단순한 소리(sound)의 연결체가 아니라 개념복합체(concepts complex)의 보편적 실체를 내포하고 있는 경험적 대상이다. 즉, 인간언어는 개별언어마다 의미와 소리의 일관된 양면을 가짐으로써 사고의 표현과 의사소통의 수단으로 사용될 수 있고, 이 때 개별언어가 전달하는 의미는 언어-보편적(language universal)이지만 표현되는 소리는 개별언

어마다 서로 다른 언어-개별적(language-particular)이다. 이러한 언어의 의미와 소리의 관계가 위의 도식에서 인간의 정신세계에서 생성되는 언어-보편적인 개념복합체와 이러한 개념복합체를 담고서 물질세계에서 경험의 대상으로 존재하는 개별언어적인 음성연결체의 관계로 잘 표현되고 있다.

한편, 위에서 분석, 고찰한 칸트의 대상과 실체 간의 관계를 설명하는 인식체계가 보편언어와 개별언어의 관계를 설명하는 최강최소주의 이론에서 구상하고 있는 언어생산체계로의 완전한 구축을 이루기 위해서는, 위 도식 (4)에서 언급하고 있는 언어-보편적 개념복합체를 생성하는 지성의 인식체계와, 지성으로부터 개념복합체의 정보를 받아들여 물질세계의 언어-개별적인 음성연결체로 표출하는 감성의 연산체계의 실체를 밝히는 것이다. 칸트는 지성의 인식체계를 개념을 형성하는 12개의 범주와 형성된 개념을 활용하여 (신)개념의 복합체를 창출하는 이성의 추리력이라고 보며, 감성의 연산체계는 대상의 경험을 해석하는 기준인 시간과 공간의 개념으로 파악하고 있다. 그러나 이러한 칸트의 형이상학적 주장은 언어학적 관점에서 구체적인 언어생산체계로 재해석되어야 하는데, 바로 이러한 재해석의 실험적 구현이 최강최소주의이론에서 제안하고 있는 언어생산체계 위 (6)의 개념의도기관과 감각운동기관이 갖는 연산체계라는 것이다. 개념의도기관의 연산체계는 '구성(Compose)'의 연산으로 '의미어휘목록(semantic lexicon)'을 만들어내는데, 이러한 의미어휘목록의 형성이 바로 칸트의 인식체계에서는 구상력의 도식에 의해 도출되는 '개념의 형성'에 해당되고, 다시 개념의도기관에서는 '병합(Merge)'과 '표시(Mark)'의 연산으로 의미의 복합체인 '완전의미표현'을 만들어 내는데, 바로 이러한 완전의미표현이 칸트의 인식체계에 존재하는 이성의 추상력이 만들어내는 '(신)개념의 복합체'에 해당된다. 따라서 칸트가 주장하는 지성의 인지체계는 자연스럽게 개념의도기관의 연산체계로 대체될 수 있게 된다. 또한, 칸트가 주장하는 감성의 연산체계는 경험의 대상으로부터 현상의 데이터를 축출하는 시간과 공간의 개념으로 이루어져 있다고 보는데, 이는 언어-보편적인 개념복합체(완전의미표현)를 언어-개별적인 음성연결체로 변환하는 언어의 생산과정에서 보면 좀 더 보완되고 구체화되어야 할 개념이다. 따라서 칸트가 주장하는 감성의 연산체계는 언어의 생산적 차원에서 구체성을 가지고 있는 최강최소주의이론에서 제안하고 있는 감각운동기관의 연산체계로 대체하는 것이 본 연구의 관점에서 바람직한 해결책이라 여겨진다.

이상의 논의를 바탕으로, 위 (6)에서 제시한 최강최소주의 언어생산체계를 칸트의 인식체계에 접목/융합하면, 다음 (12)와 같은 '칸트주의 언어학의 문법체계(Grammar Framework of Kantist Linguistics)(이하, 칸트주의 문법체계(Kantist G-Framework))'가 도출된다.[9]

(12) 칸트주의 문법체계 :

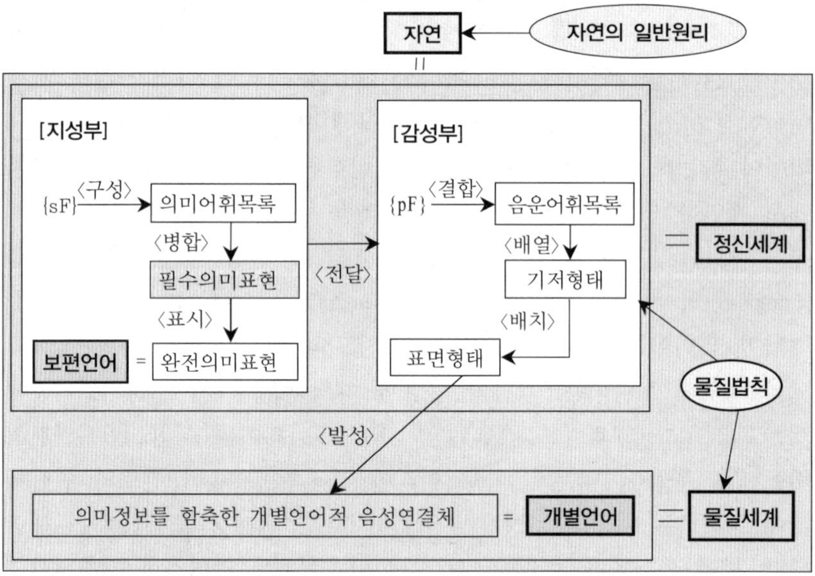

9) 칸트주의 문법체계의 구체적인 운용에 대해서는 김용석(2010b)을 참조하시오.

위 칸트주의 문법체계에서 지성부(Mind Component)란 칸트가 정신세계의 한 영역이라고 보는 지성을 의미하며, 감성부(Sensitivity Component) 역시 칸트가 정신세계의 또 다른 영역이라고 규정하는 감성을 말한다.[10] 또한, 위의 도식에서 지성부에서 감성부를 거쳐 물질세계로 이르는 연산과정은 개별언어의 생산과정이나, 물질세계에 존재하는 개별언어적 음성연결체를 청취하여 감성부로 전달하고, 다시 지성부의 완전의미표현에까지 이르는 역방향의 연산과정도 성립할 수 있는데, 이러한 역방향의 연산과정이 바로 청취를 통해 그 문장의 의미를 해독하는 정신세계의 인식과정이다.

그러면, 이제 위 (12)의 칸트주의 문법체계 하에서 언어가 구체적으로 어떤 과정을 통해 생산되는지 살펴보자. 먼저 언어는 추상적이며 생산적인 사고를 담당하며 인지적 영상을 표출하고 기호화하고, 이러한 기호의 무한한 결합을 통해 실재의 개념을 형상화하고, 계획과 사고의 능력을 생산해 내며, 가능 세계에 대한 정신적 창조를 만들어 내는 인간의 본유적 정신영역인 지성부의 한 부산물이라는 것이다. 사실상 지성부는 그것의 무한한 정신적 작용을 통해 수많은 사고복합체(thought complex)를 창출해 내는데, 그 중에 일부만이 감성부의 연산체계를 통해 음성언어(phonetic language)로 발성(Utter)될 수 있는 의미표현(semantic representation)이 된다는 것이다. 음성언어로 발성되지 않거나 발성될 수 없는 많은 사고복합체들도 때로는 감성부의 다른 생산과정을 통해 실세계로 표출(Expose)될 수 있는데, 인간의 특정행위(specific performance)와 몸짓언어(body language) 등이 이러한 표출에 속한다. 실세계로 표출되지 않는 사고복합체는 이성적인 상상(imagination)으로 지성부에 남는다. 이러한 차원에서 보면, 발성(Utter)은 감성부가 지성부에 의해 창출되는 사

10) 최강최소주의 언어생산체계 (6)에서의 개념의도기관(conceptual-intentional organ: CI)은 보편언어의 완전의미표현을 생성하는 지성부의 핵심적 지성기능(mind faculty)을 의미하며, 감각운동기관(sensori-motor organ: SM)은 개별언어의 음성적 표면형태를 생산하는 감성부의 핵심적 감성기능(sensitive faculty)을 의미한다고 볼 수 있다.

고복합체를 음성으로 표출하는 표출(Expose)의 한 형식이다. 그러므로 언어의 본질은 지성부의 인식작용(즉, 연산작용)으로 창출되는 사고복합체이며, 사고복합체가 표현(expression)이나 의사소통(communication)의 목적으로 물질세계로 표출되는 개별언어의 음성연결체는 인간진화의 한 산물이라는 것이다.

지성부의 연산작용으로 생성되는 각종 의미정보(semantic information)는 감성부로 전달(Transmit)되는데, 감성부는 경험의 요인에 의해 도출된 개별문법의 연산체계 하에서 이러한 의미정보들을 개별언어의 어순(word order)과 음운형태(phonological form)가 반영되는 개별언어의 표면형태(surface form)로 변환한다. 지성부가 생성하는 의미정보는 모든 인간언어에서 동일한 언어보편적(language-universal)인 특징을 가지지만, 감성부가 도출하는 개별언어의 표면형태는 경험의 요인에 따라 개별언어마다 상이한 언어개별적(language-particular)인 특징을 가진다. 지성부의 연산체계가 생성하는 의미정보들의 최종 집합체인 완전의미표현은 감성부의 연산체계에 의해 개별언어의 표면형태를 갖추어 발성을 통해 물질세계의 음성연결체로 표출된다. 따라서 물질세계에 존재하는 개별언어는 형태적으로는 음성의 연결체이나 내용적으로는 의미의 단위가 되는 음성과 의미의 양면성을 지니는 경험의 대상물이다.

그러면 구체적으로 지성부에서 언어보편적 의미표현이 생성되는 과정과 감성부에서 언어개별적 표면형태가 도출되는 과정을 살펴보자. 먼저, 지성부의 본유적인 특성은 의미자질들(semantic features)의 집합인 {sF}와 구성(Compose), 병합(Merge), 표시(Mark) 등의 연산체계(computational system)인데, 지성부는 '구성(Compose)'의 일괄적 수집(one-time collection)과 일괄적 조립(one-time assembly) 작용을 통해 의미자질들의 최소단위인 의미어휘항목(semantic lexical items)과 의미어휘항목들의 집합체인 의미어휘목록(semantic lexicon)을 도출하며, 그 뒤 '병합(Merge)'의 연산은 의미어휘목록으로부터 해당 의미어휘항목들을 '선발(Choose)'하여 이들을 다발적이며 순차적으로 결합한다. '병합'은 먼저 결합의 대상이 되는 두 개의 의미단위 중 술어핵(predicate head)이 되는 어휘항목의 의미역적 특성(θ-property)에 따라 논항구조(argument structure)를 형성하고, 여기에 시제(tense)의 발현장소(locus)인 v를 결합하여 문장의 주술관계(subject-predicate relation)를 완성하는 명제(proposition)의 의미단위를 도출하고, 그 뒤 명제의 의미단위에 (칸트가 제안하는 지성의 12가지 범주와 유사한 개념인) 서술(declarative), 의문(interrogativr), 명령(imperative), 가정(subjunctive), 가능(possibility), 추측(supposition) 등을 나타내는 양태특성(modal properties)과, 초점(focus), 특정성(specificity), 한정성(definiteness), 신정보(new information) 등을 나타내는 담화특성(discoursal properties)을 갖는 보문소(C)를 병합함으로써 의미적으로 완전히 독립적인 단위가 되는 소위 '필수의미표현(bare semantic representation)'을 도출한다.[11] 구조적으로 명제는 vP를, 필수의미표현은 CP를 이룬다.

이러한 필수의미표현이 도출되면 '표시(Mark)'의 연산이 적용되는데, 표시는 탐색(Search)에 의해 양태와 담화특성의 자질들을 필수의미표현 속에 내포되는 관련 구성소들에게 할당(Allot)함으로써 소위 '완전의미표현(complete semantic representation)'을 도출한다. 완전의미표현은 더 이상의 병합이 요구되지 않는 독립적인 의미단위를 이룰 수도 있고, 하나의 의미단위로서 병합의 대상이 되어 계속적인 병합에 참여할 수도 있다. 전자의 경우는 단문(simple sentence)을, 후자의 경우는 복문(complex sentence)을 생성한다. 칸트주의 문법체계에서는 초점(focus), 특정성(specificity), 한정성(definiteness), 신정보(new information) 등을 나타내는 담화특성(discoursal properties)은 C의 담화자질(discoursal features)로 나타나지만, 양화사의 작용역(scope)을 결정하는 작용역상 특성(scopal properties)은 표시의 연산에 의해 자동적으로 도출되는 부속적인 개념으로 본다. 이와 같이 '병합'과 '표시'의 연산은 다양한 사고복합체를 생성함으로써 지성부

11) '병합'도 '구성'과 유사한 개념이나, 병합과 구성의 차이는 병합은 두 대상을 결합하는 더 큰 단위의 개념의 복합체를 만드는 이중결합(dual combination)을 말하나, 구성은 둘 이상의 대상을 융합하여 하나의 더 큰 개념을 만드는 다중결합(multiple combination)을 말한다.

의 이성이 요구하는 의미적 다양성(semantic multiplicity)에 기여한다. 필수의미표현과 완전의미표현 등의 의미표현은 어순이 없는 언어보편적(language-universal)인 계층적 구조로만 존재한다.

사실상 의미표현을 생성하는 이러한 지성부의 연산작용은, 물질세계 속에서 개별언어의 사용을 통한 개인 간의 의사소통의 목적과는 상관없이, 자체로서 생성한 의미어휘항목들을 이용하여 무한히 다양한 계층적 구조를 형성함으로써 사고, 해석, 계획과 그리고 가능 세계에 대한 무한한 정신적 창조를 만드는 인간의 독자적인 정신활동(mental activity)의 일환이다. 따라서 지성부의 연산체계는 환경과 경험적 요인을 반영하는 물질법칙과는 무관하게 자연의 일반원리(즉, 단순성(simplicity), 최소성(minimality), 효율성(efficiency), 자연성(naturalness) 등)에 따라 작용한다.

지성부에서 생성되는 의미어휘목록, 필수의미표현, 완전의미표현 등의 의미정보는 '전달(Transmit)'이라는 인식작용을 통해 감성부로 전달되는데, 감성부는 전달받은 의미정보에 개별문법적 연산체계를 적용하여 개별언어에서 사용할 단어와 구, 그리고 문장 단위에까지 음운형태(분절음소(segmental phonemes)는 물론 억양(intonation), 음조(pitch), 강세(stress), 휴지(pause), 성조(tone) 등의 초절음소(superasegmental phonemes)까지도 포함)를 할당하고, 문장을 구성하는 단어들의 선형상 어순(linear order)을 결정함으로써 소위 문장의 '기저형태(base form)'와 '표면형태(surface form)'를 도출한다. 여기서 '전달'이라는 인식작용은 인간의 진화과정에서 의미(meaning)-음성(sound)의 양면성을 갖춘(즉, 의사소통의 목적으로 사용되는) 언어의 창발적이며 돌연적 발생을 가능하게 한 핵심적 요인이다. 사실상, 본 연구에서 제안하고자 하는 칸트주의 언어학은 인간의 진화과정에서 인간본성의 두 영역인 지성부와 감성부의 상호교신에 의해 창발적이며 돌연적으로 생겨난 한 정신작용이 바로 '전달'이라는 인식작용이다. 언어는 바로 이 '전달'이라는 인식작용으로 발생한 인간진화의 부산물이라고 본다.

또한 감성부가 갖는 본유적 특성은 음운자질들(phonological features)의 집합체인 {pF}와 결합(Combine), 배열(Dispose), 배치(Arrange)(=이동(Move)+첨가(Annex)) 등의 연산(computational system)이다. '결합(Combine)'의 연산은 개별언어의 경험을 반영하여 {pF}에 속한 음운자질들을 일괄적 수집(one-time collection)과 일괄적 조립(one-time assembly) 작용을 통해 개별언어에서 사용할 음운어휘들의 집합체인 음운어휘목록(phonological lexicon)을 도출한다. 그 뒤, '배열(Dispose)'의 연산은 지성부로부터 전달받은 필수의미표현의 의미어휘항목들을 음운어휘목록에서 선발된 음운어휘항목들로 교체하고, 격원리(Case principle), 핵 매개변인(head parameter) 등에 입각하여[12] 음운어휘항목들을 배열함으로써 문장구조의 기저형태를 도출한다. 다시 '배치(Arrange)'의 연산은 지성부로부터 전달받은 완성의미표현의 정보를 바탕으로 단어와 구, 그리고 문장 등의 범주에 표시되어 있는 양태와 담화특성 등의 표시를 확인하고, 개별언어의 경험적 요인에 의해 확정된 개별문법에 따라 그 해당 어휘항목, 구, 그리고 문장 등의 범주들을 특정의 위치로 이동(Move)하거나 강세(stress), 억양(intonation), 음조(pitch), 성조(tone) 등이나 특수 표시자(specific markers) 등을 첨가(Annex)함으로써 문장의 표면형태(surface form)를 도출한다.[13]

사실상 촘스키식 생성언어학(Generative Linguistics)에서 가정하는 인간의 본유적 언어기능인 보편문법(universal grammar)은 인간본성의 두 영역인 지성부와 감성부가 각기 갖는 의미자질집합 {sF}와 음운자질집합

---

12) 격원리에 대해서는 김용석(2010b)의 주장을 참고하고, 핵매개변인에 대해서는 Huang(1981)을 참조하기 바란다. 혹은 기저형태의 어순결정에 Kayne(1994)의 선형대응공리(Linear Correspondence Axiom: LCA) 등도 관여할 수 있다.

13) '배치'의 연산은 순환단위(즉, 국면)인 CP 내에서 일어나는 모든 이동(Move)과 첨가(Annex) 작용을 동시에 평행적으로 수행(parallel operation)하는데, 이때 다음과 같은 '명제조건(proposition condition)'에 따라 vP 내에서 vP의 지정어 위치로 명제의 주어인 DP의 이동도 수행한다.

(i) vP는 명제의 주어 위치인 지정어를 갖는다. (vP has its Spec for the subject position of the proposition it constitutes.)

사실상 이 조건은 허사 *there*의 병합과 수동태구문(passive constructions), 인상구문(raising constructions), 비대격구문(unaccusative constructions) 등에서 야기되는 주어인상(subject raising)을 담보하는 조건이다.

{pF}, 그리고 구성, 병합, 표시, 결합, 배열, 배치 등의 연산체계이다. 이들 보편문법 중에 감성부가 갖는 연산체계는 물질세계에 적용되는 물질법칙에 따라 환경과 경험의 지배를 받는데, 이러한 환경과 경험의 지배로 개별언어의 다양한 이형태(particular language variants)들을 도출한다. 따라서, 개인의 언어습득은 환경과 경험의 요인에 의해 감성부의 연산체계에 매개변인적 변이(parametric variation)가 발생하는 과정이거나 개별언어의 독자적인 주변문법(peripheral grammar)을 습득하는 과정이다. 이 중에서 의미어휘목록을 음성어휘목록으로 변환하는 '결합'은 개별언어의 경험을 가장 많이 요구하는 연산이고, 개별언어의 경험을 가장 적게 요구하는 연산은 '배열'이다. 왜냐하면, '배열'은 이미 그 속성으로 존재하는 원리(격원리, 핵매개변인, 선형대응공리 등)에 [±]의 매개변인적 값(parametric valuation)만을 언어경험을 통해 결정하면 되지만, '결합'은 개별언어별, 어휘항목별로 일일이 개별적 경험을 통해 이루어지기 때문이다. '배치'의 연산은 최단이동(shortest Move)이나 국부성조건(locality condition)과 같은 자연의 일반원리(최소성, 효율성, 자연성 등)에 기인하는 보편적 원리가 있지만, 이동의 여부와 위치의 결정, 강세, 억양, 음조, 성조, 휴지 등의 첨가, 특수 표시자(specific marker)의 첨가 등 개별언어에 따라 상이하게 적용되므로 개별언어적 변이형의 형성(혹은 습득)에 다소의 시간과 경험이 요구된다. 어린이들에 의한 개별문법의 학습은 비교적 짧은 시간(3-4세)에 완성되나 어휘의 학습은 경험의 시간에 비례한다는 것은 칸트주의 언어학의 언어습득에 대한 가정을 입증한다고 볼 수 있다.

5. 칸트주의 문법체계의 운용[14)]

그러면, 이제 위 (12)에서 제시한 칸트주의 문법체계가 실제로 어떻게 작용하고, 그 작용의 결과로 개별언어의 문장들이 어떻게 생산하는지를 간단한 몇 가지 사례를 통해 검토해 보고자 한다.

칸트주의 문법체계의 중요한 특징 중에 하나는 어휘부를 의미어휘부와 음운어휘부로 양분하고 있다는 점이다. 이러한 주장은 일견에 어휘부가 개인의 언어경험에 의해 자질의 집합체 {F}로부터 의미자질과 음운자질, 그리고 형식자질까지 한 번에 결합된 어휘항목들의 집합체로 이루어진다는 강력최소주의이론의 주장에 비해 개념적으로 복잡해 보인다. 그러나 칸트주의 문법체계에서 어휘부를 의미어휘부와 음운어휘부로 양분하는 주장의 중요한 장점 중에 하나는 어휘항목의 형성에 나타나는 보편적 특성과 경험적 특성을 구분해서 기술할 수 있다는 점이다. 즉, 강력최소주의이론의 주장에서는 어휘항목의 형성이 오로지 개인의 언어경험에 의해서 이루어진다고 보지만, 칸트주의 문법체계에서는 지성부에서 결합의 연산으로 생성되는 의미어휘부는 모든 언어에서 동일하게 나타나는 보편적이며 선험적인 인간의 본성에 기인하는 것이며, 어휘항목의 형성에 나타나는 개별언어의 경험적 요소는 언어마다 자의적(arbitrary)인 음성적 표현인데, 칸트주의 문법체계에서는 이러한 어휘항목의 음성적 표현은 환경과 경험의 요인에 지배되는 감성부의 연산인 '결합(Combine)'의 변환(Convert) 작용에 기인한다는 것이다. 즉, 칸트주의 문법체계에서 지성부로부터 '전달(Transmit)'의 인식작용에 의해 전달받은 의미어휘항목을 감성부가 음운어휘항목으로 변환하는 도출과정을 나타내면 다음 (13)의 도식에서와 같다.

14) 본절의 내용은 사실상 앞장에서 살펴보았던 최강최소주의 언어생산체계의 운용과 대동소이하다.

(13) 음운어휘항목의 도출과정:

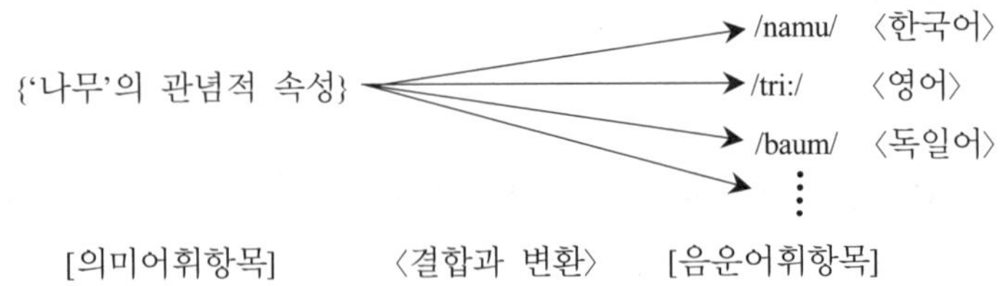

어휘부가 의미어휘부와 음운어휘부로 양분된다는 칸트주의 문법체계가 갖는 또 다른 장점은 강력최소주의이론에서는 어휘의 생성과 관련되는 부서가 어휘항목을 생성하는 어휘부(lexicon) 이외에도 어휘항목이나 어휘항목의 결합체를 단어(word)로 해석하여 음성으로 표현하는 소위 형태부(morphology)가 별도로 존재한다고 보지만, 칸트주의 문법체계에서는 형태부를 가정하지 않으며, 형태부의 기능은 단지 감성부의 연산인 ‘결합’의 한 작용일 뿐이라는 것이다.[15)]

칸트주의 문법체계의 또 다른 장점은 언어표현에서 의미표현에 기여하는 (계층적) 구조와 음성표현에 기여하는 어순을 분리한다는 것이다. 사실상 의미표현에 기여하는 계층적 구조는 모든 언어에서 보편적으로 나타나는 현상이지만, 음성표현에 나타나는 어순은 언어마다 상이한 개별언어적인 현상이다. 이러한 현상에 대해 기존의 강력최소주의이론에서는 어순까지도 협소통사부의 연산에 의해 구조적으로 결정하려고 시도함으로써 ‘병합(Merge)’의 연산을 지나치게 강력(too powerful)하게 할 뿐만 아니라, 또한 강력최소주의이론에서는 ‘이동’의 작용을 이르키는

15) 강력최소주의이론에서 제안하는 형태론을 소위 배분적 형태론(distributive morphology)이라 하는데, 배분적 형태론에서는, 예컨대 *loved*의 단어는 어휘부에서 핵인 *love*와 시제굴절소인 *ed*가 별개의 어휘항목으로 생성되고, 이 두 어휘항목이 다시 통사부의 연산작용으로 *love+ed*로 결합하고, 이후 형태부에 이르러 마침내 *loved*라는 하나의 단어로 해석되고, 다시 음운부로 이관되어 /loved/의 음운형태를 갖게 된다는 것이다. 그러나 칸트주의 문법체계에서는 *loved*는 의미어휘목록에서 이미 핵의 의미자질과 시제의 의미자질이 ‘구성(Compose)’의 연산을 통해 융합하여 하나의 독자적인 의미단위인 의미어휘항목으로 형성되고, 이 의미어휘항목이 감성부로 전달되어 ‘결합’의 연산에 의해 바로 개별언어의 음운형태인 /loved/로 변환된다는 것이다.

협소통사부(narrow syntax)의 내부병합(internal Merge)을 포함한 협소통사부의 모든 연산은 오로지 형식자질인 일치자질과 격자질에 의해서만 추진된다고 보는데,[16] 그럼에도 불구하고 많은 경우 이동이 음성자질에 민감하다는 사실이 발견된다.[17] 이러한 현상들도 역시 이동을 감성부의 연산인 '배치(Arrange)'의 한 작용으로 보는 칸트주의 문법체계의 타당성을 입증해 주는 강력한 증거들이 된다. 왜냐하면, 칸트주의 문법체계에서는 감성부의 모든 연산은 본질적으로 음운자질에 근거하여 작용하며, 또한 개별언어적 경험에 영향을 받는다고 보기 때문이다. 칸트주의 문법체계에서는 지성부의 연산인 '병합(Merge)'과 '표시(Mark)'에 의해 생성되는 필수의미표현과 완전의미표현의 계층구조(hierarchical structure)는 어순에 대해 중립적인 언어보편적 구조이며, 감성부의 연산인 '배열'과 '배치'에 의해 도출되는 기저형태와 표면형태는 어순이 결정된 언어개별적인 음성표현이라고 본다.

요컨대, 칸트주의 문법체계에서는 인간의 본성에 기인하는 언어의 보편성과 물질세계의 경험에 기인하는 언어의 개별성이 명확히 구분되며, 이러한 언어의 보편성과 개별성은 물질세계와 정신세계의 접합부인 감성부의 인식체계(즉, 연산체계)로 그 상호관계가 기술된다 하겠다.

먼저 감성부의 연산인 '배열'은 '전달(Transmit)'의 인식작용에 의해 지성부로부터 이관되는 필수의미표현에 격원리(Case principle)와 핵 매개변인(head parameter) 등의 언어원리에 입각해 다음 (14)에서와 같은 개별언어적 기본어순이 나타나는 '기저형태(base form)'를 부여한다.

---

16) 촘스키(Chomsky 1995)에서는 이런 차원에서 최소주의이론을 자질추진문법(feature-driven grammar)이라 일컫기도 한다.

17) 김용석(2010a, 2010b, 2012b) 참조.

(14) (i)

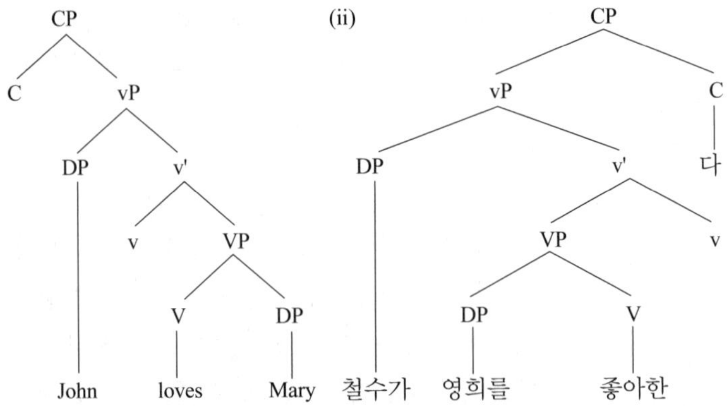

위의 구조는 기존의 강력최소주의이론에서 가정하는 구조와 비교해 볼 때 불필요한 개념들이 제거된 훨씬 간단한 구조이다. 칸트주의 문법 체계에서는 아래 (13)의 가정 하에서 의미적으로 기여가 없거나 해당 어휘항목을 갖지 않는 범주(category)는 존재하지 않는다고 본다.

(15) 어휘항목을 갖지 않는 어휘범주는 존재하지 않는다. (The lexical category does not exist iff no lexical item belongs to it.)

따라서, 시제소 T의 범주는 존재하지 않는다. 왜냐하면, 의미어휘목록에는 T에 소속되는 어휘항목이 없으며, 따라서 T는 의미적으로도 아무런 기여가 없기 때문이다. 기존의 생성주의 언어학에서 T가 의미한다고 보는 시제(tense)는 대부분의 언어에서 동사의 굴절(자질)로 나타난다. 그러나 T와 비교해 볼 때 보문소 C는 양태나 담화특성을 나타내므로 의미적 기여가 있으며, 또한 *that, for, whether, Φ* 등의 소속 어휘항목이 존재한다.[18] 또한, v는 타동성(transitive)과 사역성(causative)의 의미적 기여

18) 생성주의 언어학에서 T가 갖는다고 가정해 왔던 여러 문법적 기능이 사실상 많은 언어에서 C에 의해 수행되고 있음이 발견된다. 예컨대, 아일랜드어(Irish)에서는 동사와 함께 C에 시제(tense)가 표시되며(McCloskey 1979 참조), 서플란더즈어(West Flemish)에서는 C가 동사와 함께 주어의 인칭(person)과 수(number)에 일치(agreement)하며(Haegeman 1983 참조), 유사한 일치관계가 독일어의 하층 바바리

가 있으며,[19] T 대신 시제 관련 장소(tense locus)의 역할을 하므로 원형 동사(root verbs)를 선택할 때 나타나는 부정사소(infinitive particle) to와 경동사(light verbs), 조동사(auxiliary verbs) 등의 소속 어휘항목으로 나타나는 것으로 가정될 수 있을 뿐만 아니라, 위의 논의에서처럼 언어학적으로 중요한 의미단위인 명제(proposition)의 형성에 기여한다.[20]

한편, 칸트주의 문법체계에서는 잠정적으로 격원리(Case principle)가 다음과 같은 하위원리들로 구성된다고 가정한다.

(16) (i) 음성적 실체를 갖는 논항 DP는 격을 할당받아야 한다.[21] (The argument DP with phonetic contents must be Case-marked.)

(ii) 격은 격할당자의 최소탐색에 의해 할당되는데, 대격동사 V와 보문소 C가 격할당자가 된다.[22] (Case is marked by the minimal search of the head categories such as accusative V and complementizer C.)

아 방언(Lower Bavarian German) 등에서도 발견된다(Bayer 1984 참조).

19) Keyser(1993)는 v가 타동성과 사역성을 가짐으로써 동작주(agent) 의미역을 갖는 DP와 사역자(causer) 의미역을 갖는 DP는 vP의 지정어(Spec) 위치에 병합된다고 본다.

20) 그러나 명제는 필수의미표현이나 완전의미표현과 같이 독자적인 의미단위를 이루지 못하기 때문에 vP는 CP와 달리 칸트주의 문법체계에서는 지성부와 감성부의 연산과정에서 순환단위(cyclic unit)는 되지 못한다. 결과적으로 칸트주의 문법체계에서는 오직 CP만이 순환단위가 될 수 있다고 본다. 이러한 점에서 최근 촘스키(Chomsky 2001) 이후 새로운 순환단위로 활발히 논의되고 있는 소위 국면(phase)의 개념이 심각히 재검토되어야 할 것이다. 이 문제는 차후 연구의 과제로 삼고자 한다.

21) 'PRO는 고유격을 갖는다.(PRO has inherent Case.)'는 Stowell(1981)의 주장을 받아들이면, (14i)는 다음 (i)와 같이 일반화될 수 있다.

(i) 논항 DP는 격을 가져야 한다. (Argument DP should have Case.)

위 (i)는 '격(Case)과 의미역(θ-role)은 1:1의 대응관계에 있다'는 소위 촘스키(Chomsky 1986a)의 논항연쇄조건(A-Chain condition)을 함축한다. 참고로, 허사 *there*는 DP이긴 하지만 논항이 아니므로 탐색에 의한 격 점검을 받지 않는다.

22) 강력최소주의이론을 포함하여 기존의 생성주의 언어학에서는 주로 시제소 T가 문장의 주어에게 격을 할당한다고 보았으나, T의 존재를 가정하지 않는 칸트주의 문법체계에서는 보문소 C가 대부분의 T의 문법적 기능을 흡수하며, 따라서 문장의 주어에게 격을 할당한다고 본다. 다음 (i)의 예가 C가 주어에게 격을 할당한다는 하나의 증거가 된다.

(i) a. I am anxious [that he/*him should arrive on time].

b. I am anxious [for *he/him to arrive on time].

(iii) 핵 선행 언어에서는 격할당이 오른쪽으로 이루어지나, 핵 후행 언어에서는 격할당이 왼쪽으로 이루어진다. (Case-marking performs rightward in head-initial languages, while leftward in head-final languages.)

(iv) 핵 선행 언어에서는 격할당 시 인접조건이 준수되나, 핵 후행 언어에서는 인접조건이 준수되지 않는다. (The adjacency condition on Case-marking is respected in head-initial languages, while not in head-final languages.)

위의 격원리 중에서 (16iii)와 (16iv)는 사실상 [±핵 선행]으로 표시되는 핵 매개변인에 기인되는 특성으로 볼 수 있다. 이제, [±핵 선행]의 핵 매개변인과 위 (16)의 격원리에 따라 감성부의 연산인 '배열(Pose)'은 (14)의 문장구조에 나타나는 바와 같은 어순을 결정하는데, 먼저 영어는 [+핵 선행], 한국어는 [-핵 선행]의 값을 갖는 언어로 분류된다. 따라서 영어에서는 목적어인 *Mary*가 선행하는 동사 *loves*로부터 대격(accusative Case)을 할당받고, 한국어에서는 목적어인 '영희'가 후행하는 동사 '사랑한'으로부터 대격을 할당받음으로써 이들 간의 어순이 결정된다. 또한 영어의 경우 주어 *John*은 선행하는 보문소 C로부터 주격(nominative Case)을 할당받고, 한국어에서는 주어 '철수'가 후행하는 보문소 C로부터 주격을 받는다. 이 경우 한국어에서는 C와 '철수'가 인접해 있지 않지만 (16iv)의 효과로 '철수가' 거리상 가장 가까이 있는 DP이므로 격을 할당한다. 따라서 언어별로 주어 DP와 C 간의 어순이 결정된다.[23)]

이제, 지성부에서 전달되는 완전의미표현이 감성부가 갖는 '배치(Arrange)'의 연산에 의해 어떻게 어순과 강세, 억양, 성조 등의 초절음소(superasegmental phonemes)가 결정되는지 살펴보자.

23) 사실상 칸트주의 문법체계에서는 감성부의 연산인 '배열(Pose)'은 위의 설명에서와 같이 오로지 격원리와 같은 보편적 언어원리와 그 원리에 관련되는 매개변인의 작용에 의해 개별언어의 기본어순을 결정한다고 보는데, 이는 이론적으로는 촘스키(Chomsky 1981) 이후 소위 '원리매개변인이론(principles and parameters theory)'에서 제안하는 문장의 생성과정과 유사하다.

(17)

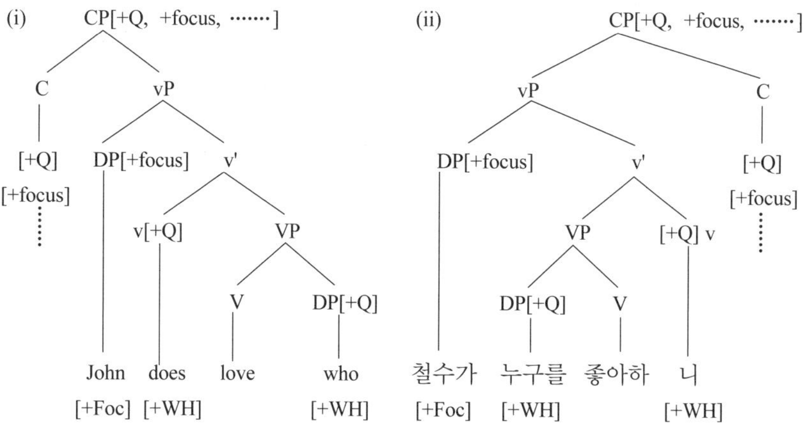

위 구조표현은 사랑하는 대상이 '누구'인지를 묻는 의문문이면서 동시에 사랑하는 주체인 주어에게 초점(focus)을 두는 초점구문의 완전의미표현이다. 먼저 이러한 완전의미표현은 지성부에서 '표시(Mark)'의 연산이 보문소 C가 갖는 양태와 담화특성을 문장 내부의 관련 구성요소에게 표시함으로써 도출된다. '표시'는 다음과 같은 과정으로 이루어진다.

(18) (i) 보문소 C는 그것의 양태자질과 담화자질을 그것의 투사 CP에 삼투한다. (C percolate to its modal and discoursal features to its projection CP.)

(ii) CP는 그것의 구성소를 탐색하고 삼투된 자질을 할당한다. (CP searches its constituents and allots the relevant percolated features to them.)

(18i)는 '핵의 모든 특성은 그대로 그것의 투사범주에게 전달된다'는 핵계층 원리(X-bar principle)에 의해 포착될 수 있는 규약(convention)이라면, 사실상 '표시'는 (18ii)에서와 같이 '탐색(Search)'과 '할당(Allot)'의 두 작용을 갖는 연산이다. '탐색'은 일종의 확인작용으로 다음과 같이 정의

된다.

(19) 탐색자는 대조되는 자질을 가진 구성소를 자신의 관할영역에서 확인한다. (The searcher identifies the constituents with the features matched with its features within its own dominating domain.)[24]

이제, 위 (18)에 정의되는 '표시'의 연산에 의해 지성부는 (17)의 완전의미표현을 도출한다. 칸트주의 문법체계에서는 '이동(Move)'과 상관없이 양화사(quantifier)의 작용역(scope)은 오로지 '표시'의 연산작용에 의해 자동적으로 도출되는 개념으로 본다.[25] 즉, 양화사의 작용역은 그것에 양태와 담화 등의 자질을 할당하는 하는 CP의 관할영역(dominating domain)이 된다. 따라서 위 (17)의 완전의미표현에서 양화사인 의문사 *who*/'누구'의 작용역은 그것에게 [+Q]의 자질을 할당한 상위 CP의 관할영역이 된다.

(18)에 정의되는 '표시'의 연산에 의해서 (17)의 완전의미표현이 도출되면, 이제 '전달(Transmit)'이라는 인식작용에 의해 그 의미정보를 감성부로 이관한다. 이러한 완전의미표현의 의미정보를 이관받은 감성부는 개별언어의 경험에 따라 다양한 적용의 변이형(variants)을 갖는 '배치'의 연산을 적용하여 이동(Move)에 의한 문장의 최종어순과 첨가(Annex)에 의한 강세, 억양, 음조, 성조 등의 초절음소와 특수 표시자(specific marker) 등이 나타나는 '표면형태(surface form)'를 도출한다. '배치'와 관련되는 한국어의 변이형은 [−*wh*−이동]이고, 영어는 [+*wh*−이동]이다. 따라서 한국어에서는 의문사 DP는 제자리 의문사(*wh*-in-situ)로 기저위치에 남으나, 영어에서는 의문사 DP가 자신의 작용역을 통어(command)하는

---

24) 따라서 격원리에서 활용되는 최소탐색(minimal search)의 개념은 다음과 같이 정의된다.
(i) 탐색자는 거리상 가장 까가운 구성소를 자신의 관할영역에서 확인한다. (The searcher identifies the closest constituent within its own dominating domain.)

25) 강력최소주의이론에서는 양화사의 작용역이 이동의 결과로 도출된다고 주장함으로써 이동을 협소통사부의 명시적 이동(overt movement) 이외에 의미부에서 적용되는 비명시적 이동(covert movement)을 가정하고 있다. 이러한 가정 역시 강력최소주의이론이 갖는 비완벽성에 해당된다.

위치(즉, CP의 지정어 위치)로 이동한다. 또한 이때 C에 의해 [+Q]가 표시된 핵 범주 v도 '배치'에 의해 자신의 의미적 선택자(s-selector)였던 C로 이동한다. 의문문에서 v-to-C의 이동은 한국어와 영어에서 모두 [+v-to-C 이동]의 변이형을 갖는다고 가정한다. 또한 [+focus]와 같은 담화자질의 표시는 개별언어의 경험에 따라 다양한 '배치'의 변이형으로 나타나는데, 때로는 구성소의 이동으로, 때로는 구성소나 문장 전체의 강세, 억양, 음조, 성조 등의 첨가로, 때로는 특수 표시자(specific marker)(예컨대, 한국어의 대조표시자(contrastive marker: CM) '는' 등)의 첨가로, 때로는 이들이 혼합된 형태로 나타난다.[26] 또한 CP에 삼투된 양태와 외곽 자질들은 CP 내에 다른 표시와 연합하여 종합적으로 CP 전체의 억양과 성조를 결정한다. 결과적으로 감성부는 '배치'의 연산에 의해 위 (17)의 완전의미표현으로부터 다음 (20)과 같은 개별언어적 최종 어순과 음성정보를 갖는 '표면형태'를 도출한다.[27]

---

26) 언어에 따라서는 슬래빅언어(Slavic languages)에서와 같이 다중의문사전치구문(multiple *wh*-fronting constructions)과 한국어에서와 같이 다중주어구문(multiple subject constructions)을 허용하는 경우도 있는데, 이러한 경우들은 모두 담화특성의 표시에 의한 '배치'의 결과로 CP와 vP에 다중지정어(multiple Spec)가 발생된 경우라고 본다.

27) '배치'의 연산에 의해 도출되는 (18)의 표면형태에는 여전히 (15)의 완성의미표현이 갖는 의미정보가 고스란히 보존되어 있는데, 이는 '감성부의 연산이 지성부의 의미정보를 변화시키지 않는다'라는 소위 다음 (i)의 정의에서와 같은 '인지의미보존가설(cognitive meaning preserving hypothesis)'에 기인한다고 본다.

(i) The computations of Sensitive Component should not change the meaning information transmitted by Mind Component.

(21) (i)

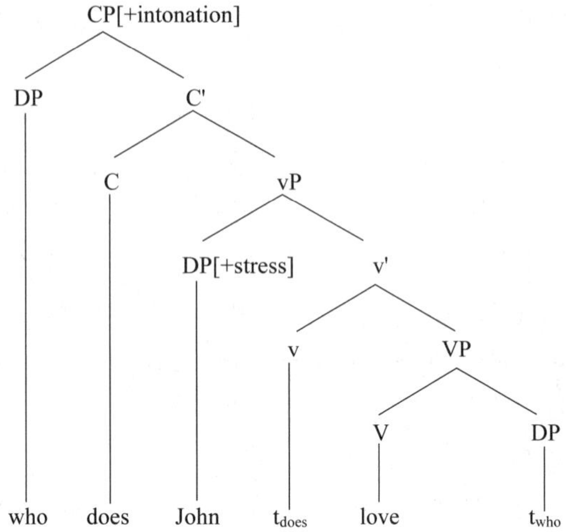

(ii)

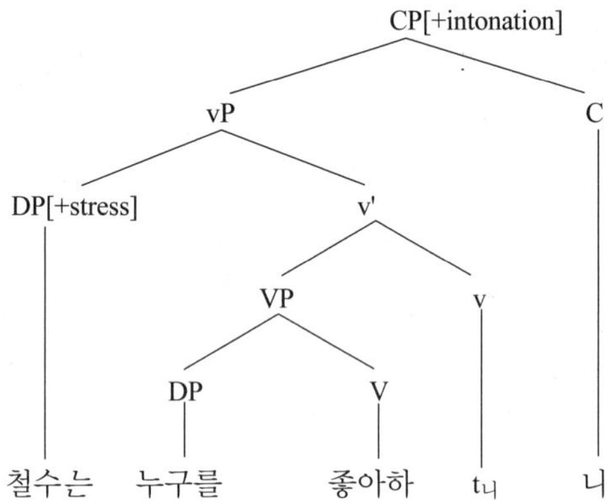

이제 (20)의 표면형태는 (17)의 의미정보를 함축한 채 감성부의 지시에 의한 신체조직(입, 코, 혀, 목, 폐 등)의 운동(즉, 발성(Utter))으로 개별언어적 음성연결체로서 물질세계에 표출된다.

이상의 검토에서 살펴본 바와 같이, 칸트주의 문법체계의 특징은 인간언어의 보편성과 개별성을 명확히 구분은 짓지만 한 문법체계에서 동시에 설명하려는 시도를 한다는 것이고, 또한 지성부에서 각 연산의 결과로 생성되는 의미정보(즉, '구성'에 의한 *의미어휘목록*, '병합'에 의한 *필수의미표현*, 그리고 '표시'에 의한 *완전의미표현*)가 그 생성단계에서 바로 개별적으로 '전달'의 인식작용에 의해 감성부로 전달된다는 것이다. 첫 번째 특징은 문법체계의 설명적 타당성(explanatory adequacy)을 지나치게 강조함으로써 때때로 기술적 타당성(descriptive adequacy)을 간과하는 촘스키식 생성주의 언어학(Generativist Linguistics)과 기술적 타당성만을 추구하는 소쉬르식 구조주의 언어학(Structuralist Linguistics)의 연구 방법론을 적절히 융합함으로써 장차 칸트주의 문법체계가 설명적, 기술적 타당성을 모두 높은 수준으로 성취하는 유일한 문법체계로 발전하는 계기를 제공하며, 두 번째 특징은 일반적으로 문법체계에서 연산의 부담을 줄이기 위해서 활용하는 규칙적용의 순환단위(cyclic unit)가 칸트주의 문법체계에서는 자동적으로 지성부의 각 연산 단계에서 생성되는 의미단위인 의미어휘목록, 필수의미표현, 그리고 완전의미표현 등이 된다는 것을 의미한다.

6. 소쉬르와 촘스키를 넘어서

위 (12)의 칸트주의 문법체계(Kantist G-Framework)에 나타나는 칸트주의 언어학(Kantist Linguistics)의 특징은, 먼저 자연 속에는 경험세계인 물질세계(physical world)와 선험세계인 정신세계(soul world)가 본체적으로 존재하는데, 인간이 사고의 표현이나 의사소통의 목적으로 사용하는 언어는 다양한 개별언어의 형태로 물질세계에 존재하며, 개별언어는 경험의 과정을 통해 인간의 언어습득(language acquisition)에 환경적 요인을 제공한다고 본다는 것이다. 즉, 칸트주의 언어학에서 개별언어란 기존의 촘스키식 최소주의 언어학(Minimalist Linguistics)에서 말하는 외재언어(E-language)에 해당되는데, 외재언어가 인간의 본유적 기능(innate competence)에 의해 생산된다고 보는 견해는 최소주의 언어학에서와 같으나, 언어습득의 측면에서 보면 20세기 초 소쉬르식의 구조주의 언어학(Structuralist Linguistics)과 유사하다. 왜냐하면, 개인의 언어습득은 개별언어의 경험을 통해서 개별언어의 문법형태(랑거)를 형성해 나가는 과정으로 보기 때문이다.[28] 사실상 촘스키식 최소주의 언어학은 개별언어의 생산이 인간의 본유적 언어기능의 한 유형(option)인 내재언어(I-language)의 생성작용으로 이루어진다고 봄으로써 인간의 본유적 언어기능의 연역적 추론(conductive inference)에 연구의 초점을 맞추고 있는 반면에, 소쉬르식의 구조주의 언어학은 인간은 본유적 언어기능이 전혀 없는 백지상태(tabula rasa)로 태어나며 개별언어의 후천적 경험을 통해서만 그 개별언어의 실체(랑거)로 존재하는 개별언어의 문법규칙을 습득한다고 봄으로써 경험의 대상인 개별언어의 귀납적 분석(deductive analysis)에 연구의 초점을 가지고 있다. 그러나 위 (12)의 문법체계를 가정하는 칸트주의 언어학은 언어의 습득적인 차원에서는 구조주의 언어학의 주장과 유사하며, 언어의 생산적인 차원에서는 최소주의 언어학의 주장과 유사하다. 다만, 최소주의 언어학과 다른 점은 개별언어를 생성하는 내재언어의 원형인 인간의 본유적 언어기능이 지성부와 감성부와는 별도의 독립적인 언어기관으로 정신세계에 존재한다고 보지 않으며, 언어의 생성은 지성부와 감성부의 상호작용으로 이루어진다고 본다는 것이다. 따라서, 칸트주의 언어학은 구조주의 언어학과 최소주의 언어학의 핵심적 주장을 모두 아우르면서도, 이들 언어이론들이 서로 간에 대립적 갈등관계를 형성해온 각기의 한계를 극복하는 21세기 의 선도적 언어학으로 성장할 것이라 기대된다. 칸트주의 언어학의 핵심적 주장은 경험의 대상이 되는 각 개별언어의 귀납적 분석을 통해 그 개별언어의 독자적인 언어규칙이 철저히 규명되어야함은 물론, 그 개별 언어규칙의

28) 구조주의 언어학에서 개별언어에서 경험의 대상인 개인적 언어를 파롤(parole)이라 하며, 개인적 언어의 경험으로 습득되는 그 사회의 통용 문법규칙인 사회적 언어를 랑거(langue)라 한다.

본유적 실체인 지성과 감성의 인식체계의 본질에 대한 규명도 철저히 이루어져야 한다는 것이다. 이러한 언어학적 규명을 통해서 궁극적으로는 정신세계의 실체와 정신세계의 실체가 물질세계에 구현된 대상과의 관계를 규명하는 것이 칸트주의 언어학의 최종목표가 된다.

이들 언어학의 핵심적 연구 대상과 목표을 상호 비교하면, 다음 (21)과 같은 도식으로 표현된다.

(21) 언어학의 대상과 목표

(i) 구조주의 언어학:

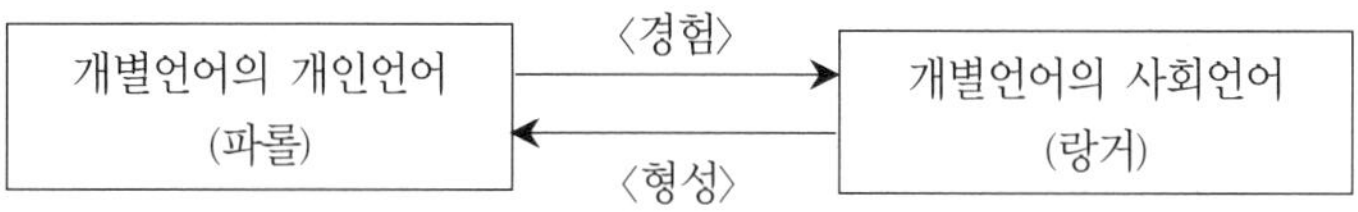

(ii) 최소주의 언어학:

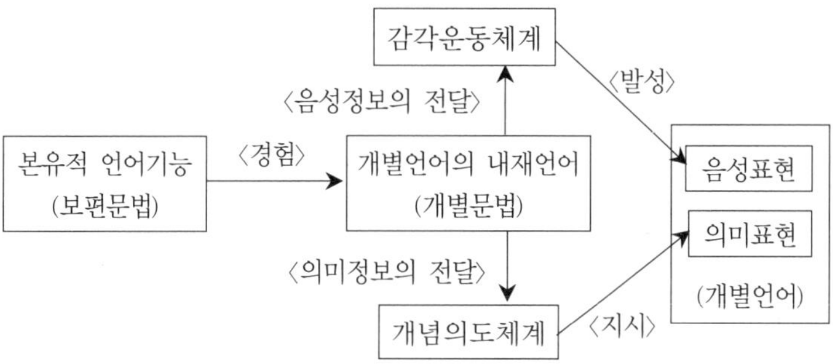

(iii) 칸트주의 언어학:

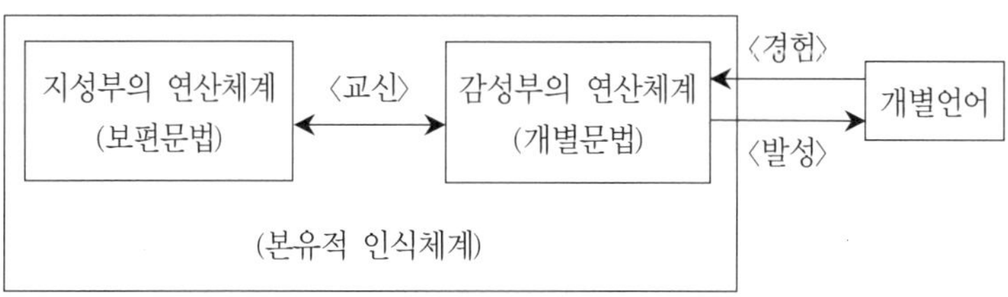

사실상, 기능적 차원에서 볼 때, 칸트주의 언어학은 정신세계의 지성부와 물질세계의 개별언어 사이를 연결해주는 접합부인 감성부를 중심으로 최소주의 언어학의 목적인 보편문법(universal grammar)의 규명과 구조주의 언어학의 목적인 개별문법(particular grammar)의 규명을 함께 묶어 연구하는 언어학이라 할 수 있다. 따라서, 연구방법적인 측면에서도 선험적 언어기능을 규명하기 위해 최소주의 언어학에서 사용하는 연역적 접근법(conductive approach)과 개별언어의 자료수집과 분석을 통해 개별문법의 체계에 밝히려는 구조주의 언어학의 귀납적 접근법(deductive approach)이 모두 중요시되어야한다.

언어학들 간의 이러한 관계를 도식으로 나타내면 다음 (22)와 같다.

(22) 언어학의 연구 범위와 목표에 대한 상호 비교:

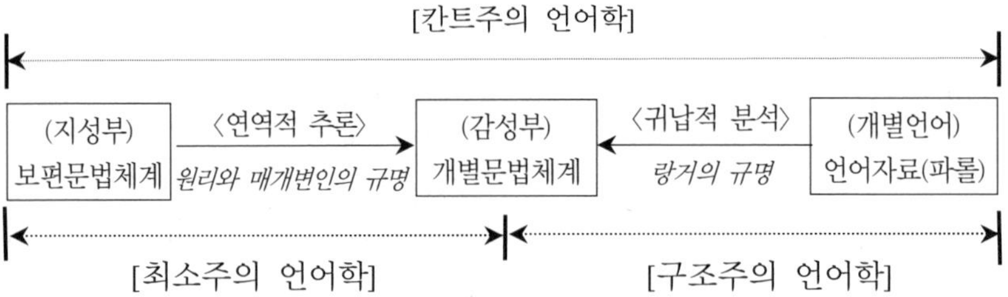

위 (22)의 도식에서 보여주는 바와 같이, 소쉬르식의 구조주의 언어학은 개별언어의 문법규칙을 규명함에 연구의 초점을 맞춤으로써 이상적 문법체계의 수준이 기술적 타당성(descriptive adequacy)에 머무는 이론적 한계를 가지고 있으며,[29] 촘스키식의 최소주의 언어학은 본유적 언어기능인 보편문법의 규명을 강조함으로써 기술적 타당성과 설명적 타당성(explanatory adequacy) 사이의 간격을 좁히지 못하는 이론적, 경험적 문제

29) 구조주의 언어학에서는 자연언어의 개별언어들 사이에 흔히 나타나는 공통점(commonness)이나 보편성(universality)은 언어습득과정에서 생겨난 우연한 결과로 본다.

점들을 노출한다.[30] 이러한 반면에, 칸트주의 언어학은 한편으로는 본유적 인식체계인 지성부의 연산체계가 어떠한 보편문법의 체계로 이루어졌는지를 규명함으로써 설명적 타당성을 성취하고, 동시에 또 다른 한편으로는 감성부의 연산체계가 개별언어적 경험의 요소를 어떻게 반영하여 개별문법을 형성하는지를 규명함으로써 기술적 타당성까지도 성취하게 된다. 즉, 칸트주의 언어학에서는 문법체계의 구축에 있어 설명적 타당성과 기술적 타당성이 반드시 확보되어야 하는 언어학의 중요과업이며, 이러한 과업추진의 중심에 보편문법과 개별언어 사이의 접합부 기능을 수행하는 감성부의 연산체계에 대한 연구가 자리 잡고 있다고 본다. 이 감성부의 연산체계가 바로 선험적 실체인 보편문법과 경험적 실체인 랑거가 독특한 방법으로 융합된 칸트주의 언어학에서 가정하는 개별문법이다. 이 개별문법에는 보편문법의 특성과 랑거의 특성이 모두 합성되어 있는데, 이러한 개별문법의 실체를 규명하는 것이 칸트주의 언어학의 최종 목표가 된다. 따라서, 칸트주의 언어학에서는 보편문법의 실체 규명과 랑거의 실체 규명이 모두 중요한 연구과제가 되고, 이러한 연구의 목표를 성취하기 위해서는 최소주의 언어학의 '연역적 추론'과 구조주의 언어학의 '귀납적 분석'이 모두 중요한 연구방법론의 채택되어야 한다고 본다.

30) 촘스키(Chomsky 1981) 이후 '원리매개변인이론(principles and parameters theory)'에서는 경험의 요소를 최소한으로 도입하여 설명적 타당성과 기술적 타당성 사이에 격차를 좁히려는 시도를 하고 있다. 그것이 바로 경험에 의해 매개변인의 값이 고정되는 '내재언어'의 가정인데, 그럼에도 불구하고 이 이론에서도 여전히 많은 문제점을 노출하고 있다. 따라서 최근 촘스키(Chomsky 1995) 이후 '최소주의프로그램'에서는 핵계층이론(X-bar theory), 하위인접원리(Subjacency), 공범주원리(ECP) 등 주요 원리와 이들과 관계되는 매개변인의 개념을 폐기하고 있다.

7. 맺음말

이상의 논의에서와 같이 필자는 본서의 제4장에서 제안하고 있는 소위 '최강최소주의이론'의 철학적 기반을 칸트의 인식론에서 구하고, 칸트가 제안하고 있는 인식체계를 최강최소주의이론의 언어생산체계에 접목/융합하여 위 (12)의 칸트주의 문법체계를 완성함으로써 이른바 '칸트주의 언어학'을 주창하고, 이 언어학이 촘스키(Chomsky 2004, 2005a, 2005b, 2006)의 강력최소주의이론 이후 21세기를 선도할 새롭고 유망한 언어이론임을 입증하기 위해 그 이론적 타당성에 대해 기존의 언어이론들(구조주의 언어학, 생성주의 언어학(최소주의이론과 강력최소주의이론 포함) 등)과 철학적, 언어학적 차원에서 상호 비교, 검토하였다. 이러한 검토의 결과, 칸트주의 언어학은 인간언어의 본질에 대해 보다 깊은 이해에 접근할 수 있는 언어이론임은 물론이고, 인간언어의 실체인 보편언어와 경험의 대상으로 물질세계에 존재하는 개별언어의 관계를 언어이론적인 측면에서 일관성 있게 포착할 수 있는 유일한 언어이론임 확인되었다. 뿐만 아니라, 칸트주의 문법체계의 특징은 문법체계의 설명적 타당성(explanatory adequacy)을 지나치게 강조함으로써 때때로 기술적 타당성(descriptive adequacy)을 간과하는 촘스키식 최소주의 언어학과 기술적 타당성만을 추구하는 소쉬르식 구조주의 언어학(Structuralist Linguistics)의 연구 방법론을 적절히 융합함으로써 앞으로 칸트주의 문법체계가 설명적, 기술적 타당성을 모두 높은 수준으로 성취하는 유일한 문법체계로 발전하는 계기를 제공하며, 또한 일반적으로 문법체계에서 연산의 부담을 줄이기 위해서 활용하는 규칙적용의 순환단위(cyclic unit)가 칸트주의 문법체계에서는 자동적으로 지성부의 각 연산 단계에서 생성되는 의미단위인 의미어휘목록, 필수의미표현, 그리고 완전의미표현 등이 된다는 것이다.

그럼에도 불구하고, 칸트주의 언어학은 이제 그 출발점에 서있는 실험적 수준의 언어학이므로, 장차 이 언어학이 실제로 자연언어의 기술장치로 활발히 활용되기 위해서는 많은 후속적인 과제가 남아있음은 당연한 일이다. 당장은 물질세계에 경험의 대상으로 존재하는 개별언어들에 대한 심도 있는 귀납적 분석을 통해 개별언어들이 어떠한 보편언어의 변이형으로 나타나는지 확인하는 일이며,[31] 그 다음으로는 지성부의 인식체계가 생성하는 보편언어를 감성부의 연산체계가 강력한 생산력으로 물질세계에 존재하는 모든 인간언어의 변이형을 생성할 수 있도록 감성부의 연산체계를 구체적이고 세부적으로 다듬고 조정해 나가는 일이다.

31) 개별언어들의 수많은 언어자료에 대한 철저한 귀납적 분석을 통해 개별언어들이 어떠한 보편언어의 변이형에 속하는지 분류하는 작업은 과거 구조주의 언어학에서는 사실상 불가능에 가까운 일이었으나, 이제 현대전산기술을 활용하는 코퍼스 언어학(Corpus Linguistics)의 발전으로 그 전도가 매우 밝아졌다고 볼 수 있다.

참고문헌

참고문헌

강명윤. 1988. Topics in Korean Syntax: Phrase Structure, Variable Binding and Movement. Ph.D. dissertation. MIT.

강명윤. 1990. On Reflexives. 「생성문법연구」 1, 145-170. 한국생성문법학회.

강명윤. 1998.「Chomsky 언어학 사전」. 한신문화사.

강명윤. 2007. Chomsky 언어학의 현상학적 해석. 「생성문법연구」 17.1. 47-68. 한국생성문법학회.

강영세. 1986. Korean Anaphora(I): *caki* as a Resumptive Pronoun. *Language Research* 22. 215-228. Seoul National University.

김영범. 2009.「철학 갤러리」. 풀로엮은집.

김영화, 김광섭, 문귀선, 장영준, 서정목, 박명관, 쎄드릭 북스. 2008.「의문사 의문문의 통사와 의미」. 한국문화사.

김영화, 김선웅, 문귀선, 박명관, 장영준, 윤항진. 2002. 「 허사총론 」. 한림과학원총서 96. 도서출판 소화.

김용석. 1981. 최근 Chomsky 문법의 흐름에 관한 고찰.「논문집」 5. 33-49. 한성대학교.

김용석. 1981. 피접속요소 이동변형의 몇 가지 문제점에 관하여.「언어연구」 2.1. 12-27. 경희언어연구소.

김용석. 1982. 영어의 대명사 현상에 관한 통사적 고찰. 「영어영문학」 28. 667-684. 한국영어영문학회.

김용석. 1983. Revised *Wh*-movement의 고찰.「언어연구」 4. 1-19. 경희언어연구소.

김용석. 1984. 전치사 잔류와 공범주원리.「언어」 9. 425-445. 한국언어학회.

김용석. 1985. PRO의 기본요건과 선행사 결속에 관하여. 「논문집」 9. 129-154. 한성대학교.

김용석. 1986a. *Licensing Conditions on Syntactic Representation*. Ph.D. dissertation. Kyung Hee University.

김용석. 1986b. 이동규칙의 제약과 의미역이론.「언어」 11. 25-50. 한국언어학회.

김용석. 1986c. PRO의 통제와 결속이론.「언어연구」 7. 1-28. 경희언어교육연구소.

김용석. 1986d. On Parasitic Gap Constructions of English.「논문집」 10. 101-128. 한

성대학교.
김용석. 1987. '자기'의 지시의존에 관하여: 결속이론 대 연결이론, 「언어」 제 12권, 319-346, 한국언어학회.
김용석. 1988a. '자기'의 대용화에 관한 연결 이론적 고찰. 「논문집」 제 12 집, 223-255, 한성대학교.
김용석. 1988b. On Multiple *Wh*-constructions in English. *Language Research* 24. 539-63. Seoul National University.
김용석. 1989. On Syntactic Structure of Topic Constructions in Korean. 「논문집」 13. 1-12. 한성대학교.
김용석. 1990a. *Caki* as an Unmarked Anaphor. Orally Presented at the 9th Colloquium, Korean Transformational Generative Grammar Circle.
김용석. 1990b. 전치사 좌초에 관한 장벽 이론적 접근. 「영어영문학」 36. 373-389. 한국영어영문학회.
김용석. 1990c. 다중 의문사 구문과 작용역 결속 원리. 「언어」 15. 한국언어학회.
김용석. 1991. On Topicalization in Korean. *Language Research 10*, Proceedings of the Kyung Hee International Conference on Linguistic Studies, Kyung Hee Univ.
김용석. 1992a. 「결속 이론 -그 변천과 논리 형태 대용화-」. 한신문화사.
김용석. 1992b. 한국어의 주제화와 관계화에 관한 소고. 공영일교수 화갑 기념 논문집.
김용석. 1992c. '자기'의 대용화에 관하여. 「생성문법연구」 2.2. 한국생성문법학회.
김용석. 1993. 「통제이론 -PRO/pro의 통제와 한국어의 공대명사 현상-」. 서울: 한신문화사.
김용석. 1994a. On Subject-Orientedness of Korean Reflexives. 송곡 양동휘교수 화갑기념논문집.
김용석. 1994b. 한국어의 공대명사 현상에 관하여. 「생성문법연구」 4.1, 45-84. 한국생성문법학회.
김용석. 1994c. 재귀사 장거리결속에 관한 자질점검이론적 접근. 「언어연구」 12, 29-51. 경희대학교 언어교육연구원.
김용석. 1994d. 재귀사 결속의 차단효과에 관하여. 「현대문법연구」 5, 139-182. 현대문법학회.
김용석. 1995a. 한국어의 영목적어 현상에 관하여. 「언어」 20.3, 1-31. 한국언어학회.

김용석. 1995b. 한국어의 재귀화에 관한 최소 이론적 접근. ms., 한성대학교.
김용석. 1995c. 최소주의 결속이론에 관하여. 「논문집」 19. 한성대학교.
김용석. 1996a. 「대용화 문법론 -그 이론적 동향과 한국어의 제현상-」. 한신문화사
김용석. 1996b. 재귀사 주어지향성에 관한 자질점검이론적 접근. 「생성문법연구」 6.2. 한국생성문법학회.
김용석. 1996c. 재귀사 자질점검이론의 연구. 「현재문법연구」 8. 현대문법학회.
김용석. 1996d. 술어재귀화 이론의 고찰. 「논문집」 20. 한성대학교.
김용석. 1997a. A Minimalist Approach to Some Problems of Long-Distance Anaphora of Reflexives. 1997 LSA 발표논문.
김용석. 1997b. A Minimalist Approach to *Wh*-Interrogatives in Korean. TEAL 발표논문.
김용석. 1998a. Some A'-Dependencies in Korean. 「현대문법연구」 12. 현대문법학회.
김용석. 1998b. A Minimalist Approach to the Subject-Orientation of Reflexives. 「언어연구」 16. 경희언어교육연구소.
김용석. 1998c. A DP-Analysis of Reflexives. 「논문집」 22. 한성대학교.
김용석. 1999a. 「최소주의 재귀사문법」. 한국문화사.
김용석. 1999b. 한국어 핵재귀사와 그 차단효과에 관하여. 「논문집」 23. 한성대학교.
김용석. 1999c. 장거리 재귀사 이론의 고찰. 「민족문화」 10. 한성대학교 민족문화연구소.
김용석. 1999d. Syntax of *Wh*-Interrogatives: A Minimalist Perspective. 「현대문법연구」 16, 39-88. 현대문법학회.
김용석. 1999e. Blocking Effect of Reflexives: A Minimalist Perspective. 「이승환교수 정년기념 논문집」, 52-77.
김용석. 1999f. On the Long-Distance Anaphora of Reflexives: A Minimalist Perspective. 「이홍배교수 화갑기념 논문집」, 145-187. 한신문화사.
김용석. 2000a. 「생성문법론」. 경진문화사.
김용석. 2000b. 핵재귀사의 내면구조: 최소주의적 관점. 「현대문법연구」 19. 현대문법학회.
김용석. 2000c. 「GB 통사론과 영어의 문장구조」. 경진문화사.
김용석. 2000d. 보편문법의 조명. 「민족문화」 11. 한성대학교 민족문화연구소.
김용석. 2000e 자질삼투이론의 고찰. 「논문집」 24. 한성대학교.

김용석. 2001.「변형과 제약」. 경진문화사.
김용석. 2002. *The A/A-Bar Dependencies in Korean: The Minimalist Approach*. 경진문화사.
김용석. 2003.「변형생성 영어 언어학」. 경진문화사.
김용석. 2004a.「지시의존 문법론」. 경진문화사.
김용석. 2004b. 전치사 좌초현상에 관하여.「영어학연구」17. 한국영어학학회.
김용석. 2004c.「영어의 통사구조와 변형생성문법」. 경진문화사.
김용석. 2004d. Cyclicity and Multiple Spell-Out. 제6회 학국변형생성문법학술대회 발표논문집. 한국생성문법학회.
김용석. 2004e. there-허사 구문의 도출에 관하여: 탐침자-목표물 문법이론적 조명.「한성논문집」28. 한성대학교.
김용석. 2005a. 인상 구문과 예외격표시 구문에 관하여: 탐침자-목표물 문법이론적 분석.「한성인문학」3. 한성대학교 인문과학연구원.
김용석. 2005b. 이동현상에 관한 최강최소주의적 고찰.「한성논문집」29. 한성대학교.
김용석. 2005c. 최소주의이론의 변천에 관한 모형-분석적 고찰.「현대문법연구」41. 현대문법학회.
김용석. 2005d. 영어의 의사수동태 구문에 관하여: 탐침자-목표물 문법이론적 분석. 제7회 한국변형생성문법학술대회 발표논문집. 한국생성문법학회.
김용석. 2006a. 최소주의이론의 근원: 생물언어학적 견해와 최강최소주의문법.「한성인문학」4. 한성대학교 인문과학연구원.
김용석. 2006b. Multiple Spell-Out에 관한 모든 것.「Chomsky 2005 이후」. 한국문화사 (한국생성문법학회 편).
김용석. 2006c. A Probe-Goal Approach to the EPP-Effect of Wh-Interrogatives in English and Korean.「현대문법연구」46. 현대문법학회.
김용석. 2006d. 영어의 섬효과에 관한 탐침자-목표물 이론적 접근「현대영미어문학」24.4. 현대영미어문학회.
김용석. 2006e. 영어의 부가구조에 관한 탐침자-목표물 이론적 접근.「논문집」30. 한성대학교.
김용석. 2006f.「최소주의문법의 이해」. 한성대학교 출판부.
김용석. 2007a.「최소주의문법의 탐구」. 한성대학교 출판부.
김용석. 2007b. 도출의 순환성과 자유병합.「한성인문학」5. 한성대학교 인문과학연구원.
김용석. 2007c. 「현대 영어통사론」. 경진문화사.
김용석. 2007d. 영어의 전치사 좌초현상에 관하여. 「논문집」 31. 한성대학교.
김용석. 2008a. 「사이버강의: 영어의 구조와 문법」. 한성대학교 출판부.
김용석. 2008b. 영어 허사 구문의 도출과 그 문제점에 관하여. 「한성인문학」 6. 한성대학교 인문과학연구원.
김용석. 2008c.「사이버강의: 영어 언어학의 이해」. 한성대학교 출판부.
김용석. 2008d. 강력최소주의이론의 고찰. 「논문집」 32. 한성대학교.
김용석. 2009a. 영어의 전치사 수동태에 관하여, 「현대영미어문학」 27.1. 현대영미어문학회.
김용석. 2009b. v*P, 과연 국면인가?, 「영어학연구」 27. 한국영어학학회.
김용석. 2010a. 언어의 실체에 관한 새로운 도전: 최강최소주의이론, 「현대문법연구」 62. 현대문법학회.
김용석, 2010b. '칸트주의 언어학'의 모색. 「생성문법과 인접학문」. 2010 추계 한국생성문법학회/한국중원언어학회 공동학술대회 발표논문집.
김용석. 2010c.「영어의 통사구조 연구: 보편문법적 접근」. 한성대학교 출판부.
김용석. 2010d. that-절의 섬효과에 관한 최소주의적 접근, 「현대영미어문학」 28.4. 현대영미어문학회.
김용석. 2011a. T, 과연 존재하는가?. 2011 봄 한국언어학회/한국현대언어학회 공동학술대회 발표논문집.
김용석. 2011b. 「영어구문의 이론과 실제」. 글로벌 콘텐츠.
김용석. 2012a. 한국어의 의문사 비대칭 현상에 관하여. 「언어학연구」 22. 한국중원언어학회.
김용석. 2012b. 인간인어에 대한 새로운 기획: 칸트주의 언어학. 「생성문법연구」 22.1. 한국생성문법학회.
김용석. 2012c. 「강력최소주의이론: 그 분석과 전망」. 글로벌 콘텐츠.
김용석. 2012d. 「T 없는 통사론을 향하여」. 「언어」 37.1. 한국언어학회.
김용석. 2012e. 「최소주의문법 Glossary」. 글로벌 콘텐츠.
김용석. 2012f. 『언어와 이성 -Chomsky를 넘어서 칸트주의 언어학으로-』. 글로벌 콘텐츠. (본서)
김용석, 문귀선. 2003. 「변형문법의 이해」(번역): (원저) Jamal Ouhalla(1999), Introducing Transformational Grammr: From Priciples and Parameters to

Minimalism. 한신문화사.

김용석, 박승혁, 윤종열, 한학성. 1995. *Minimalist Approach to Syntax and Morphology*. 편저. 한국문화사.

김용석, 안희돈, 강명윤, 이숙희. 1996. *Morpho-Syntax in Transformational Generative Grammar*. 편저. 한국문화사.

김용석, 양동휘, 이홍배, 임영재. 1991. 「지배-결속 이론의 기초」. 한신문화사.

김용석, 이정민, 배영남. 2000. 「언어학사전」. 박영사.

문귀선. 1989. The Syntax of Null Arguments with Special Reference to Korean. Doctoral dissertation. The University of Texas.

문귀선. 1991. Identification of null arguments. 「생성문법연구」 2.1, 187-218. 한국생성문법학회.

문귀선. 1992. Principle A of the Binding Theory and the Korean Anaphor *Caki*, 「인제논총」 8.1, 인제대학교.

박명관. 2007. RNR in Korean as Right-Edge Coordination. 「생성문법연구」 17.1. 85-97. 한국생성문법학회.

박승혁. 1986. Parametrizing the Theory of Binding: the Implication of *Caki* in Korean. *Language Research* 22. 229-253. Seoul National University.

박승혁. 1997.「최소주의문법론」. 한국문화사.

박승혁. 2003. Chomsky의 "언어"와 "문법," 그리고 언어교육. 영어학특강 발표자료. 한성대학교.

박연미, 김양순. 1995. 「영어통사론강의」. 형설출판사.

배영남, 이정민, 김용석. 2000. 「언어학사전」. 박영사.

서수현. 1991. The Theory of Agreement for English Anaphora. Ph.D. dissertation. Seoul National University.

심양희. 1990. 비논항 결속. 「생성문법연구」 제1호. 한국생성문법학회.

서동익. 1976. 「칸트」 (편집). 세계의 대사상 6. 철문출판사.

서수현. 1991. The Theory of Agreement for English Anaphora. Ph.D. dissertation. Seoul National University.

심양희. 1990. 비논항 결속. 「생성문법연구」 제1호. 한국생성문법학회.

안성호. 1988. Korean Reciprocals and LF-movement. The Logical Form of Anaphora. The Linguistic Society of Korea. 1989.

안희돈, 김용석, 강명윤, 이숙희. 1996. *Morpho-Syntax in Transformational*

Generative Grammar. 편저. 한국문화사.
양동휘. 1983. The Extended Binding Theory of Anaphora. Language Research 19.
양동휘. 1984. 확대 통제이론.「어학 연구」20.1. 서울대학교 어학연구소.
양동휘. 1985. On the Integrity of Control Theory. *NELS* 15. 389-408.
양동휘. 1988.「한국어의 대용화」. 한국연구양서 제58집. 한국연구원.
양동휘. 1989. On Anaphor Movement. *NELS 19*, 435-452.
양동휘. 1990. 대용화의 논리 형태.「성곡논총」제 21집. 719-760.
양동휘. 1991. Korean Anaphora and Universal Grammar. ms. Seoul National University.
양동휘. 1996.「최소이론의 전망」. 한국문화사.
양동휘. 2010a. The Determinism Fallacy: Ambiguity of Interpretive Effects. Presented at the 2010 Seoul International Conference on Linguistics on June 24, 2010.
양동휘. 2010b. On the Notions of Feature Inheritance. Presented at the Joint Meeting of the Korean Generative Circle and the Joongwon Linguistic Society of Korea on Movember 6, 2010.
양현권. 1991. Zero Pronouns and the Speaker's Point of View. *Texas Linguistic Forum 32: Discourse*. The University of Texas.
윤종열, 김용석, 박승혁, 한학성. 1995. *Minimalist Approach to Syntax and Morphology*. 편저. 한국문화사.
이광호. 2007. 영어의 존재구문의 부정극어 및 결속/통제 현상에 관한 최소주의적 연구.「생성문법연구」17.1. 69-84. 한국생성문법학회.
이두원. 2007. Accusative-marked Indirect Objects with Ownership.「생성문법연구」17.1. 1-22. 한국생성문법학회.
이은지. 1994. Locality of Anaphoric Dependence and SUBJECT.「생성문법연구」4.2, 357-370. 한국생성문법학회.
이익환. 1978. Pronominal anaphora in Korean. 어학연구 14.1.
이정민. 1973. *Abstract Syntax and Korean with Reference to English*. 범문사.
이정민. 1988. Issues in Korean Anaphora, ICKL, 339-358.
이홍배. 1976. Notes on pronouns, reflexives and pronominalization. Language Research 12.2. Seoul National University.
이홍배. 1987. On empty categories in Korean.「언어」12.2.
임영재, 김용석, 양동휘, 이홍배. 1991.「지배-결속 이론의 기초」. 한신문화사.

임홍빈. 1987.「국어의 재귀사 연구」. 신구문화사.

임홍빈. 1987. 국어의 대용사 및 대명사 해석의 문제점. 한국언어학회 여름연구회 주제발표 논문.

장석진. 1986. 조응의 담화 기능. 한글 194.

장영준. 1999.「Chomsky, 끝없는 도전」.(Robert Barsky(1997)의 Noam Chomsky: *A Life of Dissent*의 번역서) 서울: 도서출판 그린비.

조숙환. 1991. Null Subjects in Complements and Adjuncts in Korean. ms. Sogang University.

채준기, 박영수. 1982.「영어언어학」. 형설출판사.

철문출판사 전집. 1961.「세계의 대사상」. 1-35권. 서울: 철문출판사.

최기용. 2006.「Chomsky 2005 이후」(편집). 한국문화사 (한국생성문법학회 편).

최재웅. 1987a. LF and Pied-Piping. *Linguistic Inquiry* 18. 348-353.

최재웅. 1987b. Anti-quantifiers and a Theory of Distributivity. Ph.D. dissertation. University of Massachusetts. Amherst.

홍성심. 1986. Some Constraints on Pronominal Binding. Linguistic Journal of Korea. 11.1. The Linguistic Society of Korea.

Abney, S. 1986. Functional elements and licensing. presented at GLOW

Abney, S. 1987. *The English Noun Phrase in Its Sentential Noun Phrase.* Ph.D. dissertation, MIT.

Akmajian, A. and F. W. Harry. 1975. *An Introduction to the Principles of Transformational Syntax*. MIT Press. Cambridge, Mass.

Aoun, J and D. Sportiche. 1983, On the Formal Theory of Government. *The Linguistic Review* 2. 211-236.

Aoun, J. 1981. “ECP, Move-α, and Subjacency," *Linguistic Inquiry* 12.4.

Aoun, J. 1982. The Formal Nature of Anaphoric Relations. Ph.D. dissertation. MIT.

Aoun, J. 1985. *A Grammar of Anaphora*. Cambridge: MIT Press.

Aoun, J. 1986. *Generalized Binding Theory: The Syntax and Logical From of Wh-interrogatives*, Foris, Dordrecht.

Aoun, J. and Y.A. Li. 1989. Constituency and Scope. *Linguistic Inquiry 20.* 141-172.

Aoun, J., N. Hornstein and D. Sportiche. 1981. Some aspects of wide scope quantification. Journal of Linguistic Research 1. 69-95.

Arnauld and Lancelot. 1660. *Port-Royal Grammaire générale et raisonnée.* Paris.

Arnauld and Nicole. 1662. *La logique ou l'art de penser, the Port-Royal Logic*. Paris.

Authier, J.-M.P. 1988. Null Object Constructions in KiNande, *Natural Language and Linguistic Theory 6*. 19-38.

Baker, M and K. Hale. 1990. Relativized Minimality and Pronoun Incorporation. *Linguistc Inquiry* 21, 289-297.

Baker, M. 1985. Incorporation: A Theory of Grammatical Function Changing. Ph.D. dissertation. MIT.

Baker, M. 1988. *Incorporation: A Theory of Grammatical Function Changing*, University of Chicago Press, Chicago.

Baltin, Mark R. 1982. A Landing Site Theory of Movement Rules. *Lingustic Inquiry* 13. 1-38.

Barsky Robert. 1997. *Noam Chomsky: A Life of Dissent*. Stoddart Publishing Co. Ontario, Canada.

Battistella, E. 1987. Chinese reflexivization. ms. University of Alabama at Birmingham.

Bayer, J. 1983. COMP in Bavarian Syntax. *The Linguistic Review* 3. 209-274.

Bayer, J. 1984. Towards an Explanation of Certain *That-t* Phenomena: the COMP-node in Barbarian. De Geest, W. and Putseys, Y. (eds.) *Sentential Complementation*. pp. 23-32.

Belletti, A and L. Rizzi. 1988. Psych verbs and θ-theory. *Natural Language & Linguistic Theory* 6. 291-352

Belletti, A. 2004. (ed.) *Structures and Beyond—The Cartography of Syntactic Structure*, Vol 3. Oxford.

Berko, J. 1958. The Child's Learning of English Morphology. *Word*. pp. 150-77.

Bickerton, D. 1987. He Himself: Anaphor, Pronoun, Or...? *Linguistic Inquiry* 18: 345-348.

Borer, H. 1984. *Parametric Syntax*. Foris, Dordrecht.

Borer, H. 1989. Anaphoric AGR. The Null Subject Parameter. ed. by O. aeggli and K. J. Safir. SNLLT.

Borsley, Robert D. 1983, A Note on Preposition Stranding. *Linguistic Inquiry* 14.2.

Bouchard, D. 1984. On the Content of Empty Categories. Dordrecht: Foris.

Bouchard, D. 1985. PRO, pronominal or anaphor. Linguistic Inquiry 16. 71-477.

Bresnan, J. 1982, The Passive in Lexical Theory. in J. Bresnan, ed., *The Mental representation of Grammatical Relation*. MIT

Broadwell, G. 1988. Reflexive movement in Choctaw. *NELS* 18.

Browning, M. 1987. Null Operator constructions. Ph.D. dissertation. MIT.

Burzio, L. 1986. *Italian Syntax*. Reidel, Dordrecht.

Campos, H. 1986. Indefinite Object Drop. *Linguistic Inquiry 17*. 354-359.

Chomsky, N. 1955. The Logical Structure of Linguistic Theory. ms.

Chomsky, N. 1957. *Syntactic Structures*. Mouton, The Hague.

Chomsky, N. 1964. *Current Issues in Linguistic Theory*. Mouton, The Hague.

Chomsky, N. 1965. *Aspects of the Theory of Syntax*. MIT Press. Cambridge, Mass.

Chomsky, N. 1966. *Cartesian Linguistics: A Chapter in the History of Rationalist Thought*. Harper. New York.

Chomsky, N. 1968. *Language and Mind*. Harcourt Brace Jovanovich, New York.

Chomsky, N. 1970. Remarks on Nominalization. in R. T. Jacobs and P. S. Rosenbaum. (eds.) *English Transformational Grammar*. pp. 184-221.

Chomsky, N. 1972. *Studies in Semantics in Transformational Generative Grammar*. Mouton, The Hague.

Chomsky, N. 1973. Conditions on Transformations. in S. R. Anderson and P. Kiparsky. (eds.) A Festschirift for Marris Halle. Holt, Rinehart and Winston, New York. pp. 232-86.

Chomsky, N. 1975. *The Logical Structure of Linguistic Theory*. Plenum, New York.

Chomsky, N. 1976. *Reflections on Language*. Fontana, London.

Chomsky, N. 1977a. Essays on Form and Interpretation. New York: North Holland.

Chomsky, N. 1977b. On *Wh*-movement. in P. W. Culicover. (eds.) *Formal Syntax*. pp. 71-132.

Chomsky, N. 1980. On Binding. *Linguistic Inquiry* 11. pp. 1-46.

Chomsky, N. 1981. *Lectures on Government and Binding*, Foris, Dordrecht.

Chomsky, N. 1982. *Some Concepts and Consequences of the Theory of Government and Binding*. MIT Press. Cambridge, Mass.

Chomsky, N. 1986a. *Knowledge of Language: Its Nature, Origin, and Use*, Praeger, New York.

Chomsky, N. 1986b. *Barriers*, MIT Press, Cambridge, Massachusetts.

Chomsky, N. 1991. Some Notes on Economy of Derivation and Representation. *Principles and Parameters in Comparative Grammar*. eds. by Robert Freidin. The MIT

Press. Cambridge, Mass.

Chomsky, N. 1993. A Minimalist Program for Linguistic Theory. *The View from Building 20*. ed. by K. Hale and S. J. Keyser. Cambridge, MA: MIT Press.

Chomsky, N. 1994. Bare Phrase Structure, ms., MIT Occasional Papers in Linguistics, No 5.

Chomsky, N. 1995. *The Minimalist Program*, Cambridge, MA: MIT Press.

Chomsky, N. 1995. *The Minimalist Program*, Cambridge, MA: MIT Press.

Chomsky, N. 1996. Some Observations on Economy in Transformational Generative Grammar, ms. MIT.

Chomsky, N. 1997. Language and Mind: Current Thoughts on Ancient Problems. ms. MIT.

Chomsky, N. 1998. Minimalist Inquiries: the Framework. MIT Occasional Papers in Linguistics, No 15. MIT. (Also published in R. Martin, D. Michaels and J. Uriagereka (ed.). 2000. *Step by Step: Essays on Minimalism in Honor of Howard Lasnik*. MIT Press. pp. 98-155.)

Chomsky, N. 1999. Derivation by Phase.

Chomsky, N. 2001. Derivation by Phase. In M. Kenstowicz (ed.). *Ken Hale: A Life in Language*. MIT Press. 1-52. (Also published in MIT Occasional Papers in Linguistics No. 18. 1999.)

Chomsky, N. 2004. Beyond Explanatory Adequacy. In A. Belletti(2004. *ed.*).

Chomsky, N. 2005a. Three Factors in the Design of Language. *Linguistic Inquiry* 36. 1-22. (Expanded from talk at 2004 LSA conference.)

Chomsky, N. 2005b. On Phases. ms. MIT.

Chomsky, N. 2006. Approaching UG from below. ms. MIT.

Chomsky, N. and H. Lasnik. 1991. *Principles and Parameters Theory*, ms., MIT.

Chomsky, N. and H. Lasnik. 1993. The Theory of Principles and Parameters. In J. Jacobs, A. von Stechow, W. Sternefeld, and T. Vennemann, ees., *Syntax: An International Handbook of Contemporary Research*. Berlin: de Gruyter.

Chung, S. 1984. Identifiability and Null Objects in Chmorro. In C.Brugman and M. Macaulay. eds. *Proceedings of the Tenth Annual Meeting*. BLS.

Cole, P and C. Wang. 1996 Antecedents and Blockers of Long-Distance Reflexive: The Case of Chinese *Ziji*. *Linguistic Inquiry* 27.

Cole, P. 1987. Null Objects in Universal Grammar. *Linguistic Inquiry 18*. 597-612.

Cole, P. and L.-M. Sung. 1994. Head Movement and Long-Distance Reflexives. *Linguistic Inquiry* 25.

Cole, P., G. Hermon and L.-M. Sung. 1990. Principles and Parameters of Long Distance Reflexives, *Linguistic Inquiry* 21.

Collins, C. 1997. *Local Economy*. Linguistic Inquiry Monograph 29. The MIT Press.

Contreras, H. 1984. A Note on Parasitic Gaps. *Linguistic Inquiry* 15.

Contreras, H. 1989. A Unified Account of Null Operator Structures. ms. MIT.

Darwin, C. 1872. *The Origin of Species*. (6th ed.) Modern Library. New York.

Emonds, J. 1970. Root and Structure-preserving Transformations. ms. Indiana University.

Emonds, J. 1976. *A Transformational Approach to Syntax*. Academic Press. New York.

Engdahl, E. 1981. Parasitic Gaps. Paper presented at the University of Massachusetts, Amherst, January 1981, at Sloan Workshop on Processing of Unbounded Dependencies.(also published in Linguistics and Philosophy 6. 5-34.)

Evans, G. 1980. Pronouns. *Linguistic Inquiry* 11. 337-362.

Everaert, M. and E. Anagnostopoulou. 1966. Thematic Hierarchies and Binding Theory: Evidence from Greek. Paper presented at Internet Conference of Linguistics.

Evers, A. 1975. *The Transformational Cycle in Dutch and German*. Indiana University Linguistic Club. Bloomington.

Fillmore, C. J. 1963. The Position of Embedding Transformations in a Grammar. *Word* 19. 208-231.

Fodor, J. A. 1978. Parsing Strategies and Constraints on Transformations. . *Linguistic Inquiry* 9. 427-473.

Fodor, J. A. and J. J. Katz. 1964. The Structure of Language: Readings in the Philosophy of Language. Englewood Cliff. Prentice-Hall, N.J.

Fontaine, N. 1736. *Memoires Pour Servir A L'Histoire de Port-Royal*. Autrecht.

Frampton, J. 1995. Expletive Insertion. *Proceedings of the Berlin Workshop on the Role of Economy Principles in Linguistic Theory*. Springer-Verlag.

Fries, Charles C. 1952. *The Structure of English*. Harcourt. New York.

Fukui, N. 1986. A Theory of Category Projection and Its Application. Ph.D. dissertation. MIT.

Giorgi, A. 1984. Toward a Theory of Long Distance Anaphora: a GB approach. *The*

Linguistic Review 3.

Grodzinsky, Y and L. Finkel. 1998. The Neurology of Empty Categories: Aphasics' Failure to Detect Ungrammaticality. *Journal of Cognitive Neuoscience 10.2.*

Haegeman, L. 1983. *Die* and *dat* in West-Flemixh Relative Clauses. *Linguistics in the Netherlands*. 83-91.

Haegeman, L. 1993. *Introduction to Government and Binding Theory*. 2nd edition. Blackwell. Oxford.

Haïk, I. 1984. Indirect Binding. *Linguistic Inquiry* 15. 185-223.

Hale, K and Keyser, S.J. 2003. On Argument Structure and the Lexical Expression of Semantic Relations. *The View from Building 20*. ed. by K. Hale and S. J. Keyser. Cambridge, MA: MIT Press.

Hale, K and S. J. Keyser. 1991. On the Syntax of Argument Structure. *Lexicon Project Working Papers 7*. Center for Cognitive Science, MIT.

Hale, K. 1987. Incorporation and the Irish Syntactic Verb Froms. ms. MIT.

Harman, G. 1974. *On Noam Chomsky: Critical Essays*. (eds.) Anchor Press. New York.

Harman, G. 1994. A review of Chomsky, *Cartesian Linguistics*. in *Noam Chomsky Critical Assessments II*. ed. by Carlos P. Otero. Routledge. London and New York.

Hasegawa, N. 1984/85. "On the So-called "Zero Pronouns" in Japanese," *The Linguistic Review 4*. 289-341.

Heim, I., H. Lasnik and R. May. 1988. Reciprocity and plurality. Essays on Logical Form. ed. by R. May.

Higginbotham, J. 1983. Logical Form, Binding, and Nominals. *Linguistic Inquiry* 14.3.

Hiraiwa, K. 2005. Dimension of Symmetry in Syntax: Some Remarks on the Evolution of Linguistic Theoy. Ph.D dissertation. MIT.

Holmberg, A. 1986. Word Order and Syntactic Features in the Scandinavian Languages and English. Ph.D dissertation. University of Stockholm.

Hornstein, N. and A. Weinberg. 1981. "Case Theory and Preposition Stranding," *Linguistic Inquiry* 12.1.

Hornstein, N. and D. Lightfoot. 1984. Rethinking predication. ms. University of Janeland.

Hornstein, N. and D. Sportiche. 1984. Some Aspects of Wide Scope Quantification. ms, MIT.

Huang, C.-T. J. 1981. Move *Wh* in a Language without *Wh*-movement. *The Linguistic Review* 1.

Huang, C.-T. J. 1982. *Logical Relations in Chinese and the Theory of Grammar*, Doctoral dissertation, MIT.

Huang, C.-T. J. 1983. A Note on the Binding Theory. *Linguistic Inquiry* 14. 554-561.

Huang, C.-T. J. 1984. On the Distribution and Reference of Empty Pronouns, *Linguistic Inquiry 15*. 531-574.

Huang, C.-T. J. 1987. Remarks on Empty Categories in Chinese. *Linguistic Inquiry* 18, 321-337.

Huang, C.-T. J. 1989. Pro-Drop in Chinese: A General Control Theory, *The Null Subject Parameter*, ed. by O. Jaeggli and K. J. Safir, SNLLT.

Huang, C.-T. J. 1991. Remarks on the Status of the Null Object. *Principles and Parameters in Comparative Grammar*. ed. by Robert Freidin. The MIT Press.

Huang, C.-T. J. and J. Tang. 1989. The Logical Nature of the Long-distance Reflexive in Chinese, *NELS* 19.

Humboldt, Wilhelm von. 1960. *Über die Verschiedenheit des menschlichen Sprachbaues und ihrenEinfluss auf die geistige Entvickenlung des Menschengeschlechts*. ed. by Dümmler. Bonn.

Iatridou, S. 1988. Clitics, Anaphors and a Problem of Coindexation. *Linguistic Inquiry 19*. 698-703.

Jackendoff, R. S. 1977. *X-bar Syntax: A Study of Phrase Structure*. MIT Press. Cambridge, Mass.

Jaeggli, O. 1982. *Topics in Romance Syntax*. Dordrecht: Foris.

Jaeggli, O. and K.J. Safir. 1989. The null subject parameters and parametric theory. The Null Subject Parameter. ed. by O. Jaeggli and K. J. Safir. SNLLT.

Jonas, D. 1994. Clause Structure Expletives and Verb Movement. ms. Harvard University.

Kampf, L. 1994. A review of Chomsky, *Cartesian Linguistics*. in *Noam Chomsky Critical Assessments II*. ed. by Carlos P. Otero. Routledge. London and New York.

Kant, I. 1924. *Kritik der Urteilskraft*. Herausgegeben von Karl Vorländer(*Der Philosophische Bibliothek Band* 39).

Katada, F. 1989. What Can Long-Distance Anaphora Say about Operator Systems in Syntax? *NELS* 19. 249-263.

Katalin, É Kiss. 1991. The Primacy Condition of Anaphora and Pronominal Variable Binding. In Koster & Reuland 1991. 245-263.

Katz, J. J. and J. A. Fodor. 1963. The Structure of a Semantic Theory. reprinted in Fodor and Katz. 1964.

Katz, J. J. and P. M. Postal. 1964. *An Integrated Theory of Linguistic Descriptions*. MIT Press. Cambridge, Mass.

Kayne, R. 1981a. De certains différences entre le francais et l'anglais. *Language* 60, 47-64

Kayne, R. 1981b. ECP Extensions. *Linguistic Inquiry* 12.1.

Kayne, R. 1983. Connectedness. *Linguistic Inquiry* 14.2. 223-249.

Kayne, R. 1984a. *Connectedness and Binary Branching*, SGG 16, Foris, Dordrecht.

Kayne, R. 1994b. *The Antisymmetry of Syntax*. MIT Press. Cambridge, Mass.

Keyser, S. J. 1993. On Argument Structure and the Lexical Expression of Syntactic Relations. In K. Hale and S. J. Keyser (eds) *The View from Building 20: Essays in Linguistics in Honor of Sylvain Bromberger*. MIT Press. Cambridge, Mass.

Keyser, S. J. and T. Roeper. 1984. On the Middle and Ergative Constructions in English. *Linguistic Inquiry* 15, 381-416.

Koopman, H. and D. Sportiche. 1981. variables and the bijection principle. The Linguistic Review 2. 135-170.

Kuno, S. 1987. *Funtional Syntax: Anaphora, Discourse and Empathy*. Chicago: University of Chicago Press.

Larson, R. 1988. On the Double Object Construction. *Linguistic Inquiry* 19. 335-391.

Lasnik, H. 1976. Remarks on Coreference. *Linguistic Analysis 12*, 1-23.

Lasnik, H. 1986. Topics on Government-Binding Theory. ms. University of Connecticut.

Lasnik, H. 1991. On the necessity of binding conditions. Principles and Parameters in Comparative Grammar. ed. by Robert Freidin. The MIT Press.

Lasnik, H. 1992. Case and Expletives: notes toward a parametric account. *Linguistic Inquiry* 23.2.

Lasnik, H. 1993. Lectures on Minimalist Syntax. Presented at SICOGG '93. Organized by Korean Transformational Generative Grammar Circle.

Lasnik, H. 1995a. Case and Expletives Revised: on Greed and other human failings.

Linguistic Inquiry 27.3.

Lasnik, H. 1995b. Lectures on Minimalist Syntax. *Minimalist Approaches to Syntax and Morphology*. Korean Transformational Generative Grammar Circle.

Lasnik, H. 1999. *Minimalist Analysis*. MIT Press.

Lasnik, H. and J. Uriagereka. 1988. A Course in GB Syntax: Lectures on Binding and Empty Categories. Cambridge, MA: MIT Press.

Lasnik, H. and M. Saito. 1984. On the Nature of Proper Government. *Linguistic Inquiry* 15.2.

Lebeaux, D. 1983. A Distributional Difference between Reciprocals and Reflexives. *Linguistic Inquiry* 14.4.

Lebeaux, D. 1988. Language Acquisition and the Form of the Grammar. Ph.D. dissertation. University of Massachusetts. Amherst.

Lenneberg, Eric. 1967. *Biological Foundations of Language.*

Longobardi, G. 1984a. Connectedness, Scope and C-Command. presented in GLOW, PISA.

Longobardi, G. 1984b. Reference and Proper Names: A Theory of N-Movement in Syntax and Logical Form. *Linguistic Inquiry* 25. 609-665.

Manzini, M. R. 1983. On control and control theory. *Linguistic Inquiry* 14. 421-446.

Marantz, A. 1981. *On the Nature of Grammatical Relations.* Ph.D. dissertation. MIT

Marantz, A. 1984. *On the Nature of Grammatical Relations*. Cambridge, MA: MIT Press.

May, R. 1977. The Grammar of Quantification. Ph.D. dissertation. MIT.

May, R. 1985. *Logical Form: Its Structure and Derivation.* MA: MIT Press.

McCloskey, J. 1979. *Transformational Syntax and Model Theoretic Semantics*. Reidel Dordrecht.

McCloskey, J. and K. Hale. 1984. On the syntax of person-number inflection in modern Irish. Natural Language and Linguistic Theory 1. 487-534.

Miller, G. A., E. Galanter and K. H. Pribram. 1960. Plans and the Structure of Behavior. Holt, Rinehart, & Winston, New York.

Milsark, G. 1974. Existential Sentences in English. Doctoral dissertation. MIT.

Montalbetti, M. 1984. After Binding. Ph.D. dissertation. MIT.

Moon, G.-S. 1998. Expletives and Case-feature Checking. *Korean Journal of Linguistics* 24.4.

Moon, G.-S. 2000. Agreement in English Existential Constructions. *The Journal of English Language and Literature 64.4.*

Newmeyer F. J. 1980. *Linguistic Theory in America: The First Quarter-Century of Transformational Generative Grammar.* Academic Press. New York.

Ouhalla, Jamal. 1999. In*troducing Transformational Grammar from principles and parameters to Minimalism.* Oxford University Press.

Perlmutter, D. M. 1971. Deep and Surface Structure Constraints in Syntax(Constraints). New York: Holt, Rinehart & Winston.

Perlmutter, D. M. 1978. Impersonal Passives and the Unaccusative Hypothesis. In *Proceedings of the Fourth Annual Meeting of the Berkerly Linguistics Society.* Berkeley Linguistic Society, University of California, Berkeley.

Pesetsky, D. 1982. Paths and Categories. Ph.D. dissertation. MIT.

Pesetsky, D. 1984. *Wh*-in-situ: movement and unselective binding. ms.

Pesetsky, D. 1987. *Wh*-in-situ: movement and unselective binding. in The Representation of(In)definiteness. Cambridge, MA: MIT Press.

Pica, P. 1987. On the Nature of the Reflexivization Cycle, *NELS 17*, 483-499.

Pollard, C and I. Sag. 1992. Anaphors in English and the Scope of the Binding Theory. *Linguistic Inquiry* 23. 261-305

Pollock, J.-Y. 1989. Verb Movement, Universal Grammar, and the Structure of IP. *Linguistic Inquiry* 20. 365-424.

Postal, P. 1986. On So-called 'Pronouns' in English, in D. Reibel and S. Schane, eds., *Modern Studies in English*, Prentice-Hall, Englewood Cliffs, New Jersey.

Progovac, L. 1993. Long Distance Reflexives: Movement-to-Infl versus Relativized SUBJECT. *Linguistic Inquiry* 24. 755-772.

Radford, A. 1988. *Transformational Grammar.* Cambridge University Press. New York

Raposo, E. 1986. The Null Object in European Portuguese. *Studies in Romance Linguistics.* ed. by O. Jaeggli and C. Silva Corvalan. 373 390. Dordrecht: Foris.

Read, C and V. Chou Hare. 1979. Children's Interpretation of Reflexive Pronouns in English. In *Studies in First and Second Language Acquisition*, ed. Fred R. Eclman and Ashley J. Hastings. 98-116. Rowley, Mass.: Newbury House.

Reinhart, T. 1976. The Syntactic Domain of Anaphora. Ph.D. dissertation. MIT.

Reinhart, T. 1987. Specifier and Operator Binding. *Representation of(In)definiteness.*

Cambridge, MA: MIT Press.

Reinhart, T. and E. Reuland. 1993. Reflexivity. *Linguistic Inquiry* 24. 657-720.

Reuland, E. 1983. Government and the Search for AUXES. in Heny and Richards 1983. 99-168.

Riemsdijk, H. van and E. Williams. 1986. Introduction to the Theory of Grammar. The MIT Press. Massachusetts: Cambridge.

Rizzi, L. 1986. Null Objects in Italian and the Theory of *pro. Lingistic Inquiry 17.* 501-557.

Rizzi, L. 1987. Relativzed Minimality. ms. Université de Genève & University of Stanford.

Rizzi, L. 1990. *Relativized Minimality*, Linguistic Inquiry Monograph 16, MIT Press, Cambridge, Massachusetts.

Rizzi, L. and A. Belletti. 1988. Psych-verbs and θ-theory. Natural Language and Linguistic Theory 6. 291-351.

Ross, J. R. 1967. Constraints on Variables in Syntax. Ph.D. dissertation. MIT.

Rothstein, S. 1983. The Syntactic Form of Predication. Ph.D. dissertation. MIT.

Rouveret, A. and J.-R. Vergnaud. 1980, "Specifying reference to the Subject," *Linguistic Inquiry* 11.1

Rutten, J. 1991. Infinitival Complements and AUXiliaries.(Amsterdam Studies in Transformational Generative Grammar 4). University of Amsterdam.

Ruzicka, R. 1983. Remarks on Control. *Linguistic Inquiry* 14. 309-324.

Safir, K. 1982. Syntactic Chains and Definiteness Effect. Ph.D. dissertation. MIT.

Safir, K. 1984. Multiple Variable Binding. *Linguistic Inquiry* 15. 603-638.

Saito, M. and H. Hoji. 1983. Weak Crossover and Move-α in Japanese. *Natural Language and Linguistic Theory* 1. 245-259.

Saussure, F. 1916. *Cours de Linguistique Générale*. (ed.) C. Bally and A. Sechehaye. Paris.

Searle, J. 1974. Chomsky's Revolution in Linguistics. in *On Noam Chomsky: Critical Essays*. (eds.) Harman, G. 1974. Anchor Press. New York.

Siegel, D. 1984. *Topics in English Morphology.* Ph.D. dissertation. MIT.

Soames, S and D. M. Perlmutter. 1979. Syntactic Argumentation and the Structure of English. UC Press. Berkeley.

Speas, M. 1986. Adjunction and Projection in Syntax. Ph.D. dissertation. MIT.

Stowell, T. 1981. Origins of Phrase Structure. Ph.D. dissertation. MIT.

Stowell, T. 1983. Subjects across Categories. *The Linguistic Review* 2. 285-312.

Sung, L.-M. 1990. Universals of Reflexives. Ph.D. dissertation. MIT.

Svenonius, P. 2003. On the Edge. ms. Tromso.

Taraldsen, T. 1981. The Theoretical Interpretation of a Class of Marked Extractions. in A. Belletti, L. Brandi and L. Rizzi. eds. *Theory of Markedness in Transformational Generative Grammar*. (Proceedings of the 1979 GLOW conference.) Scuola Normale Superiore. Pisa.

Tatersall, I. 1998. *The Origin of Human Capacity*. American Museum of National History. New York.

Torrego, E. 1981. Spanish as a Pro-Drop Language. ms. University of Massachusetts. Boston.

Torrego, E. 1985. On Empty Categories in Nominals. ms. University of Massachusetts. Boston.

Travis, L. 1984. Parameters and the Effects of Word Order Variation. Ph.D. dissertation. MIT.

Wallace, A. R. 1989. *Darwinism*. MacMillan and Co.

Williams, E. S. 1980. Predication. *Linguistic Inquiry* 11. 203-238.

Williams, E. S. 1989. The Anaphoric Nature of θ-roles. *Linguistic Inquiry* 20. 425-456.

Xu, L. 1986. Free Empty Category. *Linguistic Inquiry* 17. 75-93.

Yoon, J. 1988. Single and Compound Reflexives in Korean, ms. University of Illinois, Urbana.

찾아보기

찾아보기

우리말색인

ㄱ

ㄴ

ㅂ

ㅅ

ㅇ

ㅈ

ㅊ

ㅋ

기타

영문색인

C

D

E

F

G

H

I

J

K

L

M

N

O

P

R

S

W

X

Y

기타

에필로그

에필로그<Epilogue>

사실 본서의 구상과 출판 계획은 한국연구재단 시행 2011년도 인문사회분야 우수학자 저술지원 사업에 응모하면서 시작되었다. 연구과제로 채택되지는 못했으나 당시 몇몇 저명 학회의 학회장과 임원들께서 우수학자임을 인증하는 추천서를 써주었고, 또한 양동휘 교수님을 포함한 여러 전문학자들께서 논평과 질의응답 등을 통해 본서의 제안과 주장(칸트주의 언어학)에 대해 높이 평가해 주었다. 이분들의 관심과 성원이 아니었다면 본서가 그리 쉬이 출판되지 못했으리라 고백한다. 이분들의 성원에 다시 한 번 감사드린다. 때마침 금년 초(음력 2012년 2월 7일자) 필자가 세칭 환갑을 맞이하게 되어 처음에는 환갑을 자축하기 위한 기념서로 출판하려고 마음먹었다. 그러나 최초 출판 예정일(5월 중순)이 한참 지나고 늦가을이 되어서야 겨우 탈고하고, 연말에 출판을 완료할 처지가 되었다.

그동안 필자의 주변 상황도 많이 바뀌어, 이제 필자가 35년간의 대학교직생활을 접고 학자로서 또한 신앙인으로서 더 넓은 진리의 세계를 그리며 편협한 사고와 정지된 상념의 틀을 벗어나 풍요로운 이성의 자유를 누리고자는 결심에 이르렀다. 참된 진리의 발견이 어찌 한 순간의 결심으로 이루어질까마는 그 진리를 향한 바른 길을 찾는 계기가 되었으면 한다. 이러한 길에서 칸트에 좀 더 심취하고, 인간의 본성을 좀 더 깊이 바라보며, 언어의 본질을 다시 한 번 심도 있게 성찰해 보고자 희망한다.

이제 본서 출판은 필자의 인생 1막을 마감하는 명예로운(?) 퇴임과 2막의 새 출발을 자축하는 축포가 되는 셈이다. 이러한 시점에서 필자의 인생 1막에 대한 회고는 새 출발에 대한 포부의 밝힘이라 믿는다.

다음은 본서의 출판에 즈음한 필자의 지난 기록들의 단면이다.

(1) 가족 현황

아내: 오경자 안젤라
장녀: 김현숙 안나　사위: 곽호근 마르티노　손녀: 곽은서 베레나　손자: 곽민철 요셉
장남: 김형민 바오로
(예비신부: 강주희 글라라)
차남: 김형진 프란치스코

(2) 경력 및 업적:

(제31회 스승의 날 정부 포상을 위한 한성대학교 총장 상신 내용을 기초함)

공 적 조 서

<table>
<tr><td>①성 명</td><td colspan="3">김 용 석 (한 자) 金 龍 石</td></tr>
<tr><td rowspan="2">②주민등록번호</td><td rowspan="2">520302-1898815</td><td>③군 번
(군인의 경우)</td><td>262036</td></tr>
<tr><td>④국 적
(외국인의 경우)</td><td></td></tr>
<tr><td>⑤주 소</td><td colspan="3">서울 성북구 돈암동 한신아파트 112-107호</td></tr>
<tr><td>⑥직 업</td><td>사립학교교원</td><td>⑦소 속</td><td>한성대학교</td></tr>
<tr><td>⑧직 위</td><td>교수</td><td>⑨직급 · 계급</td><td>교수</td></tr>
<tr><td>⑩추천훈격</td><td>장관표창</td><td>⑪추천순위</td><td></td></tr>
<tr><td>⑫공적분야</td><td>교과지도</td><td>⑬공적기간</td><td></td></tr>
<tr><td colspan="4">⑭공적요지
상기인(김용석)은 1975년 3월부터 현재에 이르기까지 약 37년(밀성여중교 2년, 육군사관학교 4년, 한성대학교 31년) 간 교직에 종사하면서, 수많은 인재를 배출하여 사회의 발전에 이바지하였을 뿐 아니라 한국생성문법학회장, 천주교 돈암동성당 총회장, 한성대학교 인문대학장 등을 역임하여 학문과 교육, 그리고 지역사회의 발전에도 크게 기여하였음. 저서: 총 27권/연구논문: 총 70여편</td></tr>
<tr><td colspan="4">조 사 자</td></tr>
<tr><td>⑮소 속</td><td colspan="3">교수지원팀</td></tr>
<tr><td>⑯직 위(직급 · 계급)</td><td>팀 장</td><td>⑰성 명</td><td>전 장 배 (인)</td></tr>
<tr><td colspan="4">위의 기록이 틀림없음을 확인합니다.

2012년 3월 일

추 천 관 **한성대학교 총장 정 주 택** 직인</td></tr>
</table>

210mmx297mm[신문용지 54g/㎡(재활용품)]

⑱주요경력 (*추가내용 별지 참조)	
연 월 일	이력사항
1977. 7. 1. ~1981. 6. 25.	육군사관학교 교수부 영어과 영어학 전임교관 (전임강사/대위)
1981. 9. 1. ~2012. 3. 현.	한성대학교 인문대학 영어영문학부 교수 (현재 정교수 3)
⑲과거 포상기록(훈장 · 포장 · 표창별로 기록) (*추가내용 별지 참조)	
수여일자(연 월 일)	포상종류
1987. 1. .	육군참모총장 표창/대한민국 육군본부
1999. 2. .	두현학술상/현대문법학회
⑳공 적 내 용	

위 김용석(영어학 전공/문학박사) 교수는 대학졸업 후 1975년 3월부터 오늘날에 이르기까지 약 37년(밀성여자중학교(2급 정교사) 2년, 육군사관학교(전임교관) 4년, 한성대학교(교수) 31년) 간 오로지 교직만에 종사해 온 순수 교육자로서 열정적인 교육을 통해 인격과 재능을 갖춘 수많은 인재를 배출함으로써 우리사회의 발전과 선진화에 크게 이바지하여 왔으며, 또한 한국생성문법학회 회장, 현대영미어문학회 부회장, 현대문법학회 경인지회장, 천주교 돈암동성당 총회장, 한성대학교 교무처장, 인문대학장 등을 역임하면서 학문과 지역사회, 그리고 대학의 성장과 발전에도 크게 기여하여 왔다. 또한 본 대학(한성대학교) 최초로 대학 내 영어강의와 사이버강의를 실시함으로써 교육의 혁신과 현대화에도 앞장 선 바 있다.

특히, 김용석 교수는 영어학을 전공한 언어학자로서 1977년부터 현재에 이르기까지 약 35여 년간 대학에서 현대 언어학의 핵심 분야인 생성문법이론을 교육, 연구해 왔으며, 그 결과로 총 27권의 저서(역, 편저 포함)와 70여편에 이르는 연구논문을 출판했다. 이들 연구 결과물들은 대부분 현대 생성문법이론에서 제안하는 보편문법(Universal Grammar)의 체계를 발전시키고, 이를 영어와 한국어의 제 문법현상에 적용함으로써 한국어를 포함한 자연언어의 연구에 새로운 보편문법적 연구 방법론을 개척하고 있다. 이중 2006년과 2007년에 각각 출판한 「최소주의 언어학의 이해」와 「최소주의 언어학의 탐구」는 생물언어학적 관점(Bio-linguistic Perspectives)에서 언어의 진화(evolustion)와 완벽성(perfection)을 주장하고 있는 N. Chomsky 교수의 새로운 21C 생성문법이론인 최소주의이론을 심층적으로 분석, 조망하며, 이 이론의 원리들을 다양한 한국어 언어현상의 설명에 적용하여 그 타당성을 검토하고 있다. 또한, 1997년 미국언어학회(LSA)의 LDR Workshop에 초청되어 구두 발표한 ' A Minimalist Approach to Some Problems of Long-Distance Anaphora of Reflexives'은 한국학술진흥재단의 1996년 '해외 석학과의 공동연구' 사업에 채택된 연구과제로서 당시 캘리포니아대학교(UCI) 언어학과 학과장으로 있던 해외석학인 James Huang 교수와 공동연구를 진행하여 얻은 연구결과로 한국어의 재귀화 현상에 새로운 보편문법적 분석을 도입함으로써 한국어를 포함한 자연언어의 재귀사 연구에 새로운 활로를 개척하였으며, 귀국 후 그 결과물을 1999년 「최소주의 재귀사문법」이란 제목의 저서로 출판하였다. 그리고 2006년 출판한 연구논문 'A Probe-Goal Approach to the EPP-Effect of Wh-Interrogatives in English and Korean' 은 한국학술진흥재단 2006년 '대학교수해외방문연구지원' 사업에 채택된 연구과제로 하와이대학에서 그 연구를 진행하였으며, 이 연구의 결과는 한국어의 의문사 의문문 현상에 새로운 최소주의적 해석을 시도함으로써 한국어 의문문 연구에 새로운 보편문법적 연구방법을 제시하고 있다.

이러한 교육과 연구업적 이외에도 김용석 교수는 1999년 대교협 대학종합평가 당시 본 한성대학교의 대학자체평가위원장을 맡아 본 대학의 교육, 연구, 행정 등 학사운영 전반의 혁신을 도모함으로써 본 대학을 전국 최우수대학 인증 획득으로 이끌어 본교의 성장과 발전에 크게 공헌한 바 있다.

⑱주요경력(추가사항)

1. 병역

군 별	육군		직책	육군사관학교 교관(전임강사)	
군 번	262036	최종계급	소령	복무기간	1977. 07-1981. 06

2. 교육 경력

근무처	근무부서	직 위	재직기간	비 고
육군사관학교	교수부 영어과	전임강사	1977. 07-1981. 06	영어교관/대위
한성대학교	영어영문학부	전임강사	1981. 09-1982. 03	
한성대학교	영어영문학부	조교수	1982. 04-1986. 03	
한성대학교	영어영문학부	부교수	1986. 06-1995. 03	
한성대학교	영어영문학부	교수	1995. 04-현재	
University of California	Dept. of Linguistics	Visiting Professor	1997. 03-1998. 02	학진 지원과제 연구수행
University of Hawaii	CKS	Visiting Professor	2006. 03-2007. 02	학진 지원과제 연구수행

3. 전문학회 임원 경력

봉사 기구 및 단체	직책	봉사 기간	비 고
한국생성문법학회	회장	1994. 12-1996. 12	총무이사 역임
현대문법학회	경인지역회장	2001. 09-2003. 09	연구이사/상임심사위원 역임
현대영미어문학회	부회장	2005. 01-2008. 12	편집이사 역임
한국언어학회	연구이사, 섭외이사	1988. 09-1990. 08	
한국생성문법학회	편집위원장	1989. 12-1993. 12	
국제한국어교육학회	섭외이사	1991. 09-1993. 08	

4. 교내외 직책 경력

수행기간	소속기관	직책
2008-2009	돈암동성당	총회장
1998-1999	한성대학교	대학자체평가위원장
1984. 07-08	한성대학교	한성대학장 직무대리
2006-2008	돈암동성당	돈암동성당 사목회 부회장
1984-1984 2000-2002	한성대학교	교무처장(2회)
1998-2000	한성대학교	한성대학교 인문대학 학장
1984-1984	한성대학교	학생처장
2007-2009	한성대학교	대학평의원(인문대학 교수 대표)
1987-1990	한성대학교	교수협의회 초대부회장 (회장 직무대행 체제)
1998학년도	한성대학교	공정관리위원장
1999학년도	한성대학교	출제위원장
2000학년도	한성대학교	출제위원장
1988-1990	한성대학교	신문사주간
1985-1986	한성대학교	학생생활연구소장
1988-1992	한성대학교	교지편집부 지도교수
1990-1992	한성대학교	방송국 지도교수
1986-1988 2008-2010 2011-현재	한성대학교	영어영문학부(과)장(3회)
1982-1984	한성대학교	교양학과장
1990-2005	한성대학교	서울가톨릭교수회 대학대표이사
2005-2007	돈암동성당	돈암동성동 ME 대표
1987-1990	신천동성당	신천동성당 청소년분과위원장
2004-2006	돈암동성당	신천동성당 가정사목위원장

5. 학술 대회 및 위원회 경력

활동내용	수행기간	주관기관	직책(역할)
서울국제생성문법학술대회(SICOGG 2004)	2004. 08.	한국생성문법학회	대회장
2003 아시아 GLOW 학술대회	2003. 09.	GLOW/한국생성문법학회	학술대회 고문
Hawaii Catholic Korean Language School	2006-2007	University of Hawaii	Vice Principal
서울국제생성문법학술대회(SICOGG 1996)	1996. 08.	한국생성문법학회	공동 대회장
The Linguistic Society of America(미국언어학회)	1997. 07.	University of California	LDR Workshop Invited Speaker
Theoretic East Asian Language Circle(동아시아 이론언어학회)	1998. 01.	University of California	Colloquium Invited Speaker
『생성문법연구』 편집위원회	1989-1991	한국생성문법학회	편집위원장
『생성문법연구』 편집위원회	1991-1993	한국생성문법학회	상임편집인
『현대문법연구』 심사위원회	1994-2001	현대문법학회	상임심사위원
『영어영문학』 편집위원회	1998-2000	한국영어영문학회	(통사론분야)심사위원
박사학위논문 심사	1988-2004	서울대, 서강대, 이화여대, 한국외대, 전남대, 청주대, 원광대	박사학위 청구논문 심사위원회 위원 (총20여명의 박사 지도 배출)
Hawaii Catholic Korean Language School	2007. 02.	University of Hawaii	Language and Language Teaching Invited Speaker

6. 연구발표 경력

#특별강연(총 21회):

한국언어학회 (3회: 1989. 07./1991. 8./1993. 07.)

한국영어영문학회 (2회: 1993. 01./1995. 01.)

서울형식문법연구회 (3회: 1987.10./1988.5./1988.10.)

현대문법학회 (4회: 1986. 08./1998. 08./2000. 08./2001. 08.)

동남언어학회 (1회: 1999. 08.)

한국생성문법학회 (4회: 2000. 04./2004. 08./2007. 11./2010.11.)

한국중원언어학회 (2회: 2010.11.)

Theoretic East Asian Language Circle(동아시아 이론언어학회)(1회: 1998. 01.)

Hawaii Catholic Korean Language School(1회: 2007. 02.)

#연구발표(총 28회):

한국영어영문학회(2회: 1982. 10./1990. 5.)

한국언어학회(6회: 1984. 02./1985. 02./1986. 10./1987. 10./2003. 02./2011.05)

한국생성문법학회(9회: 1990. 03./1995. 11./1996. 05./1996. 11./1998. 05./ 2004. 11./2005. 05./2007. 05./2007.10.)

현대문법학회(4회: 2000. 12./2005.05./2006. 11./2010. 11.)

현대영미어문학회(2회: 2008. 05./2010. 10.)

한국영어학학회(1회: 2008. 11.)

한국언어정보학회(1회: 2010. 11.)

한국중원언어학회(1회: 2011. 11.)

한국어교육학회(1회: 2011. 11.)

The Linguistic Society of America(미국언어학회)(1회: 1977. 07.)

7. 연구 업적

#저서 (총 27권)

1986. *Licensing Conditions on Syntactic Representation.* 한신문화사.

1992. 「결속 이론 -그 변천과 논리 형태 대용화-」. 한신문화사.

1993. 「통제이론 -PRO/pro의 통제와 한국어의 공대명사 현상-」. 서울: 한신문화사.

1996. 「대용화 문법론 -그 이론적 동향과 한국어의 제현상-」. 한신문화사

1999. 「최소주의 재귀사문법」. 한국문화사.

2000a. 「생성문법론」. 경진문화사.

2000b. 「GB 통사론과 영어의 문장구조」. 경진문화사.

2001. 「변형과 제약」. 경진문화사.

2002. *The A/A-Bar Dependencies in Korean: The Minimalist Approach.* 경진문화사.

2003. 「변형생성 영어 언어학」. 경진문화사.

2004a. 「지시의존 문법론」. 경진문화사.

2004b. 「영어의 통사구조와 생성문법」. 경진문화사.

2006. 「최소주의 언어학의 이해」. 한성대학교 출판부.

2007a. 「최소주의 언어학의 탐구」. 한성대학교 출판부.

2007b. 「현대 영어통사론」. 경진문화사.

2008a. 「사이버강의: 영어의 구조와 문법」. 한성대학교 출판부.

2008b. 「사이버강의: 영어 언어학의 이해」. 한성대학교 출판부.

2010. 「영어의 통사구조 연구: 보편문법적 접근」. 한성대학교 출판부.

2011. 「영어구문의 이론과 실제」. 글로벌콘텐츠.

2012a. 「강력 최소주의 이론: 그 분석과 전망」. 글로벌콘텐츠.

2012b. 「최소주의 문법 Glossary」. 글로벌콘텐츠.

2012c. 「언어와 이성: 촘스키를 넘어서 칸트주의 언어학으로」. 한성대학교 출판부. (본서)

김용석, 문귀선. 2003. 「변형문법의 이해」(역서): (원저) Jamal Ouhalla(1999), Introducing Transformational Grammr: From Priciples and Parameters to Minimalism. 한신문화사.

김용석, 박승혁, 윤종열, 한학성. 1995. *Minimalist Approach to Syntax and Morphology.* 편저. 한국문화사.

김용석, 안희돈, 강명윤, 이숙희. 1996. *Morpho-Syntax in Transformational Generative*

Grammar. 편저. 한국문화사.
김용석, 양동휘, 이홍배, 임영재. 1991. 「지배결속이론의 기초」. 한신문화사.
김용석, 이정민, 배영남. 2000. 「언어학사전」. 박영사.

#학회지(등재학술지) 게재논문 (총 27편)

1982. 영어의 대명사 현상에 관한 통사적 고찰. 「영어영문학」 28. 667-684. 한국영어영문학회.

1984. 전치사 잔류와 공범주원리. 「언어」 9. 425-445. 한국언어학회.

1986. 이동규칙의 제약과 의미역이론. 「언어」 11. 25-50. 한국언어학회.

1987. '자기'의 지시의존에 관하여: 결속이론 대 연결이론, 「언어」 제12권, 319-346, 한국언어학회.

1988. On Multiple *Wh*-constructions in English. *Language Research* 24. 539-63. Seoul National University.

1990a. 전치사 좌초에 관한 장벽 이론적 접근. 「영어영문학」 36. 373-389. 한국영어영문학회.

1990b. 다중 의문사 구문과 작용역 결속 원리. 「언어」 15. 한국언어학회.

1992. '자기'의 대용화에 관하여. 「생성문법연구」 2.2. 한국생성문법학회.

1994a. 한국어의 공대명사 현상에 관하여. 「생성문법연구」 4.1, 45-84. 한국생성문법학회.

1994b. 재귀사 결속의 차단효과에 관하여. 「현대문법연구」 5, 139-182. 현대문법학회.

1995. 한국어의 영목적어 현상에 관하여. 「언어」 20.3, 1-31. 한국언어학회.

1996a. 재귀사 주어지향성에 관한 자질점검이론적 접근. 「생성문법연구」 6.2. 한국생성문법학회.

1996b. 재귀사 자질점검이론의 연구. 「현대문법연구」 8. 현대문법학회.

1998. Some A'-Dependencies in Korean. 「현대문법연구」 12. 현대문법학회.

1999. Syntax of *Wh*-Interrogatives: A Minimalist Perspective. 「현대문법연구」 16, 39-88. 현대문법학회.

2000. 핵재귀사의 내면구조: 최소주의적 관점. 「현대문법연구」 19. 현대문법학회.

2004. 전치사 좌초현상에 관하여. 「영어학연구」 17. 한국영어학학회.

2005. 최소주의문법이론의 변천에 관한 모형-분석적 고찰. 「현대문법연구」 41. 현대문법학회.

2006a. A Probe-Goal Approach to the EPP-Effect of Wh-Interrogatives in English and Korean.「현대문법연구」 46. 현대문법학회.

2006b. 영어의 섬효과에 관한 탐침자-목표물 이론적 접근「현대영미어문학」 24.4. 현대영미어문학회.

2009a. 영어의 전치사 수동태에 관하여,「현대영미어문학」 27.1. 현대영미어문학회.

2009b. v*P, 과연 국면인가?,「영어학연구」 27. 한국영어학학회.

2010a. that-절의 섬효과에 관한 최소주의적 접근,「현대영미어문학」 28.4. 현대영미어문학회.

2010b. 언어의 실체에 관한 새로운 도전: 최강최소주의이론,「현대문법연구」 62. 현대문법학회.

2012a. 한국어의 의문사 비대칭 현상에 관하여.「언어학연구」 22. 한국중원학회.

2012b. 인간언어에 대한 새로운 기획: 칸트주의 언어학.「생성문법연구」 22.1. 한국생성문법학회.

2012c. T 없는 통사론을 향하여.「언어」 37.1. 한국언어학회.

#주요 학술지 연구논문 (총 40여편 중)

1981. 최근 Chomsky 문법의 흐름에 관한 고찰.「논문집」 5. 33-49. 한성대학교.

1981. 피접속요소 이동변형의 몇 가지 문제점에 관하여.「언어연구」 2.1. 12-27. 경희언어연구소.

1983. Revised *Wh*-movement의 고찰.「언어연구」 4. 1-19. 경희언어연구소.

1985. PRO의 기본요건과 선행사 결속에 관하여.「논문집」 9. 129-154. 한성대학교.

1986a. *Licensing Conditions on Syntactic Representation*. Ph.D. dissertation. Kyung Hee University.

1986b. PRO의 통제와 결속이론.「언어연구」 7. 1-28. 경희언어교육연구소.

1986c. On Parasitic Gap Constructions of English.「논문집」 10. 101-128. 한성대학교.

1988. '자기'의 대용화에 관한 연결 이론적 고찰.「논문집」 제 12 집, 223-255, 한성대학교.

1989. On Syntactic Structure of Topic Constructions in Korean.「논문집」 13. 1-12. 한성대학교.

1990a. *Caki* as an Unmarked Anaphor. Orally Presented at the 9th Colloquium, Korean Transformational Generative Grammar Circle.

1991. On Topicalization in Korean. *Language Research 10*, Proceedings of the Kyung Hee International Conference on Linguistic Studies, Kyung Hee Univ.

1992. 한국어의 주제화와 관계화에 관한 소고. 공영일교수 화갑 기념 논문집.

1994a. On Subject-Orientedness of Korean Reflexives. 송곡 양동휘교수 화갑기념논문집.

1994b. 재귀사 장거리결속에 관한 자질점검이론적 접근.「언어연구」12, 29-51. 경희대학교 언어교육연구원.

1995a. 한국어의 재귀화에 관한 최소 이론적 접근. ms., 한성대학교.

1995b. 최소주의 결속이론에 관하여.「논문집」19. 한성대학교.

1996. 술어재귀화 이론의 고찰.「논문집」20. 한성대학교.

1997a. A Minimalist Approach to Some Problems of Long-Distance Anaphora of Reflexives. 1997 LSA 발표논문.

1997b. A Minimalist Approach to *Wh*-Interrogatives in Korean. TEAL 발표논문.

1998a. A Minimalist Approach to the Subject-Orientation of Reflexives.「언어연구」16. 경희언어교육연구소.

1998b. A DP-Analysis of Reflexives.「논문집」22. 한성대학교.

1999a. 한국어 핵재귀사와 그 차단효과에 관하여.「논문집」23. 한성대학교.

1999b. 장거리 재귀사 이론의 고찰.「민족문화」10. 한성대학교 민족문화연구소.

1999c. Blocking Effect of Reflexives: A Minimalist Perspective.「이승환교수 정년기념논문집」, 52-77.

1999e. On the Long-Distance Anaphora of Reflexives: A Minimalist Perspective.「이홍배교수 화갑기념 논문집」, 145-187. 한신문화사.

2000a. 보편문법의 조명.「민족문화」11. 한성대학교 민족문화연구소.

2000b. 자질삼투이론의 고찰.「논문집」24. 한성대학교.

2004a. Cyclicity and Multiple Spell-Out. 제6회 한국변형생성문법학술대회 발표논문집. 한국생성문법학회.

2004b. there-허사 구문의 도출에 관하여: 탐침자-목표물 문법이론적 조명.「논문집」28. 한성대학교.

2005a. 인상 구문과 예외격표시 구문에 관하여: 탐침자-목표물 문법이론적 분석.「한성인문학」3. 한성대학교 인문과학연구원.

2005b. 이동현상에 관한 최강최소주의적 고찰.「한성논문집」29. 한성대학교.

2005c. 영어의 의사수동태 구문에 관하여: 탐침자-목표물 문법이론적 분석. 제7회 한국변형생성문법학술대회 발표논문집. 한국생성문법학회.

2006a. 최소주의문법이론의 근원: 생물언어학적 견해와 최강최소주의 언어학. 「한성인문학」 4. 한성대학교 인문과학연구원.

2006b. Multiple Spell-Out에 관한 모든 것. 「Chomsky 2005 이후」. 한국문화사 (한국생성문법학회 편).

2006c. 영어의 부가구조에 관한 탐침자-목표물 이론적 접근. 「논문집」 30. 한성대학교.

2007a. 도출의 순환성과 자유병합. 「한성인문학」 5. 한성대학교 인문과학연구원.

2007b. 영어의 전치사 좌초현상에 관하여. 「논문집」 31. 한성대학교.

2008a. 영어 허사 구문의 도출과 그 문제점에 관하여. 「한성인문학」 6. 한성대학교 인문과학연구원.

2008b. 수정 탐침자-목표물 이론의 고찰. 「논문집」 32. 한성대학교.

⑲ 포상기록

일자	내용	시상기관	비 고
1999. 02	두현학술상	현대문법학회	우수 학문연구
2003. 01	한국생성문법학회장 감사장	한국생성문법학회	학문 및 학회 발전 공헌
1977. 06	육군 참모총장상	대한민국 육군본부	특수간부 #76 우등상
1983. 01	육군종합행정학교장 표창	육군종합행정학교	모범 지휘관
1987. 01	육군참모총장 표창	대한민국 육군본부	우수 지휘관
1971. 02	경상남도 교육감상	경상남도 교육위원회	고등학교 수석졸업
2000. 12	총장 공로패	한성대학교	인문대학장 재임
1999. 01	총장 감사패	한성대학교	대학자체평가위원장 (전국 최우수대학 인증 획득)
2009. 01	지구장 공로패	천주교 서울대교구 4지구	돈암동성당 총회장 재임
2009. 02.	최우수연구자상	한성대학교	우수 학문연구
2011. 10.	30년 근속 표창	한성대학교	장기근속
2012. 05	교육과학기술부장관 표창	대한민국 교육과학기술부	스승의 날 표창

(3) 학회장 우수학자 인증 추천서

【붙임 4】 학회장 추천서

학회장 추천서

<table>
<tr><td>사 업</td><td colspan="5">2011년도 인문사회분야 우수학자지원</td></tr>
<tr><td>학 회 명</td><td colspan="5">한 국 언 어 학 회</td></tr>
<tr><td rowspan="6">추천자
(신청자)</td><td>성 명</td><td colspan="2">김 용 석</td><td>생년월일</td><td>1952년 3월 2일</td></tr>
<tr><td>소속기관</td><td colspan="2">한성대학교</td><td>연 락 처</td><td>010-8715-0156</td></tr>
<tr><td>박사학위
취득일자</td><td colspan="2">1986 년 8 월 30 일
(24 년 6 개월)</td><td>임용일자</td><td>1981 년 9 월 1 일
(29 년 6 개월)</td></tr>
<tr><td rowspan="4">주요경력</td><td>기 간</td><td colspan="2">소속기관</td><td>직위</td></tr>
<tr><td>1977. 7. 1.~1981. 6. 30.</td><td colspan="2">육군사관학교 교수부 영어과</td><td>전임강사</td></tr>
<tr><td>1981. 9.1.~2011.2.현재</td><td colspan="2">한성대학교 영어영문학부</td><td>교수</td></tr>
<tr><td></td><td>1994.12.21.~1996.12.20.</td><td colspan="2">한국생성문법학회</td><td>회장</td></tr>
<tr><td rowspan="2">추천현황</td><td>사 유</td><td colspan="4">위 신청자는 한국언어학회 연구이사 및 섭외이사, 한국생성문법학회 회장, 현대문법학회 경인지역회장, 현대영미어문학회 부회장 등등 언어관련 학회의 여러 중책을 역임하였을 뿐 아니라, 20여 권의 학술저서와 60여 편의 연구논문을 저술하였고, 1997 LSA 등 많은 학술대회에 초빙되어 수십여 회의 연구발표와 특강 등을 수행함으로써 학계와 학문의 발전에 크게 기여하였음으로 2011년도 인문사회분야의 우수학자로 추천하는 바입니다.</td></tr>
<tr><td>방 법</td><td colspan="4">2011년 2월 24일 고려대학교 문과대학 B110에서 편집위원장을 포함한 상임이사회를 개최하여 본 안건을 상정한 결과, 참석상임이사(회장, 부회장, 총무, 편집위원장 등 총 15명) 전원의 만장일치로 본 연구자를 우수학자 적임자로 추천하기로 결정하였음.</td></tr>
<tr><td colspan="6">상기 신청자는 한국연구재단 인문사회분야 우수학자지원에 있어서 연구수행 능력이 뛰어나고 연구의욕이 왕성하며 후진양성에도 열의가 있다고 판단하기에 귀 재단의 우수학자지원 적격자로 추천합니다.

2011. 2. 28.

한국언어학회 학회장(성명) : 김 기 호 (인)</td></tr>
</table>

【붙임 4】 학회장 추천서

학회장 추천서

<table>
<tr><td>사 업</td><td colspan="5">2011년도 인문사회분야 우수학자지원</td></tr>
<tr><td>학 회 명</td><td colspan="5">한국생성문법학회</td></tr>
<tr><td rowspan="7">추천자
(신청자)</td><td>성 명</td><td>김 용 석</td><td>생년월일</td><td colspan="2">1952년 3월 2일</td></tr>
<tr><td>소속기관</td><td>한성대학교</td><td>연 락 처</td><td colspan="2">010-8715-0156</td></tr>
<tr><td>박사학위
취득일자</td><td>1986 년 8 월 30 일
(24 년 6 개월)</td><td>임용일자</td><td colspan="2">1981 년 9 월 1 일
(29 년 6 개월)</td></tr>
<tr><td rowspan="4">주요경력</td><td>기 간</td><td colspan="2">소속기관</td><td>직위</td></tr>
<tr><td>1977. 7. 1.~1981. 6. 30.</td><td colspan="2">육군사관학교 교수부 영어과</td><td>전임강사</td></tr>
<tr><td>1981. 9. 1.~2011. 2.</td><td colspan="2">현 한성대학교 영어영문학부</td><td>교수</td></tr>
<tr><td>1994.12.21.~1996.12.20.</td><td colspan="2">한국생성문법학회</td><td>회장</td></tr>
<tr><td rowspan="2">추천현황</td><td>사 유</td><td colspan="4">위 신청자는 한국생성문법학회 회장, 현대문법학회 경인지역회장, 현대영미어문학회 부회장, 한국언어학회 연구이사 등등 언어관련 학회의 여러 중책을 역임하였을 뿐 아니라, 20여 권의 학술저서와 60여 편의 연구논문을 저술하였고, 1997 LSA 등 많은 학술대회에 초빙되어 수십여 회의 연구발표와 특강 등을 수행함으로써 학계와 학문의 발전에 크게 기여하였음.</td></tr>
<tr><td>방 법</td><td colspan="4">한국생성문법학회는 2011년 2월 19일 상임이사회를 개최하고 한국연구재단의 이번 2011년 인문사회분야 우수학자지원 프로그램에 지원하는 김용석 교수님을 본 학회의 학술지 【생성문법연구】에 출판해 온 교수님의 다수 연구논문의 탁월한 연구 성과와 본 학회의 학회장으로서의 학회 연구 제고의 지도력을 높이 평가하며 위 프로그램의 우수학자로 추천하기로 결정하였음.</td></tr>
</table>

상기 신청자는 한국연구재단 인문사회분야 우수학자지원에 있어서 연구수행 능력이 뛰어나고 연구의욕이 왕성하며 후진양성에도 열의가 있다고 판단하기에 귀 재단의 우수학자지원 적격자로 추천합니다.

2011. 2 . 24 .

한국생성문법학회 학회장 (성명): 박 명 관

한 국 생 성 문 법 학 회 장

(4) 익명 논평자의 심사평

한국생성문법학회
《생성문법연구》 편집위원회

논평 의견서

논문제목: 「칸트주의 언어학」의 탐색

심사의뢰일자: 2012/1/29

심사종료일자: 2012/2/10

평가내용 (각 5점 만점)

1. 내용의 창의성 ………………………………………………(5)점
2. 선행연구의 이해도 ……………………………………………(5)점
3. 논문구성 및 연구방법의 적절성 ……………………………(5)점
4. 논증과정의 타당성 ……………………………………………(5)점

총점 ……………………………………………………………………(20)점

위의 각 항목을 각 5점 기준 (5점-아주 우수, 4점-우수, 3점-보통, 2점-개선요망, 1점-미흡, 0점-아주미흡)으로 주신 후, 전체 점수를 합산하여 다음 기준에 따라 전체 논문 판정을 내려 주십시오.

총점 20점 그대로 게재 가능
총점 15-19 수정후 게재
총점 10-14 수정후 재심
총점 0-9 게재 불가

게재여부:

1. 그대로 기재 (0)
2. 수정후 게재 ( )
3. 수정후 재심 ( )
4. 부적격 ( )

심 사 평

총평:

이 논문은 생성문법이 주장하는 인간언어의 생득성과 개별언어의 특이성을 포괄하기 위해서 칸트 언어학을 주장한다. 인간언어의 생득성이 지성의 영역이라면 경험으로 습득되는 개별언어는 감성의 처리영역으로 돌려야 한다고 주장한다. 우선 선행 연구자의 이론과 철학에 매우 깊이 있는 이해를 바탕으로 이 논문이 작성되었음을 느낄 수 있다. 생성문법과 구조문법의 어느 한 축도 간과하지 않고 융합하고 있다는 점에서 높이 평가할만하다.

세부심사평:

인간의 이성이 지성과 감성으로 구성되어 있다면 이는 동물과 구별되어야 할 인간만의 고유한 특성의 한 축으로 보아야 하는 것인가요?

생성문법에서는 언어능력이 인간이 타고난 고유한 특성이며 이것이 인간 뇌의 한 기관으로 자리 잡는다고 봅니다. 그렇다면 인간의 지성과 감성이 타고 날 때부터 동물과 구별되는 것인가요? 언어도 인간의 정신의 한 영역의 일부라고 한다면 정신이 육신의 영역과 결합하기 전 단계에 동물과 인간의 구별이 있을까요?

그리고 언어의 출발이 과연 상상할 수 없을 정도로 복잡한 인지체계로 구성되어 있는지에 대해서는 앞으로 많은 연구가 있어야 할 것으로 생각합니다. 발생학적으로 모든 생물의 시작은 복잡한 체계가 아닌 매우 간단하다는 점입니다. 인간의 언어도 마찬가지가 아닐까요?

(5) 아호 작명기

(6) 집필후기

필자는 자연 속에서 감성을 통해 무수한 변이의 질서를 갖는 물질세계와 호흡하며 무한한 창조를 만들어가는 이성의 신비를 마주하면서 인간정신의 존엄과 창조주의 전능을 새삼 깨닫는다. 이제 필자는 정지된 관념과 그동안 갇혀온 학문적 이론의 틀을 깨고, 창의적 이성의 세계와 변이적 감성의 세계를 자유롭게 탐험하면서 인간의 본성과 언어의 본질을 새로운 눈(칸트주의 언어학의 관점)으로 헤아려 보려고 한다. 이러한 새로운 출발에 많은 학자와 후학들이 동참하기를 기대한다.

"주님께서 우리에게 큰 일을 하셨기에 우리는 기뻐하였네."
(시편 126장 3절)

지은이 金龍石

세레명 : 베드로　아호 : 惲岡

경남 밀양 출생

육군사관학교 영어과 교수
미국 캘리포니아대학교(어바인) 객원교수
미국 하와이대학교 교환교수
미국 몽크레어 주립대학교 TIE 연수교수
한성대학교 학생처장/교무처장/인문대학장
한국언어학회 섭외이사/연구이사
현대문법학회 경인지역 회장
현대영미언어학회 부회장
한국생성문법학회 편집위원장/회장
서울대교구 돈암동성당 총회장
박사학위논문심사위원: 서울대학교, 서강대학교, 이화여자대학교, 한국외국어대학교, 전남대학교, 원광대학교, 청주대학교 등 역임.

현재: 문학박사
한성대학교 영어영문학부 교수
한국생성문법학회 자문위원

著書 :

Licensing Conditions on Syntactic Representation, 한신문화사 1986.
『지배-결속 이론의 기초』(공저), 한신문화사 1991.
『결속이론』, 한신문화사 1992.
『통제이론』, 한신문화사 1993.
『대용화 문법론』, 한신문화사 1995.
Minimalist Approach to Syntax and Morphology (공편), 한국문화사 1995.
Morpho-Syntax in Transformational Generative Grammar (공편), 한국문화사 1996.
『최소주의 재귀사 문법』, 한국문화사 1999.

『생성문법론』, 경진문화사 2000.
『GB 통사론과 영어의 문장구조』, 경진문화사 2000.
『언어학사전』(공저), 박영사 2000.
『변형과 제약』, 경진문화사 2001.
The A/A-Bar Dependencies in Korean: A Minimalist Approach, 경진문화사 2002.
『변형문법의 이해』(공역), 2003.
『변형생성 영어언어학』, 경진문화사 2003.
『지시의존 문법론』, 경진문화사 2004.
『영어의 통사구조와 변형생성문법』, 경진문화사 2004.
『최소주의문법의 이해』, 한성대학교 출판부 2006.
『최소주의문법의 탐구』, 한성대학교 출판부 2007.
『변형생성 영어통사론』, 한성대학교 출판부 2007.
『영어의 구조와 문법』, 한성대학교 출판부 2008.
『영어 언어학의 이해』, 한성대학교 출판부 2008.
『영어의 통사구조 연구』, 한성대학교 출판부 2010.
『영어구문의 이론과 실제』, 글로벌 콘텐츠 2011.
『강력최소주의이론: 그 분석과 전망』, 글로벌 콘텐츠 2012.
『최소주의문법 Glossary』. 글로벌 콘텐츠 2012.
『언어와 이성 -Chomsky를 넘어서 칸트주의 언어학으로-』. 한성대학교 출판부 2012.

研究論文:

A Minimalist Approach to Some Problems of Long-Distance Anaphora of Reflexives. 「LSA 발표논문」.
A Minimalist Approach to *wh*-Interrogatives in Korean. 「TEAL 발표논문」.
On Multiple *wh*-constructions in English. 「*Language Research 24*」.
A Probe-Goal Approach to the EPP-Effect of *wh*-Interrogatives in English and Korean. 「현대문법연구 46」 외 70여 편.

언어와 이성

초판1쇄 인쇄 2012년 12월 25일
초판1쇄 발행 2012년 12월 30일

저　　자 김용석
발 행 인 정주택
발행한곳 한성대학교 출판부

우편주소 서울특별시 성북구 삼선동 2가 389번지
대표전화 (02) 760 / 4174
팩시밀리 (02) 760 / 5969

편집제작 대자커뮤니케이션 | 대표 (02) 2269-6724

ISBN 978-89-6820-000-7 93700　　**정가** 13,000원